Compreendendo os
Exercícios
Espirituais
de Santo Inácio de Loyola

Compreendendo os Exercícios Espirituais

de Santo Inácio de Loyola

Um manual para orientadores de retiros

Tradução:
Raniéri de Araújo Gonçalves

Michael Ivens, SJ
Texto e Comentário

Edições Loyola

Título original:
Understanding the Spiritual Exercises
by Inigo Enterprises and Gracewing Publishing, Leominster, England
© Michael Ivens, SJ 1998
ISBN 978-0-85244-484-9

Dados Internacionais de Catalogação na Publicação (CIP)
(Câmara Brasileira do Livro, SP, Brasil)

Ivens, Michael
  Compreendendo os exercícios espirituais de Santo Inácio de Loyola : um manual para orientadores de retiros / Michael Ivens ; tradução Raniéri de Araújo Gonçalves. -- São Paulo : Edições Loyola (Aneas), 2024. -- (Espiritualidade inaciana)

  Título original: Understanding the spiritual exercises.
  ISBN 978-65-5504-421-8

  1. Cristianismo 2. Inácio, de Loyola, Santo, 1491-1556. Exercícios espirituais 3. Retiros espirituais I. Gonçalves, Raniéri de Araújo. II. Título. III. Série.

24-239834   CDD-248.3

Índices para catálogo sistemático:
1. Inácio, de Loyola, Santo : Exercícios espirituais : Cristianismo   248.3

Eliane de Freitas Leite - Bibliotecária - CRB 8/8415

Diretor geral: Eliomar Ribeiro, SJ
Editor: Gabriel Frade
Capa: Ronaldo Hideo Inoue
Diagramação: Desígnios Editoriais

Capa composta sobre a imagem generativa de
Santo Inácio de Loyola (editada) de © Russell (Adobe Stock).
Na contracapa, detalhe da primeira edição (Roma, 1548)
dos *Exercitia spiritualia* de Santo Inácio de Loyola,
por Antonio Blado (1490-1567) (© Wikimedia Commons),
sobre fragmento da imagem de fundo (editada)
de © Azahara MarcosDeLeon (Adobe Stock).

Rua 1822 nº 341, Ipiranga
04216-000 São Paulo, SP
T 55 11 3385 8500/8501, 2063 4275
editorial@loyola.com.br, vendas@loyola.com.br
loyola.com.br, 🅕🅞🅘🅙 @edicoesloyola

Todos os direitos reservados. Nenhuma parte desta obra pode ser reproduzida ou transmitida por qualquer forma e/ou quaisquer meios (eletrônico ou mecânico, incluindo fotocópia e gravação) ou arquivada em qualquer sistema ou banco de dados sem permissão escrita da Editora.

ISBN 978-65-5504-421-8

2ª edição: 2025

© EDIÇÕES LOYOLA, São Paulo, Brasil, 2024

Em memória de
Paul Kennedy, SJ,
e
James Walsh, SJ,
com apreço e gratidão

Sumário

Abreviaturas 13

Agradecimentos 15

Introdução geral 17
    Material-fonte usado neste comentário 18

Anotações 21
    Anotação 1: O método e a finalidade dos Exercícios e sua dinâmica característica 21
    Anotações 2 e 3: Oração nos Exercícios 23
    Anotação 4: Partes dos Exercícios e duração 26
    Anotação 5: A disposição fundamental 28
    Anotação 6: Quando nada parece acontecer 29
    Anotação 7: A abordagem de um exercitante observado em desolação .. 30
    Anotações 8 a 10: O emprego dos dois conjuntos de Regras de Discernimento 31
    Anotações 11 a 13: Duas formas de fugir do processo 34
    Anotações 14 a 16: Eleição. Disposições de quem dá e de quem recebe os Exercícios. A dinâmica de encontrar a vontade de Deus 35
    Anotação 17: Abertura com quem orienta os exercícios 41

Anotações 18 e 19: Adaptações dos Exercícios	42
Anotação 20: Os exercícios completos e integrais	45

Primeira Semana 49
Finalidade e pressuposto 49
Fundamento 54
Duas questões práticas 57
Exame de consciência ("exame") 64
Examen particular 65
Examen Geral 68
O Método 72
Confissão Geral e comunhão 74
Qual é o confessor apropriado? 76
Cinco meditações 76
Deus, pecado e misericórdia 77
Pontos práticos 78
Primeira meditação: Três pecados 80
Oração preparatória e preâmbulos 80
Três pecados 86
Colóquio 90
A conclusão da oração: Pai-nosso 92
Segunda meditação: O pecado pessoal 92
Terceira meditação: Repetição, Tríplice Colóquio 97
Quarta meditação: Resumo 100
Quinta meditação: Inferno 101
Adições 104
Adições 1 a 5: Ajudas à oração 106
Adições 6 a 9: Ajuda para manter o clima dos Exercícios ao longo do dia 110
Adição 10: Penitência 112
Notas adicionais 114

Segunda Semana 117
Conteúdo e dinâmica 117
Rumo à *verdadeira vida* em Cristo 118
Trindade 121

O exercício do reino	121
A parábola introdutória	123
Uma nota sobre a leitura durante os Exercícios	133
Contemplações da infância	135
Voltando ao início	137
Primeiro dia	138
Primeira contemplação: Encarnação e Anunciação	138
Segunda contemplação: O nascimento	143
Terceira e Quarta contemplações: Repetição	145
Quinta contemplação: Oração de aplicação dos sentidos	146
Cinco notas	151
Segundo dia: Apresentação e fuga para o exílio	153
Terceiro dia: O Menino Jesus no Templo	154
Introdução às eleições	154
Quarto dia	154
Duas Bandeiras	157
Três Tipos de Pessoas	167
Quinto ao décimo segundo dia	176
Notas sobre os mistérios	177
Três Modos de Humildade	178
Nota sobre as duas bandeiras, os três tipos de pessoas e os três modos de humildade	184
Eleição	185
Uma escola de vida	185
Nos Exercícios	187
Duas advertências	189
Preâmbulo	192
Declaração introdutória	192
Tempos para uma eleição	195
Nota sobre os Tempos de Eleição	208
Terceira Semana	**211**
A etapa final dos Exercícios	211
Terceira Semana: Compaixão, confirmação da eleição	212
O exercitante da Terceira Semana: Orientação e discernimento	214

Primeiro dia	216
Primeira contemplação: De Betânia até a Última Ceia	216
Segunda contemplação: Da Última Ceia até o horto	221
Notas sobre a Terceira Semana	223
Segundo ao Sétimo Dia: A Paixão	224
Regras relativas à alimentação	227

Quarta Semana — 231

A graça da alegria	231
Oração da Quarta Semana: as aparições e a Ressurreição	232
Primeira contemplação: Nosso Senhor aparece a Maria	234
Notas sobre a Quarta Semana	237
A contemplação para alcançar o amor	239
Conteúdo e dinâmica	240
Os quatro pontos	242
A contemplação	244
Três modos de orar	252
Os Três Modos de Orar: A Quarta Semana e além	253
Nota sobre como apresentar os Três Modos de Orar	255
O primeiro modo de orar	255
O segundo modo de orar	262
O terceiro modo de orar	265

Passagens do Novo Testamento para contemplação — 267

Regras de Discernimento — 285

Discernimento	286
Consolação e desolação	287
Outras situações de discernimento	288
Os limites do discernimento	290
Primeiro conjunto de regras	292
Resumo do conteúdo	292
Regras 1 e 2: Princípios preliminares	293
Regras 3 e 4: Definições descritivas de consolação e desolação	298
Regras 5 a 8: Modos de lidar com a desolação	302
Regra 9: Por que experimentamos a desolação?	307

    Regras 10 e 11: Atitudes em relação à consolação 309
    Regras 12 a 14: Algumas táticas comuns do inimigo 311
  Segundo conjunto de regras 313
    Resumo do conteúdo 314
    Regra 1: Princípio de abertura 315
    Regra 2: Consolação sem causa precedente 315
    Regra 3: Distinção entre "sem causa" e "com causa" 319
    Regras 4 a 6: Possível engano na consolação com causa 320
    Regra 7: Ação dos espíritos em relação à orientação da pessoa 324
    Regra 8: Engano no "brilho" da consolação sem justa causa 325

Regras para dar esmolas 329
  Regras 1 a 6: Esmola e regras de eleição 329
  Regra 7: A "Regra de Ouro" e a imitação de Cristo 332

Notas sobre Escrúpulos 335
  Notas 1 a 3: A natureza de um escrúpulo 336
  Notas 4 e 5: A consciência grosseira e a sensível 338
  Nota 6: Um caso particular 339

Regras para Sentir com a Igreja 343
  Questões práticas 345
  Resumo do conteúdo 348
  Regra 1: Natureza da Igreja: a atitude básica de seus membros 349
  Regras 2 a 9: Elementos da piedade tradicional 351
  Regras 10 a 12: Tipos de autoridade 354
  Regra 13: A atitude básica reafirmada com uma consideração adicional
    e um caso específico 358
  Regras 14 a 17: O pensamento da Igreja em três questões:
    predestinação, fé, graça 360
  Regra 18: Amor e temor 363

Bibliografia 365

Índice remissivo 373

Abreviaturas

CIS = Centro Inaciano de Espiritualidade (Roma)
Ep. Ig. = *Epistolae S. Ignatii*, MHSI Séries prima, vols. I–XII, Madrid 1903-1911
Inigo: Letters = vide MUNITIZ, Joseph A., 1987
MHSI = *Monumenta Historica Societatis Iesu*
PASE = vide *Program to Adapt the Spiritual Exercises* (vide Bibliografia)
Personal Writings = vide MUNITIZ, Joseph A.; ENDEAN, Philip (ed.), 1996
Autobiografia = vide item acima

Agradecimentos

Este livro deve sua existência a William Hewett, diretor da Inigo Enterprises, que me pediu há muitos anos para revisar um rascunho da tradução dos Exercícios feito pelo falecido William Yeomans e para escrever um breve comentário. Ao longo do longo processo pelo qual o comentário evoluiu até sua escala e formato atuais, fiquei cada vez mais grato a Joseph Munitiz, Mestre do Campion Hall Oxford, por ter lido o manuscrito em seus estágios sucessivos, aconselhando-me sobre o formato, colocando-me a par de como acontece com os livros espanhóis recentes e, no final, facilitando-me grande parte do trabalho de edição final. Sou grato a James Crampsey, Provincial da Província Britânica da Companhia de Jesus, e ao seu antecessor, Michael Campbell-Johnston, pelo seu encorajamento incessante. Desejo também agradecer a David Brigstocke, Michael O'Halloran e John Marbaix, Superiores da comunidade jesuíta de St. Beuno (São Bruno), e a William Broderick, Damian Jackson e Tom McGuinness, Diretores do Centro São Bruno, por me darem – e garantirem – o tempo e o espaço que precisei para concluir o trabalho. Especialmente no prolongado período de convalescença, durante o qual a maior parte dele foi realizado. Fui ajudado em todas as fases pela amizade e paciência de todos os membros da equipe do Centro São Bruno. Uma palavra especial de gratidão é devida à Irmã Mary Reidy, DJ, pelos conselhos, pela ajuda prática e pela supervisão médica que me permitiu manter a energia física e emocional sem a qual o livro não poderia ter sido concluído. Desejo agradecer especialmente a Philip Endean, Tom Shufflebotham e Joseph Veale, por encontrarem tempo para ler o texto manuscrito ou revisado e pelos valiosos comentários e sugestões. E, finalmente, uma palavra de agradecimento ao Ir. James Harkess, pela sua essencial ajuda de secretário nas fases iniciais deste trabalho.

Introdução geral

Como qualificação para ministrar os Exercícios Espirituais, o conhecimento do conteúdo do livro dos Exercícios é secundário em relação a qualidades como empatia, intuição, discernimento e sabedoria pessoal. Mas isso não significa que o conhecimento dos Exercícios deva ser minimizado. Para orientar outra pessoa nos Exercícios de Santo Inácio, também é necessário um bom conhecimento dos próprios Exercícios, mesmo sendo um orientador bem-dotado de dons mais pessoais e fundamentais.

O conhecimento exigido de um orientador começa, claro, com o conhecimento do livro em si. O orientador deve estudar o livro dos Exercícios minuciosamente, diz o *Diretório de 1599*. Deve "tê-lo em mãos, especialmente as Anotações e as Regras [...] e pesar cada assunto, na verdade, quase cada palavra, com cuidado"[1]. Quatro séculos depois, apesar de todas as dificuldades, mudanças de situação e de pensamento que separam um orientador moderno dos Exercícios da era de Inácio, essas determinações mantêm a sua validade. Mas o conhecimento dos Exercícios é mais do que a familiaridade literal com um texto. O texto em si não fornece, e nunca forneceu, todas as orientações que possam

---

1. PALMER, MARTIN E., *On Giving the Spiritual Exercises. The Early Jesuit Manuscript Directories and the Official Directory of 1599*, St Louis, The Institute of Jesuit Sources, 1996, 301.

ajudar um orientador a apresentar ou adaptar os Exercícios em situações particulares. Mesmo no século XVI, o texto tinha suas próprias faltas de clareza, e aos problemas que daí decorrem devem acrescentar-se hoje as dificuldades causadas pela linguagem não familiar e pelas mudanças culturais reais ou aparentes. Portanto, os Exercícios devem ser interpretados dentro de uma tradição viva e em desenvolvimento, daí a importância dos Diretórios do século XVI e dos estudos especializados e populares de hoje. Um orientador moderno certamente não é chamado a se tornar um especialista acadêmico nos Exercícios. Contudo, ele ou ela deve ter familiaridade com o livro e conhecimento extraído tanto das fontes antigas (direta ou indiretamente) como também dos *insights* e descobertas da literatura inaciana contemporânea.

O objetivo do presente comentário é ajudar o orientador e a orientadora a alcançar esse tipo de conhecimento. Embora seja dado espaço às questões práticas de uso e apresentação, a principal preocupação é simplesmente ajudar a pessoa que dá os Exercícios a elucidar o significado do próprio texto e a assimilar algo de sua doutrina espiritual.

Material-fonte usado neste comentário

Muito do material usado neste comentário vem de livros e artigos modernos. Embora parte deste material esteja fora do alcance de um orientador de Exercícios, tentei selecionar principalmente obras escritas em inglês, ou disponíveis em tradução para o inglês, e que provavelmente serão encontradas na biblioteca ou livraria de uma casa de exercícios inacianos ou em um centro de espiritualidade[2]. Tendo em vista o escopo do material disponível, qualquer seleção deve necessariamente ser limitada, e não há implicação na presente seleção de que uma obra não mencionada seja de menor importância do que as incluídas.

Entre as fontes primárias, duas exigem especialmente um comentário de introdução: os próprios textos dos Exercícios e os Diretórios do

---

2. Dois destes centros no Reino Unido são: Loyola Hall, Warrington Rd., Prescot, Merseyside L35 6NZ; e St Beuno's, St Asaph, Denbighshire LL17 0AS.

século XVI. No que diz respeito aos Exercícios, o orientador deve estar ciente de que a tradição não transmitiu um único texto, mas sim três versões oficiais[3]: o chamado texto "Autógrafo" e duas versões latinas (a *Versio Prima* e a *Vulgata*). O Autógrafo é um texto em espanhol corrigido pela própria mão de Inácio; é o texto no qual se baseia a presente tradução. Das duas versões latinas, a *Versio Prima* é uma tradução bastante literal, feita provavelmente pelo próprio Inácio. Enquanto a *Vulgata* é uma tradução para o latim clássico, feita por um jesuíta francês, do texto autógrafo. Todos os três textos foram usados pelo próprio Inácio, e tanto a *Vulgata* quanto a *Versio Prima* foram aprovadas por Paulo III em 1548. Cada um desses textos pode, portanto, ser descrito como "oficial". Sendo assim, esclarecimentos e até mesmo mudanças significativas de ênfase ou de tom encontrados nas versões em latim podem ser tomados como indicações do pensamento do próprio Inácio. As principais diferenças entre os três textos são observadas neste comentário.

O termo "Diretórios" aplica-se a uma série de documentos práticos e interpretativos, começando com cinco emanados do próprio Inácio, e culminando no Diretório Oficial de 1599, encomendado e aprovado pelo Padre Geral Jesuíta Claudio Aquaviva. Este último ainda é um recurso geral útil, mas os seus utilizadores devem saber que ele contém, e tem perpetuado, posições que distorcem seriamente as opiniões do próprio Inácio, especialmente no que diz respeito à dimensão contemplativa dos Exercícios. O Diretório 1599 está disponível em inglês há muitos anos[4], mas apenas desde 1996, com a publicação de toda a série[5], o leitor de língua inglesa teve acesso aos vinte e nove documentos

---

3. Existem também outras versões dos Exercícios, completas ou parciais, que datam da vida de Inácio, nomeadamente: (1) o texto recolhido pelo inglês John Helyar, que fez os Exercícios em Paris, possivelmente sob a orientação de Pedro Fabro, em ou por volta de 1535; (2) um texto deixado por Fabro aos cartuxos de Colônia (1543-1544); e (3) um texto atribuído a João Codure (1539-1541). Vide *Monumenta Historica Societatis Iesu* (MHSI), vol. 100, 418-590.
4. LONGRIDGE, W. H., *The Spiritual Exercises of St. Ignatius of Loyola, with commentary and Directory*, London, 1919. Também, *Directory of the Spiritual Exercises of St. Ignatius*, tradução autorizada pela Ed. Manresa, London, 1925.
5. Vide nota 1 acima.

anteriores e à sua riqueza de evidências relativas à história inicial dos Exercícios. Todas as citações dos Diretórios neste comentário foram retiradas dessa tradução.

Outra tradução de textos primários amplamente citados neste comentário é a coleção *Penguin Classics*[6]. Aqui estão incluídos a *Autobiografia* (ou Relato do Peregrino), o Diário Espiritual, as Cartas selecionadas e os Exercícios Espirituais. A presente tradução dos Exercícios segue de perto a contida nessa coleção, tendo os principais desvios dela sido feitos para atender aos propósitos do comentário. Além das Cartas contidas neste volume, outras estão disponíveis no volume *Iñigo Texts*[7] e na tradução de William J. Young[8].

Os originais de todos os materiais de origem antiga mencionados neste comentário estão publicados na *Monumenta Historica Societatis Iesu* (MHSI). Foram usados principalmente o vol. 100 (*Exercitia Spiritualia*), vol. 76 (*Directoria*), e a série de doze volumes de Cartas Inacianas (*Epistolae et Instructiones*). Outros volumes da *Monumenta Historica* foram mencionados conforme a necessidade, por exemplo, quando um texto não estiver disponível em inglês.

A prática adotada neste comentário foi fornecer material introdutório para cada uma das diferentes seções e, em seguida, comentar palavras ou frases específicas do texto destacadas em itálico. As referências aos parágrafos do texto dos Exercícios estão entre colchetes. Ocasionalmente, palavras são adicionadas entre parênteses; elas não estão no texto original, mas esclarecem o significado.

Como continuação do presente Comentário, espero publicar em um futuro próximo um Dicionário dos Exercícios, no qual os Exercícios serão abordados não com base nas seções, mas nas palavras mais importantes. Eles podem ser explorados no contexto de um Dicionário de forma mais extensa do que a sequência e os limites de um Comentário permitem.

---

6. Saint Ignatius of Loyola: *Personal Writings*, MUNITIZ, JOSEPH A.; ENDEAN, PHILIP (ed.), London, Penguin Books, 1996.
7. Inigo: *Letters, Personal and Spiritual* (Inigo Texts Series: 3), MUNITIZ, JOSEPH A. (ed.), Hurstpierpoint, 1995.
8. Detalhes fornecidos na Bibliografia.

Anotações

IHS

[1] ¹ANOTAÇÕES (NOTAS) PARA FORNECER ALGUMAS EXPLICAÇÕES SOBRE OS EXERCÍCIOS ESPIRITUAIS QUE SE SEGUEM. DESTINAM-SE A PRESTAR ASSISTÊNCIA TANTO À PESSOA QUE DÁ OS EXERCÍCIOS COMO À PESSOA QUE OS IRÁ RECEBER.

Os Exercícios começam com vinte notas explicativas abrangentes (na verdade, trata-se do primeiro dos "diretórios"). Dessas anotações, algumas são destinadas diretamente ao exercitante, enquanto outras tratam do uso geral dos Exercícios e de certos princípios para aplicá-los. Era prática do próprio Inácio dar ao exercitante as Anotações 1, 20, 5 e 4 no início, e 3, 11, 12 e 13 depois do "Princípio e Fundamento"[1].

Anotação 1: O método e a finalidade dos Exercícios e sua dinâmica característica

²*Primeira* anotação. O termo "*exercícios espirituais*" refere-se a todas as formas de examinar a própria consciência, de meditar, de contemplar, de orar vocal e mentalmente, e outras atividades espirituais, como será

---

1. Diretório ditado ao padre de Vitória também conhecido como Diretório Ditado (MHSI, v. 76, 100, 103 [trad. PALMER, 21-22]). Todas as citações deste texto foram retiradas da tradução dos Diretórios de MARTIN E. PALMER. Vide Introdução geral.

explicado mais adiante. ³Pois, assim como passear, caminhar e correr são exercícios para o corpo, "exercícios espirituais" é o nome dado a toda forma de a pessoa se *preparar e dispor* para livrar-se de todas as *afeições desordenadas* ⁴para que, uma vez livre delas, possa buscar e encontrar *a vontade divina* na *disposição de sua vida para sua salvação*.

Primeira: A finalidade dos Exercícios é explicada como sendo uma conversão do coração que resulta em uma nova qualidade ou em uma nova direção de vida. A conversão é tanto um "mudar-se para" quanto um "mudar-se de". "Mudar-se para" na linguagem dos Exercícios consiste em buscar e encontrar a vontade de Deus, enquanto o correlativo "mudar-se de" é o processo de libertação da influência de impulsos e apegos "desordenados" que sufocam o amor e impedem a integridade da intenção.

Exercícios espirituais: Antigamente era um termo comum que servia para designar qualquer tipo de prática religiosa pessoal. A comparação de Inácio com os exercícios corporais destaca ligeiramente os elementos de deliberação e propósito. É importante, contudo, que associações ginásticas inadequadas não sejam feitas para entender o sentido dessa expressão.

Preparar e dispor: A libertação e o redirecionamento do coração é obra do Espírito, na qual a nossa própria ação é uma colaboração gratuita; isto não é alcançado simplesmente através da realização de "exercícios".

Afeições desordenadas: "Afeição", termo-chave na linguagem dos Exercícios, refere-se às muitas variantes do amor e do desejo, juntamente com as suas antíteses: o ódio e o medo. As afeições operam em vários níveis, desde os sentimentos bastante transitórios até o nível em que afetam as formas de uma pessoa perceber a realidade, fazer julgamentos, escolher e agir. Os Exercícios têm a ver com a conversão da afetividade, com deixar o Espírito entrar na nossa afetividade, transformá-la e agir através dela. Somente quando isso estiver claro, será possível compreender a insistência de Inácio na libertação das "afeições desordenadas": nossa afetividade, na medida em que nos move em direções não "ordenadas" ou que conduzem ao "fim" transcendente da pessoa humana (cf. [23]).

Em inglês, este sentido do substantivo "afeição" foi perdido e substituto pelos termos "tendência", "inclinação", "propensão", "apego", que apenas o transmitem parcialmente. O sentido original sobrevive, contudo, em "bem afetado", "desafetado", "descontente".

A vontade divina: No decorrer dos Exercícios, uma variedade de expressões é empregada para denotar a relação com Deus, que é o fim da vida humana e a norma da escolha humana. Além de "buscar e encontrar a vontade de Deus", encontramos disponibilidade para sermos "usados por Deus" [5], "honra" [16], "glória" [16], "serviço" [16], "louvor" [23], o "agrado" de Deus [151] e, claro, a tríade "louvor, reverência e serviço" [23]. Expressando fundamentalmente a mesma ideia, cada uma dessas expressões carrega sua própria ênfase. Nos Exercícios, a "vontade de Deus" é utilizada em relação às escolhas feitas em situações nas quais os critérios objetivos não são determinantes.

Disposição de sua vida: Não necessariamente a escolha de um "estado de vida". Embora o texto preveja especialmente a necessidade de um exercitante escolher um estado na vida, "vida" tem um sentido mais amplo nos Exercícios do que "estado". O que se destaca aqui é que se fazem os Exercícios para encontrar um rumo na vida.

Para sua salvação: Nos Exercícios, a motivação última sempre inclui o bem (ou a salvação) da pessoa, que Inácio presume que o exercitante deseja, assim como hoje se pode presumir que um exercitante deseja "escolher a vida". No início dos Exercícios, todo o programa (encontrar a vontade de Deus na disposição da vida) é apresentado como indo ao encontro dessa preocupação pessoal fundamental. Mais tarde, a salvação pessoal será normalmente encontrada em fórmulas que a incluem na glória (ou louvor ou serviço) de Deus (vide [20] e [23] com comentários).

Anotações 2 e 3: Oração nos Exercícios

A Oração nos Exercícios é uma forma particular do processo tradicionalmente descrito como leitura, meditação, oração afetiva e contemplação (*lectio, meditatio, oratio, contemplatio*). A proposta inaciana é fundada na "base sólida" de uma determinada parte de material já comprovado. Para assimilar esse material, é normalmente necessário começar com algum grau de raciocínio discursivo. Mas, a partir deste início, a proposta passa do nível da razão para o dos afetos, do "dado" para o pessoal, do complexo para o simples.

O perigo, especialmente no início dos Exercícios, é que o processo fique bloqueado nas primeiras etapas. A segunda e a terceira anotações, uma dirigida ao orientador e outra ao exercitante, alertam contra essa tendência e estabelecem, desde o início, o caráter contemplativo dos Exercícios. Os Exercícios estão ordenados "não tanto ao conhecimento e à especulação, mas aos afetos e à atividade da vontade". Na verdade, "pura especulação não é oração, mas estudo"[2].

[2] [1]*Segunda anotação. Alguém que propõe a outra pessoa o modo e a ordem de meditar ou contemplar deve narrar fielmente a história a ser meditada ou contemplada, mas de tal forma que aborde os pontos mais importantes com apenas explicações breves ou sumárias.* [2]*Pois a pessoa que contempla com um verdadeiro fundamento da história reflete e raciocina sobre ela pessoalmente. Assim, a pessoa poderá, por si só, encontrar coisas que lancem mais luz sobre a história ou que transmitam mais plenamente o seu significado.*

[3]*Quer isso surja do próprio raciocínio da pessoa ou da iluminação da graça divina, encontrar-se-á mais gratificação e fruto espiritual do que se quem dá os Exercícios tivesse explicado e desenvolvido detalhadamente o significado da história.* [4]*Pois não é o muito saber que sacia e satisfaz a alma, mas sim o sentir e saborear as coisas internamente.*

Alguém que propõe: As pessoas que orientam os Exercícios devem estar cientes de que podem impedir o processo contemplativo ao falar demais, não deixando nada para o exercitante descobrir por si mesmo. A função de quem propõe os Exercícios, diz o Diretório Oficial, é "apontar uma via que o exercitante poderá então explorar para si mesmo",

---

2. Breve Diretório (MHSI, v. 76, 446 [trad. PALMER, 207]).

embora uma explicação um pouco mais completa possa precisar ser dada aos de menor capacidade[3].

Outra pessoa: Nos textos originais, a "outra pessoa" é designada como "aquela que faz" ou "recebe" os Exercícios. Assim como "orientador" e "exercitante" são termos pós-inacianos.

Não é o muito saber que sacia e satisfaz a alma, mas sim o sentir e saborear as coisas internamente: Esta é uma frase-chave para compreender a espiritualidade dos Exercícios. Deve ser lida não como uma distinção entre o conhecimento em um sentido objetivo e as experiências subjetivas de sentimento e sabor, mas entre diferentes níveis de conhecimento. O conhecimento que existe única ou largamente ao nível do intelecto, e o conhecimento sentido que envolve as afeições. Este último será referido nos Exercícios como conhecimento interno (vide [63, 104, 333]). Pode ser chamado de "interior" em dois sentidos: pertence ao "interior" (ou coração) da pessoa que conhece; e penetra além do imediatamente óbvio até o mistério "interno" da pessoa ou do significado da verdade conhecida.

[3] [1]Terceira anotação. Ao longo dos Exercícios espirituais usamos o *entendimento* para refletir e a *vontade* para despertar os afetos. [2]Devemos, portanto, notar que na atividade *da vontade*, quando falamos *vocalmente ou mentalmente* com Deus, Nosso Senhor, ou com os seus santos, [3]é necessária maior *reverência* da nossa parte do que quando usamos o intelecto para compreender.

---

3. Diretório de 1599 (MHSI, v. 76, 607 [trad. PALMER, 303]). A ressalva de dar um relato mais completo às pessoas com menos capacidade é explicada por Polanco da seguinte forma: "É importante que, embora admitindo diferenças na inteligência, aprendizagem ou experiência dos seus exercitantes, o orientador deva, por um lado, evitar explicar os pontos com muitos detalhes – tanto para que o exercitante possa ter maior prazer com o que ele mesmo descobre, quanto para que mais espaço possa ser deixado para luzes e movimentos vindos de cima. Por outro lado, o orientador deve evitar ser excessivamente breve e esquemático, mas deve fornecer o suficiente para garantir que o exercitante entenda os pontos corretamente e seja capaz de encontrar seu modo de meditar" (MHSI, v. 76, 287 [trad. PALMER, 124]).

Entendimento... vontade: Para o exercitante, a oração nos Exercícios reduz-se a duas funções simples; a do entendimento (faculdade de raciocínio) e a da vontade (faculdade afetiva).

A vontade: Aqui, como acontece frequentemente nos Exercícios Espirituais e na literatura espiritual clássica em geral, a palavra "coração" pode substituir a vontade.

Vocalmente ou mentalmente: "Vocalmente", com palavras (mas do coração); "mentalmente", qualquer tipo de oração não verbal.

Reverência: "Mostrando a Deus a honra e o respeito que lhe são devidos" [38] Esta é principalmente uma atitude de coração, mas tem implicações corporais [75, 76]. Para Inácio, a reverência amorosa é a postura essencial da criatura diante de Deus. A oração é, portanto, particularmente um momento de reverência, e quanto mais nos aproximamos de Deus em oração, mais a oração será reverencial. Mas, mais especificamente, os Diretórios interpretam esta anotação como uma declaração sobre a primazia da oração afetiva.

Inácio e os autores dos primeiros Diretórios consideraram importante sublinhar este ponto, especialmente em conexão com as meditações da Primeira Semana, nas quais "acontece muitas vezes que no início só a compreensão é alimentada pela novidade e pelo interesse dos temas, e aí há apenas um leve gosto interior na vontade"[4].

Anotação 4: Partes dos Exercícios e duração

[4] [1]*Quarta anotação*. Os Exercícios estão divididos em quatro partes, que correspondem às quatro semanas: [2]a primeira é a consideração e contemplação dos pecados; a segunda, a vida de Cristo, Nosso Senhor, até o Domingo de Ramos inclusive; [3]a terceira, a Paixão de Cristo, Nosso Senhor; a quarta, a Ressurreição e a Ascensão, juntamente com os três modos de orar.

[4]Isso, contudo, não significa que cada semana dure necessariamente sete ou oito dias. [5]Na Primeira Semana, algumas pessoas são mais lentas em encontrar o que procuram (ou seja, contrição, dor, lágrimas pelos

---

4. Diretório Dávila (MHSI, v. 76, 504 [trad. PALMER, 247]).

seus pecados), [6]enquanto algumas fazem progressos mais rápidos do que outras ou são mais agitadas e provadas por vários espíritos. [7]Sendo assim, às vezes pode ser necessário encurtar a semana e outras vezes prolongá-la. O mesmo vale para as outras semanas, pois também nelas é preciso procurar sempre *os frutos adequados ao material proposto*. [8]No entanto, os Exercícios deverão ser concluídos em cerca de trinta dias.

Quarta anotação: Esta anotação descreve o material abordado nos Exercícios, incluindo, na Quarta Semana, os três modos de orar. Vide o comentário em [238-260].

Mas os Exercícios não são apenas um programa; são uma jornada pessoal de fé em "busca e descoberta". Como tal, envolvem uma interação entre o prescrito e o pessoal, entre o programa, por um lado, e, por outro, as necessidades imprevisíveis, o ritmo de progresso e as variedades de experiência do indivíduo. O indivíduo deve, portanto, ter o espaço de que necessita para procurar e encontrar as graças pedidas nas diversas etapas do caminho. Por essa razão, as semanas podem ser prolongadas ou encurtadas. Deve-se notar que a única exigência feita aqui é que o ritmo dos Exercícios seja adaptado ao ritmo do retirante. Sobre a fidelidade ao conteúdo e ordem dos Exercícios, vide notas em [20] abaixo.

Os frutos (literalmente, "as coisas") são aqui as diversas graças dos Exercícios. Assim como na Primeira Semana a pessoa exercitante pede as graças aqui especificadas (contrição etc.), nas semanas subsequentes ela continua pedindo as graças que correspondem ao estágio específico alcançado. Sobre o pedido de graças específicas como característica dos Exercícios, vide notas abaixo em [48, 106].

Adequados ao material proposto: "Material proposto" traduz uma frase em latim no *Autograph materia subjecta*. Tomado literalmente, refere-se ao conteúdo dos Exercícios. Mas isso deve ser entendido em relação aos Exercícios como um processo pessoal. No decurso desse processo, as graças são pedidas não apenas de acordo com o "assunto" dado, mas de acordo com as próprias reações da pessoa exercitante e com o desenvolvimento das suas necessidades pessoais. A questão é expressa explicitamente pela *Versio Prima*, que traduz: "De acordo com o que as pessoas e os materiais propostos exigem" – acrescentando assim ao texto do Autógrafo uma dimensão subjetiva. Nesse sentido a expressão "conforme a matéria proposta" deverá ser entendida ao longo dos Exercícios (cf. [48, 49, 74, 105, 204, 225, 226, 243]). Sobre seu uso em [199] vide abaixo.

Anotação 5: A disposição fundamental

[5] ¹*Quinta anotação. É altamente proveitoso* para a pessoa exercitante iniciar os Exercícios com *espírito magnânimo e com grande generosidade* para com o seu Criador e Senhor. E oferecer-lhe todo o seu desejo e toda a sua liberdade, ²para que a Divina Majestade possa valer-se de sua pessoa e de tudo o que possui, segundo a Sua santíssima vontade.

Esta *Quinta anotação* contém o espírito quintessencial dos Exercícios[5] e antecipa com detalhes específicos a linguagem da oração da Contemplação para Alcançar Amor, na qual a pessoa exercitante oferece a própria liberdade e tudo o que possui para se dispor segundo a vontade de Deus [234]. Nesta fase, mesmo antes do Princípio e Fundamento, Inácio não espera, porém, da pessoa as plenas disposições da Contemplação para Alcançar Amor. No final, ela pode ser agraciada com uma visão transformada da realidade e uma qualidade de elã e espontaneidade na sua doação que não são pressupostas no início. Mas uma pessoa pode possuir generosidade em vários níveis, e, logo no início, Inácio pede a ela que ofereça a Deus todos os recursos de generosidade que possui. Em alguém candidato aos Exercícios, ele presume que essa generosidade já seja considerável. Essa incipiente oferta deve ser feita com confiança na generosidade de Deus[6].

---

5. A importância da Quinta Anotação pode ser avaliada a partir do seu aparecimento inicial na história dos Exercícios como o primeiro de três "preceitos" preliminares, sendo os outros dois o Princípio e Fundamento, e o Pressuposto: cf. texto coletado por John Helyar, o inglês que fez os Exercícios em Paris, c. 1535 (MHSI, v. 100, 429).
6. Diretório de 1599 (MHSI, v. 76, 583 [trad. Palmer, 295]).

Altamente proveitoso: Mesmo em uma leitura superficial dos Exercícios, será surpreendente a frequência com que os termos "proveito" e "proveitoso" ocorrem. Essencialmente, os termos devem ser entendidos em relação aos desejos do exercitante. O "proveito" é aquilo que me ajuda a conseguir "o que quero": aqui são as graças fundamentais dos Exercícios, a liberdade espiritual e a descoberta da vontade de Deus (cf. [1, 21]).

Espírito magnânimo e com grande generosidade: Palavras que sugerem uma espécie de benevolência. Embora a nossa própria magnanimidade e generosidade para com Deus sejam uma resposta à Sua generosidade e liberalidade para conosco, é característico da espiritualidade de Inácio insistir que, do nosso lado, podemos nos aproximar de Deus com magnanimidade e generosidade, bem como com serviço, louvor, reverência, carinho, humildade etc.

Anotação 6: Quando nada parece acontecer

[6] ¹*Sexta anotação*. Quando quem dá os Exercícios toma conhecimento de que a pessoa exercitante não está sendo afetada por algumas moções espirituais, tais como consolações ou desolações, e não é agitada por vários espíritos, ²questione-a atentamente sobre os Exercícios, para saber se eles estão sendo feitos nos horários determinados e de que modo. ³Da mesma forma, se as adições estão sendo cuidadosamente seguidas. Assim, deve perguntar detalhadamente sobre cada um desses pontos.

⁴Abaixo discorre-se sobre consolação e desolação [316-324] e sobre as adições [73-90].

A *Sexta anotação* não afirma que a ausência de movimentos espirituais seja necessariamente um sinal de indiferença. Nos Exercícios isso poderá ocorrer, sem tal implicação, na forma do Terceiro Tempo de Eleição. No entanto, nos Exercícios, Inácio atribui considerável importância à experiência de vários "movimentos espirituais". Há elementos nos Exercícios que normalmente suscitam resistência, especialmente nos casos em que está envolvida a escolha de um estado de vida[7]. Se nada parece estar acontecendo, pode ser um sinal de que algo está errado na forma como os Exercícios estão sendo feitos. O orientador deve estar preparado para questionar o exercitante não apenas sobre o modo de rezar e a ordem dos exercícios, mas também sobre consolação e desolação[8].

Os diretórios vinculam esta prescrição a duas outras:
(1) Se as coisas estão indo bem, o orientador não precisa gastar muito tempo com o exercitante, mas deve "permitir que Deus lide com sua criatura e a criatura, por sua vez, com Deus" (vide [15]).
(2) O orientador deve tomar cuidado para não dar a impressão de ter uma opinião negativa sobre a pessoa que se exercita, "mesmo quando ela não tenha se saído tão bem quanto poderia"[9].

Anotação 7: A abordagem de um exercitante observado em desolação

[7] ¹*Sétima anotação*. Se quem dá os Exercícios percebe que quem os faz está em desolação e sob tentação, não deve ser duro ou rude com tal pessoa, mas gentil e suave, ²dando-lhe ânimo e força para ir adiante. Deve lhe revelar os truques do inimigo da natureza humana e encorajá-la a se preparar e se dispor para a consolação que virá.

A *Sétima anotação* salienta que as pessoas que estão em desolação precisam ser tratadas "com gentileza e bondade"; no entanto, há mais do que uma sugestão nesta anotação de que a reação instintiva de muitos orientadores à desolação pode de fato ser de aspereza (talvez decorrente

---

7. Inácio considerava os Exercícios "melhores para quem ainda não decidiu sobre um estado de vida, porque então há uma maior diversidade de espíritos" (MHSI, v. 76, 114 [trad. PALMER, 29]).
8. Diretórios (MHSI, v. 76, 378, 438, 442 [trad. PALMER, 166, 202, 204]).
9. Idem (378, 495, 605 [trad. PALMER, 166, 241, 303]).

das suas próprias dificuldades em lidar com a desolação). Este ponto é sublinhado no Diretório Oficial, no capítulo sobre as qualidades de um orientador: "O orientador deve ser gentil e não austero, especialmente com as pessoas que sofrem tentações, desolação, aridez ou cansaço"[10]. Além de ser gentil, o orientador deve encorajar a pessoa em desolação por meio do primeiro conjunto de Regras de Discernimento (especialmente [7, 8, 11-14]).

O Diretório Oficial faz ainda a observação de que o "desânimo e a tristeza" muitas vezes provêm "da ambição de se destacar" e de que é "importante que, quando uma pessoa tenha feito o seu melhor, deixe todo o resto à vontade e à caridade de Deus, confiando que a própria aridez que sofre é permitida por Deus para o seu maior bem. Esta atitude de humildade e sujeição a Deus é muitas vezes o caminho mais seguro para obter a graça de orar bem"[11].

Anotações 8 a 10: O emprego dos dois conjuntos de Regras de Discernimento

[8] [1]*Oitava anotação.* À medida que a pessoa que dá os Exercícios toma conhecimento das necessidades particulares da pessoa que os recebe, em matéria de desolações e astúcias do inimigo, bem como em matéria de consolações, [2]poderá explicar-lhe as regras da Primeira e da Segunda Semanas, para conhecer os vários espíritos [313-327, 328-336].

Estas regras não constituem um conjunto de conhecimentos que o exercitante deva adquirir em um determinado ponto do programa. O objetivo delas é falar a partir da experiência, e, portanto, as explicações são dadas ao exercitante quando e conforme necessário. Observe a palavra "explicar": os primeiros orientadores não deram aos exercitantes as regras para estudarem por si próprios; eles as "explicaram". Na verdade, com referência ao primeiro conjunto de regras, Polanco especifica

---

10. Diretório de 1599 (MHSI, v. 76, 597 [trad. Palmer, 300]).
11. Idem (MHSI, v. 76, 605 [trad. Palmer, 303]).

que pode não ser necessário lidar com todas as regras, mas que devem ser dadas explicações sobre aquelas que vão ao encontro das necessidades percebidas no exercitante[12].

[9] [1]*Nona anotação*. O seguinte deve ser observado quando a pessoa que se exercita estiver fazendo os exercícios da Primeira Semana. Se ela for uma pessoa pouco experiente nas coisas espirituais e experimenta *tentações grosseiras e manifestas* – [2]como aquelas em que trabalhos, respeito humano ou medo inspirado pela honra mundana são sugeridos como obstáculos ao progresso no serviço de Deus, Nosso Senhor –, [3]quem dá os Exercícios não deve falar sobre as regras da Segunda Semana para vários espíritos. [4]Pois, assim como as regras da Primeira Semana serão muito proveitosas para tal pessoa, as da Segunda Semana serão prejudiciais, porque os assuntos tratados nestas últimas são mais sutis e elevados para serem compreendidos.

O princípio formulado na *Nona anotação* rege a decisão de quando fornecer o segundo conjunto de regras. Explicá-las a uma pessoa que não se encontra na situação a que se destinam seria claramente prejudicial. Elas lidam com enganos que podem ocorrer na consolação. Somente a pessoa sujeita à tentação sob a aparência de bem é passível de ser ajudada por suas distinções sutis e mais avançadas.

Tentações grosseiras e manifestas: "Grosseiras", ou seja, "trabalhos, vergonha, medo de manchar o bom nome" não estão apenas exercendo uma influência, mas dominam massivamente a perspectiva da pessoa: aqui "manifestas" está em oposição a "ocultas" (sob a aparência de bem).

[10] [1]Décima anotação. Quando quem dá os Exercícios percebe que quem os recebe está sendo atacado e tentado sob a aparência de bem, é hora de falar sobre as regras da Segunda Semana mencionadas acima. [2]Pois, normalmente, o inimigo da natureza humana tenta mais sob a aparência de bem quando as pessoas estão se exercitando na *vida*

---

12. Diretório de Polanco (MHSI, v. 76, 297 [trad. PALMER, 130]).

iluminativa, que corresponde aos Exercícios da Segunda Semana. ³Tais tentações são menos comuns na *vida purgativa*, que corresponde aos Exercícios da Primeira Semana.

A *vida purgativa* e a *iluminativa*: As três vias clássicas, a purgativa, a iluminativa e a unitiva, não são tanto três estágios descontínuos, mas três aspectos da vida cristã. Uma ou outra pode predominar na situação de uma pessoa em um determinado momento. Os estágios "mais elevados" tornam-se cada vez mais habituais com o crescimento espiritual. A via purgativa, caracterizada pela conversão do pecado, nunca é completamente transcendida e, na Primeira Semana, a pessoa opta por dar total atenção e compromisso às suas exigências: nela "se exercita". Com essa preparação, os aspectos iluminativos da vida cristã, lucidez de espírito e certa espontaneidade de resposta, serão realçados à medida que a pessoa se exercita na Segunda Semana. Inácio aqui se refere apenas aos dois primeiros estágios da tríade (que ele chama de vida purgativa e iluminativa). Ao fornecer uma chave interpretativa para os Exercícios, muitos comentaristas importantes atribuíram importância à tríade clássica, colocando a Quarta Semana (e às vezes a Terceira) sob a "via unitiva". Inácio, por outro lado, não faz nenhuma outra referência às três vias[13]. Tanto a *Versio Prima* como a *Vulgata* substituem a palavra "vida" por "via".

---

13. Ignacio Iparraguirre escreve criticando a inclusão de um capítulo sobre as três vias no Diretório Oficial que, "em vez de universalizar a base doutrinária dos Exercícios, a restringiu, cerceando-a dentro de uma corrente particular, que é sem dúvida magnífica em si mesma, mas é o produto dos gostos de uma época. Pode-se produzir um comentário genuinamente inaciano encerrando os Exercícios neste sistema. Mas também se pode compreender os Exercícios prescindindo dessa tendência". *Historia de los Ejercicios de San Ignacio*, v. II, p. 446, apud O'LEARY, BRIAN. What the Directories Say, *The Way, Supplement*, 58 (1987) 13-19. O artigo de O'Leary será mencionado mais adiante em referência à Terceira Semana.

Anotações 11 a 13:
Duas formas de fugir do processo

[11] ¹*Décima primeira* anotação. Enquanto a pessoa estiver na Primeira Semana, será uma vantagem que nada seja conhecido sobre o que deve ser feito na Segunda Semana. ²Em vez disso, ela deve se esforçar para obter o que está sendo buscado na Primeira Semana, como se nada de bom fosse esperado na Segunda.

A *Décima primeira* anotação assinala que a graça dos Exercícios em qualquer momento particular está no presente, mesmo que o presente possa ser trabalhoso. Por isso, Inácio adverte contra a tentação de escapar do presente para uma fase futura dos Exercícios. Durante a Primeira Semana, a pessoa será menos tentada, não sabendo nada sobre o rumo que os Exercícios tomarão na Segunda Semana. (Embora a Anotação 4 mostre que Inácio não pretendia que a pessoa exercitante ficasse completamente no escuro sobre a programação geral dos Exercícios.)

[12] ¹Décima segunda anotação. Quem dá os Exercícios deve ser insistente em chamar a atenção de quem os recebe para o seguinte: uma hora deve ser gasta em cada um dos cinco exercícios ou contemplações a serem feitos a cada dia. ²A pessoa deve procurar sempre contentamento em pensar que empregou uma hora inteira no exercício, e antes mais do que menos. ³Pois, via de regra, o inimigo se esforça para conseguir encurtar a hora da contemplação, meditação ou oração.

[13] ¹Décima terceira anotação. Deve-se notar também que em tempos de consolação é fácil e pouco exigente permanecer em contemplação durante uma *hora inteira*, mas em tempos de desolação é muito difícil perseverar. ²Consequentemente, *para agir contra a desolação* e vencer a tentação, quem se exercita deve sempre permanecer um pouco mais do que a hora inteira, para acostumar-se não apenas a *resistir* ao inimigo, mas também a *derrotá-lo*.

Hora inteira: Outra evasão consiste em abreviar o tempo de oração. Dois textos em particular são recomendados nos Diretórios para o encorajamento de quem se exercita e sofre de tédio na oração: Lucas 11,9-10 e Habacuc 2,3 ("se a visão tardar, espera, porque certamente virá").

Para agir contra a desolação: Isso é uma aplicação do princípio de "agir contra" (*agendo contra*): uma tendência desordenada deve ser tratada através de uma ênfase deliberada no seu oposto, para finalmente encontrar o meio-termo. Esse princípio aparece frequentemente nos Exercícios (por exemplo [16, 325, 350, 351]). Age contra o excesso de rigor e indulgência (por exemplo, muita ou pouca sensibilidade de consciência [350]).

Resistir/derrotar: "Resistir" e "derrotar" não são sinônimos. Os dois termos aparecem novamente em [33, 34, 324].

Anotações 14 a 16: Eleição.
Disposições de quem dá e de quem recebe os Exercícios. A dinâmica de encontrar a vontade de Deus

Sobre a importância central do tema da eleição nos Exercícios, mesmo para as pessoas que não têm nenhuma escolha importante a fazer dentro dos próprios Exercícios; vide [21] e [169-189], com comentários. Nas três anotações seguintes, Inácio resume sua doutrina sobre como fazer escolhas como uma consequência do relacionamento Criador/criatura [$16^{3,4,6}$, 17]. As anotações 14 e 15 também chamam a atenção para dois princípios relativos ao papel de quem orienta os Exercícios em relação à eleição da pessoa que os faz.

[14] [1]Décima quarta anotação. Se quem dá os Exercícios vê que quem os recebe anda consolado e cheio de fervor, previna-o para não fazer nenhuma promessa ou *voto impensado ou precipitado*. [2]Quanto mais instável o temperamento da pessoa exercitante, maior será a necessidade de advertência e admoestação. [3]É verdade que se pode legitimamente encorajar alguém a ingressar em uma ordem religiosa, com a intenção de fazer voto de obediência, pobreza e castidade; [4]e também é verdade

que uma boa obra feita sob voto é mais meritória do que aquela feita sem voto. [5]No entanto, deve ser dada uma atenção cuidadosa ao *temperamento e às capacidades individuais* da pessoa exercitante, bem como às ajudas ou obstáculos que poderá encontrar no cumprimento das promessas que ela possa querer fazer.

Impensado ou precipitado: Nos Exercícios, as escolhas de vida são frequente e confiavelmente tomadas com base em consolação testada [176]. Mas a consolação testada é uma coisa e a impetuosidade é outra. A presente anotação alerta quem orienta os Exercícios para a possibilidade de que, em personalidades imaturas ou volúveis, fatores psicológicos possam produzir efeitos que a pessoa, e também um orientador impressionável, pode não conseguir distinguir dos verdadeiros movimentos do Espírito. A seção sobre eleição no corpo dos Exercícios não faz nenhuma menção a essas precauções, mas tomá-las como lidas coloca a ênfase na disponibilidade generosa. Quem orienta os Exercícios precisa, no entanto, estar ciente desta anotação, que lembra um incidente ocorrido na experiência inicial de Inácio como orientador[14].

Voto: Ao fazer um voto durante os Exercícios, o Diretório de 1599, assumindo a posição de Polanco e outros, admite que um voto possa ser feito, mas ao mesmo tempo insiste na necessidade de cautela. "Em momentos de ardor ou de consolação, muitas vezes são feitos votos dos quais se arrependem mais tarde. Esta precaução precisa ser tomada especialmente com pessoas de caráter ardente, precipitado ou instável[15]." Em qualquer caso, o diretor não deve de forma alguma exigir tal voto.

Temperamento e capacidades individuais: É necessária cautela especialmente quando três fatores coincidem: (1) emoção forte, (2) uma personalidade instável, (3) uma escolha que parece improvável de ter sucesso, quer devido à qualidade psicológica, física ou moral da pessoa exercitante, quer devido a sérios obstáculos na forma de implementar a decisão.

---

14. *Autobiografia*, n. 77 (*Personal Writings*, 87). [Trad. bras.: O *relato do peregrino (Autobiografia)*, São Paulo, Loyola, ²2006. (N. do T.)]
15. Diretório de 1599 (MHSI, v. 76, 721 [trad. Palmer, 338]).

Implícito na posição de Inácio sobre a eleição está o princípio de que a graça cria novas capacidades. Em uma autêntica experiência de consolação, uma pessoa pode ser chamada (e, portanto, capacitada) a fazer uma escolha com consequências que não poderia sustentar sem esse chamado e capacitação. Mas, precisamente por essa razão, quem orienta os Exercícios não deve endossar uma decisão, especialmente alguma que envolva um estado de vida, que a pessoa não possa de fato ser solicitada a assumir[16].

[15] [1]Décima quinta anotação. Quem dá os Exercícios *não deve encorajar* quem os recebe *mais à pobreza* ou à promessa dela do que ao contrário, nem a um estado ou modo de vida do que a outro. [2]Fora dos Exercícios, pode ser lícito e meritório encorajar todas as pessoas que nos parecem idôneas a escolher a continência, a virgindade, a vida religiosa e todas as formas de perfeição evangélica; [3]mas, durante os Exercícios Espirituais, é mais oportuno e muito melhor que, *na busca da vontade divina*, o Criador e Senhor se comunique à alma fiel, [4]*abrasando*[17] *essa alma em seu amor e louvor* e dispondo-a para o caminho em que ela estará mais apta a servi-lo no futuro. [5]Portanto, quem dá os Exercícios não deve ser influenciado ou mostrar preferência por um lado de uma escolha em vez do outro, mas permanecendo no centro

---

16. No que diz respeito à vida religiosa, os primeiros orientadores estavam especialmente atentos aos perigos de embarcar nisso com base em um fervor irrefletido: "Uma pessoa que pareça totalmente inadequada para a vida religiosa devido a uma enfermidade natural ou outros impedimentos aparentemente insuperáveis não deve de modo algum ser instada ao estado de vida religiosa. A experiência mostra como o seu fervor depois esfria e os impedimentos e dificuldades naturais criam problemas para as pessoas. O resultado é que acabam por abandonar a vida religiosa ou permanecer nela para prejuízo próprio ou de outrem". Diretório do Padre D'Ávila (MHSI, v. 76, 490 [trad. Palmer, 238]). Sobre "eleição" e vida religiosa, vide também adiante em [21].
17. A palavra aqui traduzida como "abrasar" também pode ser entendida no sentido de "abraçar": cf. *Personal Writings*, 80 (*Spiritual Diary*), "Estava em chamas", com nota 18. [Trad. bras.: *Diário Espiritual*, São Paulo, Loyola, 2007. (N. do T.)]

como o fiel de uma balança ⁶*deve deixar o Criador agir com a criatura, e a criatura com seu Criador e Senhor.*

Não deve encorajar: Embora quem orienta os Exercícios possa desencorajar uma pessoa inadequada a escolher a vida religiosa, ele ou ela nunca deve, durante os Exercícios, influenciar positivamente uma pessoa a escolhê-la, por mais adequada que ela pareça ser.

Mais à pobreza: A linguagem desta anotação lembra a da Contemplação para Alcançar Amor e as definições de consolação nas Regras de Discernimento. Estabelece desde o início o clima contemplativo dos Exercícios como um todo e particularmente a expectativa com que Inácio faria a pessoa exercitante participar da eleição.

Na busca pela vontade divina: Ou seja, o contexto é da eleição.

Abrasando essa alma em seu amor e louvor: Uma pessoa que se aproxima da eleição deve desejar (mas não deve presumir) encontrar a vontade de Deus com uma disposição de amor que transforme a afetividade e envolva toda a pessoa no desejo de fazer a vontade de Deus. Embora a conexão entre este texto e as definições de consolação em [316] e [330] não seja absolutamente clara, a expectativa aqui descrita certamente encontraria realização completa na "consolação sem causa precedente".

Como o fiel de uma balança: A imagem usada posteriormente para a pessoa exercitante [179] é aqui aplicada a quem a orienta. Na abordagem da eleição, cabe ao orientador ajudar o exercitante a identificar fatores nas atitudes ou desejos deste último que podem não surgir do desejo de encontrar a vontade de Deus. Mas essencialmente o papel de quem orienta é acompanhar a pessoa exercitante rumo a uma relação entre Deus e a criatura na qual outra pessoa não deve se intrometer.

Deixar o Criador agir com a criatura: Compare com o uso que Inácio faz da imagem da amizade íntima em [231]. Durante a vida de Inácio, quando a principal acusação feita contra os Exercícios era a de iluminismo, a afirmação de que Criador e criatura lidavam diretamente um com o outro era o alvo principal de crítica[18].

---

18. Em um relatório sobre os Exercícios encomendado pelo Arcebispo de Toledo em 1553, esta afirmação foi censurada como "claramente feita por um

[16] ¹Décima sexta anotação. *Para isto*, nomeadamente, para que o Criador e Senhor possa *trabalhar com mais segurança em sua criatura*, ²se a alma em questão estiver *afeiçoada ou inclinada a algo de maneira desordenada*, é muito útil que ela *faça tudo que puder para chegar ao contrário* dessa afeição desordenada. ³Esse seria o caso, por exemplo, se uma pessoa estivesse decidida a procurar obter uma nomeação ou benefício, não para a honra e glória de Deus, Nosso Senhor, nem para o bem espiritual das pessoas, mas para o seu próprio proveito e interesses temporais. ⁴Deve-se então colocar o coração naquilo que é contrário a isso. Deve-se *insistir nas orações* e em outros exercícios espirituais e pedir a Deus, Nosso Senhor, o contrário. ⁵Ou seja, não querer a nomeação ou benefício ou qualquer outra coisa, *a não ser que a Divina Majestade ponha em ordem* seus desejos e mude a primeira afeição, ⁶para que a causa de desejar ou manter esta ou aquela coisa seja *apenas o serviço, a honra e a glória da Divina Majestade*.

Para isto: Esta anotação só pode ser devidamente apreciada quando lida como uma continuação da anterior.

Trabalhar com mais segurança em sua criatura: A anotação fornece um resumo da maneira pela qual o Criador e a criatura trabalham juntos em uma situação de decisão. A chave de todo o processo é o desejo. A ação de Deus consiste principalmente em conceder a graça do desejo do serviço e da glória de Deus, não apenas de uma forma geral, mas como critério de escolha precisamente na situação presente. A parte da criatura é orar por esse desejo, ceder a ele, remover os obstáculos que se interpõem no seu caminho. Na medida em que o apego "desordenado" a uma das alternativas (por exemplo, um benefício) constitui tal obstáculo, Inácio elogia o "ir contra" explicado na presente anotação.

Afeiçoada ou inclinada a algo de maneira desordenada: Não é a afeição como tal que cria um obstáculo, mas o seu egocentrismo: "Interesses pessoais e vantagem mundana".

---

iluminista". Cf. POLANCO, *Chronicon* (MHSI, v. 3, 503-524). Para o contexto histórico, vide O'MALLEY, *The First Jesuits*, 43 e 294. [Trad. bras.: *Os primeiros jesuítas*, São Leopoldo e Bauru, Unisinos e Edusc, 2004. (N. do T.)]

Faça tudo que puder para chegar ao contrário: A linguagem, implicando um elemento de esforço (agraciado), enfatiza a seriedade da exigência feita à pessoa e o fato de que a libertação do poder do desejo egocêntrico não ocorre casualmente. O contexto deste "esforço", no entanto, é o crescente amor e conhecimento de Jesus e o crescente compromisso com o discipulado, que são as graças da Segunda Semana.

O *contrário*: O contrário de querer algo de forma desordenada não é odiar a coisa, mas simplesmente deixar de desejá-la, a menos e até que alguém seja movido a desejá-la para a glória e o serviço de Deus. Quais ações contrárias imediatas podem ser necessárias antes que se possa chegar a este ponto são especificadas em [155 e 157], que a presente anotação antecipa.

Insistir nas orações: A principal iniciativa de nossa parte é a oração; pedido sincero para que o próprio Deus atue em nossos corações.

A não ser que a Divina Majestade ponha em ordem. A conversão não é apenas uma questão de ir contra a "desordem" em nossas afeições, ou mesmo eliminá-las. Consiste em deixar Deus entrar em nossas afeições e corrigi-las; dar direção certa, ou seja, o desejo de vantagem pessoal é transformado em desejo de louvor e serviço a Deus. A distinção entre o passo negativo (a oposição ao desejo desordenado) e a ação positiva de Deus não deve ser simplificada demais. Mesmo na tentativa inicial de "levar-nos ao contrário", o desejo pelo serviço e pela glória de Deus já está em ação, mesmo que obscuramente.

Apenas o serviço etc. (cf. [46] – a oração preparatória de cada exercício; também [155]). Aqueles que se rendem à influência do Espírito passarão a desejar cada vez mais esse ideal e a tender a ele, ou seja, o desejo e a busca é que são importantes. *Apenas* não implica que essa motivação transcendente exclua a motivação imediata (por exemplo, o interesse ou a satisfação em fazer um trabalho), mas antes que todos os outros motivos estejam integrados nela. O que é excluído é a motivação do "segundo tipo de pessoas" ([154], cf. também [169]), que subordina o serviço a Deus a uma motivação primária, que consiste no interesse egoísta imediato.

Serviço, honra e glória da Divina Majestade: Uma variante do "louvor, reverência e serviço" do Princípio e Fundamento. O serviço,

ANOTAÇÕES

significativamente, vem em primeiro lugar; honra: a honra de Deus, em oposição à honra atribuída a si mesmo (por exemplo, de um alto cargo); glória: para Inácio tem a nuance do cumprimento dos propósitos de Deus no mundo.

A questão da Décima Sexta Anotação é tratada com mais detalhes no Princípio e Fundamento [23] e no Terceiro Tipo de Pessoas [155, 157] e uma discussão mais aprofundada encontra-se nas notas de comentários sobre estas seções.

Anotação 17:
Abertura com quem orienta os exercícios

[17] [1]Décima sétima anotação. É de muito proveito que quem dá os Exercícios, sem desejar investigar ou conhecer os pensamentos ou pecados pessoais de quem os recebe, [2]receba um *relato fiel* das várias *agitações e pensamentos provocados pelos diversos espíritos*. [3]Pois assim, dependendo do maior ou menor proveito a ser obtido, poderá fornecer alguns exercícios espirituais apropriados e adequados às necessidades de uma alma assim agitada.

Relato fiel: Quem faz os Exercícios "lucrará muito" ao ser transparente com quem os orienta, relatando tudo o que este precisa saber para ajudar aqui e agora nos Exercícios. O que o orientador precisa saber consiste principalmente nas moções dos espíritos. Os Exercícios tratam do discernimento presente. Mas, embora a anotação coloque certas restrições aos que orientam: que não devem investigar ou desejar saber os pensamentos ou pecados da pessoa exercitante, o seu principal objetivo é encorajar os exercitantes a darem-se a conhecer. Além disso, tanto no texto dos Exercícios como nos Diretórios, fica claro que se espera que quem orienta os Exercícios tenha um bom conhecimento de quem os faz: sua personalidade, temperamento, tendências, pontos fortes e fracos etc.[19].

---

19. A relação essencial da pessoa exercitante com quem a orienta está descrita no Diretório de Polanco: "A pessoa que se exercita deve revelar ao orientador

Agitações e pensamentos provocados pelos diversos espíritos. Os "pensamentos" nos Exercícios não são ideias abstratas, mas sim o que Inácio chama de "moções dos espíritos" (cf. nota em [313]); envolvem imaginação e sentimento, e tendem para ações, sejam elas interiores ou exteriores. *Pensamentos pessoais* são aqueles que iniciamos ou escolhemos nos entreter com eles. *Pensamentos provocados pelos Espíritos* são pensamentos, bons ou maus, à medida que vêm espontaneamente e, por assim dizer, "de fora" de nós mesmos (cf. [32, 347]). Pensamentos deste último tipo são o material do discernimento, e ajudar a pessoa exercitante a discernir os espíritos é o principal papel de quem orienta os Exercícios.

Nos primeiros tempos dos Exercícios, o orientador e o confessor não eram normalmente a mesma pessoa (cf. nota sobre a confissão [44]).

Anotações 18 e 19: Adaptações dos Exercícios

As anotações 18 a 20 contêm os princípios para toda adaptação dos Exercícios, isto é, os Exercícios são um todo orgânico, e realizá-los em sua totalidade, seja em retiro seja na vida cotidiana, exige uma fidelidade essencial a todo o programa e à sua ordem. Mas também são um recurso que pode ser usado de muitas maneiras para atender a uma ampla variedade de situações e necessidades pessoais. Mesmo durante a vida de Inácio, e no período dos Diretórios, as formas reais de adaptação desenvolveram-se além dos limites estritos destas três anotações. O processo de adaptação continua nos tempos modernos e, enquanto os princípios gerais de adaptação forem preservados, não há necessidade de tentar encaixar todas as formas de adaptação dos Exercícios em uma destas três anotações[20].

---

como está fazendo os Exercícios e deve dar-lhe conta deles. Dessa forma, se ela não conseguir compreender alguma coisa completamente, poderá ser instruída. Suas percepções e iluminações podem ser submetidas a exame minucioso. Suas desolações e consolações podem ser discernidas. E ela pode ser ajudada com orientações sobre quaisquer penitências que fizer ou tentações que a assolem" (MHSI, v. 76, 289 [trad. Palmer, 125]).

20. Maurice Giuliani sugere que "as três anotações 18, 19, 20 certamente não podem abranger a nossa atual realidade social e cultural" e que o movimento

[18] ¹Décima oitava anotação. Os Exercícios deverão ser *adaptados às capacidades* daqueles que desejam praticá-los; isto é, conforme a sua idade, educação ou inteligência. ²Assim, às pessoas com falta de instrução ou com pouca resistência não devem ser dadas coisas que não possam realizar sem fadiga e delas tirar algum proveito. ³Da mesma forma, para que a pessoa possa obter mais ajuda e tirar proveito, o que lhe é dado deve ser adaptado às suas disposições.

⁴Portanto, às pessoas que desejam obter alguma instrução e alcançar certo nível de satisfação espiritual dê-se o exame particular [24-31] e depois o exame geral [32-43]; ⁵e junto com isso, durante meia hora pela manhã, a forma de orar sobre os mandamentos, os pecados capitais etc. [238-248]. ⁶Também se pode recomendar a essas pessoas que façam uma confissão de seus pecados todas as semanas, se possível recebam a comunhão quinzenalmente e, melhor ainda, todas as semanas, se assim o desejarem.

⁷Esta maneira é mais adequada a pessoas simples e sem instrução, a quem também se podem dar explicações sobre cada mandamento, cada um dos pecados capitais, os preceitos da Igreja, os cinco sentidos e as obras de misericórdia.

⁸Da mesma forma, se quem dá os Exercícios perceber que quem os recebe é uma pessoa de pouca disposição ou com pouca capacidade natural, e de quem não se espera muitos frutos, ⁹é mais adequado dar alguns exercícios leves até que a pessoa confesse seus pecados. ¹⁰Depois podem ser dadas algumas formas de exame de consciência e a instrução de confessar-se com mais frequência, para que o progresso alcançado possa ser mantido. ¹¹Não se deve recorrer aos materiais que tratam da eleição ou a outros exercícios fora da Primeira Semana, ¹²especialmente quando com outras pessoas se pode obter maior proveito, pois não há tempo para tudo.

---

mais sensato é simplesmente desistir de considerar as Anotações Décima Nona e Vigésima como as autoridades que justificam a nossa configuração do "retiro na vida cotidiana" e do "retiro fechado". Vide LEFRANK; GIULIANI, *Freedom for Service*, 255. [Trad. bras.: *Livre para servir*, São Paulo, Loyola, 1985. (N. do T.)]

Adaptados às capacidades: A anotação descreve formas de adaptar os Exercícios àqueles para quem os Exercícios completos seriam inúteis ou onerosos. Estes últimos incluem pessoas com problemas de saúde, mas Inácio não oferece conselhos específicos para elas. As categorias explicitamente tratadas nesta anotação enquadram-se em três títulos:

Primeiro, pessoas de aspiração limitada: aquelas que querem alguma coisa, mas não estão preparadas para a conversão radical, que é o objetivo dos Exercícios completos. Para ler comentários sobre os materiais propostos a tais pessoas, vide as notas sobre o Exame e o Primeiro Modo de Orar.

Em segundo lugar, pessoas com pouca capacidade mental ou instrução limitada, muitas das quais nos dias de Inácio eram analfabetas (embora enfaticamente não sejam um empreendimento intelectual, os Exercícios exigem certa cultura e disciplina mental). O programa aqui é semelhante ao fornecido para a situação anterior, mas com mais ênfase na instrução. Na verdade, temos aqui um programa de catequese básica; mas a catequese assume precisamente a forma de "exercícios espirituais" e não apenas de instrução.

A terceira categoria consiste em pessoas que podem receber a Primeira Semana, mas não têm a capacidade de ir além dela; uma incapacidade que pode ser "percebida" à medida que as coisas avançam. O significado do termo "exercícios mais leves" não é totalmente claro. A interpretação que parece melhor se adequar às distinções traçadas nesta anotação, bem como à prática de Inácio, é equiparar os "exercícios mais leves" a todas as meditações da Primeira Semana; sendo estes "leves" não no conteúdo, mas no sentido de que a pessoa comum pode lidar com eles. O próprio Inácio aprovou que os exercícios da Primeira Semana fossem ministrados sem limitação às pessoas.

[19] [1]Décima nona anotação: Uma *pessoa ocupada* com assuntos públicos ou negócios necessários, [2]e que seja instruída ou inteligente, pode reservar para os Exercícios uma hora e meia por dia. Pode-se explicar a tal pessoa o fim para o qual o ser humano é criado, [3]e como aplicar durante meia hora o exame particular, depois o exame geral e o modo de confessar-se e de receber a Eucaristia. [4]Durante três dias,

essa pessoa pode dedicar uma hora todas as manhãs à meditação sobre o primeiro, o segundo e o terceiro pecados [43-53]. [5]Depois, durante três dias, na mesma hora, fará a meditação sobre o processo dos pecados [55-61] [6]e, por mais três dias, a meditação sobre as penas que correspondem aos pecados [65-72]. [7]Durante esses três conjuntos de meditações, exponham-se as dez adições [73-90]. [8]Para a contemplação dos mistérios da vida de Cristo, Nosso Senhor, siga-se o mesmo método, como se explica detalhadamente mais adiante.

Pessoa ocupada: Esta anotação trata de formas de adaptar os Exercícios a pessoas capazes de realizá-los na íntegra, mas impedidas pelas circunstâncias de realizá-los na solidão. Embora o texto detalhe o conteúdo da Primeira Semana, a Décima Nona Anotação (conhecida no século XVI como os Exercícios "abertos") cobre, na verdade, o curso completo dos Exercícios. Para as pessoas que os fazem desta forma, os Diretórios permitem considerável liberdade em matéria de momentos de oração e de distribuição do conteúdo[21].

Hoje, depois de terem caído praticamente no esquecimento, os Exercícios da Décima Nona Anotação evoluíram para o conceito de "os exercícios feitos na vida cotidiana"[22].

Anotação 20: Os exercícios completos e integrais

[20] [1]Vigésima anotação. Se a pessoa estiver mais desimpedida e quiser aproveitar o máximo possível, deverá receber *todos os Exercícios Espirituais* na *ordem exata em que estão escritos*. [2]Em geral, haverá tanto mais

---

21. Diretório de 1599 (MHSI, v. 76, 615-617 [trad. PALMER, 306-307]).
22. Sobre essa evolução, vide: Cusson, *The Spiritual Exercises Made in Everyday Life*, no qual, além de recorrer à sua vasta experiência para sugerir um método, o autor fornece um esboço histórico dos Exercícios segundo a Décima Nona Anotação. [Trad. bras.: *Conduzi-me pelo caminho da eternidade. Os Exercícios na vida cotidiana*, São Paulo, Loyola, 1976 (N. do T.)]. Também deve-se consultar: LEFRANK; GIULIANI, *Freedom for Service*. [Trad. bras.: *Livre para servir*, São Paulo, Loyola, 1985 (N. do T.)].

proveito quanto mais se *afastar* de todos os amigos e conhecidos, e de todas as preocupações terrenas. ³Por exemplo, ela pode sair da casa onde mora e ir para outra casa ou quarto para ali viver com a maior privacidade possível, ⁴mas com a oportunidade de assistir diariamente à Missa e às Vésperas, sem medo de que conhecidos a impeçam.

⁵Três vantagens principais, entre muitas outras, serão obtidas com esse afastamento.

⁶A primeira é que, ao se afastar de muitos amigos e conhecidos, bem como de negócios que distraem, a fim de servir e louvar a Deus, Nosso Senhor, não pouco merece diante de sua Divina Majestade.

⁷A segunda é que nesse estado de afastamento, com a mente não dividida entre muitas coisas, mas inteiramente ocupada apenas com uma, a saber, *o serviço do seu Criador e o proveito da sua vida espiritual*, ⁸as potências naturais da pessoa podem ser usadas mais livremente na busca sincera daquilo que tanto deseja.

⁹A terceira: quanto mais a pessoa está a sós e afastada, mais apta se torna para se aproximar e alcançar seu Criador e Senhor; ¹⁰e, quanto mais se aproxima dele, mais se dispõe a receber graças e dons da sua Divina e Suprema Bondade.

Todos os Exercícios Espirituais: Os Exercícios feitos segundo a Vigésima Anotação, forma à qual Inácio admitia apenas as pessoas com "excelente" adequação[23], caracterizam-se pela fidelidade à "ordem" do texto e por uma situação de afastamento físico.

Ordem exata em que estão escritos: Isso não deve ser entendido com literalismo rígido. Certo grau de ajuste ao indivíduo é a essência dos Exercícios. Mesmo nesta, que é a forma "mais pura" dos Exercícios, os ajustes não devem ser considerados como uma "concessão" (cf. [4, 17, 72, 129, 162, 209], e também cf. a nota na *Versio Prima* e na *Vulgata*

---

23. Até certo ponto, a atitude restritiva de Inácio foi influenciada por considerações práticas: o pequeno número de orientadores disponíveis e as pesadas exigências feitas em seu tempo. Mas, deixando de lado as considerações práticas, ele entendia que os Exercícios completos exigiam mais do que uma qualidade espiritual e psicológica comum.

[71]). No entanto, os Exercícios são uma proposta, e qualquer forma de os transmitir que não a respeite não se enquadra na categoria da "Vigésima Anotação". Em particular, é importante respeitar a "ordem" (ou dinâmica) dos Exercícios[24].

Afastar: Os exercícios devem ser feitos, tanto quanto possível, em condições de afastamento físico e até psicológico do mundo cotidiano da pessoa. A separação do mundo não significa, contudo, despreocupação com ele; na verdade, nos Exercícios ocorre o oposto. Nos Exercícios, afastamo-nos dos aspectos imediatamente perturbadores e invasivos do mundo, não para esquecê-lo, mas para "ordenar" a nossa relação com ele e encontrar a nossa maneira pessoal de servir o Reino dentro dele.

O serviço do seu Criador e o proveito da sua vida espiritual: Para encontrar outras declarações nas quais o proveito da vida espiritual é colocado explicitamente em relação ao serviço de Deus, vide [152], [166], [169], [179], [189], [339]. Vide também comentários em [1] e [23].

---

24. Embora a adaptação encontre seu alcance máximo nas situações dos Exercícios segundo a Anotação Décima Oitava e a Décima Nona, em todas as formas de Exercícios quem os orienta deve ser capaz de manter o equilíbrio entre dois princípios. "Por um lado, deve seguir exatamente a ordem, o método e as instruções detalhadas encontradas no livro, e, quanto mais estritamente fizer isso, mais Deus trabalhará a seu favor. Por outro lado, é-lhe permitida considerável discrição, tendo em conta as diferenças entre as pessoas que fazem os Exercícios ou os espíritos pelos quais são movidas, para alterar alguns exercícios ou prescrever outros apropriados às necessidades individuais". Diretório de 1599 (MHSI, v. 76, 609 [trad. PALMER, 304]).

Primeira Semana[1]

Finalidade e pressuposto

[21] EXERCÍCIOS ESPIRITUAIS QUE TÊM COMO FINALIDADE *VENCER A SI MESMO* E *ORDENAR A PRÓPRIA VIDA*, COM BASE EM UMA *DECISÃO* TOMADA DE FORMA LIVRE DE QUALQUER AFEIÇÃO DESORDENADA[2]

Este parágrafo não é tanto um título, mas um resumo dos Exercícios em termos de fins e meios. A afirmação corresponde, assim, à última parte da Anotação 1, mas em dois aspectos é mais específica. Associa os Exercícios à tomada de decisão; e, em segundo lugar, enfatiza as implicações ascéticas/psicológicas de tomar uma decisão de forma livre de qualquer afeição desordenada.

No que diz respeito à eleição, Inácio preferia, em igualdade de condições, dar os Exercícios a pessoas que tivessem de escolher um estado

---

1. No Texto Autógrafo, o título "Primeira Semana" aparece nesta etapa, no topo da página. O material da Primeira Semana propriamente dito consiste nos Exercícios sobre o pecado [45ss.] (vide [4.2]).
2. Esta formulação está mais baseada na *Vulgata* do que no Texto Autógrafo dos Exercícios cf. comentário do termo "decisão" feito pelo autor mais adiante (N. do T.).

de vida, mas a primeira geração de orientadores, seguindo o exemplo do próprio Inácio, também os deu a pessoas sem tal escolha a fazer[3]. Na verdade, tanto Inácio como os autores dos Diretórios foram cautelosos sobre a quem permitiam tomar decisões importantes nos Exercícios[4]. Em relação à eleição, então, a flexibilidade de uso pode ser encontrada desde o início.

No entanto, quem orienta os Exercícios deve estar ciente de que, embora a utilização dos Exercícios admita flexibilidade, o texto dos Exercícios centra-se na eleição de um estado de vida e, especificamente, na eleição de um dos dois "estados" cristãos: o caminho dos conselhos evangélicos e o caminho dos mandamentos[5]. Na verdade, o texto só pode ser adequadamente compreendido em relação à eleição nesse sentido. Contudo, isso não significa que dar os Exercícios a pessoas que não têm de fazer uma escolha de vida seja dá-los de forma atenuada; sempre surgirá algum tipo de escolha nos Exercícios[6].

Na falta de uma menção a Deus ou à sua vontade, este parágrafo dificilmente faz plena justiça à natureza dos Exercícios. A sua finalidade

---

3. Os primeiros orientadores, além de excluir da eleição qualquer pessoa que carecesse das qualidades ou disposições adequadas, não entregavam o material sobre a eleição a religiosos ou pessoas casadas, em situação de vida estável. Nem um exercitante jesuíta normalmente recebia o material sobre a eleição, a menos que desejasse deliberar sobre "algum assunto que o superior deixara em suas mãos", Diretório (Miró) (MHSI, v. 76, 395-396 [trad. PALMER, 175]; cf. também 171, 177, 252 [trad. PALMER, 66, 69, 102]).

4. No que diz respeito à escolha do caminho dos conselhos evangélicos, um motivo para cautela era o perigo de as pessoas não conseguirem, após os Exercícios, manter a sua determinação e espalhar por aí que os jesuítas as tinham "empobrecido, levando-as à pobreza e à vida religiosa". Diretrizes e Instruções de Inácio (MHSI, v. 76, 112 [trad. PALMER, 27]). Sobre eleição e vida religiosa consagrada, vide também acima em [14].

5. Essa distinção é feita e desenvolvida por GUIBERT, *The Jesuits*, 126ss., no âmbito da polêmica sobre o "fim" dos Exercícios, entre as escolas da "eleição" e as escolas da "perfeição". Sobre essa controvérsia, associada particularmente aos nomes de Léonce de Grandmaison e Louis Peeters, vide GANSS, *The Spiritual Exercises of St Ignatius*, 147.

6. Vide, adiante, Introdução à Eleição.

é imediata e prática: deixar claro à pessoa que inicia os Exercícios qual deve ser o objetivo da sua parte (tomar uma decisão em liberdade afetiva) e a condição para alcançá-la (superar os bloqueios à liberdade em si). Que a decisão seja um assentimento amoroso aos desejos de Deus, e que o fim seja alcançado e os meios perseguidos no Espírito, e no contexto de um relacionamento crescente com Cristo, é por enquanto deixado implícito.

Vencer a si mesmo: Vide nota em [87].

Ordenar a própria vida: "Ordenar" é buscar o "fim" a ser proposto no Princípio e Fundamento[7].

Decisão: A conexão entre essa "ordenação" e uma decisão ou "eleição" é tornada mais explícita na *Vulgata*: "Alguns exercícios espirituais, pelos quais uma pessoa é orientada para que ela possa superar o eu e estabelecer um modo de vida por uma decisão livre de afeições prejudiciais". Sobre "eleição", vide adiante, Introdução à Segunda Semana e comentários [169-189].

[22] PRESSUPOSTO
[1]*Para que melhor se ajudem* tanto quem dá os Exercícios, como quem os recebe, [2]deve-se pressupor que todo bom cristão deve estar mais pronto para *justificar* do que para condenar a *declaração* de seu próximo. [3]Se não for encontrada nenhuma justificação, deve-se perguntar à pessoa em que sentido a afirmação deve ser interpretada, e, *se esse sentido estiver errado*, ela deve ser corrigida com amor. [4]Se isso não for suficiente, procurem-se todos os meios apropriados para fazer com que a declaração seja interpretada no bom sentido *e assim justificada*.

Neste parágrafo, Inácio enuncia princípios relevantes para toda a comunicação cristã e os aplica particularmente à comunicação entre quem orienta e quem faz os Exercícios. As características do texto como está refletem a situação em que os Exercícios foram dados pela primeira vez: a acusação de iluminismo frequentemente feita contra eles e o fato de que Inácio e seus companheiros não tinham a autoridade que seus

---

7. Vide Anotação 1, comentário sobre "afeições desordenadas".

sucessores mais tarde desfrutaram[8]. Mas o Pressuposto também se refere às qualidades de respeito e confiança mútuos que devem caracterizar o relacionamento entre orientador e exercitante como tal. Em quem orienta, essas qualidades estabelecem um clima favorável à divulgação sincera de pensamentos e sentimentos pessoais[9]. Na pessoa que se exercita, o espírito do Pressuposto se revela em uma confiança em quem a orienta, mas também nos próprios Exercícios, uma confiança que se estende a propostas e declarações específicas[10].

A atitude positiva elogiada pelo Pressuposto geralmente impede que os mal-entendidos surjam, mas, mesmo com boa vontade, incerteza quanto ao entendimento do outro ou uma sensação de não ser ouvido ou compreendido pode persistir. Inácio não pede a supressão de dúvidas ou dificuldades reais que possam impedir o progresso do retiro. Mas estas também devem ser tratadas com o mesmo espírito de amor que conduz nosso instinto inicial a preferir, sempre que possível, a interpretação favorável da declaração da outra pessoa.

Não apenas por sua influência nos próprios Exercícios, mas por suas implicações mais amplas para a comunicação cristã nas diferenças

---

8. Cf. Diretório (Dávila) (MHSI, v. 76, 500 [trad. PALMER, 244]). O problema é bem ilustrado pela história de Diego Hoces (mais tarde se juntou aos companheiros), o qual chegou para fazer os Exercícios com Inácio armado de livros, se, "por acaso, seu orientador quisesse desviá-lo" (*Autobiografia*, n. 92 [*Personal writings*, 58]). Sobre alegações de iluminismo, consulte Diretórios (MHSI, v. 76, 482 [trad. PALMER, 232]) e também vide [15] acima.

9. Sobre a ligação entre o Pressuposto e a abertura do exercitante nesses pontos, consulte o Diretório (Dávila) (MHSI, v. 76, 500 [trad. PALMER, 244]) e também Diretórios (MHSI, v. 76, 445, 482 [trad., PALMER, 207, 232]), onde o Pressuposto está explicitamente associado à Anotação 17 e à regra de discernimento da Primeira Semana, n. 13 [326].

10. No Diretório Ditado a de Vitoria, Inácio insiste que o exercitante interprete "o que for feito ou dito a seu respeito com boa intenção", cf. Diretórios (MHSI, v. 76, 96 [trad. PALMER, 19]). Para Miró, uma das finalidades do Pressuposto é que "o exercitante pode ser advertido quando necessário para fazer uma boa interpretação sobre o que for feito ou dito", cf. Diretório (Miró) (MHSI, v. 76, 378 [trad. PALMER, 166]). Vide também Diretórios (MHSI, v. 76, 445 [trad., PALMER, 207]).

teológicas ou de perspectivas, os princípios do Pressuposto são tão pertinentes hoje quanto no século XVI. Contudo, ao apresentar esses princípios dentro dos Exercícios, quem os orienta precisa discernir as maneiras mais adequadas a um indivíduo ou situação. Uma apresentação que pode ser altamente apropriada para uma pessoa exercitante pode deixar outra em um estado de perplexidade ou ansiedade[11].

Para que melhor se ajudem: Embora muitas vezes mencionado nos Diretórios em termos de mestre-discípulo, o relacionamento é aqui descrito como de cooperação. Orientador e exercitante têm um projeto comum: que a pessoa exercitante encontre Deus através dos Exercícios Espirituais. Ao trabalharem juntos nesse sentido, quem dá e quem recebe os Exercícios são obrigados a "ajudar" um ao outro. A ajuda é bidirecional.

Justificar: Literalmente, "salvar", ou seja, interpretar de uma forma aceitável.

Declaração: Literalmente, "proposição": em conexão com os Exercícios, o termo deve ser entendido não apenas como declarações, mas também como as diversas propostas apresentadas ao exercitante nas Anotações, Adições e outras sugestões e diretrizes. As declarações referidas incluem tudo o que foi dito pelo exercitante ao relatar seus pensamentos e suas experiências, e tudo o que foi dito pelo orientador em resposta.

Se esse sentido estiver errado: Tal como estão, as palavras se referem a situações em que a questão em jogo é a verdade. Em última análise, uma proposição pode ser "salva" ou julgada "falsa" em relação aos limites dados pela ortodoxia, assumidos no Pressuposto e não menos nas Regras para Sentir com a Igreja (cf. [365]). Visto, no entanto, que o

---

11. Na opinião de Dávila e do Diretório Oficial (1599), o Pressuposto não deveria mais ser proposto como algo natural. Dávila sugere, de fato, que apresentado tal como está, o texto só poderá despertar "suspeita e medo", Diretório (Dávila) (MHSI, v. 76, 500, 643 [trad. Palmer, 244, 311]). Em muitos casos, as dúvidas de Dávila sobre uma apresentação literal podem ser altamente relevantes hoje, mas isso não justifica negligenciar o seu espírito e conteúdo essencial. Sobre um exemplo de apresentação adaptada à situação atual dos Exercícios, vide Fleming, *Spiritual Exercises*, 21.

sentido da ortodoxia muitas vezes produz suspeita e condenação defensiva, pode-se dizer que o próprio sentido estrito de ortodoxia de Inácio torna a atitude justa e aberta do Pressuposto ainda mais impressionante.

E assim justificada: A leitura feita aqui do espanhol permite que a última frase seja traduzida no sentido de que é a "pessoa" que é salva do erro, mas o contexto parece indicar que a preocupação é salvar a "afirmação"[12]. Em conexão com os Exercícios, qualquer afirmação feita neles, que possa a princípio causar uma dificuldade, pode ser explicada a um questionador bem-intencionado de modo que ele admita uma interpretação ortodoxa.

Fundamento

O Princípio e Fundamento (ou o "Fundamento", como é regularmente referido nos Diretórios) é descrito no Diretório de 1599 como "a base de todo o edifício moral e espiritual"[13] dos Exercícios.

À medida que os Exercícios avançam, seus axiomas serão especificados ou complementados de várias maneiras, especialmente pela visão missionária e pelas preferências inspiradas no amor que surgem das contemplações da Segunda Semana, e pelas ênfases da "Contemplação para Alcançar Amor"[14]. Mas o Fundamento nunca é substituído.

---

12. Cf. DALMASES, *Ejercicios Espirituales*, 53.
13. Diretório de 1599 (MHSI, v. 76, 643 [trad. PALMER, 311]).
14. As principais diferenças entre o Fundamento (F) e a Contemplação para Alcançar Amor (C) podem ser brevemente resumidas. F enfatiza mais a nossa dependência de Deus, enquanto C coloca maior ênfase no dom de Deus de si mesmo para nós; em F usamos criaturas para nos relacionarmos com Deus, em C Deus "usa" a sua criação para se entregar a nós. F suscita principalmente a resposta de serviço, C a de gratidão; em F as condições concretas de serviço (correto uso e indiferença) são apresentadas como tarefa ou como objetivos a serem alcançados, enquanto a oferta de si mesmo em C é apresentada como amorosamente espontânea. Em resumo, poderíamos dizer que as ênfases de F são preparatórias para as de C e essenciais para a autenticidade desta última. Os dois textos, no entanto, são mutuamente complementares, cada um lidando com os temas do propósito criativo de Deus e do lugar da humanidade dentro

Continua a ser um ponto de referência básico ao longo dos Exercícios e ao longo da vida.

Embora não seja o primeiro dos exercícios mencionados (cf. o título de [45]), mas um preâmbulo ao programa como um todo, o Fundamento é em si um "exercício" no sentido de que a pessoa exercitante dedica certo período de tempo "o fazendo". Como exercício, como deve ser entendido? Por muitas razões (por exemplo, a ausência de qualquer menção a preâmbulos, colóquios ou repetições, a estrutura explicitamente lógica e, à primeira vista, o tom acadêmico), o Fundamento é claramente um exercício diferente das meditações e contemplações das quatro semanas. A descrição mais adequada a ele é a de uma "consideração" ou ruminação meditativa. É importante, contudo, não interpretar mal as implicações dessa descrição. O Fundamento não é um texto filosófico, distinto de um texto propriamente cristão[15]. Ele apela não apenas ao consentimento intelectual, mas ao envolvimento de toda a pessoa. Para apreciar a natureza e o propósito do Fundamento, devemos lembrar que o próprio Inácio o deu a pessoas que foram previamente apresentadas à Quinta Anotação[16]. Ele deve ser rezado, portanto, no clima afetivo de generosa liberalidade para com o Criador e Senhor evocado por aquela Anotação.

Dado que o texto é uma unidade e não uma série de pontos díspares, o Fundamento foi "construído" adequadamente apenas quando cada

---

deste propósito, e é muito simples ver a diferença entre o "racional" e o "afetivo" ou o "puramente ascético" e o "contemplativo".

15. Esta interpretação é explicitamente rejeitada no Diretório de G. González Dávila, que afirma que deveria ficar claro aos exercitantes "instruídos" que a indiferença do Fundamento não é a da filosofia grega, mas corresponde à doutrina de Santo Tomás (MHSI, v. 76, 501 [trad. PALMER, 245]). É agora universalmente aceito que o Deus do Fundamento é o Deus Trinitário da revelação cristã e que o Fundamento está diretamente ordenado ao seguimento de Cristo.

16. A associação entre a Quinta Anotação e o Fundamento é clara em uma versão anterior dos Exercícios que começa com três preâmbulos, correspondentes à Quinta Anotação, ao Fundamento e ao Pressuposto; cf. texto de John Helyar, o inglês que fez os Exercícios em Paris, provavelmente com Pedro Fabro em 1535 (MHSI, v. 100, 429).

uma das partes foi devidamente considerada e o seu significado percebido em relação ao todo. Mas isso não significa que todos os elementos do texto terão o mesmo peso para a pessoa que depara com ele pela primeira vez. Nessa situação, o que deve ser primordial é a declaração inicial sobre o "fim" para o qual os seres humanos e o seu universo existem. Isso pode ser chamado de "fundamento do Fundamento", e a eficácia de todo o exercício depende de como a pessoa exercitante o assimila[17].

Neste assunto, há duas maneiras pelas quais quem orienta os Exercícios pode deixar desamparada a pessoa exercitante: passando muito rapidamente para os temas "práticos", ou então encorajando a pessoa a gastar tempo nas proposições iniciais, tratando-as apenas como abstrações. Ambas as abordagens privam de abrangência o Fundamento. Para o próprio Inácio, por detrás dessas proposições concisas e algo acadêmicas estava a visão da fé, contida em sua experiência pessoal em Manresa. Para que o Fundamento seja assimilado de forma eficaz também pela pessoa exercitante, essas proposições precisam expandir a sua visão de si mesma e de toda a realidade criada em relação a Deus[18]. Dessa forma, o "fim para o qual eu sou criado" e a relação de todas as coisas com o propósito criativo e salvífico de Deus são percebidos não como abstrações ou como fontes de obrigação, mas como objetos de anseio e fontes de inspiração. Nem é preciso acrescentar que, para encontrar essa visão, é preciso romper a concisão do "livro didático" da linguagem de Inácio, e aqui a assistência de quem orienta pode ser essencial, por exemplo no fornecimento de materiais bíblicos[19].

É no contexto dessa visão fundamental que os temas práticos do "uso ordenado das criaturas" e da "indiferença" devem ser considerados. As reações da pessoa exercitante a esses temas dependerão em parte

---

17. Uma posição endossada pela Anotação 19 onde "o fim para o qual os seres humanos são criados" designa todo o texto.
18. Quanto à importância da visão como base da Fundação, o leitor deve consultar particularmente CUSSON, *Biblical Theology*, 47-51; *Everyday Life*, 31-40; TETLOW, The Fundamentum.
19. Note-se que quem orienta os Exercícios deve "explicar" o Fundamento, e não apenas "apresentá-lo" (cf. [19]).

das suas disposições gerais e em parte da medida em que questões pessoais sensíveis são levantadas por eles. Às vezes, mesmo nesta fase inicial, uma pessoa será movida por um desejo de servir e viver para Deus, de tal forma que, por enquanto, a indiferença está simplesmente "lá", uma graça "dada", um fato de experiência. Por outro lado, a graça imediata do Fundamento pode consistir não tanto em "ter" indiferença, mas em desejá-la, por mais difícil que seja[20]. Mas, em qualquer caso, o que é crucial no início é a visão, e a pessoa exercitante não deve ser deixada a enfrentar as exigências práticas do Fundamento sem ter a mente e o coração abertos à visão da realidade da qual as exigências práticas são as implicações[21].

Duas questões práticas

Duas questões relacionadas são frequentemente levantadas em relação ao modo de apresentar o Fundamento. A primeira diz respeito ao período de tempo que se espera que uma pessoa exercitante dedique a ele nos Exercícios segundo a Vigésima Anotação. Sobre essa questão, o orientador com uma boa noção do objetivo do Fundamento, uma visão da realidade em relação ao plano criativo e salvífico de Deus, e o desejo de levar uma vida alicerçada em Deus, seguirá o princípio da Quarta Anotação de que alguns são mais rápidos e outros mais lentos em encontrar o que desejam. O orientador reconhecerá também que, apesar de toda a sua importância, o Fundamento é uma preparação

---

20. No Diretório Ditado a de Vitoria, o próprio Inácio diz que um dos frutos do Fundamento é precisamente fazer com que o exercitante sinta que é difícil "fazer uso indiferente dos meios que Deus, Nosso Senhor, nos deu" e, compreendendo isso, colocar-se sem reservas nas mãos de Deus, Diretórios (MHSI, v. 76, 100 [trad. PALMER, 21]).
21. "É mais importante encorajar a contemplação do conteúdo da visão evocada pela primeira parte do texto – Deus, o homem, todas as coisas criadas – do que especular sobre as virtudes que dela fluiriam espontaneamente, e que são tratadas na segunda parte do texto. Deve-se permitir tempo para que a contemplação dê seus frutos". CUSSON, *Biblical Theology*, 39.

para o processo que está por vir, e não um momento de conversão ou avanço por si só. Orientações adicionais podem ser encontradas nos Diretórios Inacianos, nos quais parece que o próprio Inácio usou o Fundamento de duas maneiras, correspondendo às disposições do exercitante no início do retiro. Aos que já "faziam grandes progressos" ele propunha o Fundamento no primeiro dia juntamente com os dois exames, antes de partir à noite para a meditação sobre o pecado. Os menos dispostos, por outro lado, podiam permanecer no Fundamento por dois ou três dias[22].

A segunda questão tem a ver com a prática comum hoje em dia de preceder o Fundamento com orações de tipo mais geral, por vezes referidas como "dias de preparação". Tal prática parece assumir que alguém poderia não estar preparado para o Fundamento ao iniciar os Exercícios, mas estará pronto para isso depois de alguns "dias de preparação". Essa é uma suposição razoável de ser feita? Conforme observado acima, o Fundamento é para pessoas generosas; a sua atitude característica é a liberalidade para com Deus. Portanto, não é necessariamente o melhor ponto de partida para a pessoa de fé imatura ou de espírito pusilânime. Contudo, o fato de uma pessoa exercitante poder precisar ser "desbloqueada" em relação a esse texto radicalmente teocêntrico não indica, por si só, um espírito pusilânime. A generosidade latente pode ser inibida por imagens distorcidas de Deus que podem ter impedido o desenvolvimento da confiança ou de um senso do amor e da bondade de Deus. A experiência tem demonstrado que, para as pessoas afetadas dessa forma, alguns dias de oração precisamente sobre esses temas podem ter o efeito de liberar as disposições nas quais o Fundamento pode ser considerado proveitosamente. Deve-se notar, também, que, quando as primeiras frases do Fundamento são interpretadas como abrindo toda uma visão da realidade centrada em Deus, a distinção entre "textos de preparação" e entrar no Fundamento é menos rígida do que às vezes parece ser.

---

22. Diretórios (MHSI, v. 76, 100 [trad. Palmer, 20]).

[23] ¹PRINCÍPIO E FUNDAMENTO

²*A pessoa humana* é *criada* para *louvar, reverenciar e servir a Deus, Nosso Senhor,* e, mediante isso, *salvar a sua alma;* ³e é para a pessoa humana que as *outras coisas sobre a face da terra são criadas,* como *ajuda na busca desse fim.*

⁴Segue-se daí que a pessoa deve *usar* as coisas à medida que elas ajudam a atingir o seu fim e libertar-se delas à medida que elas o impedem.

⁵*Para alcançar isso, precisamos nos tornar indiferentes* a todas as coisas criadas, desde que a questão esteja *sujeita à nossa livre escolha* e *não haja proibição.* ⁶Assim, *da nossa parte, não devemos querer mais a saúde do que a doença,* mais a riqueza do que a pobreza, mais a honra do que a desonra, mais uma vida longa do que uma vida curta – e assim por diante com tudo o mais; ⁷*desejando e escolhendo* apenas aquilo que mais conduz ao fim para o qual somos criados.

A pessoa humana: Esta expressão deve ser entendida tanto na sua referência individual como coletiva. A importância do Fundamento é consideravelmente enfraquecida se o sentido individual ("Deus me criou...", "Todas as coisas existem para mim...") obscurecer o sentido da sociedade humana como um todo, da qual "eu" sou membro e compartilho suas responsabilidades corporativas. O Fundamento é a norma de todo exercício de poder coletivo e individual.

Criada: No vocabulário inaciano, "criar", "criador", "criação" são palavras altamente carregadas de sentido, evocando não apenas um ato no passado, mas um processo presente (cf. [236]).

Louvar, reverenciar e servir: Estes e outros termos semelhantes: "honra", "respeito", "obediência" e, acima de tudo, "dar glória", ecoam o "santificado seja o teu nome, seja feita a tua vontade" da Oração do Senhor. Expressam uma atitude de centralidade radical em Deus, um desejo de que simplesmente Deus seja Deus e de que seus propósitos sejam realizados. O significado das palavras não é exclusivamente cúltico. Deus é louvado não apenas pela adoração formal, mas quando vivemos de tal forma que em nosso coração e comportamento Deus é reconhecido como Deus e sua vontade é feita em todas as situações.

Mais uma vez, prestamos louvor, reverência e serviço ao nos envolvermos no "projeto" de Deus, que é simultaneamente a conversão contínua das nossas próprias vidas e o estabelecimento do seu reinado no mundo.

Deus, Nosso Senhor: O Deus dos Exercícios, ou seja, a Trindade, a quem louvamos, reverenciamos e servimos em e através de Cristo, o Verbo Encarnado[23].

Salvar a sua alma: Mais tarde, a ênfase aqui colocada na salvação pessoal muda para o louvor, a glória e o serviço de Deus, nos quais a salvação da alma está incluída (ver [1.4], [20.7] e comentários).

Outras coisas sobre a face da terra são criadas: "As coisas" devem ser entendidas como sendo de natureza física, do mundo como "humanizado", dos componentes da nossa constituição pessoal (corpo, mente, emoção, imaginação, talentos, qualidades de personalidade etc.). Mas as "coisas" neste contexto devem também abranger todo o tipo de acontecimentos e situações. Nesse caso, o conceito de criação deve ser alargado para incluir o de Providência; um conceito que admite várias interpretações, mas sem o qual o Fundamento dificilmente seria aplicável a grandes áreas da realidade humana.

Ajuda na busca desse fim: A ideia das criaturas como "ajuda para um fim" serve para identificar um princípio básico da "teologia do mundo" de Inácio. No projeto criativo de Deus, existe uma unidade de propósito, e a chave para esse propósito é o projeto de Deus para a humanidade. Em relação ao fim transcendente da pessoa humana, o mundo não é um pano de fundo neutro e muito menos em si mesmo um obstáculo ou um embaraço. A realidade imediata, em certo sentido, é a matéria-prima do nosso relacionamento com Deus. É na maior parte precisamente em e através do nosso intercâmbio com essa realidade que o nosso louvor, reverência e serviço a Deus surgem. A ideia de criaturas como "ajuda para um fim" pode, no entanto, transmitir uma impressão utilitária enganosa e não deve ser entendida como uma negação do valor das coisas em si.

---

23. Cf. RAHNER, HUGO, *Ignatius the Theologian*, 63. Nos Exercícios, "Deus, Nosso Senhor", é normalmente um título trinitário, embora em algumas passagens (por exemplo, [39], [135], [155], [343]) provavelmente se refira a Jesus Cristo; cf. EGAN, *Ignatius Loyola the Mystic*, 77.

Usar (e evitar): Ser pessoa humana é fazer escolhas constantes entre uso e abstenção em relação à realidade (não fazer tais escolhas é ser vítima das circunstâncias). O potencial de realidade para ajudar no louvor, na reverência e no serviço a Deus é realizado à medida que esse "fim" é o critério das nossas escolhas particulares de usar ou evitar[24]. A palavra "usar", tal como a palavra "coisas", não se refere apenas ao uso físico, mas a toda a gama de respostas humanas à realidade: interesse, amor, todo tipo de criatividade, prazer[25]. Também inclui respostas internas como a aceitação ou não de situações e os significados que livremente lhes conferimos etc.

Para alcançar isso: A indiferença é proposta não como um fim em si mesma, mas como um meio para fazer escolhas dirigidas por Deus em relação ao uso ou abstenção das criaturas; escolhas feitas, deve ser lembrado, dentro da visão positiva e incondicional da realidade, estabelecida no início do texto.

Precisamos nos tornar indiferentes[26]: Observe a introdução do pronome pessoal à medida que o texto passa do plano dos princípios gerais para o das implicações pessoais. No sentido imediatamente óbvio, a "indiferença" consiste em uma atitude de equilíbrio. Tal atitude, neutralizando os efeitos das afeições desordenadas, pode obviamente, em algumas situações, ser um pré-requisito para fazer uma escolha acertada. Mas a indiferença também deve ser pensada de forma positiva. Considerada positivamente, é um espaço afetivo dentro do qual os movimentos do Espírito podem ser sentidos e as coisas vistas em relação

---

24. O tema do "uso das criaturas" reaparece frequentemente nas cartas de Inácio, por ex.: "Que o Senhor nos dê a luz do santo discernimento para que possamos usar as coisas criadas pela luz do Criador" (de uma carta a um superior sobre os temas da comida, bebida e preservação da saúde), MHSI, *Ep. Ig.*, v. IX, n. 374-375 [trad. *Personal Writings*, 277].
25. Cf. [229.4] onde "aproveitar" o gozo das estações significa obviamente escolher desfrutar dessas delícias na medida em que podem ajudar a encontrar a "alegria no Senhor".
26. A *Vulgata* evita os termos técnicos "indiferença" e "indiferente", substituindo-os, tanto aqui como em [157], pela frase *"absque differentia nos habere"* ("devemos nos manter sem diferença, isto é, parcialidade").

aos sinais da vontade de Deus. Trata-se de um silêncio afetivo que torna possível uma escuta incondicional. A indiferença dos Exercícios é uma postura diante de Deus. E o que a torna possível, como algo bem diferente da apatia ou do estoicismo, é um desejo positivo de Deus e da Sua vontade.

A dinâmica dos Exercícios não exige que a indiferença, pelo menos no que diz respeito a uma questão específica (por exemplo, manter ou livrar-se de uma fortuna, cf. [150ss.]), já seja a disposição plenamente alcançada, que mais tarde Inácio considerará como uma condição necessária para a eleição (cf. [179]). Nesta fase, pode ser uma necessidade sentida, um projeto, ainda a ser plenamente realizado, à medida que a pessoa avança passo a passo nos Exercícios subsequentes. Nesse caso, ela se "tornará" "indiferente", trabalhando com o Espírito através do processo dos Exercícios.

Sujeita à nossa livre escolha e *não haja proibição*: Não nos é pedido que sejamos, e na verdade não deveríamos ser, indiferentes o tempo todo ou em relação a tudo. A graça da indiferença é um potencial a ser ativado quando for apropriado. A indiferença explícita é apropriada em momentos em que buscamos encontrar a vontade de Deus. Quando julgamos que a encontramos, a atitude apropriada face ao rumo indicado é a de compromisso, controlado pela integridade da intenção.

Da nossa parte: Ou seja, nas circunstâncias designadas, cabe-nos abordar a escolha com espírito de indiferença, para que Deus, por sua parte, nos mova para um caminho particular e desperte em nós o desejo por esse caminho (cf. [5], [155]).

Não devemos querer: A essência da indiferença é a liberdade de escolher de acordo com o louvor, a reverência e o serviço a Deus; embora isto exija liberdade da influência das necessidades e aversões presentes, não exige a eliminação total delas.

Mais a saúde do que a doença etc.: As eventualidades aqui mencionadas podem entrar inevitavelmente em nossas vidas; mas podem estar especificamente implicadas na "eleição" da pessoa exercitante. Assim, podemos, como muitas pessoas que fazem os Exercícios, escolher uma situação de pobreza e baixa estima como sendo em si uma imitação mais literal de Cristo. A doença não seria normalmente escolhida dessa forma[27]. Contudo, poder-se-ia escolher um curso de ação ou um modo de vida no reconhecimento de que a doença ou a morte prematura seriam a consequência provável ou inevitável (este seria o caso da escolha de uma vida missionária no século XVI). Mas para algumas pessoas as implicações imediatas da indiferença podem residir em outras direções mais específicas, e a referência de Inácio a "tudo o mais" não deve ser ignorada.

Desejando e escolhendo: Isolada do desejo, a indiferença teria um significado bem diferente daquele dos Exercícios. Nestes a indiferença deve ser entendida em relação aos desejos mais profundos, dados pelo Espírito, de fazer o que mais conduza ao louvor, à reverência e ao serviço de Deus, e mais especificamente seguir a Cristo e viver de acordo com os valores do Evangelho. Tem uma dupla relação com esses desejos mais profundos: é a condição para experimentá-los, mas apenas onde, até certo ponto, o desejo já é eficaz é que a própria indiferença pode ser possível[28].

---

27. A menos que ocorra em resposta a um movimento especial do Espírito, o que exige, por sua natureza, um discernimento cuidadoso. O Fundamento nos alerta, no entanto, que a preservação da saúde, embora seja sempre uma grande prioridade, não é absoluta.

28. O Fundamento não sugere em nenhum lugar que a "pobreza" ou a "desonra" possam de fato ser objetos de preferência. As escolhas corretas são aquelas que, no nosso caso, conduzem mais ao louvor, à reverência e ao serviço a Deus. Ao abordar qualquer escolha, deve-se não apenas estar pronto para o caminho mais difícil ou desafiador, mas também consciente de que, em uma situação particular, o que contribui mais para o louvor, a reverência e o serviço a Deus pode ser qualquer uso das criaturas que não seja em si pecaminoso. Portanto, no Diretório Ditado a de Vitoria, Inácio sugere que quem orienta explique à pessoa exercitante, que reza o Fundamento, que todo estado de vida pode em si ser um caminho de salvação ou de perdição: "Alguns que possuíam riquezas conquistaram o céu, e outros que possuíam riquezas ganharam o Inferno". Diretórios (MHSI, v. 76, 101 [trad. Palmer, 21]).

A inclinação inspirada no amor para a imitação mais radical de Cristo, que se torna um dos temas predominantes da Segunda Semana, em certo sentido leva a pessoa exercitante além da indiferença, como exposto aqui, mas é essencial perceber que tal atitude de fato inclui a indiferença (cf. [157], [167]); pois o critério final de escolha é sempre a glória de Deus. Portanto, seja qual for a

Exame de consciência ("examen")[29]

Inácio e os primeiros orientadores apresentaram ao exercitante todo o material do exame no ponto que lhe foi atribuído no texto, ou seja, entre o Fundamento e a meditação de abertura da Primeira Semana[30]. O exame inaciano era, obviamente, desconhecido pela primeira geração de exercitantes e foi proposto nos Exercícios tanto para uso durante os mesmos, quanto como um recurso geral. Dentro dos Exercícios, o exame particular serviu para sustentar a fidelidade ao método e para "arrancar quaisquer ervas daninhas ou espinhos que pudessem prejudicar a boa semente dos Exercícios"[31]. A seção do Exame Geral poderia preparar o caminho para as meditações da Primeira Semana, "abrindo os olhos do exercitante para conhecer os pecados de sua vida passada"[32].

É, porém, como um recurso para toda a vida que o exame se concretiza plenamente[33]. Enquanto tal recurso, ajuda a manter a pessoa aberta à ação do Espírito. Facilita o processo de libertação, que deve continuar ao longo da vida, das coisas que obstruem essa ação. Em geral, ele nos ajuda a trabalhar as graças dos Exercícios nos eventos, relacionamentos e situações de crescimento pessoal da vida diária. Por essas razões, Inácio tinha o exame na mais alta estima; ele nunca

---

preferência de alguém (inspirada pelo amor a Cristo e pelo desejo de imitação), a glória de Deus não pode ser fixada antes do discernimento, por um lado, ou, por outro lado, do espectro pobreza/riqueza, honra/desonra.

29. O exame de consciência é normalmente designado por Inácio pela única palavra "examen", uma palavra ausente do dicionário inglês, mas mantida na presente tradução como parte do vocabulário recebido da espiritualidade inaciana. Observe que os procedimentos explicados nesta seção não esgotam o tema do exame nos Exercícios. O Primeiro Método de Oração [238-247] tem afinidades com o exame de consciência. A revisão depois da oração [77] é uma espécie de exame, e o tema do exame aparece novamente nas Regras de Discernimento [319, 333, 334].

30. Diretório de Vitória (MHSI, v. 76, 102-103 [trad. Palmer, 22]).
31. Ibidem.
32. Diretório de 1599 (MHSI, v. 76, 649 [trad. Palmer, 313]).
33. "No final dos Exercícios, a pessoa exercitante deve ser fortemente instada a comprometer-se com o Examen como uma ajuda à perseverança", ibid.

pensou em abrir mão dele e, em sua própria vida, sua prática tornou-se um ponto central[34].

Mas para que o exame seja assim fecundo, deve ser feito com discernimento e integrado em todo o processo de conversão permanente. Mais especificamente, deve ser sempre ordenado às motivações e praticado dentro da consciência espiritual global, promovida pelos Exercícios. Certas implicações disso, facilmente ignoradas, se esta seção for lida apressadamente ou sem referência aos Exercícios como um todo, chamam especialmente atenção. (1) O exame, especialmente o "exame particular", deve ser visto como parte de um programa de crescimento positivo, caracterizado pelo desenvolvimento de qualidades positivas, e não apenas pela erradicação das negativas. (2) O exame não exclui, mas pressupõe, o recurso a tudo o que ajuda à liberdade interior em todos os níveis. (3) Embora um elemento de "praticidade" seja uma característica definidora do exame, ele nunca deve ser feito apenas com o objetivo de controlar ou mudar o comportamento; mas sempre pelo desejo de cooperar na obra que Deus deseja realizar na pessoa e através dela para o serviço dos outros. (4) O conteúdo do exame mudará à medida que a pessoa cresce no Espírito, de modo que, com a maturidade, o exame se torna cada vez mais uma presença a si mesmo, nos níveis onde são sentidos os movimentos dos espíritos.

Exame particular

[24] ¹EXAMEN PARTICULAR COTIDIANO
O exame particular cotidiano contém *três tempos e dois exames*.

²O primeiro tempo é pela manhã, logo ao levantar-se; o exercitante deve tomar a firme resolução de tomar muito cuidado para evitar o pecado ou defeito específico que deseja corrigir-se e emendar-se.

---

34. "Ele sempre manteve o hábito de examinar a consciência a cada hora e de se perguntar com atenção cuidadosa como havia passado a hora. Se no final se deparasse com algum assunto mais importante, ou com alguma tarefa que impedisse essa prática piedosa, adiava o exame, mas no primeiro momento livre ou na hora seguinte compensava esse atraso" (Ribadeneira). Cf. de GUIBERT, *The Jesuits*, 66.

[25] ¹*O segundo tempo vem depois da refeição do meio-dia*, quando a pessoa deve pedir a Deus, Nosso Senhor, o que deseja, a saber: a graça de lembrar quantas vezes caiu naquele *pecado ou defeito particular*, e para se corrigir para o futuro. ²Em seguida é feito o primeiro exame. Consiste em exigir de si a prestação de contas do ponto particular proposto para correção e emenda, ³percorrendo cada hora ou cada período de tempo, a partir do momento que se levantou até o momento do presente exame. ⁴Na primeira linha do *diagrama* abaixo, devem ser feitas tantas marcas quantas foram as quedas no pecado ou defeito específico. ⁵Em seguida, propor-se novamente a emendar-se até o momento do próximo exame a ser feito.

[26] ¹O terceiro tempo ocorre depois da ceia, quando o segundo exame deverá ser feito da mesma forma, passando de hora em hora do primeiro examen para este segundo. ²Na segunda linha do mesmo diagrama devem ser inseridas tantas marcas quantas foram as quedas no pecado ou defeito específico.

[27] ¹*Quatro adições* para se livrar mais rapidamente do pecado ou defeito específico.
²Primeira adição. Cada vez que alguém cair em tal pecado ou defeito específico, deve colocar a mão no peito arrependendo-se de ter caído. ³Isso pode ser feito mesmo na presença de muitas pessoas sem que alguém perceba.

[28] Segunda adição. Como a primeira linha do diagrama representa o primeiro exame e a segunda linha o segundo, deve-se ver à noite se há melhora da primeira linha para a segunda, ou seja, do primeiro para o segundo exame.

[29] Terceira adição. O segundo dia deve ser comparado com o primeiro, ou seja, os dois exames de hoje com os dois exames de ontem, para ver se há melhora de um dia para o outro.

[30] Quarta adição. Uma semana deve ser comparada com outra para ver se há melhora entre a semana atual e a anterior.

[31] ¹NOTA

O g grande na parte superior do diagrama a seguir representa o domingo, a segunda letra menor representa a segunda-feira, a terceira significa a terça-feira e assim por diante.

2

g
g
g
g
g
g
g

Três tempos e dois exames: O essencial do método, embora ele seja ampliado pelas "adições" imediatamente seguintes, é o programa aqui exposto, composto de três momentos de recordação e resolução.

N. B. Visto que o tom geral desta seção é prático e ascético, é especialmente desejável estar ciente dos pressupostos inacianos e perceber que sem eles o exame particular poderia ser feito de maneiras questionáveis.

O segundo tempo vem depois da refeição do meio-dia: O segundo e o terceiro tempos correspondem aos dois tempos de exames cotidianos que são componentes integrantes do dia de oração inaciana. Assim, o exame particular tem o seu lugar dentro do Examen Geral descrito abaixo [43], mas sem perda do seu caráter específico.

Pecado ou defeito particular: O princípio básico do examen particular é resumido na observação de Polanco de que "em cada pessoa há geralmente um ou outro pecado ou defeito que é a fonte de muitos outros"[35]. Inácio, no entanto, aplicou a prática a uma ampla gama de uma série de falhas, desde a negligência com as adições por parte de um

---

35. Diretórios (MHSI, v. 76, 292 [trad. PALMER, 127]); Diretório de 1599 (MHSI, v. 76, 647 [trad. PALMER, 313]).

exercitante[36], até o comportamento contrário aos bons relacionamentos por parte de um apóstolo temperamentalmente "colérico"[37].

Diagrama: A letra g é explicada de várias maneiras: como representando a palavra basca *gaur* (= "hoje"), a palavra espanhola *gula*, a palavra italiana *giorno* (= "dia"). Na *Vulgata* as linhas tornam-se progressivamente mais curtas à medida que a semana passa.

Quatro adições: Estas adições representam uma intensificação dos fundamentos estabelecidos em [24]. A consciência reflexiva é agora levada além de três "tempos" para se tornar um fio de consciência metodicamente cultivado que percorre o dia [27] e ao longo de sequências mais longas [29, 30]. As orientações aqui propostas são, no entanto, "adições" ao programa dos três tempos e, no caso de algumas pessoas, a forma como são postas em prática pode exigir discernimento e orientação.

Examen Geral

[32] ¹EXAMEN GERAL DE CONSCIÊNCIA PARA PURIFICAR A ALMA E *FAZER UMA MELHOR CONFISSÃO*
²Pressuponho que existem *três tipos de pensamento* em mim, um tipo que é propriamente meu e surge simplesmente da minha liberdade e vontade, ³e outros dois tipos que vêm de fora, um do bom *espírito* e outro do mau espírito.

Fazer uma melhor confissão: Embora o Examen Geral, como o Particular, seja uma ajuda à integração contínua da vida, é também proposto como meio de preparação para a confissão (Reconciliação). Embora nem todo exame preveja explicitamente o sacramento, Inácio entende a prática do exame em relação à sua visão do progresso espiritual, alimentado pelas correntes relacionadas de oração e pelos dois sacramentos da Reconciliação e da Eucaristia (cf. [44]).

Três tipos de pensamento: Alguns pensamentos procedem de nossa própria liberdade. Eles são propriamente "nossos"; nós somos responsáveis

---

36. Vide adiante [90, 160, 207].
37. Cf. MHSI, *Ep. Ig.*, n. 32, v. I, 179 (trad. Inigo, *Letters*, 53).

por eles. Estes se distinguem dos pensamentos não voluntários, que são o material próprio do discernimento. Os últimos pensamentos vêm "de fora de nós mesmos", no sentido de que sua fonte não está em nossa própria vontade (cf. [17, 337]).

Espírito: Para o significado de "espíritos", vide [313] com comentários.

[33] ¹PENSAMENTOS
²Há dois modos de ter mérito quando um pensamento ruim vem de fora. ³Primeiro, me vem à mente o pensamento de cometer um pecado mortal, resisto prontamente e ele é vencido.

[34] ¹Segundo, o mesmo pensamento ruim vem a mim e resisto a ele; mas ele volta repetidamente e continuo resistindo até que o pensamento vá embora vencido. ²Este segundo modo é mais meritório que o primeiro.

[35] ¹Peca-se venialmente quando o mesmo pensamento de cometer um pecado mortal vem à mente e se lhe dá ouvidos, demorando-se um pouco nele, ²ou tirando dele algum sentimento de prazer; ou quando há alguma negligência em rejeitar o pensamento.

[36] Há duas maneiras de pecar mortalmente. A primeira é quando alguém consente com um pensamento pecaminoso para colocar em prática seu consentimento, ou para agir de acordo com ele, se puder.

[37] ¹A segunda maneira de pecar mortalmente é quando o pecado é realmente cometido. Este é um pecado mais grave por três motivos: ²primeiro, o tempo gasto é maior; segundo, a intensidade é maior; terceiro, mais danos são causados a ambas as pessoas.

[38] ¹PALAVRAS
²Não se deve jurar nem pelo Criador nem pela criatura, exceto com verdade, necessidade e reverência. ³Por "necessidade" não me refiro a qualquer situação em que algum tipo de verdade seja afirmada por juramento, mas sim aquela em que o assunto tenha alguma importância para o bem-estar espiritual ou corporal ou para os interesses temporais.

⁴Por "reverência" quero dizer que, ao invocar o nome do seu Criador e Senhor, a pessoa está consciente da honra e da reverência que lhe são devidas.

[39] ¹Deve-se notar que, embora um juramento ocioso seja um pecado maior quando juramos pelo Criador do que quando juramos pela criatura, ²é mais difícil jurar como devemos, com verdade, necessidade e reverência, pela criatura do que pelo Criador pelas seguintes razões:

³A primeira: Quando queremos jurar por alguma criatura, a escolha de invocar a criatura não nos torna tão atentos e alertas para dizer a verdade ou afirmá-la apenas com necessidade, como seria ao invocar o nome do Senhor e Criador de todas as coisas.

⁴A segunda: Ao jurar pela criatura não é tão fácil prestar reverência e respeito ao Criador como ao jurar e invocar o nome do Criador e Senhor. Pois a escolha de invocar Deus, Nosso Senhor, traz consigo mais acatamento e reverência do que a escolha de invocar a coisa criada. ⁵Portanto, é mais lícito aos perfeitos jurar pela criatura do que aos imperfeitos; ⁶pois *os perfeitos, devido à constante contemplação* e à iluminação da mente, têm mais o hábito de considerar, meditar e contemplar como Deus, Nosso Senhor, está em cada criatura, segundo sua própria essência, presença e poder. ⁷Assim, quando juram pela criatura, estão mais bem preparados e predispostos a prestar homenagem e reverência ao seu Criador do que os imperfeitos.

⁸A terceira: Ao jurar frequentemente pela criatura, os imperfeitos correm mais risco do que os perfeitos de cair na idolatria.

[40] ¹"Não dizer palavras ociosas". Com isso entendo palavras sem proveito, nem para mim nem para os outros, e aquelas que não são direcionadas a esse fim.

²Consequentemente, falar sobre qualquer coisa que beneficie ou procure beneficiar a minha própria alma ou a do meu próximo, ou que seja para o bem do corpo ou para o bem-estar temporal, nunca é ocioso. ³Também não é inútil falar de coisas que não pertencem ao estado de vida de alguém, por exemplo, se um religioso fala de guerras ou de comércio. ⁴Pelo contrário, em todos esses casos há mérito em falar com

um propósito bem ordenado, e há pecado no falar mal direcionado ou sem objetivo.

[41] ¹Não se deve dizer nada para difamar o outro ou para espalhar boatos, pois, se eu der a conhecer um pecado mortal que não seja de conhecimento público, peco mortalmente, e, se o pecado for venial, peco venialmente, enquanto ao dar a conhecer um defeito mostro meu próprio defeito. ²Mas, dada a intenção correta, há duas maneiras possíveis de falar do pecado ou da culpa de outra pessoa:

³A primeira maneira: Quando o pecado é público, como no caso de falar de uma prostituta pública, de uma sentença proferida em tribunal ou de um erro público que contamina a mente das pessoas com quem lidamos.

⁴A segunda maneira: Quando um pecado oculto é revelado a alguém para que tal pessoa possa ajudar o pecador a se corrigir do pecado. Neste caso, contudo, deve haver alguma expectativa ou probabilidade de que a ajuda possa ser prestada.

[42] ¹AÇÕES

²Considerando os Dez Mandamentos, os preceitos da Igreja e *as recomendações dos superiores*; qualquer ação praticada contra qualquer uma dessas três matérias é um pecado maior ou menor, dependendo da maior ou menor importância do assunto. ³Por "recomendações dos superiores" entendo, por exemplo, as *Bulas das Cruzadas* e outras indulgências, como as concedidas para tratados de paz, que podem ser obtidas pela confissão e recepção do Santíssimo Sacramento. ⁴Não pode haver pequeno pecado em incitar outros a agir ou agir contra este tipo de exortação e recomendação piedosa daqueles que têm autoridade.

Este material, sem pretender ser abrangente[38], poderia servir como instrução preparatória para a Primeira Semana, e também como preparação para a confissão. Esta abordagem deve algo aos manuais de confissão da época, mas enquanto estes últimos se baseavam no Decálogo ou nos pecados capitais, Inácio aqui adota a divisão mais simples do Ato

---

38. Diretório de 1599 (MHSI, v. 76, 649 [trad. Palmer, 313]).

Penitencial: pensamentos, palavras e ações. Em relação às palavras, tanto a *Versio Prima* como a *Vulgata* especificam que os pecados mencionados podem ser complementados por outros exemplos, "conforme o orientador julgar necessário".

Os perfeitos, devido à constante contemplação: No contexto inesperado de uma catequese sobre o juramento, encontramos uma afirmação sobre a forma como os efeitos da maturidade espiritual se estendem à visão total de uma pessoa e ao significado de tudo o que ela diz ou faz. A visão de Deus em toda a realidade, identificada aqui como característica do "perfeito", é na verdade a da Contemplação para Alcançar Amor [230-7].

As recomendações dos superiores: A *Versio Prima* e a *Vulgata* especificam que é pecado não só agir contra elas, mas também desprezá-las.

Bulas das Cruzadas: Eram dispensas de jejum e abstinência em troca de esmolas (originalmente uma dispensa para aqueles que participavam das Cruzadas). O assunto é retomado nas Regras para Sentir com a Igreja (cf. [358] com comentário).

O Método

[43] ¹MODO DE FAZER O EXAMEN GERAL CONTENDO *CINCO PONTOS*

²O *primeiro ponto* é dar graças a Deus pelos benefícios que tenho recebido.

³O *segundo ponto* é pedir graça para conhecer os meus pecados e rejeitá-los.

⁴O *terceiro ponto* é pedir contas de minha alma desde a hora de me levantar até o presente exame, hora a hora ou de um período a outro, ⁵primeiro no que diz respeito aos pensamentos, depois às palavras e, finalmente, às ações, seguindo a ordem dada no exame particular [25].

⁶O quarto ponto é pedir perdão a Deus, Nosso Senhor, pelos meus pecados.

⁷O quinto ponto é fazer o propósito de me emendar com a sua graça, terminando com um Pai-Nosso.

Os *cinco pontos* são um "método de oração" propriamente dito. A sua estrutura simples e aberta adapta-se a qualquer situação e a todos os níveis de maturidade espiritual.

Primeiro ponto... segundo ponto: Para apreciar o Examen Geral como método de oração, é necessário dar todo o peso, e tempo, aos dois primeiros pontos. Uma distorção comum do Examen Geral Inaciano vem da tendência de considerar estes pontos iniciais como preliminares e superficiais. O método começa com a ação de graças pelas bênçãos recebidas, atitude sintetizada na Contemplação para Alcançar Amor, e que pertence ao cerne da espiritualidade inaciana de encontrar Deus em todas as coisas. No que diz respeito à oração por "luz" (ponto 2), embora, claro, precisemos de "luz" para apreciar as bênçãos, a colocação desta petição imediatamente antes da recordação dos pecados acentua o fato de que o pecado só pode ser conhecido à luz de Cristo (e não sob qualquer outra "luz").

Terceiro ponto: Os expoentes do exame hoje enfatizam a necessidade de perguntar onde alguém respondeu ou deixou de responder a Deus, em vez de procurar simplesmente ações certas ou erradas. Abordado dessa forma, o exame traz o discernimento dos espíritos para a vida cotidiana. Através dele, somos ajudados a reconhecer a atração muitas vezes sutil do "bom" espírito e as influências (novamente, muitas vezes sutis) do "mau" espírito na experiência cotidiana. Ele nos familiariza com os processos através dos quais esses espíritos operam (cf. especialmente [333, 334]). Embora esta interpretação possa parecer à primeira vista exceder os pensamentos, palavras e ações do texto de Inácio, deve ser lembrado que os "pensamentos" incluem os "movimentos dos espíritos"[39].

---

39. Para leitura adicional sobre o examen inaciano, são especialmente recomendados os seguintes artigos: ASCHENBRENNER, *Consciousness Examen*; ST LOUIS, *The Ignatian examen*, (reimpresso em SHELDRAKE (ed.), *The Way of Ignatius Loyola*); TOWNSEND, *The examen and the Exercises – a re-appraisal*; The examen re-examined, *Drawing from the Spiritual Exercises*.

Confissão Geral e comunhão

Em uma época de recurso normalmente pouco frequente ao Sacramento da Reconciliação, Inácio, como vimos, recomendou o seu uso regular, até mesmo semanal (cf. [18, 19]). Além da sua confissão regular, uma pessoa também pode ocasionalmente fazer uma "Confissão Geral", que remonta a todo o passado ou, pelo menos, a uma parte significativa dele. Tal confissão pode incluir material não previamente levado ao sacramento. Mas essencialmente a sua matéria é o pecado já absolvido. Deve ser sempre considerado um procedimento excepcional, adequado aos momentos limiares, "quando se é especialmente movido por Deus ao desejo de inaugurar uma vida nova"[40]. Mas dada essa situação e o pano de fundo da Primeira Semana, a graça de uma Confissão Geral será a de uma visão aprofundada daquilo que Deus perdoou. Trata-se de um sentido de reconciliação não apenas como acontecimento presente, mas como história da constância e da fidelidade de Deus; e de um compromisso de todo o futuro com Cristo, tornado mais puro e mais firme por um novo nível de repúdio em relação ao pecado passado.

[44] [1]CONFISSÃO GERAL E COMUNHÃO
[2]Qualquer pessoa que queira fazer uma Confissão Geral *por vontade própria* encontrará nela três benefícios particulares, entre muitos outros.
[3]*Primeiro*: Embora admita que uma pessoa que se confessa todos os anos não seja obrigada a fazer uma Confissão Geral, [4]ainda assim, se tal pessoa fizer uma, haverá maior proveito e mérito por causa da maior dor que experimenta agora por todos os pecados e erros da vida inteira.
[5]*Segundo*: Durante os Exercícios Espirituais adquire-se maior conhecimento interior dos pecados e da sua malícia do que quando a pessoa não se ocupa com os assuntos da vida interior. [6]Alcançando agora maior conhecimento e dor dos pecados, terá maior proveito e mérito do que antes.

---

40. Diretório de 1599 (MHSI, v. 76, 629 [trad. Palmer, 309]).

⁷*Terceiro*. Como consequência de uma melhor confissão e disposição, a pessoa fica mais apta e mais preparada para receber o *Santíssimo Sacramento*, ⁸(cuja recepção nos ajuda não só a evitar cair no pecado, mas também a continuar a crescer na graça).

⁹É melhor fazer esta Confissão Geral *imediatamente após os Exercícios da Primeira Semana*.

A Confissão Geral deveria ser feita *por vontade própria*. Neste contexto, devem ser notadas as armadilhas que essa prática pode criar para os escrupulosos, como reconhecem González Dávila e o Diretório Oficial, ao mesmo tempo em que insistem no valor da Confissão Geral precisamente como uma proteção contra a ansiedade[41].

Primeiro e segundo benefícios: A relação entre a confissão regular e a oração regular do exame já foi notada. Aqui, a prática especial da Confissão Geral está ligada à oração especial da Primeira Semana, na qual a pessoa exercitante fará um balanço dos pecados da sua vida, obterá um crescente "conhecimento interior" deles e experimentará uma renovação na gratidão pela Misericórdia divina.

Terceiro benefício: Neste contexto, a recepção do *Santíssimo Sacramento* refere-se imediatamente à comunhão da pessoa exercitante no final da Primeira Semana. Mas a declaração expressa a compreensão geral de Inácio sobre a relação entre a prática sacramental e o processo de conversão e crescimento.

No que diz respeito à comunhão, uma pessoa no século XVI normalmente não a receberia diariamente. Contrariando a prática comum, Inácio elogiou a recepção semanal, mas, como homem de sua época, teria considerado excepcional uma recepção mais frequente.

Imediatamente após os exercícios da Primeira Semana: A razão para adiar a Confissão Geral até a conclusão dos exercícios da Primeira Semana

---

41. Diretório (Dávila) e Diretório de 1599 (MHSI, v. 76, 506, 661-663, [trad. PALMER, 248, 317]). A preocupação destes Diretórios com o tema da ansiedade (tanto o perigo de causar como a necessidade de aliviá-la), embora refletindo as preocupações da época, também chama nossa atenção para possibilidades e necessidades que podem ser encontradas em qualquer época ou situação.

torna-se clara a partir dos benefícios acima mencionados. Porém, há uma consideração prática adicional de que, no século XVI, a preparação para uma Confissão Geral era demorada e detalhada, e muitas vezes feita com a ajuda de um manual.

Qual é o confessor apropriado?

Quando quem orienta é um sacerdote, será normalmente o confessor da pessoa exercitante? No *Diretório Autógrafo*, Inácio deixa clara a sua preferência: se possível, o confessor deve ser alguém que não seja o orientador[42]. O *Diretório Oficial*, apoiando-se em Polanco, assume essa posição, mas com reservas: "Na maioria dos casos é melhor que o orientador não seja o único a ouvir essa Confissão Geral. Contudo, se a pessoa exercitante assim o preferir, ou se não houver outro sacerdote disponível, ou se qualquer outro motivo o exigir, nada impede o orientador de o fazer"[43].

Cinco meditações

As cinco meditações a seguir são ordenadas às graças da contrição e gratidão que mudam a vida [48, 55, 61, 71], de alterações profundas nos próprios instintos de atração e repulsão [63] e do desejo de viver para Cristo [53] e "emendar-se" [61, 63]. Além de conter a matéria através da qual se pode "encontrar" essas graças, o texto (juntamente com partes dos acréscimos subsequentes) também fornece à pessoa exercitante orientação prática sobre a oração. Assim, no início da Primeira Semana, a pessoa é apresentada a um método geral, aos modos específicos de orar que formam a sequência característica do dia de Exercícios e aos elementos da linguagem de Inácio. Os mais significativos desses materiais serão abordados no comentário em suas respectivas seções.

---

42. Diretório Autógrafo (MHSI, v. 76, 70 [trad. Palmer, 7]).
43. Diretório de 1599 (MHSI, v. 76, 663 [trad. Palmer, 318]). Vide também Diretório (Polanco) (ibid., 297, 452-453 [trad. Palmer, 130, 212]).

Deus, pecado e misericórdia

O próprio Inácio não considerou que essas meditações iniciais apresentassem grandes dificuldades de interpretação, mas uma leitura inicial pode facilmente perder aspectos cruciais para compreendê-las. Dois pontos em particular devem ser mantidos em mente.

Primeiro, a oração nos Exercícios é desde o início cristocêntrica e trinitária. A pessoa exercitante faz as cinco meditações na consciência de que Deus como Pai deseja que ela se reconcilie consigo mesma, através da morte salvadora de Cristo e da ação do Espírito Santo. Isso precisa ser enfatizado, uma vez que mesmo a centralidade de Cristo, para não falar do lugar do Pai e do Espírito, muitas vezes não é plenamente apreciada em uma primeira leitura do texto, especialmente quando o texto é lido sem uma compreensão adequada do colóquio e da repetição, ou sem referência às Regras de Discernimento.

Segundo, o Deus da Primeira Semana é um Deus de misericórdia. A conversão pode ocorrer em diferentes níveis. Embora pessoas de qualidade espiritual variável possam ser admitidas neles, os cinco exercícios visam principalmente a uma pessoa espiritualmente madura e sensível; alguém que procura avançar "do bom para o melhor"[44]. Para uma pessoa desse tipo, a conversão significará não uma mudança preliminar de conduta motivada pelo medo, mas a profunda mudança de coração que só pode surgir de uma nova descoberta pessoal da misericórdia de Deus.

A misericórdia, então, é o tema dominante das Meditações da Primeira Semana, mas não pode haver um sentimento profundo da misericórdia de Deus sem um profundo senso do pecado. Portanto, essa semana abre uma visão de fé sobre o pecado. O pecado é visto como a negação do louvor, da reverência e do serviço [50, 52, 58, 59]; como um poder negativo que permeia a história da criação livre [50-52], como

---

44. Cf. [9], [315]. Como observa John Coventry, "os exercícios da Primeira Semana foram concebidos para serem praticados por pessoas de qualidade espiritual, e não por pecadores barulhentos". Cf. Sixteenth and Twentieth-Century Theologies of Sin, 58.

destrutivo da nossa relação conosco mesmos e com o mundo[45]. Mas o pecado é sempre considerado nos Exercícios à luz da misericórdia. A misericórdia que se revela finalmente no compromisso do Criador com a humanidade pecadora na cruz de Jesus [53], e que pode ser sentida em tudo: na experiência do mundo [60] e na própria vida [61, 70]. Essa descoberta, feita sem complacências nem presunções, provoca uma conversão inspirada no amor, diferente da conversão motivada pelo medo. Certamente Inácio reconheceu, assim como a tradição homilética dominante, que existem situações em que o medo deve de fato ser o primeiro passo [370]. Porém, a Primeira Semana, onde a meditação sobre o Inferno ocorre depois e não antes de a pessoa ter sido tocada pelo amor de Deus [65], não é tal situação. A graça essencial da Primeira Semana é a de uma conversão que surge da experiência literalmente dolorosa de ser amado e perdoado.

Pontos práticos

Orientar a Primeira Semana levanta inúmeras questões de apresentação e conteúdo. Até que ponto está de acordo com o propósito de Inácio modificar ou complementar o material que ele fornece? Que lugar pertence à sequência das cinco meditações? De qualquer forma, é viável fazer com que a pessoa exercitante ore durante toda esta sequência no primeiro dia, como o texto parece sugerir que se deveria [72]?

---

45. A compreensão de fé sobre o pecado, à qual a pessoa é conduzida pelos Exercícios da Primeira Semana, não dispensa, no entanto, uma educação moral. A Primeira Semana pressupõe que a pessoa exercitante recebeu (ou está recebendo) tal educação. Na verdade, os próprios Exercícios, como vimos, contêm elementos de uma educação moral adequada a uma pessoa da época na seção do Examen Geral [33-42]. Para viver hoje, segundo a percepção do pecado da Primeira Semana, e estar consciente do alcance das suas aplicações, é necessário ter uma visão formada por uma educação moral adequada ao nosso tempo. Isso incluirá, entre outras coisas, uma compreensão contemporânea da pessoa em relação à sociedade.

Nestes pontos, apesar das divergências de detalhe, a posição geral de Inácio e das primeiras autoridades fica clara nos Diretórios. A semana deve começar o mais próximo possível com a pessoa exercitante fazendo todas as cinco meditações[46]. Para o período restante, a norma deve ser a repetição diária desta sequência. No entanto, outros materiais poderiam ser acrescentados, consistindo quer na adição de novos pontos às meditações dadas, quer em meditações suplementares, nomeadamente sobre os Novíssimos (Escatologia)[47]. Hoje, as formas de apresentar a Primeira Semana abrangem uma vasta gama de possibilidades, e muitas vão muito além da limitada flexibilidade da prática inicial[48]. Entre estas, é impossível escolher uma única "maneira correta" de dar a Primeira Semana

---

46. A prática comum na época dos Diretórios era começar apresentando os quatro primeiros exercícios (primeiro e segundo isoladamente, terceiro e quarto juntos) acrescentando o quinto na segunda rodada: cf. Diretório (Inácio) (MHSI, v. 76, 82-83 [trad. PALMER, 12]), Diretório (Polanco) (ibid., 293-294 [trad. PALMER, 128]), Diretório (Miró) (ibid., 382 [trad. PALMER, 168]), Diretório (1599) (ibid., 649-650 [trad. PALMER, 314]). Um dos Diretórios "Inacianos" insiste, no entanto, que os exercícios devem ser dados "um por um […] até que no final a pessoa esteja fazendo todos os cinco". Isso admite várias interpretações, mas certamente significa que no início a pessoa exercitante não deve se sentir sobrecarregada ou pressionada; cf. Diretório (Inácio) (ibid., 80 [trad. PALMER, 11]).

47. O próprio Inácio, embora insista que não será necessário mais material se a pessoa exercitante encontrar o que deseja nas cinco meditações, recomenda exercícios sobre morte, julgamento final e similares, se a pessoa for ajudada por eles; cf. Diretório (Inácio) (MHSI, v. 76, 85 [trad. PALMER, 13]). O Diretório de 1599 sugere que matéria adicional poderia ser usada "para prevenir o tédio e provocar uma penetração mais profunda na matéria" (MHSI, v. 76, 650 [trad. PALMER, 314]). Como temas de meditação, os Novíssimos (Escatologia) aparecem frequentemente nos Diretórios e são recomendados em uma nota acrescentada por Polanco às versões latinas dos Exercícios posteriores a [71].

48. Especialmente no uso das Escrituras. Os Diretórios contêm pouco material bíblico, além daquele que já está no texto dos Exercícios. Entre os materiais do Antigo Testamento, o pecado de Davi é proposto para meditação por Cordeses (MHSI, v. 76, 541 [trad. PALMER, 271]). Dois textos do Evangelho são oferecidos para uso após a Confissão Geral: o Filho Pródigo e Lázaro (MHSI, v. 76, 391, 428 [trad. PALMER, 173, 197]).

aos exercitantes contemporâneos. Cabe a quem orienta decidir a melhor forma de ajudar uma pessoa a atingir seus objetivos. Para fazer isso, é necessária certa familiaridade com as abordagens atuais, juntamente com sensibilidade às circunstâncias e necessidades de cada pessoa exercitante. Mas para dar a Primeira Semana é necessário também conhecer e compreender as cinco meditações que constituem o texto da Primeira Semana. Por mais adaptável que seja, esta etapa dos Exercícios não consiste apenas em alguma forma de meditar sobre o pecado e o arrependimento, mas também em um material e uma dinâmica de caráter particular.

Primeira meditação: Três pecados

Oração preparatória e preâmbulos

[45] ¹O *PRIMEIRO EXERCÍCIO* É UMA *MEDITAÇÃO* COM *AS TRÊS POTÊNCIAS* SOBRE O PRIMEIRO, O SEGUNDO E O TERCEIRO PECADO; ²ABRANGE, DEPOIS DE UMA ORAÇÃO PREPARATÓRIA E DOIS PREÂMBULOS, TRÊS PONTOS E UM COLÓQUIO.

O *Primeiro Exercício*... o título preocupa-se menos com o conteúdo da oração do que com sua forma, suas partes componentes e sua sequência.

Meditação: Em geral, uma "meditação" é uma oração na qual o conteúdo é pensado ou processado mentalmente, à luz da fé e com o desejo de ouvir e responder à Palavra de Deus dirigida a si mesmo. Distingue-se da "contemplação", que é uma oração caracterizada por uma dimensão afetiva e pela receptividade e simplicidade[49]. A meditação é geralmente

---

49. Nos Exercícios, essa distinção não deve, contudo, ser feita de forma demasiado exclusiva. Elementos discursivos entram nas "contemplações" posteriores, e, se a "meditação" começa com o intelecto, é ela mesma um movimento em direção ao nível das afeições. Na verdade, a oração que começa como "meditação"

considerada uma oração de "iniciante", uma oração para o caminho purgativo. Entretanto, para entender seu uso nos Exercícios, devemos compreender que a meditação aqui se aplica não apenas ao método e ao "nível", mas também ao assunto. Assim, a "meditação" é usada em todos os exercícios (incluindo as Duas Bandeiras e os Três Tipos de Pessoas) onde o conteúdo trata de uma questão de verdade ou doutrina, enquanto o conteúdo da contemplação é sempre pessoal[50].

As três potências: As "potências" ou faculdades da alma (memória, inteligência e vontade) são componentes integrantes da pessoa humana. Operam em todas as orações, embora nem sempre tão sistemática e conscientemente como neste exercício de abertura, onde a sua aplicação serve de modelo. Isso consiste em uma sequência de três estágios: (1) uma invocação à consciência da verdade já guardada na memória; (2) um processo de explorar (ou, em uma imagem medieval, "mastigar") esse conteúdo com a mente[51]; (3) a resposta dos afetos (ou do "coração"). Como observado anteriormente, quando essa dinâmica psicológica surge na oração, o estágio de "reflexão" não é o estudo, mas a busca pela "compreensão interior", para ser distinguida de "muito conhecimento" [2]. Deve-se notar também que a clareza e a organização da exposição de Inácio não serão exatamente refletidas na sobreposição e na interação da própria experiência[52].

[46] Oração. A *oração preparatória* consiste em pedir a Deus, Nosso Senhor, graça para que todas as minhas intenções, ações e operações sejam dirigidas puramente ao serviço e louvor de sua Divina Majestade.

---

pode evoluir através do seu curso, especialmente o colóquio e a repetição, para "contemplação" (vide [64], [156]).

50. Sobre a contemplação nos Exercícios, vide o comentário em [101] adiante.

51. Mas na meditação sobre o Inferno a atividade do intelecto é substituída pela da imaginação.

52. Embora as potências sirvam aqui para fornecer um "método" de oração, o seu uso na oração, seja explícito ou implícito, tem mais importância do que isso. Uma grande parte do processo de conversão consiste nas potências que são assumidas e transformadas pela vida de Cristo (cf. [234], [245]), e o seu emprego na oração é em si parte desse processo.

[47] ¹O primeiro preâmbulo é *a composição* feita vendo o lugar. ²Deve-se notar aqui que para a contemplação ou meditação sobre as coisas visíveis, por exemplo, a contemplação de Cristo, Nosso Senhor (que é visível), ³a "composição" consistirá em ver, através do olhar da imaginação, o lugar físico onde se encontra o que quero contemplar. ⁴Por "lugar físico" quero dizer, por exemplo, um templo ou uma montanha onde se encontra Jesus Cristo ou Nossa Senhora, de acordo com o que quero contemplar.

⁵Onde o objeto for invisível, como é o caso da presente meditação sobre os pecados, a composição será ver, com o olhar da imaginação, e considerar que minha alma está aprisionada neste corpo que um dia se desintegrará. ⁶E também todo o meu ser humano (com isso quero dizer a alma unida ao corpo), como se estivesse exilado neste vale entre animais ferozes.

Oração preparatória: Inácio menciona explicitamente esta oração de petição cada vez que inicia uma meditação ou contemplação durante as quatro semanas[53] e insiste que nunca deve ser alterada ([4] e [105]). O sentido geral é claro: a pessoa exercitante pede para se aproximar cada vez mais, através da graça, do ideal de uma vida totalmente dedicada ao louvor e ao serviço de Deus. Contudo, parece ter havido sempre certa falta de clareza sobre a distinção entre "ações" e "operações". Nos textos latinos, os três elementos do espanhol são reduzidos a dois: intenções e ações (*Versio Prima*), poderes e operações (*Vulgata*). Várias interpretações do espanhol são oferecidas por comentaristas modernos[54]. Uma distinção praticamente

---

53. Ela não aparece nos Três Modos de Orar, onde o termo "oração preparatória" é usado para designar petições que correspondem ao segundo preâmbulo [48] (cf. [244], [246], [248], [250], [251]).
54. DALMASES, *Ejercicios Espirituales*, 69, n. 46, se refere a uma distinção oferecida por Calveras entre "operações internas" e "ações externas", e da mesma forma Gueydan sugere que as "ações" ocorrem fora da pessoa, enquanto as "operações" dizem respeito às próprias atividades da vida corporal, intelectual, afetiva e espiritual da pessoa (*Exercises Spirituels*, 55).

útil identifica "ação" com o ato (interno) de escolha e "operação" com sua execução subsequente[55].

A composição: A preparação para a oração aqui descrita é denotada no texto espanhol como "composição vendo o lugar" ou simplesmente "composição" ([65], [232]). A terminologia mais familiar em inglês, "composição de lugar", é retirada das versões latinas.

Ao compor imaginativamente um lugar ou situação correspondente ao tema da oração, a pessoa "compõe-se", no sentido de "reunir-se", ou tornar-se recolhida[56]. Para o significado dos lugares materiais nas contemplações do Evangelho, vide comentários sobre [91], [103] e [112].

Aqui, e de uma forma bastante diferente em [151] e [232], o "lugar" representa um aspecto da situação de cada pessoa diante de Deus. Assim, no início dos Exercícios, e antes de passar a considerar os efeitos do pecado na história, a pessoa se coloca em uma situação de solidão, irracionalidade e desarmonia consigo mesma e com a criação. Essa é a situação de cada ser humano à medida que ele ou ela está sob o domínio do pecado. A imagem lembra a parábola do Filho Pródigo.

[48] ¹O segundo preâmbulo é *pedir a Deus, Nosso Senhor, o que quero e desejo.*

²A petição deverá ser adaptada à matéria proposta; assim, por exemplo, na contemplação da Ressurreição pede-se alegria com Cristo alegre, ³enquanto na contemplação da Paixão pede-se dor, lágrimas e grandes sofrimentos com Cristo que sofre.

⁴Aqui pedirei *vergonha e confusão* pessoal vendo *quantas pessoas foram condenadas* por causa de *um único pecado mortal,* ⁵e quantas vezes mereci ser condenado para sempre por causa dos *meus numerosos pecados.*

---

55. Esta sugestão é proposta por Puhl, *The Preparatory Prayer*, PASE, com base em Nonell, Ejercicios, *Estudio sobre el texto de los Ejercicios*, 26. Cf. também Fessard, *La dialética*, 50.
56. Sobre este ponto, o leitor deve consultar especialmente Peters, *The Spiritual Exercises of St Ignatius*, 29-30.

[49] NOTA
Antes de cada contemplação ou meditação deverá ser feita sempre a oração preparatória sem nenhuma alteração, e também os dois preâmbulos acima mencionados, alterando-os ocasionalmente para se adequarem à matéria proposta.

Pedir a Deus, Nosso Senhor, o que quero e desejo: A petição é um tema central nos Exercícios e assume várias formas. Essenciais aos Exercícios como empreendimento de fé pessoal, são as petições totalmente espontâneas (cf. [54], [109]). Porém, juntamente com estas, e especialmente características dos Exercícios, existem as formas de petição "dada" (como a Oração Preparatória acima, as petições do Tríplice Colóquio [63, 147] e a série de onze petições incluídas nos preâmbulos à meditação e à contemplação[57]). Marcando as etapas de um caminho de conversão e, em certo sentido, conaturais aos temas ou episódios evangélicos aos quais estão associadas, pode-se dizer que estas correspondem, em última análise, aos desejos do Espírito no coração de cada fiel. O valor destas petições pode, no entanto, ser obscurecido por interpretações demasiado simples. A pessoa exercitante nem sempre pode expressar os seus desejos exatamente como Inácio o faz; ou a sua reação inicial a uma petição nos Exercícios pode ser, a princípio, o caso de "desejar o desejo", em vez de uma identificação instantânea[58].

Vergonha e confusão: Ambos os termos são relacionais e juntos representam uma forma de se sentir e reagir diante da misericórdia de Deus. Portanto, a causa da "vergonha e confusão" não é a consciência do pecado em si, mas a experiência da pessoa pecadora autoconsciente na presença de um Deus que é misericordioso e fiel (cf. [74]). Pede-se que através da oração esta experiência seja aprofundada e intensificada para mudar profundamente o coração.

---

57. Consulte [48, 55, 65, 91, 104, 139, 152, 193, 203, 221, 233].
58. As Constituições da Companhia de Jesus prescrevem que um candidato à ordem seja apresentado aos valores do Terceiro Modo de Humildade [167] e questionado se ele próprio experimenta tais desejos. Caso contrário, deverá ser-lhe perguntado se deseja experimentá-los (Constituições SJ, §102).

Quantas pessoas foram condenadas etc.: Consciente da misericórdia de Deus, a pessoa exercitante também deve estar consciente de que a misericórdia é gratuita. Para ajudá-la a compreender o significado da misericórdia a este nível, Inácio propõe uma tática que dificilmente será recomendada às pessoas de hoje, por causa das suposições que faz sobre a condenação já incorrida por outros. Contudo, o ponto essencial não depende de tais suposições. A importância das referências ao Inferno nos Exercícios, tanto aqui como em outros lugares, reside em nos tornar atentos para uma possibilidade que nos questiona em nossa liberdade e em nos lembrar que a nossa salvação envolve, tanto para nós como para Deus, uma questão real de vida ou morte[59].

Na *Versio Prima*, esta frase é modificada para: "quantos talvez tenham sido condenados". O "talvez" é acrescentado pela mão de Polanco.

Um único pecado mortal: Nos Exercícios, o termo "pecado mortal" às vezes designa os pecados "capitais"[60], mas aqui "pecado mortal" parece ser a interpretação natural[61]. Embora o contraste entre o "único mortal" do indivíduo condenado e os "numerosos pecados" da pessoa exercitante pretendem ser desconcertantes. O "pecado mortal" deve ser entendido

---

59. As principais implicações da doutrina sobre o Inferno são para nós mesmos. No que diz respeito aos outros, nem a Escritura nem a Tradição dão base para a certeza de que qualquer indivíduo esteja no Inferno, e, para todos os que partiram desta vida, podemos e devemos esperar que estejam com Deus. Para um estudo aprofundado sobre o significado do Inferno para a fé cristã, o leitor deve consultar BALTHASAR, *Dare We Hope "That All Men Are Saved"?*.

60. Os pecados capitais são as falhas ou tendências malignas habituais nas quais as decisões ou ações pecaminosas têm sua raiz. Os sentidos de "pecado mortal" e "pecado capital", embora distintos, estão intimamente ligados, sendo um ou mais dos pecados capitais normalmente o contexto e a história do ato de liberdade que constitui um pecado mortal.

61. Nos textos originais, tanto em latim como em espanhol, "pecado mortal" refere-se claramente a "pecado capital" em [18] e [244]. Às vezes, a tradução apropriada não é absolutamente clara e, mesmo no presente caso, Peters considera "pecado capital" uma leitura possível e, na verdade, preferível (cf. PETERS, *The Spiritual Exercises of St Ignatius*, 190).

no sentido pleno do termo, como conotando uma rejeição livre e radical de Deus[62].

Meus numerosos pecados: Como em [50] e [51], o "pecado mortal" não é atribuído à pessoa exercitante. A ênfase está nos "pecados" no plural, nomeadamente na multiplicidade de escolhas, atos e omissões, que expressam e endossam um egocentrismo que, abandonado a si mesmo, poderia ter tido efeitos destrutivos que a graça ou a Providência não permitiram de fato.

Três pecados

Não se podem delimitar antecipadamente as percepções internas que uma pessoa pode ter ao ponderar os três pontos que se seguem, com o seu conteúdo bíblico e teológico. Mas certos aspectos essenciais da meditação devem ser observados.

Embora o efeito principal seja tornar a pessoa exercitante consciente da sua implicação no mistério do mal, a meditação o faz, centrando-se não nos próprios pecados da pessoa, mas em três situações que revelam a natureza do pecado em si. Em relação a cada uma dessas situações, o processo de meditação move-se entre dois polos: o pecado como ação contra Deus e o pecado nos seus efeitos concretos. Além disso, em cada ponto o material é meditado não apenas para induzir um sentido da natureza do pecado, mas também para despertar, a partir desse sentido, o sentimento de "vergonha e confusão", como explicado acima.

O tema da história do pecado pode ser posteriormente estendido através de outras passagens bíblicas[63] para incluir finalmente os

---

62. "Pecado mortal" é definido no Diretório de Pereyra como "propriamente uma traição cometida contra sua Majestade, pois por meio dele, na medida do possível, a pessoa faz de seu Deus uma criatura e assim abandona seu próprio Deus, e desejaria que Deus não fosse Deus" (MHSI, v. 76, 151 [trad. Palmer, 52]).
63. Neste contexto, observe os incidentes em que os primeiros capítulos de Gênesis abordam o desenvolvimento subsequente da história do pecado humano, ou seja: o pecado de Caim (Gênesis 4,1-10), a corrupção da raça humana e a ira de Deus (Gênesis 6,5-12), o orgulho em Babel e suas consequências (Gênesis 11,1-9). Nos Diretórios as meditações extras raramente são baseadas

efeitos do pecado nos indivíduos, nos relacionamentos e na sociedade atual (sempre, é claro, para ajudar a quem se exercita a encontrar a graça deste exercício).

[50] ¹O primeiro ponto será trazer à memória o primeiro *pecado*, que foi o *dos anjos*, e depois trazer a inteligência ao mesmo evento, a fim de raciocinar sobre ele. ²Então trazer a vontade para que, ao procurar recordar e compreender todo o assunto, eu possa sentir ainda mais *vergonha e confusão*, ³comparando o único pecado dos anjos com os meus muitos pecados. Pois, enquanto eles foram para o Inferno por um pecado, quantas vezes eu mereci o Inferno por tantos.
⁴Quando digo: "Trazer à memória o pecado dos anjos", quero dizer recordar como eles foram criados na graça. Contudo, não querendo valer-se da liberdade para prestar reverência e obediência ao seu Criador e Senhor, ⁵e caindo no orgulho, eles foram mudados da graça em malícia e expulsos do Céu para o Inferno. ⁶Deve-se em seguida examinar o assunto mais detalhadamente com o entendimento e então *despertar os afetos do coração com a vontade*.

Pecado… dos anjos. Como o pecado pode ser cometido por um espírito puro, o pecado não está essencialmente ligado às paixões animais, à instabilidade da constituição humana ou à dinâmica da sociedade humana. A essência do pecado – o nosso e o dos anjos – é, como Inácio aqui o define: a recusa de alguém de "usar" a liberdade para prestar reverência e obediência ao seu Criador e Senhor, em suma, a recusa de permitir que Deus seja Deus.
Vergonha e confusão. Embora a graça solicitada [48] seja explicitamente referida apenas neste primeiro ponto, o objetivo dos outros dois pontos é também sentir "vergonha e confusão".
Despertar os afetos do coração com a vontade. Quem orienta e quem faz os Exercícios devem ter claro que o envolvimento da vontade na oração não consiste em tentar forçar a emoção. O que é necessário é uma

---

em um texto bíblico, mas, como mencionado anteriormente, um exemplo são os pecados de Davi (2 Samuel 11,1-27; 12,1-25).

cooperação voluntária e uma submissão à ação do Espírito no movimento da compreensão à resposta afetiva. Em outros lugares, os Exercícios deixam claro que essa resposta nem sempre vem instantaneamente (cf. [4], [322]).

[51] [1]O segundo ponto. Proceder da mesma forma, aplicando as três potências ao *pecado de Adão e Eva*, [2]trazendo à memória a longa penitência que fizeram por causa desse pecado. E *a corrupção que se abateu sobre a raça humana*, com tantas pessoas indo para o Inferno.

[3]Quando digo: "Trazer à memória o segundo pecado, o dos nossos primeiros pais", quero dizer recordar como Adão foi criado na *planície de Damasco* e colocado no paraíso terrestre. Eva foi criada a partir da costela dele. [4]Eles foram proibidos de comer da árvore do conhecimento. Porém, eles comeram e pecaram. [5]Depois, vestidos com túnicas de peles e expulsos do paraíso, viveram toda a vida sem a justiça original, que haviam perdido, em grandes trabalhos e muitas penitências.

[6]Em seguida, analise o assunto com mais detalhes com o entendimento e use a vontade como foi explicado acima [45].

Pecado de Adão e Eva: O primeiro pecado humano, como o pecado dos anjos, é a recusa de "usar" o dom da liberdade para permitir que Deus seja efetivamente Deus na vida de alguém. O pecado é considerado como o eixo de uma sequência trágica com um "antes" (paraíso terrestre – harmonia total) e um "depois" (desarmonia total com consequências para a história subsequente da raça humana).

Ao abordar a história da queda, deve-se ter em mente a distinção entre a meditação com os poderes da alma e a contemplação imaginativa. A imaginação, se ajudar, pode entrar nesta meditação a qualquer momento e, de fato, há muito na história que apela à imaginação. Porém, o essencial é extrair o significado universal da história, que tem a ver com a natureza de todo pecado humano.

A corrupção que se abateu sobre a raça humana: É da natureza do pecado que os seus efeitos nunca se limitem ao indivíduo, mas alcancem os tecidos da sociedade humana.

Planície de Damasco: não se trata de Damasco na Síria, mas uma Damasco localizada por tradição na região de Belém.

[52] ¹*O terceiro ponto*. Fazer o mesmo com o terceiro pecado: o pecado específico de *qualquer indivíduo* que foi para o Inferno por *um único pecado mortal* e também das inúmeras outras pessoas que foram para o Inferno por menos pecados do que eu cometi. ²"Fazer o mesmo", eu digo, em relação a esse terceiro pecado, um pecado particular, trazendo à memória a gravidade e a malícia do pecado contra o seu Criador e Senhor. ³Refletir com a inteligência como uma pessoa que pecou e agiu contra a bondade infinita foi *justamente condenada* para sempre. Em seguida, concluir aplicando a vontade como foi dito.

O terceiro ponto completa a história do pecado, trazendo os efeitos do pecado para o aqui e agora. Também corresponde exatamente ao segundo preâmbulo, que é a chave para a sua interpretação. Portanto, a pessoa exercitante não é obrigada nesta fase a meditar sobre o Inferno (isso será feito mais tarde). Deve considerar uma possibilidade: a de um ser humano se separar de Deus por um único ato decisivo de rejeição ou através da erosão do amor por um único pecado capital que leva a tal ato. Novamente, isso é considerado para suscitar "vergonha e confusão" diante da bondade de Deus.

Qualquer indivíduo: A situação aqui projetada sobre um estranho hipotético (que traz à mente a "pessoa que nunca vi ou conheci" de [185] e [339]) é uma possibilidade real que já poderia ter sido vivenciada pela pessoa exercitante.

Um único pecado mortal: Tanto na *Versio Prima* quanto na *Vulgata*, Polanco acrescenta "talvez" e na *Vulgata* ele insere mais um "talvez" aos "inumeráveis outros".

Justamente condenada: É da natureza da misericórdia e do perdão ser imerecido. "Não considereis o que realmente merecemos", diz o Cânon Romano da Missa[64], "mas concedei-nos o vosso perdão". A confusão da

---

64. Conforme a versão do Missal Romano então utilizado nos Estados Unidos. (N. do E.)

pessoa exercitante vem da compreensão de que é precisamente assim que nós próprios somos tratados por Deus[65].

Colóquio

Tanto na meditação como na contemplação, os "pontos" conduzem à oração que Inácio descreve como uma conversa íntima e chama de "colóquio". Embora tenha um lugar especial no final da oração, não é um apêndice da oração, mas o seu ápice. Além disso, pode surgir a qualquer momento da oração e, quando isso acontece, é sempre, em certo sentido, um momento culminante.

Nos Exercícios, Inácio apresenta o colóquio de diversas maneiras. Às vezes, ele simplesmente convida a pessoa exercitante a "terminar com um colóquio"; outras vezes oferece breves orientações. O colóquio também pode ser o contexto em que ele conclui um exercício com conteúdos ou procedimentos específicos (como é o caso aqui e no Tríplices Colóquios). Mas, seja qual for a forma que o colóquio seja proposto, será sempre marcado pelo caráter pessoal e espontâneo da conversa entre amigos.

No presente caso é particularmente crucial compreender o significado do colóquio na oração durante os Exercícios. A meditação sobre os três pecados não é proposta como um exercício em si, com sua própria completude, mas como uma preparação para esse encontro pessoal com Cristo na cruz, que é a revelação final do pecado e da misericórdia.

> [53] ¹Colóquio. *Imaginando* Cristo, Nosso Senhor, diante de mim, pregado na cruz, fazer um colóquio, perguntando como *o Criador se fez homem* e da vida eterna chegou à morte temporal, e assim *morreu pelos meus pecados*. ²Então, voltando-me para mim mesmo, perguntar: "*O que fiz por Cristo? O que faço por Cristo? O que devo fazer por Cristo?*".

---

65. As Escrituras estão repletas de textos que defendem o mesmo ponto. Talvez o exemplo mais conhecido venha do *De profundis*: "Se lembrares, Senhor, nossos pecados, quem o suportará? Mas junto a ti encontra-se o perdão, para que te sirvamos" (Sl 129[130],3-4).

³Finalmente, vendo-o naquele estado pendurado na cruz, *repassar tudo o que vier à mente*.

[54] ¹O colóquio propriamente dito significa falar *como um amigo fala com outro*, ou um servo com seu senhor, ²ora pedindo algum favor, ora acusando-se de algo malfeito ou fazendo confidências e pedindo conselhos sobre elas. E rezar um Pai-Nosso.

Imaginando: Aqui o modo de oração muda, e neste colóquio a pessoa exercitante entra no que mais tarde será entendido como "contemplação imaginativa".

O Criador se fez homem: A pessoa ferida na cruz não é outra senão o "Criador de todas as coisas". A linguagem lembra Filipenses 2,6-11. A referência é explicitada na *Versio Prima*⁶⁶, que contém o verbo (*exinanivit se*) usado no Novo Testamento latino para o "aniquilamento" ou a "humilhação" de Cristo. No contexto deste primeiro exercício, a humildade de Cristo contrasta com o orgulho, que é a raiz do pecado, o Seu uso da liberdade, com o mau uso do pecador.

Morreu pelos meus pecados: O cerne do colóquio da cruz está aqui: o Criador morreu pelos meus pecados (o foco neste ponto é pessoal). Há um eco de Gálatas 2,20: O filho de Deus me amou e se entregou por mim⁶⁷, (mas isso não deve ser entendido de uma forma que coloque a dimensão pessoal em conflito com a comunitária e a coletiva).

O que fiz por Cristo? O que faço por Cristo? O que devo fazer por Cristo? É notável que, sempre que Inácio dá um conteúdo ao colóquio, ele presume a graça pedida na petição e conduz a pessoa exercitante um passo adiante. Aqui, pelo menos na terceira pergunta, o foco muda do passado para o futuro, e da "vergonha e confusão" para o desejo de servir. Observe também que essas perguntas representam o movimento típico da resposta inaciana, do afetivo para o eficaz, da resposta do coração para, eventualmente, a resposta de "fazer".

---

66. "Faça-se um colóquio considerando como o Criador se esvaziou (*exinanivit se*)".
67. Citado no Diretório de González Dávila em conexão com [203] (MHSI, v. 76, 526 [trad. Palmer, 262]).

Repassar tudo o que vier à mente: As indicações gerais contidas no texto abrem o caminho para a pessoa exercitante encontrar-se e concentrar-se em pensamentos pessoais.

Como um amigo fala com outro: O modelo de conversação realça o caráter espontâneo e pessoal dessa oração. Contudo, uma interpretação demasiado estrita do modelo poderia levar a uma compreensão limitada do colóquio como oração. O modelo aponta principalmente para toda uma qualidade de relacionamento e não implica que a fala dominará. Em qualquer caso, a conversação inclui a escuta, e, na oração de uma pessoa que amadurece espiritualmente, o colóquio será cada vez mais caracterizado pela escuta contemplativa. Sobre a amizade como modelo da nossa relação com Cristo, vide [146, 224, 231].

A conclusão da oração: Pai-nosso

O "pai-nosso", que surge no final de cada um dos exercícios, deve ser considerado não como uma formalidade, mas como uma forma de dar uma conclusão consciente e trinitária a cada momento de oração.

Segunda meditação: O pecado pessoal

Na meditação anterior, a pessoa exercitante considerou a história do pecado como uma realidade objetiva (mas na consciência de que os pecados pessoais de alguém a envolvem nessa realidade). O presente exercício começa com a história dos próprios pecados. A graça consiste em uma intensa contrição, baseada na percepção de si mesma como pessoa pecadora misericordiosamente amada. A consciência do pecado é aumentada à medida que ela relaciona seu pecado pessoal com uma compreensão crescente da natureza do pecado como uma ofensa contra Deus e sua criação. O exercício culmina em uma ação de graças pela misericórdia de Deus, levando à intenção de emenda.

[55] [1]O SEGUNDO EXERCÍCIO É UMA MEDITAÇÃO DOS MEUS PRÓPRIOS PECADOS: CONTÉM, DEPOIS DE UMA ORAÇÃO

PREPARATÓRIA E DOIS PREÂMBULOS, CINCO PONTOS E UM COLÓQUIO.

²Oração. A oração preparatória deve ser a mesma.

³O primeiro preâmbulo terá a mesma *composição de lugar*.

⁴O segundo preâmbulo é *pedir o que quero*. Aqui será pedir uma profunda e intensa dor e lágrimas pelos meus pecados.

[56] ¹O primeiro ponto é *o registro dos meus pecados*. Chamarei à memória todos os pecados da vida, examinando-os ano após ano ou de um período para outro. Para isso, três coisas serão úteis:

²(i) ver o local e a casa onde morei,
(ii) o relacionamento que tive com outras pessoas,
(iii) a ocupação que tive em minha vida.

[57] O segundo ponto. Pesar esses pecados, considerando *a feiura e a malícia intrínsecas de cada pecado mortal* cometido, *independentemente de ser proibido*.

[58] ¹O *terceiro ponto*. Olhar quem sou. Diminuir-me por meio de comparações:

(i) o que sou comparado a toda a raça humana?;
²(ii) o que é toda a raça humana comparada a todos os anjos e santos no paraíso?;
³(iii) o que posso ser sozinho, quando olho para o que toda a criação representa em comparação com Deus?;
⁴(iv) contemplar toda *a corrupção e feiura do meu corpo*;
⁵(v) olho para mim mesmo como se fosse *uma ferida aberta*, da qual fluíram muitos pecados e males, e o mais tremendo veneno.

[59] ¹O *quarto ponto*. Considerar quem é Deus, contra quem pequei, *examinando seus atributos* e os contrastando com seus opostos em mim: ²sua sabedoria com minha ignorância, seu poder onipotente com minha fraqueza, sua justiça com minha injustiça, sua bondade com minha malícia.

[60] ¹*O quinto ponto. Uma exclamação de admiração*, com intenso afeto, enquanto reflito sobre todas as criaturas. Como elas me deixaram viver e me conservaram a vida? ²Os anjos, que são as espadas da justiça divina, como me suportaram, cuidaram de mim e oraram por mim? ³Também os santos, como puderam interceder e orar por mim? Os céus, o sol, a lua, as estrelas e os elementos, as frutas, os pássaros, os peixes e os animais, como eles me mantiveram vivo até agora?[68] ⁴Quanto à terra, como ela não se abriu para me engolir, criando novos infernos onde eu poderia penar para sempre?

[61] *Colóquio*. Concluir com um colóquio de misericórdia, conversando com Deus, Nosso Senhor, e agradecendo-lhe *por me ter dado a vida até agora*, propondo para o futuro *emendar a minha vida* com a sua graça. Rezar um Pai-Nosso.

Composição vendo o lugar: Como no exercício anterior.
Pedir o que quero: A "vergonha e confusão" da meditação anterior abrem caminho para uma "profunda e intensa dor" (*crecido e intenso dolor*), palavras que denotam um sentimento ou atitude profunda e poderosa; lágrimas, isto é, lágrimas que surgem e, em certo sentido, "incorporam" a dor no coração. Tais lágrimas são um dom e constituem o segundo dos três níveis de consolação (cf. [316]).

O *registro dos meus pecados*: A palavra "registro" significa literalmente o registro judicial de um julgamento, e a pessoa exercitante chega ao exercício com uma mente preparada pela imagem de um tribunal humano (cf. [74]). Mas a história dos pecados também resume uma história, uma história pecaminosa pessoal que forma um fio entrelaçado na história pecaminosa do mundo. No entanto, seria um mal-entendido do propósito de Inácio pensar nesse primeiro dos cinco pontos como um convite para examinar a própria vida nos mínimos detalhes. São as impressões globais e os padrões dominantes que são importantes[69].

---

68. Na *Versio Prima* são acrescentadas as palavras "como me mantiveram vivo até agora?", enquanto no Autógrafo a frase é deixada incompleta.
69. O segundo exercício desta semana é dado não para que a pessoa exercitante comece a examinar a sua consciência para a confissão, mas para que ela possa

A feiura e a malícia intrínsecas de cada pecado mortal: Os pecados mortais são "repugnantes" porque desfiguram a vida e a conduta humana; e têm a qualidade de "malícia" porque são uma ofensa a Deus e à sua bondade.

Independentemente de ser proibido: O caráter pecaminoso dos pecados morais não é o resultado de serem proibidos. Eles são proibidos por causa da impureza e da malícia que carregam em si mesmos. Uma pessoa com uma visão espiritualmente madura sente essa qualidade negativa intrínseca do pecado[70].

O terceiro ponto... O quarto ponto: Dois conjuntos de comparações referentes respectivamente à pequenez da criatura em relação a Deus e à grandeza de Deus em relação à criatura. Eles são projetados para trazer à consciência não apenas a realidade da própria criatura (constituída pela distância entre o ser infinito e o finito), mas também a distância da criatura como pecaminosa (cf. [58 [4,5]] e [59]).

Corrupção e feiura[71] *do meu corpo*: Inácio mantinha o corpo em considerável honra, mas, de uma forma que era aceitável em sua época, ele encontra em certos aspectos do corpo metáforas poderosas para descrever o pecado e seus efeitos[72].

Uma ferida aberta: Esta imagem contém a verdade de que o pecado nunca é apenas pessoal e privado, mas contamina o próprio mundo, especialmente a qualidade da vida de outras pessoas e o âmbito dos relacionamentos e estruturas.

---

olhar de uma forma global para os muitos pecados que cometeu em sua vida passada, e sentir contrição por eles, chegar ao arrependimento etc. Diretório de Vitória (MHSI, v. 76, 104 [trad. PALMER, 22]).

70. Joseph Rickaby (*Spiritual Exercises*, 36) cita a esse respeito SANTO TOMÁS DE AQUINO, *Contra os Gentios*, III, 122: "Deus não se ofende conosco, exceto pelo que fazemos contra o nosso próprio bem". J. Veale chama a atenção para o valor deste texto para a exposição do segundo exercício; cf. The First Week. Practical Questions, 22.

71. A palavra "feiura" traduz a mesma palavra (*fealdad*) que foi usada em [57] sobre os pecados mortais.

72. O mesmo ponto pode ser defendido usando outras imagens além daquela proposta por Inácio, por ex. a imagem do pecado como uma célula cancerosa (sugerida com outras possibilidades por VELTRI, *Orientations*, 127).

Examinando seus atributos: Como a linguagem é abstrata e concisa, talvez valha a pena lembrar que a função da meditação é abrir essa linguagem, perguntando o que significam as palavras "sabedoria", "poder", "justiça", "bondade".

O *quinto ponto. Uma exclamação de admiração*: Observou-se que o senso de indignidade na presença da própria criação, mesmo da natureza física, é característico do místico incipiente[73]. O ponto principal, porém, é positivo. Se alguém permitir que até mesmo a natureza (que não peca) torne alguém consciente de sua pecaminosidade, a própria natureza também proclamará a misericórdia e a fidelidade de Deus. Um sinal literalmente maravilhoso disso é o simples fato de que alguém está vivo e tem a criação a seu serviço[74]. Neste ponto final, com seu clima de admiração e "afeto intenso", a pessoa exercitante já se encaminha para a oração final de gratidão.

Colóquio: Novamente deve ser sublinhado que em uma meditação inaciana o colóquio não é um apêndice, mas um culminar. Assim, todas as considerações anteriores conduzem a uma nova apreciação da misericórdia gratuita de Deus.

Por me ter dado a vida: Uma das premissas fundamentais das meditações da Primeira Semana é que a própria vida é um sinal da fidelidade contínua de Deus.

Até agora: A misericórdia de Deus tem uma história. A minha vida, considerada acima como uma história de pecado, é também uma história de misericórdia.

Para emendar a minha vida: A emenda é a resposta espontânea a uma nova descoberta da bondade e da fidelidade de Deus. Toda a linguagem em que Inácio descreve o "colóquio de misericórdia" sugere

---

73. EGAN, *Ignatius Loyola the Mystic*, 25.
74. No que diz respeito à natureza, algo do *insight* expresso no quinto ponto pode ser discernido nos tons mais suaves de Gerard Manley Hopkins: "Adoráveis os bosques, as águas, os prados, os favos, os vales. Todas as coisas aéreas que constroem este mundo do País de Gales. Só o prisioneiro não corresponde". *In the Valley of the Elwy*, in: MACKENZIE, Norman H. (ed.), *The Poetical Works of Gerard Manley Hopkins*, Oxford, Clarendon Press, 1990, 143.

uma consolação intensa, uma nota ainda mais acentuada na *Vulgata* pelo acréscimo de louvor: "Por último, esta meditação deve ser concluída com um colóquio em que exalto a misericórdia infinita de Deus, dando graças com o melhor de minhas forças, por Ele ter preservado minha vida até o dia de hoje".

Terceira meditação: Repetição, Tríplice Colóquio

A oração inaciana de repetição deve ser entendida em relação a dois processos inseparáveis: a assimilação gradual do material dado e o desenvolvimento da oração rumo à qualidade singela, receptiva e pessoal da contemplação. A repetição não significa repetir um exercício[75]. Embora nela se possa repetir algum detalhe ou até mesmo retomar um ponto previamente esquecido ou não alcançado, a repetição não se preocupa essencialmente com o material dado, mas com nossa resposta significativa a ele, quer seja positiva ou negativa. É uma oração seletiva e subjetiva, ampla e sem pressa, tipificada pela "pausa", permanecendo onde "encontro o que quero" [76].

À medida que a pessoa exercitante passa das duas primeiras meditações (com suas repetições) para o Tríplice Colóquio, a dinâmica da Primeira Semana entra em um novo estágio de desenvolvimento. Nas meditações iniciais, a escala permanece grande: o pecado é o pecado no singular, o mistério da iniquidade que permeia a história. Mesmo a consideração do próprio pecado da pessoa é a visão geral de uma história de vida. A intenção futura, embora profundamente sentida, é concebida em termos amplos e indefinidos: fazer coisas para Cristo [53], corrigir a própria vida [61].

No Tríplice Colóquio, a atenção se concentra no particular e no pessoal, que a graça da conversão deve agora penetrar, dando conhecimento e sentimentos modificados em relação aos pecados específicos,

---

75. A distinção entre repetição no sentido inaciano e "fazer de novo" é clara na passagem onde a pessoa exercitante é instruída a fazer a meditação das Duas Bandeiras: "Novamente pela manhã, com duas repetições" [148].

às tendências pecaminosas e aos padrões de conluio com o mundo pecaminoso, que marcam a vida da pessoa. Em sua forma, o Tríplice Colóquio é uma oração ao Pai através do recurso consciente e explícito à mediação[76]. O procedimento um tanto formal (a ser seguido sem detrimento do caráter "conversacional" da oração do colóquio) ajuda a transmitir à pessoa exercitante a seriedade do pedido que está sendo feito. Para apreciar essa forma de oração, devemos compreender também que Jesus e Maria nos Exercícios não são apenas mediadores, mas exemplos; pois tanto aqui como na Segunda Semana as graças que se pedem têm a ver com viver uma existência corporal e social no mundo.

[62] ¹O TERCEIRO EXERCÍCIO É UMA REPETIÇÃO DO PRIMEIRO E DO SEGUNDO EXERCÍCIO, COM TRÊS COLÓQUIOS
²Após a oração preparatória e os dois preâmbulos, repetirei o primeiro e o segundo exercício, observando e me detendo nos pontos onde senti *maior consolação ou desolação, ou maior gozo espiritual*.
³Prosseguirei então com três colóquios como se segue.

[63] ¹O primeiro colóquio seja feito a Nossa Senhora, para que ela me *alcance a graça* de seu Filho e Senhor para três coisas:

²(i) para que eu possa *ter um conhecimento interno* dos meus *pecados* e uma *aversão* a eles;
³(ii) para que eu possa sentir a *desordem* em minhas ações, para que, considerando-a abominável, possa *corrigir* minha vida e *colocá-la em ordem*.
⁴(iii) Pedirei conhecimento do *mundo*, para que, achando-o abominável, eu possa *me desligar* das coisas e *vaidades* mundanas. Rezar uma Ave-Maria.

⁵O segundo colóquio é o mesmo, mas ao Filho, para que ele me alcance essa graça do Pai. Depois, rezar uma Alma de Cristo.

---

76. A saber, as mediações de Jesus e Maria. Estas não são, evidentemente, mediações do mesmo tipo, ou seja, equivalentes.

⁶O terceiro colóquio é o mesmo, mas ao Pai, para que o próprio Senhor eterno me conceda essa graça. Depois rezar um Pai-Nosso.

Maior consolação ou desolação ou maior gozo espiritual: Não se pede à pessoa exercitante que se detenha em pensamentos causados pela desolação, o que estaria em total contradição com as Regras de Discernimento (cf. especialmente [318]). Ela deve retornar ao trecho da palavra de Deus, ou ao pensamento pessoal em relação ao qual a desolação foi experimentada.

Alcance a graça: Esta petição está no cerne do Tríplice Colóquio, mas deve ser lembrado que a oração do colóquio é uma oração não apenas de petição, mas de "diálogo" [54].

Conhecimento/aversão: A pessoa exercitante roga por conhecimento e por uma mudança de atitude em relação aos pecados pessoais, à desordem em sua vida e ao mundo pecaminoso.

Ter um conhecimento interno: Literalmente, "para que eu possa sentir um conhecimento interno". Reza-se por um conhecimento "sentido" (não apenas de "cabeça"), um conhecimento que seja "interno", no sentido explicado em [2].

Pecados: A consideração dos pecados de alguém neste ponto pode ser mais específica e mais focada no aqui e agora do que no primeiro ponto do Segundo Exercício. Mas o objetivo ainda não é compilar um dossiê, mas sim ser agraciado com conhecimento "interior".

A *aversão* é a antítese da atração; a pessoa exercitante reza, portanto, para que a mudança de atitude provocada pelos exercícios anteriores seja ainda mais intensificada e estenda-se especificamente às três áreas mencionadas na petição.

Desordem: O desvio mais ou menos habitual dos desejos ou inclinações mais profundas.

Corrigir... colocar ordem... me desligar: O fato de Inácio adicionar essas cláusulas apenas em conexão com a "desordem" e o "mundo" sugere que o objetivo principal do Tríplice Colóquio é a mudança no nível das profundas raízes afetivas do pecado e das influências sociais externas que a promovem.

O mundo: Os valores da sociedade, na medida em que estes se opõem a Cristo e ao seu Reino; juntamente com as instituições, convenções e dinâmicas de persuasão que incorporam esses valores e lhes dão força. Observe especialmente que o conceito de "mundo" inclui a tendência do mundo de racionalizar as suas características pecaminosas e de defendê-las contra o escrutínio[77].

Vaidades: Uma palavra agora banalizada que tende a sugerir o meramente "frívolo"; deve ser entendida aqui como significando o que é, em última análise, "vazio", "ilusório".

Quarta meditação: Resumo

[64] ¹O QUARTO EXERCÍCIO É O *RESUMO* DO TERCEIRO
²Por "resumo", quero dizer que a inteligência, com cuidado e *sem divagar*, deve percorrer a memória das *coisas contempladas* nos exercícios anteriores. Os mesmos três colóquios devem ser feitos.

Resumo: A oração avança para a síntese: uma reunião de detalhes e o surgimento de significado a partir da interação entre eles. Mas é uma síntese das coisas contempladas, não uma síntese especulativa.

Sem divagar, ou seja, sem entrar em nenhum assunto diferente do previamente contemplado. É sobre esse assunto, e precisamente sobre esse assunto tão penetrado e iluminado pela contemplação, que se concentra a oração.

Coisas contempladas: Como observado anteriormente, a meditação passa de um estágio inicial de "pensamento" para a resposta das afeições. O termo "contempladas" reconhece isso, implicando uma qualidade contemplativa na primeira e na segunda meditações, bem como na primeira repetição.

---

77. O significado desses três elementos poderia ser expresso para uma pessoa que faz os Exercícios Espirituais, dizendo que ela encontra o seu "pecado" na memória do passado, a "desordem" na sua autoconsciência presente e o "mundo" no futuro, como o desafio a enfrentar quando terminarem os Exercícios.

Quinta meditação: Inferno

O tema da meditação final é aquele que precisa estar presente na consciência da pessoa livre, que é convidada a escolher a vida, mas é capaz de escolher a morte[78]. Contudo, na Primeira Semana dos Exercícios, a meditação sobre o Inferno não é para Inácio o ponto de partida da conversão, mas uma confirmação. Acontece depois que a pessoa teve a experiência do amor misericordioso de Deus. Ele é feito em um clima de confiança nesse amor, mas também na consciência de que somos capazes de recusar o amor. Embora a petição seja pela graça do temor, a meditação termina com uma nota de ação de graças pela misericórdia amorosa de Deus. Implícita na ação de graças pelo passado está a confiança no futuro, mas uma confiança que nunca deve degenerar em presunção ou complacência.

Há muitas maneiras pelas quais o tema do Inferno pode ser abordado na meditação. A abordagem adotada no quinto exercício consiste em uma forma particular de "oração de aplicação dos sentidos" que conclui o dia contemplativo da Segunda à Quarta Semana. Porém, enquanto nos últimos exercícios a aplicação dos sentidos dá acesso a uma presença pessoal, aqui conduz ao sentido interior de uma situação, da condenação. O texto tal como está reflete a imaginação de outra época, mas os exercitantes de hoje ainda podem encontrar suas próprias maneiras de aplicar os sentidos de forma significativa para o tema do Inferno.

---

78. Mesmo nessa meditação final, a perspectiva ainda é pessoal, relativa à própria vida da pessoa exercitante, e a eficácia da meditação não depende do número ou mesmo da existência de pessoas realmente no Inferno. Como observa Hans Urs von Balthasar, "se as ameaças de julgamento e as imagens cruéis e horríveis da gravidade dos castigos impostos aos pecadores que encontramos nas Escrituras e na tradição têm algum sentido, então é certamente, em primeira instância, para me fazer ver a seriedade da responsabilidade que carrego junto com a minha liberdade" (*Dare We Hope "That All Men Are Saved"?*, 211); vide GROGAN, Giving the Exercise on Hell.

[65] ¹O QUINTO EXERCÍCIO⁷⁹ É UMA MEDITAÇÃO SOBRE O INFERNO; CONTÉM, APÓS A ORAÇÃO PREPARATÓRIA, OS DOIS PREÂMBULOS, *CINCO PONTOS* E UM COLÓQUIO.

²Oração. A oração preparatória deve ser a mesma de sempre.

³O primeiro preâmbulo, a *composição de lugar*, será aqui ver com os olhos da imaginação *o comprimento, a largura e a profundidade do Inferno*.

⁴O segundo preâmbulo é *pedir o que quero*. Tratar-se-á aqui de pedir um sentimento interno da pena sofrida pelos condenados ⁵para que, se pelas minhas faltas alguma vez me esquecer do amor do Senhor eterno, pelo menos o temor dos castigos me ajude a não cair no pecado.

[66] O primeiro ponto é olhar com os olhos da imaginação as grandes chamas e as almas como se estivessem em corpos incandescentes.

[67] O segundo ponto. *Ouvir, com os ouvidos da imaginação*, os lamentos, os uivos, os gritos, as blasfêmias contra Cristo, Nosso Senhor, e contra todos os santos.

[68] O terceiro ponto. Com o olfato, sentir o cheiro de fumaça, enxofre, sujeira e putrefação.

[69] O quarto ponto. *Provar, com o sentido do paladar*, as coisas amargas, como as lágrimas, a tristeza e as dores de consciência.

[70] O quinto ponto. Sentir, com o sentido do tato, como aqueles que estão no Inferno são tocados e queimados pelo fogo.

[71] ¹Colóquio. Ao fazer um *colóquio com Cristo*, Nosso Senhor, trazer à memória as pessoas que estão no Inferno, algumas porque não

---

79. O título "Quinta... Meditação" não significa que todos os dias da Primeira Semana devam necessariamente incluir uma meditação sobre o Inferno. Na época dos Diretórios, o assunto era comumente introduzido apenas no segundo dia, como mencionado acima, e mais tarde na semana seu lugar poderia ser ocupado por assuntos adicionais mencionados na *Vulgata*: cf. Diretórios (MHSI, v. 76, 386, 391, 435, 541 [trad. PALMER, 170, 172-173, 201, 270]).

acreditaram na sua vinda, outras porque, acreditando, não agiram segundo os Seus mandamentos. ²Dividi-las em três categorias: primeiro, aquelas antes de Sua vinda, segundo, aquelas durante Sua vida, e terceiro, aquelas depois de Sua vida neste mundo. ³E, com isso, dar-Lhe graças por não ter permitido que eu caísse em nenhuma dessas categorias, pondo fim à minha vida. ⁴Da mesma forma, agradecer-Lhe-ei pela Sua constante bondade amorosa e misericórdia para comigo *até o momento presente*. Concluir com um Pai-Nosso[80].

Cinco pontos: Estes pontos induzem à sensação de uma existência totalmente contra Deus e totalmente escravizada pelo mal[81].

Composição de lugar... o comprimento, a largura e a profundidade do Inferno, ou seja, as três dimensões do espaço. Antes de imaginar o Inferno como uma situação, nos tornamos presentes ao Inferno como um lugar (o que, para Inácio, era assim, literalmente).

Pedir o que quero: Pedir um temor que pode servir para reforçar o "amor do Senhor eterno" (aqui trata-se de um título de Cristo). Tanto o amor quanto o temor são mencionados pela primeira vez. Neste estágio, pode-se esperar que a pessoa exercitante experimente um amor muito profundo pelo Deus cuja bondade foi demonstrada nas meditações anteriores. A petição olha para o futuro, um futuro onde a chave será o amor; mas, no futuro, o amor também permanecerá sujeito à fraqueza e, portanto, sempre necessitado de humildade. Grande parte da "graça" desta meditação é precisamente manter o nosso amor humilde.

Ouvir, com os ouvidos da imaginação: Observe que as blasfêmias são contra "Cristo, Nosso Senhor".

---

80. Tanto na *Versio Prima* como na *Vulgata* a seguinte nota, escrita pela mão de Polanco, aparece entre o final do Quinto Exercício e o próximo parágrafo [72]: "A critério de quem dá os Exercícios, pode ser de benefício para a pessoa exercitante adicionar outras meditações: por ex. sobre a morte e outras punições do pecado, sobre o julgamento etc. Não se deve pensar que tais meditações não são permitidas, embora não sejam dadas aqui".
81. Os textos bíblicos sobre este tema incluem: Deuteronômio 30,15-20; Eclesiastes 5,4-8; 15,11-21; Mateus 7,21-28; 8,11-12; 22,13; 25,31-46; Lucas 13,22-30; 15,19-31; João 13,30.

Provar, com o sentido do paladar: Como na oração de aplicação dos sentidos explicada adiante [121-126], um dos pontos implica uma sensação "interna" ou metafórica; [124] lá estarão os sentidos do paladar e do olfato, aqui está o sentido do paladar. Essa sensação interior é uma chave importante para o significado deste tipo de oração.

Colóquio com Cristo: A pessoa exercitante "fala sobre" o Inferno com o próprio Cristo; os pontos são uma preparação para isso. O fato de Inácio estabelecer as linhas gerais da conversa não nega a espontaneidade essencial à oração do colóquio.

O pecado é definido em relação a Cristo: consiste na recusa de acreditar nele e/ou de seguir os seus mandamentos. O número de condenados (considerado grande na época de Inácio) é classificado de acordo com sua relação histórica com a Encarnação, o ponto central da história (cf. [106,3]).

Até o momento presente: A gratidão pelo passado (mais uma vez, a vida é o sinal da fidelidade amorosa de Deus) leva à confiança no futuro. É no contexto da gratidão e da confiança que a pessoa exercitante deseja que sua resposta pessoal no futuro seja apoiada e salva da complacência por um temor agraciado.

[72] ¹NOTA
O primeiro exercício deve ser feito à meia-noite; o segundo, ao levantar-se pela manhã; o terceiro, antes ou depois da Missa, desde que seja feito antes do almoço; o quarto, à hora das Vésperas; o quinto uma hora antes da ceia. ²Pretendo que este horário (mais ou menos) seja aplicado durante as quatro semanas, na medida em que a idade, a constituição e o temperamento permitam à pessoa fazer cinco exercícios ou menos.

Adições

Em cada uma das semanas, Inácio inclui ajudas práticas que ele chama de "adições"[82]. Das dez aqui apresentadas, a primeira, a terceira, a

---

82. Para ler mais sobre as adições, consulte GROGAN, To Make the Exercises Better.

quarta e a quinta, juntamente com a nota final do exame [90], permanecem constantes ao longo dos Exercícios. À medida que os Exercícios avançam, as outras são modificadas ou substituídas (cf. [130, 131, 206, 229]).

As adições representam a destilação de muita experiência, e o próprio texto dos Exercícios não deixa dúvidas sobre a importância que Inácio atribuía à sua observância cuidadosa (cf. [6, 90, 130, 160]). Contudo, elas não devem ser aplicadas de forma rígida. Elas são valiosas na medida em que ajudam a pessoa a "tornar os exercícios melhores" e, mais especificamente, a encontrar o que deseja. Para que as adições sirvam a esse propósito, é necessário que se leve em conta o indivíduo, como explica Inácio no Diretório ditado a Vitória:

> Ao observar as ajudas ou dez adições que são dadas para fazer bem os Exercícios, deve-se tomar cuidado para que sejam observados com muita exatidão, como é orientado, cuidando para que não haja excesso nem muita negligência.
>
> O temperamento de cada pessoa também precisa ser levado em consideração. As pessoas melancólicas não devem ser muito pressionadas, mas sim deixar a rédea solta com a maioria delas. O mesmo acontece com pessoas delicadas e pouco acostumadas com essas coisas. Mas deve-se pensar cuidadosamente no que será mais útil. Eu mesmo usei clemência no uso dessas regras com algumas pessoas, e isso lhes fez bem. Com outras, usei bastante rigor, mas com a maior delicadeza possível, e observei que, pela graça do Senhor, isso também lhes fez bem[83].

Ao acomodar as adições a cada pessoa, quem orienta precisa também estar ciente das diferenças psicológicas e culturais entre uma pessoa do século XVI e de hoje, e da situação particular em que os Exercícios estão sendo feitos (por exemplo, em uma casa de retiro, em grupo etc.). Mas, para modificar as adições, é preciso primeiro apreciar o seu propósito. Por que Inácio acreditava que estas recomendações práticas

---

83. MHSI, v. 76, 104 [trad. Palmer, 105]. Esta passagem reaparece em essência no Diretório de 1599 (MHSI, v. 76, 661 [trad. Palmer, 316-317]).

poderiam "ajudar" a pessoa exercitante e, na verdade, ajudar de forma muito significativa? Uma coisa que elas "ajudam" a fazer é integrar nos Exercícios o tempo fora da oração formal. Neste horário, o momento de ir dormir, o momento de acordar e os quinze minutos imediatamente seguintes à oração recebem atenção especial. As adições também oferecem maneiras de ajudar a pessoa a permanecer nos Exercícios ao longo do dia.

Além disso, ajudam a pessoa, tanto na oração como em outros momentos, a se envolver totalmente nos Exercícios. Tudo o que afeta a consciência: emoções, pensamentos, imaginação, sentidos, postura, os efeitos do ambiente, tudo isso, na medida do possível, precisa de ser alinhado com o "fim" desejado. Visto que o Espírito está trabalhando o tempo todo durante os Exercícios, a pessoa está sempre empenhada, conscientemente, mas sem estresse, em cooperar neste trabalho.

[73] [1]ADIÇÕES PARA MELHOR FAZER OS EXERCÍCIOS E ENCONTRAR MAIS PRONTAMENTE O *QUE SE DESEJA*

O *que se deseja*: Por "desejo" entende-se tanto o desejo geral de encontrar a vontade de Deus, de progredir e de se libertar de afetos desordenados, mas também os desejos particulares, que variam à medida que os Exercícios se desenvolvem.

Adições 1 a 5: Ajudas à oração

[2]Primeira adição: Depois de me deitar, *pronto para dormir*, pelo tempo de uma Ave-Maria, pensarei na hora que tenho de me levantar e *com que finalidade*, repassando o exercício que devo fazer.

[74] [1]Segunda adição. Imediatamente ao acordar, sem permitir que meus pensamentos se desviem, voltarei minha atenção para o assunto que vou contemplar no primeiro exercício à meia-noite. Buscarei sentir confusão pelos meus numerosos pecados. Usarei exemplos, [2]como o de *um cavaleiro que se apresenta diante do rei* e de sua corte, cheio de

vergonha e confusão por graves ofensas contra seu Senhor, de quem no passado recebeu muitos presentes e muitos favores. ³Da mesma forma, para o segundo exercício, me verei como *um grande pecador acorrentado*, prestes a comparecer, preso, diante do supremo e eterno juiz. ⁴Aqui tomando como exemplo a forma como os prisioneiros merecedores de morte comparecem acorrentados diante de um juiz neste mundo. ⁵Vou me vestir com pensamentos como esses em mente ou outros adaptados ao material proposto.

Pronto para dormir: A integração de todo o dia nos Exercícios inclui a integração dos últimos pensamentos da pessoa exercitante antes de dormir[84] e dos seus pensamentos ao acordar. Durante a noite, apenas atos práticos de memória e intenção são recomendados, imaginação e emoção não são mencionadas. Ao levantar-se, porém, tanto durante a noite como pela manhã, a imaginação é acionada para criar um clima preparatório para a meditação que está prestes a ser feita. Em outro lugar, Inácio sugere preparações menos elaboradas, adequadas a qualquer oração, seja dentro dos Exercícios (cf. [130, 206, 229]), seja fora deles (cf. [239, 244, 245, 250, 258]). Mas os cenários aqui propostos correspondem a estágios bastante específicos dentro da sequência da Primeira Semana e devem ser usados apenas em conexão com a primeira e a segunda mediações (cf. [88]).

Com que finalidade: Vide [131, 239].

Um cavaleiro que se apresenta diante do rei: A pessoa está sendo preparada para rezar pela graça da primeira meditação, ou seja, "vergonha e confusão" diante de Cristo ressuscitado, Senhor do mundo, de quem foram recebidos grandes favores. Embora outras imagens possam ter mais apelo para uma pessoa exercitante hoje, o exemplo de Inácio ilustra claramente o que ele quer dizer com "vergonha e confusão" no primeiro exercício.

---

84. Para um comentário sobre a Primeira Adição em relação à função do sono, vide GROGAN, To Make the Exercises Better, 22, n. 40; e o artigo de Karl Rahner referido por GROGAN, A Spiritual Dialogue at Evening. On Sleep, Prayer and Other Subjects.

Um grande pecador acorrentado: Imagens que preparam a pessoa exercitante para se apresentar diante de Deus com sua "lista" de pecados [56]. Mas observe que, ao experimentar a si mesma como uma pecadora que enfrenta a justiça e a morte, a pessoa passa para uma meditação que termina com a gratidão de uma pessoa perdoada e a quem foi concedida a vida [61].

[75] ¹Terceira adição. A um ou dois passos *antes do local* onde devo contemplar ou meditar, de pé pelo tempo de um Pai-Nosso
²e, com a mente elevada, considerar como *Deus, Nosso Senhor, está olhando para mim etc. Farei então uma genuflexão* ou algum outro ato de humildade.

Antes do local: Embora os Exercícios devam ser feitos inteiramente em clima de oração, a pessoa não reza continuamente da mesma forma que se faz durante um "exercício" formal, com início, duração e fim definidos. O início da oração é marcado por um ato mental e por um ritual corporal que o acompanha.

Deus, Nosso Senhor, está olhando para mim: A pessoa inicia a oração reconhecendo-se como conhecida e amada por Deus aqui e agora. O mesmo verbo (*mirar*) é usado em [102] para descrever as Pessoas Divinas, olhando para o mundo e planejando sua salvação.

Etc.: Como sempre nos Exercícios, com um *et cetera* como este, Inácio convida a pessoa exercitante a descobrir significados latentes.

Farei então uma genuflexão: O valor que Inácio atribuiu à postura corporal, juntamente com seu senso de espaço, é aparente neste procedimento sugerido e na adição que se segue.

[76] ¹Quarta adição. *Entrarei* em contemplação *ora ajoelhado, ora deitado no chão*, prostrado ou de bruços, ora sentado, ora em pé, mas sempre em busca do que quero.
²Duas coisas devem ser notadas: primeiro, se eu encontrar o que quero enquanto estiver ajoelhado, não mudarei de posição. Da mesma forma, se estiver prostrado etc.;
³segundo, *onde eu encontrar o que quero, vou me deter*, sem nenhuma ansiedade para passar adiante, até ficar satisfeito.

Entrarei: Se a recomendação da adição anterior for seguida, entrar na oração torna-se um passo físico e também mental.

Ora ajoelhado, ora deitado no chão: A quarta adição retoma e desenvolve o vínculo entre a oração e a postura corporal, e estabelece um princípio básico relativo ao comportamento do coração e da mente na oração.

Entre as várias posturas aqui propostas, nenhuma é considerada mais inerentemente apropriada do que outra. O critério para a postura é simplesmente a condutividade para "o que eu quero", dada, como Inácio acrescenta em [88], a adequação ao lugar e à ocasião. Mas em todas as posturas mencionadas o corpo fica fisicamente imóvel.

Onde eu encontrar o que quero, vou me deter: Através dos pontos recebidos nos Exercícios a pessoa busca o que deseja. Procuramos para encontrar, e a resposta ao "encontrar" é insistir no que encontramos. Este princípio contemplativo[85] aplica-se a todas as situações de oração, mas nos Exercícios tem claramente uma influência particular na repetição (cf. [62, 118, 227]).

[77] ¹Quinta adição. *Após terminar* o exercício, *sentarei ou caminharei* por um quarto de hora, enquanto *examino como me saí* na contemplação ou meditação. ²*Se mal*, procurarei a causa e, tendo-a encontrado, me arrependerei, para fazer melhor no futuro. ³*Se bem*, darei graças a Deus, Nosso Senhor. Procederei do mesmo modo na próxima vez.

Após terminar: A prática delineada na quinta adição é geralmente conhecida hoje como a "revisão" da oração. Consiste em um espaço de transição, onde as percepções e experiências da hora anterior permanecem presentes na memória imediata, e há lugar para um acompanhamento e uma reflexão que teria sido inadequada durante a própria oração. Nos Exercícios, a sua função deve ser entendida em relação ao

---

85. Neste ponto, a quarta adição fornece uma ilustração notável da observação feita no Diretório de 1599 de que nos Exercícios coisas de grande importância são frequentemente tratadas com brevidade enganosa (MHSI, v. 76, 509-601 [trad. PALMER, 301]).

processo global destes. Por isso, refletimos com referência especialmente à graça procurada na oração preparatória, e mais especificamente no preâmbulo do exercício atual. A revisão faz parte da preparação da pessoa para orações posteriores e pode servir para colocá-la em contato com o assunto para "repetição" [62, 118]. O momento seguinte à revisão é um momento óbvio para a escrita pessoal mencionada em conexão com [100] adiante.

Sentarei ou caminharei: A própria omissão de ajoelhar-se e deitar-se indica a distinção entre a experiência potencialmente mais intensa da oração (formal) e a revisão que a segue. Caminhar foi considerado por Inácio como positivamente útil para a reflexão após a oração e para acalmar a mente antes da oração (cf. [239]), embora ele não o recomendasse para a oração em si.

Examino como me saí: Tanto no Autógrafo quanto na *Vulgata* a formulação é passiva; começa-se perguntando o que aconteceu.

Se mal: A desolação ou a distração na oração ou mesmo a escassez de "moções" (cf. [6]) não significam necessariamente que alguém tenha falhado na generosidade, na docilidade ou no discernimento exigidos da nossa parte na oração. Mas, ao procurar as causas, consideramos esta possibilidade e verificamos a nossa própria cooperação na oração em relação às adições anteriores, particularmente a quarta.

Se bem: A localização de falhas não é o objetivo principal da revisão. A pessoa deve reconhecer as maneiras pelas quais, no momento da oração, realmente "procurou" e (mais importante ainda) "encontrou" o que desejava. É preciso reservar um tempo para agradecer por essas graças recebidas.

Adições 6 a 9: Ajuda para manter o clima dos Exercícios ao longo do dia

O processo dos Exercícios continua o tempo todo. Deus age segundo a sua liberdade soberana (cf. [330]), e a sua ação não pode ser programada. Os *insights* e as moções de consolação e desolação não se limitam a determinados momentos de oração. Na verdade, é um fato da experiência que nos Exercícios os momentos de ruptura ocorrem frequentemente fora dos momentos programados de oração. Tanto quanto possível, portanto, uma atitude de prontidão para acolher a ação de Deus precisa ser mantida ao longo do dia. Como ajuda para manter essa prontidão, as seguintes adições propõem limitar o alcance dos pensamentos e sentimentos da pessoa (Adição 6), criar um ambiente físico "amigável para a Primeira Semana" (Adição 7) e exercer certa moderação nas poucas relações com os outros (Adições 8 e 9).

> [78] ¹Sexta adição. Não querer pensar em coisas agradáveis ou alegres, como a glória final ou a ressurreição etc., porque os pensamentos sobre coisas agradáveis e alegres nos impedem de sentir dor, pesar e lágrimas pelos nossos pecados. ²Em vez disso, terei em mente que é meu desejo lamentar e sentir dor, trazendo à memória a morte e o juízo.

Na Primeira Semana, a pessoa experimentará de fato uma gama mais ampla de sentimentos do que os aqui especificados. Experimentará afeto, gratidão, admiração e a alegria do perdão (a alegria própria da Primeira Semana). Os pensamentos alegres que se deve querer evitar são, portanto, aqueles que induzem o tipo de alegria que não pertence à Primeira Semana. No entanto, Inácio insiste também, na Primeira Semana, na importância particular da "dor, tristeza e lágrimas pelos nossos pecados", pois apenas na medida em que se entra nessa tristeza agraciada (que é de fato uma forma de consolação, cf. [316]) a experiência será autêntica.

Deve-se notar que a pessoa não está sendo instruída a forçar pensamentos e sentimentos[86]. A chave é o desejo. O desejo profundo da pessoa exercitante é da dor que abre o caminho para a experiência

---

86. Inácio estava bem ciente do perigo de "quebrar a cabeça" por meio de tentativas excessivas de controle do pensamento. Assim, em uma carta a Teresa Rajadel, ele sublinha a necessidade de "recreação", com o que quer dizer "um relaxamento saudável quando é dada liberdade à mente para vaguear livremente por quaisquer assuntos bons ou indiferentes que os mantenham afastados de maus pensamentos", *Ep. Ig.*, n. 8 (MHSI, v. I, 107-109 [trad. *Personal Writings*, 136]).

transformadora da misericórdia. Na medida em que a pessoa estiver presente neste desejo, a tristeza e os pensamentos que conduzem à dor serão desejados, os pensamentos e sentimentos que a impedem serão indesejados.

[79] Sétima adição. Com o mesmo propósito excluirei toda a luz, fechando janelas e portas enquanto estiver no meu quarto, exceto para rezar o ofício, ler e comer[87].

[80] Oitava adição. Evitarei rir ou dizer qualquer coisa que possa provocar risadas.

[81] Nona adição. Refrear a vista, exceto para receber ou despedir-me de alguém com quem converso.

Adição 10: Penitência

A penitência não consiste essencialmente em práticas exteriores, mas em uma mudança de coração. Assim, o que Inácio chama de "penitência interior" é sinônimo de "arrependimento". É característico de Inácio começar este breve tratamento da penitência insistindo em que o valor da penitência "exterior" ("práticas") reside na sua relação com a mudança de coração.

[82] [1]A décima adição diz respeito à penitência, que pode ser dividida em interior e exterior. [2]A penitência interior consiste na dor dos próprios pecados com a firme determinação de não cometer novamente nem estes nem quaisquer outros. [3]A penitência exterior, que é fruto da primeira,

---

87. Cf. [130[4], 229[4]]. A sugestão de que o exercitante da Primeira Semana poderia impedir a entrada da luz solar, embora muitas vezes considerada como beirando o desumano, parece ter causado pouca dificuldade aos autores dos Diretórios, principalmente mediterrâneos. O único autor que mostra algumas reservas, Lawrence Nicolai, era norueguês (ver MHSI, v. 76, 361 [trad. PALMER, 158]).

é o castigo que a pessoa impõe a si mesma pelos pecados cometidos. Existem *três maneiras principais* pelas quais isso pode ser praticado.

Três maneiras principais: Inácio distingue três formas de prática penitencial: jejum [83], "vigílias" [84] e vários tipos de pena autoinfligida ou desconforto físico [85]. As duas primeiras práticas têm origem na Bíblia e ambas figuram com destaque na vida do próprio Jesus. As especificadas em [85] têm origem na Idade Média. Elas não podem ser encontradas na Igreja da época dos apóstolos. Na época de Inácio, tais penitências eram uma característica-padrão da vida religiosa. Há uma longa história de autoflagelação e de suas formas frequentemente mórbidas e extremas. Herdeiro da tradição medieval, Inácio considerava o uso de disciplinas e cilícios algo bastante normal. Tipicamente, contudo, ele insiste na moderação [86] e, como fundador, abriu novos caminhos ao estabelecer uma ordem religiosa na qual nem essas nem quaisquer outras formas de penitência corporal eram impostas por regra.

[83] [1]A primeira diz respeito à alimentação. Neste sentido, prescindir do supérfluo *não é penitência, mas temperança*. [2]A penitência começa quando ficamos sem aquilo que é conveniente. Quanto mais isso for feito, maior e melhor será a penitência, desde que a saúde não seja prejudicada e não resulte em nenhuma doença grave.

Não é penitência, mas temperança: A temperança consiste em eliminar o supérfluo (para mais comentários, ver notas sobre as Regras para Ordenar-se no Comer). Mais do que muitos mestres espirituais clássicos, Inácio considerava a temperança (como distinta da penitência) como uma qualidade cristã importante e a aquisição dela como uma disciplina ascética por direito próprio. Para uma pessoa intemperante, para quem o supérfluo se tornou uma necessidade pessoal, o ascetismo exigido pela temperança será realmente muito considerável. Contudo, a "penitência", tal como aqui definida, mantém o seu caráter particular. Quanto mais a pessoa for temperante, mais estará em condições de praticar uma penitência que promova e expresse a profunda conversão do coração.

[84] ¹A segunda diz respeito à forma como dormimos. Aqui, mais uma vez, não é penitência deixar o supérfluo: aquilo que é de melhor qualidade e mais confortável. ²A penitência começa quando ficamos sem o que é conveniente ao modo como dormimos. Novamente, quanto mais isso for feito, melhor, desde que o organismo não seja prejudicado e nenhuma doença grave resulte. ³Desde que nada seja retirado do sono necessário, exceto para chegar a um meio-termo justo, se tivermos o mau hábito de dormir demais.

[85] A terceira é castigar o corpo, ou seja, infligir-lhe uma dor sensível. Isso é feito usando cilícios, cordas ou correntes de ferro sobre a pele; chicoteando ou infligindo ferimentos ao corpo e por outros tipos de asperezas.

[86] ¹NOTA
O princípio mais prático e mais seguro em relação à penitência parece ser que a dor deve ser sentida na carne e não penetrar nos ossos, para que o resultado seja dor e não doença. ²Portanto, parece mais apropriado golpear-se com cordas finas, que causam dor externa, em vez de alguma outra forma que poderia causar doenças internas graves.

Notas adicionais

[87] ¹Primeira nota. As penitências externas são praticadas principalmente *com três propósitos*: primeiro, a *reparação* dos pecados passados. ²Segundo, *vencer-se a si mesmo*, para que a natureza sensual da pessoa possa ser obediente à razão, e todas as tendências inferiores do eu possam tornar-se mais submissas às superiores. ³Terceiro, *buscar e alcançar alguma graça* ou dádiva que a pessoa quer e deseja. Por exemplo, alguém pode desejar ter contrição interina por seus pecados ⁴ou chorar abundantemente, seja pelos seus pecados seja pelas dores e sofrimentos suportados por Cristo, Nosso Senhor. Também se pode desejar resolver alguma dúvida presente.

Com três propósitos: ou seja, três maneiras pelas quais o corpo participa na conversão, que, para ser autêntica, deve englobar a pessoa inteira.

Reparação: A penitência traz um componente corporal à contrição; através dela o corpo, por assim dizer, diz "Perdão".

Vencer-se a si mesmo: A conversão é um processo abençoado de integração pessoal, um processo que Inácio entende em termos da teologia ensinada em seu tempo. Este processo tem uma dimensão ascética, e a penitência é o envolvimento do corpo nele.

Buscar e alcançar alguma graça: A penitência é a oração de petição do corpo, servindo tanto para provar quanto para intensificar o compromisso e a sinceridade dos desejos. Um desejo expresso em penitência não é uma veleidade.

[88] ¹Segunda nota. Note-se que a primeira e a segunda adições[88] devem ser colocadas em prática para os exercícios da meia-noite e da madrugada, mas não para os exercícios realizados em outros horários. ²A quarta adição nunca deve ser posta em prática na igreja, na presença de outras pessoas, mas apenas em privado, por exemplo, na própria casa etc.

[89] ¹Terceira nota. Quando quem se exercita ainda não encontrou o que deseja (por exemplo, lágrimas, consolações etc.), muitas vezes é muito proveitoso fazer alguma alteração na alimentação e no sono, e em outras práticas penitenciais. ²Assim, *podemos fazer mudanças* em nossa prática fazendo penitência durante dois ou três dias e depois deixando-a por mais dois ou três dias, pois convém a algumas pessoas fazer mais penitência e a outras menos. ³Além disso, frequentemente desistimos da penitência por sensualidade ou porque julgamos falsamente que a constituição humana não pode suportá-la sem doenças graves. ⁴Às vezes, por outro lado, pensando que o corpo pode suportar, praticamos penitência excessiva.

⁵Como Deus, Nosso Senhor, conhece a nossa natureza infinitamente melhor do que nós, muitas vezes ele nos permite, através de tais alternâncias, perceber o que é adequado a cada pessoa.

---

88. Vide [74, 76] com comentários.

Podemos fazer mudanças: Inácio assume que algum tipo de penitência é sempre necessário na Primeira Semana. (Na Segunda Semana, há momentos em que a penitência é apropriada e momentos em que não o é, cf. [130].) A prática real, porém, é um assunto altamente pessoal. De fato, para algumas pessoas pode haver dias com penitência e dias sem penitência. Mas, quaisquer que sejam as práticas penitenciais de quem se exercita, elas devem ser tais que se ajustem aos Exercícios. Tal como as posturas na oração, elas são alteradas ou mantidas estritamente de acordo com o critério de "ajuda" ou "obstáculo" em relação ao "fim procurado". As decisões sobre a penitência devem ser tomadas à luz de um reconhecimento honesto das próprias tendências ao excesso ou à autoindulgência. A afirmação de que o próprio Deus concede aos indivíduos as graças para saberem o que lhes é adequado coloca essas decisões no domínio do "discernimento" propriamente dito. As decisões em matéria de penitência são tomadas pela pessoa que se exercita[89].

[90] Quarta nota. O exame particular[90] deverá ser feito a fim de eliminar falhas e negligências na prática dos Exercícios e adições. Isso vale também para a Segunda, Terceira e Quarta Semanas.

---

89. As instruções do próprio Inácio afirmam que a pessoa exercitante deve ser informada do que os Exercícios têm a dizer sobre o tema da penitência, e, se ela pedir um "instrumento", como uma disciplina ou um cilício, "ou algo semelhante, quem a orienta deve normalmente se oferecer para dar-lhe o que ela pede", Diretório de Inácio (MHSI, v. 76, 80 [trad. Palmer, 11]). A preocupação dos primeiros orientadores em respeitar a liberdade e discrição insistidas por Inácio em matéria de penitência é abundantemente clara nos Diretórios. Há muito sobre a necessidade de chamar a atenção para a penitência no caso daqueles que a minimizam, mas também muito sobre a necessidade de restringir os excessivamente zelosos. Quem orienta deve saber quais penitências a pessoa está fazendo.
90. Cf. Anotação 6 [6] e Exame particular [24-31], com notas.

Segunda Semana

Conteúdo e dinâmica[1]

Quatro categorias de materiais compõem esta Segunda Semana.

(1) Os mistérios da vida de Cristo: vários temas de contemplação extraídos dos Evangelhos.
(2) As peças às vezes conhecidas hoje como "meditações inacianas", ou seja, Exercício do Reino, Duas Bandeiras, Três Tipos de Pessoas, Três Modos de Humildade. Elas contêm elementos importantes da doutrina espiritual e fornecem uma lente através da qual podemos interpretar os exercícios que as seguem. De formas que se tornarão evidentes mais tarde, elas ajudam a pessoa exercitante a avançar na dinâmica da Segunda Semana.
(3) O tríplice colóquio, introduzido na meditação das Duas Bandeiras e que se estende ao longo da semana como tema central.
(4) O material relacionado à eleição, material que não se limita ao tratamento explícito [169-189], mas que pode ser encontrado

---

1. Embora a Segunda Semana comece, a rigor, com a contemplação da Encarnação, o exercício sobre o Reino está incluído na seguinte abordagem introdutória, porque serve de introdução à semana e trata de muitos dos seus temas característicos.

intercalado no texto. Assim, o tema é introduzido após a contemplação das narrativas da Infância [135]. A partir daí, tudo é colocado em relação à eleição (seja como preparação imediata seja como pano de fundo).

Através deste material, a pessoa exercitante é levada a participar de um duplo processo. Primeiro, o crescimento contínuo na verdadeira vida ensinada por Cristo [139]; segundo, o processo de buscar, encontrar e responder à vontade de Deus aqui e agora, ou seja, a eleição. O tema da eleição, como vimos, não implica que apenas as pessoas confrontadas com escolhas críticas possam fazer os Exercícios na sua plenitude. Mas torna-se claro na Segunda Semana que os Exercícios, tal como estão, centram-se na eleição, e que o crescimento em Cristo e a eleição são propostos como mutuamente complementares. Sendo o crescimento em Cristo o contexto necessário para a eleição, ao mesmo tempo em que a pessoa procura e acolhe a vontade de Deus. Assim, a busca da vontade de Deus é o componente ativo desse crescimento. É essencial que quem orienta os Exercícios compreenda e aprecie isso para poder dar os Exercícios a pessoas exercitantes em diversas situações.

No texto dos Exercícios, os processos da Segunda Semana aparecem na seguinte sequência[2]:

(1) Contemplação da Encarnação e da Infância [101-134].
(2) Introdução à eleição [135-157, 165-168].
(3) Eleição e contemplação da vida pública [161-164, 169-189].

Rumo à *verdadeira vida* em Cristo

Na Segunda Semana, o crescimento contínuo na verdadeira vida de Cristo é promovido por um aprofundamento e intensificação do amor pessoal da pessoa exercitante por Cristo e por uma concentração da

---

2. Cf. Cusson, *Biblical Theology*, 243-245.

mente e da vontade em certas atitudes ou posturas de vida implícitas neste amor.

O amor pessoal a Jesus Cristo, que é a graça da Segunda Semana, é um amor que muda e reorienta toda a pessoa. É o amor pelo qual permitimos que o ente querido (Jesus) tome conta da nossa vida, nos conduza pelos seus próprios caminhos em direção aos seus próprios objetivos. O amor pelo qual nos confiamos ao poder do outro para nos mudar. Uma característica desse amor, que deve ser notada especialmente em relação à espiritualidade dos Exercícios, é expressa na palavra "imitação". Jesus Cristo é visto não apenas como mestre, mas como um modelo (cf. [344]). Embora a conformidade ao modelo de Jesus Cristo assuma infinitas formas, o amor suposto nos Exercícios é o amor do discípulo que, procurando os sinais da vontade de Deus, preferiria ser mais literalmente semelhante a Jesus Cristo em todas as atividades, situações e modo de vida.

Nos Exercícios da Segunda Semana, uma pessoa que cresce, através da contemplação, em um amor deste tipo torna-se especialmente consciente de certas qualidades específicas da verdadeira vida em Cristo e as experimenta como desejáveis. A verdadeira vida será humilde [146, 165-167], uma palavra que indica uma centralização em Deus, decorrente da libertação do egocentrismo do orgulho. Será também marcada pela liberalidade para com Deus que a linguagem dos Exercícios assinala na palavra "mais" (*magis*)[3]. É, portanto, característico da vida verdadeira desejar fazer oferendas "de maior estima" [97], escolher o caminho "mais" agradável à Bondade Divina [151] e "mais" ordenado à glória de Deus [152], para experimentar as preferências gratuitas do terceiro modo de humildade [167, 168].

Mas a ênfase principal na Segunda Semana está na qualidade da pobreza espiritual, uma marca nunca superada de um seguidor da verdadeira vida em Cristo, e que os Exercícios apresentam especialmente

---

3. Esta insistência no "mais" deve, no entanto, ser dissociada de uma ética autodirigida ("devemos tentar mais") à qual o *magis* inaciano é por vezes associado. Estamos envolvidos com o "mais" dos convites de Jesus Cristo e com as possibilidades de expansão da sua graça, e não com o "mais" da compulsão.

como condição para tudo o mais nesta vida [146, 147]. Enraizada no amor-confiança, no amor da pessoa cujo tesouro e, portanto, o coração está em Cristo, a pobreza espiritual manifesta-se de duas maneiras. Primeiro, é uma não possessividade radical em relação a qualquer criatura, uma liberdade de qualquer espírito de idolatria, por mais sutil e sofisticado que seja, em relação às "riquezas e a honra". Mas consiste também em uma atitude convertida face a situações de insegurança, perda, diminuição etc.; situações que implicam, em um sentido literal ou alargado, a experiência da "pobreza real"[4].

Quem é espiritualmente pobre, qualquer que seja a sua situação pessoal, está aberto a tais situações, as valoriza e até as deseja. Na verdade, tal pessoa pode correr o risco, com fé e confiança, de pedi-las [147, 157]. No entanto, a humildade, a generosidade e a pobreza espiritual são qualidades frequentemente procuradas em relação a um conceito individualista de perfeição. Nos Exercícios, pelo contrário, são procuradas em relação ao chamado feito a cada cristão ao serviço do Reino. Serviço que é participação na missão contínua do próprio Cristo no mundo [95]. Para imitar a Cristo, para levar a vida verdadeira e para crescer nas suas qualidades, é preciso estar associado a essa missão[5]. Na verdade, é preciso que a pessoa esteja associada a ela não apenas compartilhando a obra de Cristo, mas, pelo menos como um ideal desejado, esteja envolvida no próprio padrão de vulnerabilidade e impotência que personificava o seu autoesvaziamento.

---

4. Para apreciar a importância central do conceito de Inácio sobre a pobreza de espírito, devemos perceber que, embora o sentido literal de "pobreza" (e de riqueza) nunca deva ser subestimado, esses termos também possuem significados além do sentido literal, que as pessoas devem encontrar por si mesmas. Assim, as "riquezas" de uma pessoa podem consistir no "bom nome, atividade, corpo, força, beleza, talentos, realizações, arte, ideias, amizades, ou mesmo na observância integral da lei", CUSSON, *Biblical Theology*, 256.
5. Isso não deve ser entendido como implicando que, de acordo com os Exercícios, toda vida verdadeiramente cristã seja explícita ou formalmente apostólica. Existem outras maneiras de estar envolvido na obra de Cristo de estabelecer o Reino, além de realizar um "trabalho apostólico", no sentido comum do termo.

Trindade

A espiritualidade da Segunda Semana, como a da totalidade dos Exercícios, é ao mesmo tempo cristocêntrica e trinitária. O aspecto imediatamente óbvio da Cristologia na Segunda Semana é, naturalmente, a realidade humana da Encarnação. Menos óbvia em uma leitura superficial, mas fundamental para a espiritualidade dos Exercícios, é a relação de Jesus Cristo com a Trindade. A salvação do gênero humano é obra da Trindade [107], que decide realizar a Encarnação [102]. Jesus Cristo é nosso mediador junto ao Pai (Tríplice Colóquio). A obra de Jesus Cristo é a obra do Pai [95].

A pessoa exercitante contempla, portanto, a vida de Jesus na consciência de que o Deus Trinitário se manifesta nessa vida. Assim, temos consciência de que participar da vida de Jesus Cristo é participar da vida da Trindade. Estar envolvido na missão de Jesus é estar envolvido na obra da Trindade no mundo. Além disso, os Exercícios na sua totalidade são feitos "no Espírito", que dá consolação e iluminação juntamente com o dom do discernimento. Toda a experiência da eleição se baseia no princípio de que, na busca pela vontade de Deus, a pessoa é movida pelo Espírito Santo.

O exercício do reino[6]

Todos os primeiros comentadores dos Exercícios e a maioria dos modernos consideram que este é um dos principais componentes dos Exercícios, comparável em importância às Duas Bandeiras, com as quais está intimamente ligado[7].

---

6. O título comumente aceito do exercício, "O Reino", é derivado da tradução da *Vulgata*: cf. [91]. No corpo do texto, a palavra "reino" não aparece nem na versão Autógrafa nem na versão latina. O significado da expressão "Reino de Deus" é igualmente transmitido por "reinado de Deus".

7. Segundo Nadal, o Reino e as Duas Bandeiras remontam em substância às experiências místicas em Manresa: "(Em Manresa,) Nosso Senhor lhe comunicou

Este exercício dá à pessoa exercitante uma nova autoimagem. Deixando de ser o cavaleiro envergonhado da Primeira Semana, o exercitante é agora o cavaleiro restituído à amizade e estabelecido na relação que será a base das restantes semanas dos Exercícios. Uma relação em que a intimidade da união pessoal e a da participação na missão de Cristo no mundo estão inseparavelmente combinadas. E é no clima de sentimento positivo, e até de entusiasmo, assim gerado que a pessoa é apresentada ao tema da união com Cristo nos valores paradoxais da pobreza e da humilhação.

No entanto, existem certas diferenças significativas entre o Reino e as meditações inacianas posteriores da Segunda Semana. O Reino não é designado como uma contemplação nem como uma meditação, mas simplesmente como um "exercício" [99]. Ele deve ser feito formalmente apenas duas vezes, durante o que hoje chamaríamos de "dia de repouso". Ele não contém nenhum Tríplice Colóquio e, como uma leitura cuidadosa deixa claro, a pessoa exercitante não faz, neste momento, realmente a sua oferenda final. Mas essas diferenças não implicam que o Exercício do Reino seja de importância secundária. Pelo contrário, indicam que a sua função é preparatória. Ele pode ser entendido como um segundo Princípio e Fundamento[8].

Este exercício divide-se em três seções: (1) a parábola preliminar [92-94]; (2) o chamado de Cristo ao serviço do Reino [95]; (3) dois níveis de resposta [96-98]. Nessa estrutura, a segunda seção é central: a contemplação de Cristo convidando todos os homens e mulheres a participar da sua obra no mundo e das exigências do discipulado. A primeira parte, a parábola do rei humano, fornece uma introdução a essa contemplação e está totalmente subordinada a ela.

---

os Exercícios e o guiou de tal forma que ele se dedicou inteiramente ao serviço de Deus e à salvação das almas. O Senhor mostrou isso a ele especialmente em dois exercícios, aqueles sobre o Rei e as Duas Bandeiras". *Ep. et Mon.* Nadal, vol. v (MHSI, v. 90, 40), *Fontes Narrativi*, v. 1 (MHSI, v. 66, 306-307).

8. Vide o Diretório de 1599 (MHSI, v. 76, 669-701 [trad. PALMER, 320]).

A parábola introdutória

A parábola introdutória pode ser explicada em termos de dois objetivos principais. Primeiro, prepara a pessoa exercitante para encontrar Jesus Cristo de uma nova maneira, não apenas como salvador pessoal, mas como o Senhor do universo, que chama seus amigos para participar do seu trabalho na construção do Reino de Deus no mundo. Para transmitir essa dimensão de Jesus Cristo, Inácio usa a imagem tradicional de um rei. Assim, a parábola serve para deixar a pessoa exercitante consciente do ideal humano que aplicamos transcendentalmente a Jesus Cristo quando falamos dele como "rei". Em segundo lugar, ao suscitar a resposta instintiva da pessoa exercitante à ideia de um empreendimento humano nobre, mas exigente, torna-a consciente dos recursos de energia, amor, ambição e idealismo que Jesus Cristo deseja mobilizar para o serviço do Reino[9].

O sucesso original da parábola na consecução desses objetivos deve-se em parte a elementos da cultura de Inácio. O caráter simultaneamente secular e religioso da cavalaria e a intimidade particular, composta de amizade, lealdade e ação partilhada, que era a marca do relacionamento senhor–vassalo. Mas a parábola também deve o seu sucesso precisamente a uma qualidade não física: o fato de converter poderosas realidades sociais e culturais em matéria de sonhos[10].

Como a parábola deve ser tratada hoje por quem propõe os Exercícios? Embora algumas pessoas exercitantes ainda consigam interpretar a parábola tal como está, ela não consegue, por muitas razões, ser

---

9. Sobre essa função do Exercício do Reino, vide Cusson, *Biblical Theology*, 179-181.
10. "Para entender o que Inácio está tentando fazer nessa parábola, é importante notar que nunca existiu ninguém como esse rei, e que Inácio sabia disso tão bem quanto nós. Nunca houve um rei ou imperador desse tipo em toda a cristandade. Nenhum governante cristão jamais conduziu uma cruzada bem-sucedida 'contra todas as terras dos infiéis'. Nem havia probabilidade alguma de que tal rei existisse. Inácio apela deliberadamente aos sonhos", Connolly, Story of the Pilgrim King and the Dynamics of Prayer, in: Fleming (ed.), *Notes on the Spiritual Exercises*, 104.

eficaz da forma como era quando tocou o inconsciente coletivo de uma época. Essas razões incluem o equívoco de que o imaginário da guerra seja mais significativo do que Inácio pretendia[11]. A principal dificuldade, porém, vem da imagem central do rei-herói. Para muitos hoje a ideia de realeza perdeu a sua magia, nem todos estão mais afetados pelo tipo clássico de herói. A parábola também é amplamente considerada de tom muito masculino para ser adequada para uso contemporâneo. Portanto, novas abordagens devem ser encontradas. Entre as abordagens atuais mais amplamente adotadas, as seguintes podem ser destacadas[12].

(1) Quem orienta ou quem faz os Exercícios cria uma parábola atual, ambientada no mundo moderno e apresentando um herói mítico com apelo contemporâneo, por exemplo: um defensor mítico dos oprimidos, famintos, ignorantes etc., do mundo de hoje[13].
(2) Em vez de um herói mítico, a pessoa exercitante encontra alguma pessoa que lhe inspira, contemporânea ou histórica[14].
(3) A pessoa exercitante cria a sua própria parábola, olhando para a de Inácio não tanto pelo seu conteúdo, mas pelo seu objetivo de aumentar a consciência das capacidades pessoais. Ela inventa qualquer parábola que melhor contenha os desejos e ideais contidos na sua própria história[15].
(4) Usando a parábola de Inácio como ponto de partida, a pessoa se detém não tanto nas imagens concretas (reis, cavaleiros, cruzadas

---

11. Vide [91] e comentário.
12. Uma ampla gama de abordagens atuais para dar o exercício do Reino é discutida em SCHMITT, *Presenting the Call of the King*.
13. A maioria das adaptações modernas da parábola de Inácio, como a original dele, faz uso de situações que já contêm um ideal moral ou espiritual, distintas de situações que ilustram, por exemplo, os sacrifícios que as pessoas estão preparadas para fazer para satisfazer a ganância ou o desejo de poder. Sobre a razão pela qual a inaciana exige que o próprio modelo introdutório consagre um ideal moral, vide COATHALEM, *Ignatian Insights*, 134.
14. John Futrell sugere que exercitantes religiosos "podem achar útil, em uma repetição, ouvir o apelo feito pelo fundador do seu instituto". Vide COWAN; FUTRELL, *Hanbook*, 68.
15. Cf. CUSSON, *Everyday Life*, 66-67.

etc.), mas nas ideias que essas imagens incorporam. Ela considera as características da liderança ideal ou de um empreendimento idealmente valioso. O tipo de empreendimento que despertaria a mais profunda capacidade de comprometimento e altruísmo de alguém.
(5) Uma forma alternativa de introduzir o exercício é desenvolvida a partir de material bíblico[16].

Expoentes dos Exercícios divergem na estimativa da importância da parábola inicial, mas é amplamente aceito que, embora o exercício seja em essência uma contemplação do Cristo ressuscitado, ele deveria começar com uma introdução que corresponde de alguma forma à de Inácio[17]. Mas, dito isso, deve-se ter em mente que a parábola pretende "ajudar" a pessoa exercitante (cf. título); e a "ajuda" nos Exercícios deve ser entendida com a conotação estabelecida no Fundamento: o que ajuda deve ser aproveitado, o que atrapalha deve ser evitado.

Um exercício experimentado como algo artificial, ou que exija um esforço criativo prolongado, provavelmente não "ajudará". Às vezes, portanto, o propósito da introdução pode ser mais bem alcançado simplesmente colocando algumas perguntas sobre a experiência passada de alguém. Quando fiquei entusiasmado ou recebi um propósito por meio

---

16. Seria muito extenso sugerir aqui maneiras de fazer isso, mas uma sugestão feita por Coathalem pode ser útil. Nela o rei mítico da parábola de Inácio é substituído pelo Rei Messias bíblico: "Assim, o exercitante se prepara para contemplar a realeza de Cristo, considerando um ideal de realeza que vem não da cavalaria, mas sim da expectativa messiânica do Antigo Testamento". *Ignatian Insights*, 134-135.

17. Carlo Maria Martini, porém, admitindo-se pouco convencido pelas tentativas de reescrever a parábola, sugere que "nos coloquemos imediatamente na presença de Jesus, o Filho único do Pai, o primogênito de toda a criação, o primogênito ressuscitado, o messias definitivo, o salvador, o centro da história, que se entregou por mim". *Letting God Free Us*, 83. Nessa abordagem não se tenta preparar explicitamente a resposta da pessoa ao chamado de Cristo. Contudo, a resposta de uma pessoa generosa, certamente, inspirar-se-á no conteúdo da sua própria história pessoal e também encontrará inspiração em modelos, mas sem tudo isso ser explicitamente consciente.

de uma visão? Alguma vez capacidades insuspeitadas foram liberadas em mim pela amizade? Que qualidades nos outros me inspiraram ou despertaram minha admiração? O que experimentei como tão convincentemente valioso que, em sua busca, o trabalho e o sofrimento foram fáceis de aceitar e até bem-vindos?

[91] ¹O *CHAMADO* DO REI TEMPORAL AJUDA A CONTEMPLAR A VIDA DO REI ETERNO.
²Oração. A oração preparatória deve ser a mesma de sempre.
³O primeiro preâmbulo: é a *composição, feita vendo o lugar*. Aqui consistirá em ver com os olhos da imaginação as *sinagogas, vilas e aldeias* onde Cristo, Nosso Senhor, andou pregando.
⁴O segundo preâmbulo: pedir *a graça que desejo*. Aqui será implorar a Nosso Senhor a graça de não ser surdo ao seu chamado, mas alerta para cumprir a sua santíssima vontade com o melhor de minha capacidade.

O *chamado*: Estas linhas são uma frase resumida em vez de um título e descrevem não apenas o desenvolvimento interno do próprio Exercício do Reino (ou seja, do chamado do rei humano ao de Cristo), mas também a relação do exercício como um todo com a contemplação do Evangelho. Precisamente na contemplação da vida de Cristo encontramos o seu chamado a nós mesmos.

O título na *Vulgata* é um pouco diferente: "Uma contemplação do reino de Jesus Cristo, a partir da semelhança com um rei terreno, convocando seus súditos para a guerra". Pelo uso da palavra "reino", que não ocorre em nenhum dos dois casos: no Autógrafo ou na *Versio Prima*, a atenção está voltada para a substância do exercício, nomeadamente a contemplação do Reino (ou reinado) de Cristo. Por outro lado, deve-se notar que nem o texto Autógrafo nem a *Versio Prima* usam a palavra "guerra", que aparece apenas na *Vulgata*.

Composição, feita vendo o lugar: Embora o tema do Exercício do Reino seja o Cristo ressuscitado, e não um episódio do Evangelho, o "lugar", como nas contemplações do Evangelho, é agora um lugar real e material (ou seja, a Terra Santa). A importância dessa característica reside no fato de a composição não ser apenas uma ajuda ao recolhimento, mas contribuir para a oração nos Exercícios como pedagogia na espiritualidade encarnacional e apostólica. Toda a atividade humana e, portanto, a atividade salvífica de Jesus Cristo e a do nosso próprio serviço a Ele ocorrem no mundo material. Assim, antes de contemplar as pessoas, a pessoa exercitante toma conhecimento do lugar, o que fornece às palavras e ações das pessoas contempladas o seu contexto.

Sinagogas, vilas e aldeias: O cenário da atividade missionária da vida terrena de Cristo; sinagogas é uma emenda escrita pelo próprio Inácio; o texto tinha a palavra "templos".

A graça que desejo: A forma específica do chamado de Jesus Cristo à pessoa exercitante ainda não foi descoberta por ela. Contudo, a busca deve ser iniciada não apenas com a disposição de realizar "prontamente e com diligência" tudo o que o Senhor possa eventualmente pedir, mas também livre de quaisquer forças internas que possam tornar alguém "surdo": incapaz até mesmo de ouvir qual é o chamado.

[92] O primeiro ponto é colocar diante de mim um rei humano escolhido pela mão de Deus, Nosso Senhor, a quem todos os líderes e povos cristãos prestam homenagem e obediência.

[93] ¹Segundo ponto. Observar a maneira como este rei fala ao seu povo: ²"Minha vontade é conquistar toda a terra dos infiéis. Portanto, todos os que desejarem *vir comigo* deverão se contentar com a mesma comida que eu terei, *a mesma bebida*, as mesmas roupas etc. ³Estas pessoas também deverão trabalhar comigo durante o dia e vigiar à noite etc., ⁴para que depois participem comigo da vitória, como fizeram nos trabalhos".

[94] ¹Terceiro ponto. Considerar *a resposta que os bons súditos devem dar* a um rei tão humano e bondoso. ²E, consequentemente, se alguém recusasse o apelo de tal rei, quão merecidamente incorreria no desprezo de todos e seria considerado como um perverso cavaleiro.

[95] ¹A segunda parte deste exercício consiste em aplicar o exemplo acima do rei terreno a Cristo, Nosso Senhor, seguindo os três pontos mencionados:

²Quanto ao primeiro ponto, se tal chamado feito por um rei terreno aos seus súditos exige nossa consideração, ³*quanto mais é digno* de consideração *ver Cristo, Nosso Senhor*, o Rei eterno, com toda a raça humana diante dele, como a todos e a cada um em particular faz o seu apelo. ⁴"Minha vontade é *conquistar* o mundo inteiro e todos os inimigos, e assim entrar na glória de meu Pai. ⁵Portanto, quem quiser vir comigo terá de *trabalhar comigo, para que, seguindo-me em meu sofrimento, também possa me seguir na glória*".

[96] Segundo ponto: considerar como todos os que possuem *juízo e razão oferecer-se-ão inteiramente para este trabalho.*

[97] ¹Terceiro ponto. *Os que desejam responder com espírito de amor e destacar-se em todos os serviços* do seu compromisso com o seu Rei eterno e Senhor universal, *não só se oferecerão para o trabalho,* ²mas até mesmo, *agindo contra sua sensualidade e seu amor carnal e mundano*, farão oferendas de maior valor e importância. *Isso pode ser expresso desta forma*:

[98] ¹"Eterno Senhor de todas as coisas, diante de vossa infinita Bondade, de vossa gloriosa mãe e de todos os santos e as santas da *corte celestial*, faço minha oferenda, *com vosso favor e ajuda*. ²Meu desejo resoluto e minha determinação deliberada, *com a única condição* de que isso seja para *vosso maior serviço e louvor*, ³é imitar-vos em suportar todo tipo de *insulto e abuso*, e toda a pobreza, tanto material quanto espiritual, ⁴se vossa santíssima majestade desejardes me escolher e me receberdes nesta vida e estado."

Vir comigo: "Comigo", encontrado cinco vezes neste exercício, é uma de suas frases-chave. No relacionamento idealizado entre Senhor e Cavaleiro, toda a campanha é de parceria: empreendimento, triunfo final, dificuldades imediatas; tudo é compartilhado.
A mesma bebida: Dentro da imagem militar geral de uma cruzada, o imaginário marcial específico é limitado ao mínimo. O apelo não é para "lutar", mas para "trabalhar", e as dificuldades específicas enumeradas

na convocação do rei: roupas grosseiras, comida pobre e noites sem dormir, cheiram mais à peregrinação do que à guerra e, na verdade, à vida de um apóstolo[18].

A resposta que os bons súditos devem dar: Presume-se que a pessoa exercitante seja do calibre dos dignos cavaleiros da parábola de Inácio.

Quanto mais é digno: A chave está no quanto mais, com maior razão. Consciente da resposta que daria a um "sublime sonho humano"[19], a pessoa exercitante se volta para a realidade do chamado de Cristo e reconhece que esse chamado é ainda mais digno de consideração do que o chamado já digno que acaba de ser feito, ouvido pela imaginação e considerado cativante.

Ver Cristo, Nosso Senhor: A pessoa exercitante neste momento é convidada a "contemplar": a "ver" e a "ouvir" o Cristo agora ressuscitado, chamando todas as pessoas ao seu serviço. Este não é um momento para análise, simplesmente para ouvir. Mas ouvir este apelo direto e simples é começar a absorver os princípios teológicos básicos que sustentam o conceito de Inácio de união com Cristo na obra do Reino[20]. O Cristo ressuscitado, Senhor do mundo, está trabalhando ao longo da história, levando à conclusão o projeto inaugurado em sua vida, o estabelecimento do Reino de Deus no mundo e a conquista de todo poder que se opõe

---

18. Sobre o tema da espiritualidade cruzada, vide WOLTER, *Elements of Crusade Spirituality*. No que diz respeito ao imaginário militar, comumente considerado como especialmente característico de Inácio, pode-se notar que, na época em que ele escreveu as Constituições da Companhia de Jesus, sua imagem central para o apostolado não era a de lutar uma cruzada, mas a de trabalhar na vinha do Senhor.

19. COATHALEM, *Ignatian Insights*, 134.

20. "O Exercício sobre o Reino é um resumo ou compêndio da vida e dos feitos de Cristo, o Senhor, na obra que o Pai lhe confiou, da qual Isaías disse: 'A sua obra está diante dele' (Isaías 62,11). O próprio Senhor falou da 'obra que me deste para fazer' (João 17,4), acrescentando imediatamente qual era essa obra: 'Eu estou te glorificando na terra. Manifestei teu nome aos homens que tiraste do mundo para dá-los a mim' (João 17,4.6). E ele chama todos a compartilhar esse grande e glorioso trabalho, cada pessoa, de acordo com seu próprio grau". Diretório de 1599 (MHSI, v. 76, 668-671 [trad. PALMER, 320]) com base no Diretório de Dávila (ibid., 508-509) [trad. PALMER, 250].

a ele. Cristo realiza a sua obra através dos seus discípulos e, ao partilhar a obra de Cristo, o discípulo participa do sofrimento inseparável dela. Tal como na seção anterior, "comigo" é uma frase-chave. O discípulo trabalha e sofre não apenas "por" Cristo, mas "com" Ele.

Conquistar: Se Deus quiser efetivamente reinar em seu mundo, há um "mundo" que deve ser superado, o mundo que é incompatível com Cristo (cf. João 17,9-26). Com este mundo e os seus poderes, Cristo deve estar sempre em conflito. Quais são os poderes deste mundo e como funcionam ficará claro na meditação sobre as Duas Bandeiras.

Trabalhar comigo, para que, seguindo-me em meu sofrimento, também possa me seguir na glória: Todos são chamados, de alguma forma, a participar da obra contínua de Cristo: estabelecer o Reino de Deus no mundo. E, porque o caminho de Cristo é, em certo sentido, normativo para todos os seus seguidores, o trabalho será alcançado, quer de formas previsíveis quer não, face aos "inimigos do Reino" e com dificuldades.

Juízo e razão: Deve ser entendido não no sentido restrito em que hoje podemos descrever uma pessoa como "razoável", mas sim no sentido de uma pessoa bem integrada e em pleno funcionamento, alguém que percebe e responde à realidade de uma forma digna de um ser humano.

Oferecer-se-ão inteiramente para este trabalho: A ênfase está no trabalho e na reivindicação que o trabalho apostólico em si, uma vez compreendida sua natureza, exercerá sobre qualquer pessoa razoável.

Inteiramente: Isto é, com toda a gama de recursos pessoais que uma pessoa com "juízo e razão" traria para qualquer empreendimento humano considerado verdadeiramente valioso.

Os que desejam responder com espírito de amor[21]: Ou seja, distinto daqueles que reagem simplesmente com "juízo e razão". Não há dúvida nesta seção final de que uma resposta negativa corresponde àquela do

---

21. A tradução usada aqui é a mais natural do espanhol, mas a frase é frequentemente traduzida como "os que desejam demonstrar maior amor" (ou palavras nesse sentido). Esta última interpretação implica que a distinção pretendida é entre graus de amor, e não entre amor, por um lado, e "razão e juízo", por outro. Para uma discussão das duas traduções, vide PETERS, *The Spiritual Exercises of St Ignatius*, 76.

perverso cavaleiro [94,2] da parábola. Presume-se que quem chega até aqui nos Exercícios deseja responder positivamente ao chamado de Cristo. Mas existem dois níveis de resposta positiva.

A primeira, enraizada no "juízo e na razão", consiste em um compromisso pessoal total com a obra de Cristo. Esta já é uma dedicação de alto nível e, claro, não pode haver tal dedicação à obra de Jesus sem um grau considerável de amor pela sua pessoa. Mas na "verdadeira vida em Cristo", para a qual a pessoa exercitante está agora se movendo, a resposta ao chamado é feita em outro plano, sintetizada nos desejos paradoxais da oração de oblação. Desejos que brotam de um amor a Jesus Cristo que vai além do alcance da "razão e do juízo" e da aspiração do discípulo de estar com o mestre.

Destacar-se em todos os serviços... não só se oferecerão para o trabalho: Para Inácio, o "serviço" a Deus inclui o compromisso com a obra de Deus. O fato de estarmos sendo escolhidos aqui para algo mais do que a já generosa dedicação à obra de Cristo, atribuída às pessoas de juízo e razão, não significa que os valores contidos na oblação não melhorem por si mesmos a qualidade do trabalho realizado para Cristo. Ou que, em relação ao trabalho, estes valores sejam uma espécie de "extra". Pelo contrário, uma pessoa é "destacada" no seu trabalho para o Reino precisamente na medida em que, além de trazer para este trabalho todos os seus recursos para agir, a sua vida está imbuída dos desejos articulados na oração de oblação.

Agindo contra sua sensualidade e seu amor carnal e mundano: Embora o Exercício do Reino não deva ser entendido como um apelo ao ascetismo[22], a pessoa exercitante é convidada a ver que o amor autêntico deve sempre reconhecer a necessidade de resistir ao que se lhe opõe[23].

---

22. O perigo de reduzir todo o Exercício do Reino a um desafio de agir contra a sensualidade e o amor carnal é reconhecido por Rickaby, escrevendo no início do século XX, que alerta contra a transformação do exercício em uma meditação sobre a mortificação. Pelo contrário, o exercício é "como o local onde é gerada eletricidade para abastecer toda a cidade. É o lugar gerador de entusiasmo e lealdade pessoal a Jesus Cristo, custe o que custar. Portanto, o Exercício deve ser feito com alegria e elevação de espírito", RICKABY, *Spiritual Exercises*, 83.

23. Para retomar o sentido de "agir contra", vide [13] com comentário.

"Sensual" e "carnal" têm um significado mais amplo no vocabulário de Inácio do que têm hoje e devem ser entendidos como se referindo a todo o domínio da resistência ou fraqueza natural que dificulta seguir, ou mesmo ouvir, o chamado de Cristo.

A referência à sensualidade e ao amor carnal e mundano nos torna conscientes da necessidade do ascetismo. Contudo, o mais importante é que Inácio busca estabelecer a relação entre dois elementos do cristianismo radical: a oposição ao "carnal", ao "sensual" e ao mundano, por um lado, e por outro, o amor a Cristo e o apelo do seu chamado. Ao "agir contra" o desordenado, o falso, o não integrado em nós mesmos, removemos o que impede o abandono do amor intenso. Ao mesmo tempo, nada mina mais eficazmente o amor carnal e mundano do que os desejos que se dirigem à imitação de Cristo na pobreza.

A ideia não é isolar o ascetismo e depois encará-lo (mesmo que apenas por um momento) como uma necessidade da vida a ser praticada por si só. A chave para a cláusula "contra" reside no processo de integração que caracteriza todo o exercício. O agir contra o carnal e o mundano, juntamente com o comprometimento de todos os recursos naturais da pessoa na obra de Cristo, está integrado em uma qualidade de amor que é superior a qualquer um deles. Tudo isso dentro do contexto de um relacionamento que é ao mesmo tempo uma união pessoal com Cristo e um compromisso com o estabelecimento do Reino de Deus no mundo.

Isto pode ser expresso desta forma: Foi traduzido na *Vulgata* como, "cada um responderá de alguma forma desta maneira". Dada a natureza do chamado de Cristo e o padrão da sua própria vida, as pessoas movidas pelo amor e pelo desejo de um serviço notável fariam de fato uma oferta deste tipo. Isso não quer dizer que a pessoa exercitante já seja necessariamente capaz de fazê-lo. Nesta fase a resposta deve ser observada, só mais tarde será dada.

Corte celestial: O quadro evocado é o da glória final, precisamente a "glória" que Cristo, sua mãe e os santos alcançaram depois de percorrerem o caminho do sofrimento.

Com vosso favor e ajuda: A oferta é uma oferta agraciada, a ser feita somente com o favor e a ajuda de Deus.

Com a única condição... vosso maior serviço e louvor. Uma qualificação semelhante aparece em [147, 157, 166, 167]. Embora Inácio quisesse que desejássemos, ao ponto de pedirmos sinceramente, as condições que tornam a "imitação de Cristo" mais literal, a norma última do desejo cristão não é a imitação mais literal e exterior, e sim a maior glória de Deus. Quaisquer que sejam as atuais circunstâncias.

Insulto e abuso: A ordem aqui é inversa à dos Tríplices Colóquios, que passam da "pobreza espiritual" (a disposição do coração) para as situações concretas de pobreza e desprezo reais. O presente Exercício começa com o aspecto mais imediatamente desafiador do Reino: o fato de que, por amor a Jesus e compromisso com o seu Reino, uma pessoa, com os recursos para alcançar o sucesso mundano, pode positivamente desejar situações de fracasso mundano. O que está implícito no "comigo" [95] aqui se torna explícito. Na perspectiva de apostolado/imitação dos Exercícios, a pobreza material é a situação normal do apóstolo, e os "insultos" são uma experiência normal de quem em pobreza prega e trabalha pelo Evangelho.

[99] Nota 1. Este exercício deve ser feito duas vezes ao dia, nomeadamente ao levantar-se pela manhã e uma hora antes do jantar ou ceia.

[100] Nota 2. Na Segunda Semana, bem como no futuro, será muito útil ler em alguns momentos a Imitação de Cristo ou os Evangelhos ou vidas de santos.

Uma nota sobre a leitura durante os Exercícios

O recurso a livros durante os Exercícios não é, e não era no início, uma questão tão simples como pode parecer a partir deste parágrafo. Nos Exercícios, a leitura pode causar mudanças inadequadas de humor, impedir uma descoberta pessoal e geralmente ocupar o espaço mental essencial ao que se espera do retiro segundo a Vigésima Anotação. Por outro lado, como o presente parágrafo deixa claro, há circunstâncias, pelo menos a partir da Segunda Semana, em que a leitura pode ser "muito proveitosa".

As abordagens sobre a leitura encontradas nos Diretórios refletem a tensão entre esses dois princípios. Assim, o Diretório de 1599 estabelece como regra geral que "o exercitante não leia nada exceto o que lhe for dado por escrito", acrescentando que nenhum livro deve estar na sala do exercitante. Exceto o breviário ou o ofício da Santíssima Virgem, "para que não haja oportunidade de ler mais nada"[24]. Contudo, ao mesmo tempo, em casos particulares, um orientador permitirá ou mesmo recomendará que o exercitante leia. Os Diretórios contêm indicações do tipo de leitura que poderia ser sugerida neste caso a uma pessoa exercitante do século XVI.

Os títulos frequentemente recomendados incluem as Confissões de Santo Agostinho; os escritos de São Bernardo; Dionísio, o Cartuxo, sobre a Escatologia; Luís de Granada, sobre a oração e a meditação; Tauler, sobre a Paixão[25]. Embora as restrições à leitura sejam especialmente necessárias na Primeira Semana, no final daquela semana, um dos manuais de confissão da época poderia ajudar a pessoa exercitante a se preparar para a confissão[26]. Entre os livros mencionados nos Exercícios, o lugar de destaque cabe à Imitação de Cristo, que a pessoa pode prontamente ser encorajada a ler, desde a Primeira Semana em diante. As leituras das "vidas dos santos" devem chamar a atenção para modelos adequados ao estado de vida da pessoa exercitante. No que diz respeito aos Evangelhos ou à vida de Cristo, a pessoa deve ler apenas aquilo que trata dos mistérios que meditou ou meditará no mesmo dia[27].

---

24. "O que for dado por escrito", ou seja, o material substancial para os Exercícios (como pontos para oração), que foi dado às pessoas exercitantes por escrito ou ditado a elas.
25. A menção nos Diretórios desses e de outros escritos substanciais não implica necessariamente que eles seriam lidos na íntegra durante os Exercícios.
26. Tal manual foi escrito por Polanco. Ele foi recomendado para uso no final da Primeira Semana pelo próprio Inácio: cf. Diretório (ditado a de Vitoria) (MHSI, v. 76, 103 [trad. PALMER, 23]).
27. Sobre o tema da leitura, vide especialmente o Diretório de 1599 (cc. 3 e 21) e o Diretório de Miró (MHSI, v. 76, 583, 683 [trad. PALMER, 296-298, 323]). Mas vide também Diretórios (MHSI, v. 76, 223, 263, 300, 359, 537-538 [trad. PALMER, 89, 113, 131, 156, 157, 268]). Pode ser interessante aqui recordar a

Qualquer leitura realizada durante os Exercícios deve ter o mesmo propósito das adições: ajudar a pessoa a "melhor fazer os Exercícios". Os livros ou passagens devem, portanto, ser selecionados com cuidado e, mesmo que sejam oferecidos para "aliviar o tédio", a leitura deve obedecer a certas normas. Deve ser calculada para "nutrir a piedade" e despertar o afeto que se busca na atual fase dos Exercícios. Ela deve ser feita, "demorando e ponderando cuidadosamente o que se lê, e entrando nas afeições sugeridas", e não deve ser iniciada "por apetite para saber e descobrir algo novo". Deve-se ter cuidado para que "o prazer da leitura não possa interferir no tempo destinado à meditação ou à preparação dela".

Contemplações da infância

Depois do exercício introdutório do Reino, a Segunda Semana propriamente dita começa com a contemplação da Encarnação e daí prossegue com episódios selecionados do Evangelho segundo Lucas, juntamente com um único episódio de Mateus. Para aqueles que desejam permanecer mais tempo com os Evangelhos da infância, uma gama mais ampla de material está disponível nos textos suplementares [262-272.1]; e também [162].

Em comparação com o final da Segunda Semana, há algo de descontraído no clima destas contemplações iniciais. O material pode ter apelo humano imediato. São incentivadas certas mudanças do regime ordinário. A exigência do Tríplice Colóquio ainda está por vir. Isto não significa, contudo, que as Contemplações da Infância devam ser consideradas

---

atitude dos primeiros orientadores em relação à escrita durante os Exercícios, conforme resumida no Diretório de 1599 (c. 3). A pessoa exercitante é encorajada a escrever o que tem a ver com a oração e com o que Deus comunica na ou fora da meditação: desejos ou resoluções, verdades ou *insights*, assunto relacionado com temas de meditação. As coisas devem ser anotadas "de forma muito breve, não difusa, à maneira de um sermão", e, mais uma vez, a escrita não deve interferir no tempo para a meditação ou para a preparação dela.

apenas como um interlúdio e como não essenciais[28]. Pelo contrário, como estabelecido nos Exercícios, elas introduzem uma série de temas básicos.

Primeiro, a contemplação inicial estabelece o contexto trinitário crucial para a compreensão de tudo o que se segue. A missão de Jesus Cristo é obra da Trindade. Ela procede e expressa o amor do Deus Trinitário pelo mundo e o compromisso incondicional das Pessoas Divinas com a redenção do mundo.

Em segundo lugar, neste contexto trinitário, a atenção está centrada em uma implicação da Encarnação: a infância, que precisa se tornar pessoalmente concreta para a pessoa exercitante, se ela quiser apreciar a Encarnação pelo que ela é. O Verbo se tornou humano significa que o Verbo se tornou um menino. À pessoa que não encontra a realidade humana da infância de Jesus falta algo essencial ao seu conhecimento e amor ao "Senhor que se fez humano por mim" [104]. Assim, nestes primeiros dias da Segunda Semana, a oração trinitária da pessoa exercitante assume a forma de contemplar, com o realismo completo característico do método imaginativo, a criança histórica, o menino Jesus[29].

Terceiro, a contemplação do menino e do seu entorno é permeada pela ideia de fidelidade à palavra e à vontade de Deus. Desde o momento da sua concepção, Jesus existe inteiramente para a missão confiada pela Trindade [104]. No incidente do Templo, ele responde consciente

---

28. Sobre o lugar das contemplações da infância, vide KOLVENBACH, Do not Hide the Hidden Life of Christ. Kolvenbach desenvolve com certa extensão o argumento sobre a importância das Contemplações da Infância e de começar a Segunda Semana com as Duas Bandeiras e o Batismo de Jesus Cristo. Além do argumento que possa ser defendido a favor disso, ele insiste que sem as Contemplações da Infância algo essencial estaria faltando ao nosso conhecimento de Cristo. [Trad. bras.: Não oculteis a vida oculta do Senhor, *Itaici: Revista de Espiritualidade Inaciana*, 32 (1998) 45-53. (N. do T.)]

29. Em conexão com as Contemplações da Infância, os títulos de Cristo no texto principal e no suplemento variam entre "Jesus" [266, 267], "o menino" [265, 269, 270] e "o menino Jesus" [114, 134, 266, 268]. Vide também os títulos divinos/messiânicos, "Segunda Pessoa" [102], "Cristo" [272], "Salvador do Mundo" [265], "Nosso Senhor" [109, 116] e "Cristo, Nosso Senhor" [265, 270, 271, 272]. Quando referido como "o menino", Jesus é sempre o destinatário passivo da ação ou atenção dos outros.

e explicitamente às reivindicações predominantes do Pai [134, 272]. Em Nazaré, ele está sujeito a seus pais [134, 271]. O "Fiat" de Maria exemplifica supremamente a graça da "resposta pronta e diligente ao chamado de Deus" [262] (cf. [91]). A Fuga para o Egito é um ato de obediência, e a obediência é uma nota detectável na Apresentação do menino no Templo.

Quarto, Inácio propõe as Contemplações da Infância de uma forma que acentua os temas da pobreza e da humilhação introduzidos no Exercício do Reino. Agora são apresentados não como abstrações, mas como incorporados nas pessoas de Jesus e de seus pais, e em suas circunstâncias difíceis e precárias. Nessas circunstâncias, a pessoa exercitante é convidada a ver os primeiros passos de um caminho descendente de amor, que começa no coração da Trindade e se conclui na cruz (cf. [116]).

Finalmente, nos temas do Terceiro Dia, vemos a aceitação por Jesus das normalidades do trabalho e da família durante os anos da Vida Oculta, e sua ação no Templo ao afirmar as reivindicações primordiais de seu Pai. Inácio vê o próprio Cristo como modelo dos dois "caminhos": dos "conselhos evangélicos" e dos "mandamentos", entre os quais a pessoa exercitante poderia ter de escolher na Eleição.

Voltando ao início

No início da Segunda Semana, quem orienta os Exercícios deve chamar a atenção da pessoa exercitante para [130] e [206], de modo que, ao avançar nos Exercícios, ela reúna continuamente tudo o que aconteceu antes, começando com a Encarnação, e interprete eventos anteriores à luz dos posteriores e vice-versa. O regresso constante à Encarnação serve para manter toda a experiência da Segunda Semana no contexto da visão proposta na contemplação inicial, a visão de um mundo necessitado em relação à Trindade. As contemplações subsequentes não contêm mais nenhuma referência à Trindade contemplando um mundo necessitado. Apenas as Duas Bandeiras se referem explicitamente ao mundo aqui e agora da pessoa exercitante. Mas toda a Segunda Semana é feita na consciência do mundo em sua relação com a Trindade.

Primeiro dia

Primeira contemplação: Encarnação e Anunciação

[101] ¹PRIMEIRO DIA
A PRIMEIRA *CONTEMPLAÇÃO* É DEVOTADA À ENCARNAÇÃO. CONTÉM A ORAÇÃO PREPARATÓRIA, *TRÊS PREÂMBULOS*, TRÊS *PONTOS* E UM COLÓQUIO.
²Oração. A oração preparatória habitual.

Contemplação: Sobre o sentido geral de "contemplação" nos Exercícios, vide comentário em [45]. Aqui a pessoa exercitante é introduzida na contemplação imaginativa do Evangelho[30]. Como método, consiste em entrar imaginativamente nas memórias de fé da Igreja sobre Jesus, de modo a sentir-se presente nas situações e episódios narrados no Evangelho, e neles encontrar Jesus e outras pessoas evangélicas como verdadeiros seres humanos de carne e osso. Mas, se a contemplação do Evangelho é uma experiência imaginativa, é também consideravelmente mais do que isso[31]. A chave para o seu pleno poder e desafio reside no fato de os Evangelhos serem a palavra de Deus. Por isso, os acontecimentos contemplados pertencem não só ao passado, mas ao presente de cada fiel, a quem fornecem os materiais de uma relação interpessoal com o Cristo de agora[32]. Ao contemplar uma narrativa evangélica, uma pessoa fiel, verdadeiramente em busca de Deus e de Sua vontade, encontra o Cristo vivo, que, através desta narrativa, chega a esta pessoa, atraindo-a para a união consigo mesmo e partilhando com ela a sua própria visão e seus desejos.

---

30. A contemplação imaginativa da Segunda à Quarta Semanas dos Exercícios pertence a uma tradição originada nas escolas cistercienses e franciscanas dos séculos XII-XIII. Deve-se notar que o significado de "contemplação" nessa tradição é mais amplo do que nos conceitos posteriores e mais específicos de contemplação "adquirida" e de contemplação "infundida", embora através dos Exercícios uma pessoa possa experimentar os níveis de oração que estes últimos descrevem.
31. A contemplação imaginativa, tal como entendida na Segunda Semana dos Exercícios, pressupõe qualidades de ascetismo e de amor abnegado, e não consiste apenas na experiência imaginativa, independentemente das disposições pessoais.
32. Sobre esta dimensão da contemplação imaginativa, vide Aschenbrenner, *Becoming Whom We Contemplate*.

Três preâmbulos: Nas semanas restantes, o número de preâmbulos é aumentado para três pela adição de um novo Primeiro Preâmbulo, a "história". Este não é apenas um resumo ou um *aide-mémoire*, mas um convite a estar presente em uma realidade de fé ou em uma realidade interpretada na fé. Aqui, então, trata-se de estar presente à ação salvadora da Trindade diante da difícil situação da raça humana[33].

Pontos: No contexto da contemplação do Evangelho, o termo "pontos" refere-se à divisão da história do Evangelho em etapas cronológicas (cf. [262-312]) e aos três aspectos do mistério explicados abaixo, nomeadamente pessoas, palavras, ações. Esta última distinção não deve ser aplicada de forma estranha ou artificial, e as ilustrações fornecidas abaixo (e em [114-116]) mostram seu valor como uma ajuda para entrar no cerne de um episódio do Evangelho[34].

[102] ¹O primeiro preâmbulo é recordar a *história* do tema a ser contemplado: neste caso, como as Três Pessoas Divinas olhavam para a superfície plana ou curva da terra, cheia de gente. ²E como, vendo que todos estavam descendo ao Inferno, decretaram em sua eternidade que a Segunda Pessoa se tornaria homem para salvar a raça humana. ³Assim, chegada a "plenitude dos tempos", enviaram o anjo Gabriel a Nossa Senhora [262].

[103] ¹O segundo preâmbulo é a *composição*, feita vendo o lugar. Aqui será para ver a vasta extensão e curvatura da terra com suas muitas e diversas raças. ²Depois, do mesmo modo, ver a casa de Nossa Senhora e seus aposentos na cidade de Nazaré, na província da Galileia.

[104] O terceiro preâmbulo é pedir *o que quero*: aqui será pedir o conhecimento interno do Senhor que por mim se tornou homem, para que eu possa melhor amá-lo e segui-lo.

---

33. Vide também o comentário em [102]. Para o conteúdo do termo "história" no texto dos Exercícios, cf. [111, 137, 150, 191, 201, 219].

34. Sobre uma característica adicional dos pontos da Terceira e Quarta Semanas, consulte [195-197, 223-225].

[105] ¹NOTA
Convém notar que nesta e nas semanas seguintes, a mesma oração preparatória deve ser feita sem nenhuma alteração, como foi mencionado no início [49]. ²Juntamente com os mesmos três preâmbulos, mudando a forma de acordo com o assunto proposto.

História: Esta contemplação combina o tema abstrato da Encarnação como decisão divina com o acontecimento concreto da Anunciação[35].

Composição: Retoma o tema do "mundo", enfatizando a sua extensão e identificando dentro dele o lugar da Encarnação em um determinado quarto, em uma determinada casa, em uma determinada cidade e província.

O que quero: Conhecer melhor para mais amar: amar mais para seguir mais fielmente: um resumo clássico do propósito de toda contemplação do Evangelho[36]. O conhecimento é "interno" ou conhecimento profundo. O amor leva ao, e só é plenamente realizado no, "seguir" ou discipulado.

Ao longo da Segunda Semana, esta petição só mudará no momento em que se pede o conhecimento interno próprio de um determinado episódio evangélico. Aqui o foco está no fato de que o Verbo "se tornou homem por mim". As palavras "por mim" não devem ser lidas em um sentido exclusivamente individual, o que contradiria o caráter externo e orientado para o serviço dos Exercícios. Mas, tal como a frase "pelos meus pecados" na Primeira Semana [53], elas revelam a relação pessoal inegociável de cada pessoa com Cristo, que é a base do envolvimento da pessoa na obra salvadora de Jesus no mundo.

---

35. A importância da ligação entre Encarnação e Anunciação é sublinhada por Kolvenbach no artigo acima mencionado: "Separar a verdade da Encarnação do Verbo de Deus da história da Anunciação significa cair fatalmente no perigo de diminuir essa verdade e de a transformar em uma especulação abstrata puramente metafísica" (p. 14).

36. Hoje mais conhecida talvez na forma da oração de São Ricardo de Chichester: "Dia após dia, oro por três coisas: conhecer-Te mais claramente, amar-Te mais ternamente, seguir-Te mais de perto".

[106] ¹O *primeiro ponto* é ver sucessivamente as diversas pessoas: primeiro, aquelas que estão na *face da terra*, em tanta diversidade de vestimentas e fisionomias, ²uns brancos, outros negros, uns em paz, outros em guerra, uns chorando, outros rindo, uns saudáveis, outros doentes, uns nascendo, outros morrendo etc. ³Em seguida, ver e considerar as *três Pessoas Divinas* como se estivessem no assento real ou trono da Majestade Divina, como elas olham para a face e a curvatura da terra e para todo o seu povo, vivendo na cegueira, indo para a morte e descendo ao Inferno. ⁴Depois, ver *Nossa Senhora* e o Anjo que a saúda. Em seguida, *refletir para tirar proveito* do que vejo.

[107] ¹O segundo ponto é ouvir o que as pessoas na face da terra estão dizendo, a maneira como falam umas com as outras e como juram e blasfemam etc. ²Do mesmo modo, ouvir o que dizem as Pessoas Divinas, a saber: "Façamos a redenção do gênero humano etc." ³Depois, o que o anjo e Nossa Senhora estão falando. Refletir então para tirar proveito de suas palavras.

[108] ¹O terceiro ponto é observar o que as pessoas na face da terra estão fazendo, por exemplo, ferindo e matando umas às outras, e indo para o Inferno etc. ²Da mesma forma, o que as Pessoas Divinas estão fazendo, a saber, realizando a sagrada Encarnação etc. ³E o que o anjo e Nossa Senhora estão fazendo: o anjo cumprindo seu papel de embaixador e Nossa Senhora humilhando-se e dando graças à Divina Majestade. ⁴Em seguida, refletir para tirar proveito de cada uma destas coisas.

Primeiro ponto: Em cada ponto a sequência procede do mundo, para a Trindade "acima" do mundo, e de volta à pessoa de Maria no coração do mundo.

Face da terra: A pessoa exercitante contempla o mundo na sua totalidade, com particular ênfase na diversidade de raça e cultura e nos aspectos trágicos, frágeis e violentos da vida humana. É essencial que o mundo assim contemplado seja, ou pelo menos inclua, o próprio mundo da pessoa. Observe que em cada um dos pontos a referência às pessoas na face da terra inclui um et cetera. No uso de Inácio, este é um convite à pessoa para desenvolver uma ideia geral à sua própria maneira.

Três Pessoas Divinas: Ao expandir o quadro esboçado na "história" acima, os pontos levam a pessoa exercitante a um modo característicamente apostólico de contemplação trinitária. Assim, ela contempla a Trindade como transcendente, majestosa, "acima" do mundo; mas também como o Deus do mundo, o Deus que em Jesus Cristo entra no mundo. O objetivo dos Exercícios será envolver pessoalmente a pessoa na atividade do próprio Deus em Cristo no mundo. Aqui, no início da Segunda Semana, a pessoa partilha a visão de Deus sobre o mundo, contemplando o mundo com as Pessoas da Trindade e a partir do seu ponto de vista.

Nossa Senhora: A eleita no coração do mundo. O contraste com a imensidão de Deus e do universo acentua a pequenez de Maria. O comportamento do anjo (o embaixador) acentua a dignidade dela.

Refletir para tirar proveito: Com variantes, esta expressão reaparecerá frequentemente na Segunda e Terceira Semanas, e também na Contemplação para Alcançar o Amor. As palavras devem ser entendidas no contexto da contemplação. Neste contexto, esta reflexão é o processo reflexivo que abre a palavra de Deus à descoberta pessoal [2]. A palavra "proveito" refere-se à iniciativa de Deus em agir na pessoa exercitante, dando luz ou discernimento ou "o sentimento íntimo e o sabor das coisas" [2]. Concedendo graças especialmente solicitadas, e aqui a graça de um conhecimento e amor aprofundados de Jesus Cristo [104]. Mas o proveito também pode ser a percepção de alguma resposta de vida particular suscitada pelo Evangelho. Em muitos casos, o proveito buscado na contemplação assumirá a forma especial de esclarecimento sobre o discernimento da vontade de Deus na eleição da pessoa. Do lado dela, o proveito consiste em apropriar-se da ação de Deus em si, deixando-se, através da contemplação, ser tocada, iluminada, transformada[37].

---

37. Embora Inácio entenda "refletir" no sentido de "ponderar" ou "debruçar-se sobre" (DALMASES, *Ejercicios Espirituales*, 203), para apreciar o sentido de refletir e tirar proveito pode ser útil lembrar o diferente significado da palavra em 2 Coríntios 3,18: "todos nós que, de rosto descoberto, refletimos a glória do Senhor como em um espelho, somos transformados em sua imagem com um esplendor cada vez maior".

[109] ¹Colóquio. No final fazer um colóquio, *pensando no que devo dizer* às três Pessoas Divinas, ou ao Verbo eterno que se tornou homem por mim, ou à sua mãe, Nossa Senhora. ²Fazer orações de petição, de acordo com os sentimentos íntimos, para melhor seguir e imitar Nosso Senhor, recém-encarnado. Rezar um Pai-Nosso.

Pensando no que devo dizer: A oração da conversa direta, embora familiar e espontânea, não é meramente casual. Os pontos principais recolhem e explicam os temas da petição. *Seguir agora se torna imitação*. Cristo é o Verbo eterno. Crucial para a contemplação da vida mortal de Cristo é a consciência de que esta vida humana, vivida no mundo e entrelaçada com a sua história, é precisamente a vida humana do Verbo eterno que acaba de se tornar humano por mim. Para a pessoa exercitante, a Encarnação é um acontecimento não apenas do passado, mas do "agora" da contemplação que acabou de fazer.

Segunda contemplação: O nascimento

[110] ¹A SEGUNDA CONTEMPLAÇÃO É SOBRE O NASCIMENTO.
²Oração. A oração preparatória habitual.

[111] ¹O primeiro preâmbulo é a *história*: como Nossa Senhora, grávida de quase nove meses (como se pode devotamente meditar) e montada em um jumento, ²com José e uma criada[38], levando consigo um boi, partiu de Nazaré para Belém para pagar o tributo que César impusera a todas aquelas terras [264].

[112] ¹O segundo preâmbulo é a *composição* feita vendo o lugar. Ver, com os olhos da imaginação, o caminho de Nazaré a Belém, considerando o seu comprimento e largura, se era caminho plano ou formado por vales ou colinas. ²Do mesmo modo, observar o local ou gruta do nascimento, se é grande ou pequeno, se alto ou baixo, e o que há nele.

[113] O terceiro preâmbulo é o mesmo da contemplação anterior.

---

38. A criada aparece no *Flos Sanctorum* de Jacopo de Voragine, um dos livros que Inácio leu em seu leito de convalescência em Loyola.

História: Embora o ponto focal das Contemplações da Infância seja o Menino Jesus, atribui-se especial importância à sua comitiva, especialmente a Maria e José. Visto que nesta fase o próprio Jesus não mostra ao mundo nada além das características comuns da infância humana, ele depende das qualidades dos outros para lhe permitir ser um "sinal" de uma forma que não será a mesma mais tarde.

Composição: A gruta corresponde ao "quarto" ou "casa" [103, 192, 220]. O caminho é um dos símbolos inacianos fundamentais, expressando o elenco dinâmico do modo de pensar de Inácio, a sua visão da vida como movimento e processo. Também representa a condição exposta e itinerante da vida do apóstolo.

Os Exercícios contêm muitas alusões, explícitas ou implícitas, a caminhos e viagens. Em [192], em termos quase idênticos aos apresentados aqui, a pessoa é convidada a imaginar o caminho de Betânia a Jerusalém. Também em [158], temos a viagem que Jesus faz de Nazaré ao Jordão, e o modelo de viagem sobre o qual Inácio constrói a Terceira Semana.

[114] ¹O primeiro ponto é ver as pessoas, nomeadamente: Nossa Senhora, José e a criada, e, depois do seu nascimento, o menino Jesus. ²Fazendo-me um pobre e indigno servo, observo-os, *contemplo-os* e, como se eu estivesse presente, sirvo-os nas suas necessidades com todo o respeito e reverência possível. ³Em seguida, refletir sobre mim mesmo para tirar algum proveito.

[115] Segundo ponto: Observar, perceber e considerar o que eles estão dizendo e refletir em mim mesmo para tirar algum proveito.

[116] ¹Terceiro ponto: Observar e considerar *o que eles estão fazendo*, por exemplo, suas viagens e trabalhos, para que o Senhor nasça em extrema pobreza ²e, depois de tanto trabalho, fome, sede, calor e frio, insultos e afrontas, morra na cruz. E tudo isso por mim. ³Em seguida, refletir em mim mesmo para tirar algum proveito espiritual.

[117] Colóquio: Concluir com um colóquio como na contemplação anterior [109] e depois rezar um Pai-Nosso.

Estes *três pontos* revelam o processo e o clima da contemplação imaginativa. A pessoa exercitante não é um espectador, fora da situação, mas está presente dentro dela. A palavra "contemplar" (a atenção interior do coração) segue as palavras mais imediatas "ver", "observar", "observar". O clima é de humildade (pobre, indigno, servo) e de reverência (à palavra *reverência* se acrescenta a palavra mais forte: *acatamento* [114]).

O que eles estão fazendo: A atenção é dirigida às características da história que apontam para as contemplações do ministério e da paixão de Jesus. Este ponto retoma o tema do trabalho e do sofrimento evocado no Exercício do Reino.

Terceira e Quarta contemplações: Repetição

[118] ¹A TERCEIRA CONTEMPLAÇÃO SERÁ UMA *REPETIÇÃO DO PRIMEIRO E DO SEGUNDO EXERCÍCIOS*.

²Após a oração preparatória e os três preâmbulos, fazer a repetição do primeiro e do segundo exercício. ³Dar sempre atenção às *partes mais importantes*, onde a pessoa experimentou algum *insight, consolação ou desolação*. No final, fazer um colóquio da mesma forma anterior e rezar um Pai-Nosso.

[119] NOTA
Nesta, como em todas as repetições subsequentes, será seguido o mesmo modo de proceder das repetições da Primeira Semana, mudando a matéria e mantendo a forma.

[120] A QUARTA CONTEMPLAÇÃO SERÁ UMA REPETIÇÃO DA PRIMEIRA E DA SEGUNDA CONTEMPLAÇÃO FEITA DO MESMO MODO QUE A REPETIÇÃO ANTERIOR.

Repetição: Como foi visto acima (comentário sobre [62]), a repetição é um momento em que a oração da pessoa exercitante se torna mais pessoal, simples e receptiva. Dessa forma, contribui para o "dia contemplativo", que começa com a(s) contemplação(ções) inicial(ais) e passa pelas repetições até culminar na Oração de Aplicação dos Sentidos (cf.

[131ss.]). Mas o propósito da repetição não é apenas levar a pessoa a uma oração de simplicidade e profundidade. A repetição pertence à dinâmica particular dos Exercícios. Através dela, portanto, a pessoa continua a assimilar um determinado trecho da palavra de Deus, no desejo de que esta palavra possa envolver a sua vida. De fato, a repetição na Segunda Semana será muitas vezes uma parte importante do processo de busca da vontade de Deus em uma "eleição".

Primeiro e segundo exercícios: Quando o dia começa com dois temas, a repetição pode trazer *insights* sobre a conexão entre eles. Desse modo, aqui, a decisão pascal da Trindade, a Anunciação, a Encarnação e o Nascimento serão reunidos em repetição dentro de uma visão unificada.

Partes mais importantes, ou seja, pontos que surgiram como pessoalmente importantes para a pessoa exercitante[39].

Insight ou "conhecimento" (em espanhol, *conocimiento*): Trata-se do conhecimento penetrante e iluminado pela fé que Inácio muitas vezes especifica como "interno" (cf. [104]); mais especificamente, *insights* sobre Cristo e seus caminhos.

Consolação ou desolação: As experiências típicas de consolação e desolação da Segunda Semana são aquelas que ocorrem na busca da vontade de Deus (c. [176])[40]. A menção de desolação aqui, como em [62], deixa claro que não é da essência da repetição ser uma experiência de serena tranquilidade.

Quinta contemplação: Oração de aplicação dos sentidos

O exercício que culmina o dia contemplativo é caracterizado por uma presença sensorial concentrada com um mínimo de pensamento discursivo[41]. A sensação é corporal/imaginativa, e seu objeto imediato

---

39. Vide introdução a [62].
40. Ao regressar aos momentos onde se experimentou a desolação, cf. mais uma vez as observações introdutórias a [62].
41. O Diretório de 1599 vê a Oração de Aplicação dos Sentidos representando uma simplificação de uma oração mais elevada para uma oração mais "simples" (MHSI, v. 76, 677 [trad. PALMER, 322]). É geralmente aceito hoje, no entanto,

são as realidades físicas de pessoas e coisas. Mas estas são percebidas não apenas como objetos dos sentidos corporais imaginativos, mas como contendo o mistério do divino tocado pela graça [124], investido de significados de fé já descobertos na oração (cf. [2]). Neste nível, a pessoa está presente por uma sensação interna da mente e do coração que surge na e através da sensação imaginativa imediata. Nem é necessário acrescentar que a qualidade pessoal da oração da pessoa nesta fase dependerá principalmente não de seguir um método de oração, mas das suas disposições gerais e da ação do Espírito Santo[42].

Embora o foco explícito e sistemático nos sentidos dê ao Quinto Exercício um caráter próprio, o Exercício está, em um nível considerável, em continuidade com as orações que o precedem. Os três preâmbulos são comuns a toda a sequência. O tema "refletir e tirar proveito" e o colóquio final retomam os dois primeiros Exercícios. O assunto é aquele proposto no início do dia, agora assumido no estágio a que a contemplação e a repetição contemplativa o levaram[43]. A oração final não requer, portanto, o domínio de alguma técnica nova; menos ainda a entrada em um domínio de experiência qualitativamente diferente daquele de

---

que, nessa oração final, Inácio espera que o dia da pessoa exercitante atinja o seu ápice de qualidade contemplativa. Sobre as suposições por trás da atitude do Diretório de 1599 e da teologia implícita na posição do próprio Inácio, vide ENDEAN, The Ignatian Prayer of the Senses.

42. Uma tradição que remonta a Polanco e particularmente associada nesse século ao nome de Joseph Maréchal, liga os níveis em que essa oração pode ser feita com diferentes conceitos que podem ser transmitidos pela palavra "sentidos". Estes são essencialmente dois: os sentidos imaginativos da "oração comum" e os "sentidos espirituais", entendidos como uma presença nas realidades divinas sem imagens e característicos da oração mística. Deve-se notar que nessa distinção existe a mesma suposição subjacente que na posição do Diretório de 1599 (que qualquer oração que incorpore os sentidos imaginativos é do tipo simples). O próprio Inácio não faz referência a essa interpretação dos sentidos espirituais, mas sugere que pode haver "uma forma exaltada de oração que requer concentração em um objeto sensorial imaginado", ENDEAN, The Ignatian Prayer of the Senses, 398.

43. Sobre a relação da Oração de Aplicação dos Sentidos com a "repetição", vide comentário em [277].

todo o dia contemplativo. Embora um ou dois aspectos do texto suscitem questões, seu teor geral sugere uma oração que normalmente surgirá muito prontamente no final de um dia passado na busca do conhecimento "interno" de Cristo em sua humanidade, através da contemplação de um episódio ou episódios da sua vida mortal[44].

[121] [1]A QUINTA CONTEMPLAÇÃO CONSISTIRÁ EM TRAZER[45] OS CINCO SENTIDOS SOBRE A PRIMEIRA E A SEGUNDA CONTEMPLAÇÃO.
[2] Depois da oração preparatória e dos três preâmbulos, é *proveitoso* passar os cinco sentidos da imaginação sobre a primeira e a segunda contemplações da seguinte maneira:

[122] O primeiro ponto é ver as pessoas com o sentido imaginativo da visão, meditando[46] e contemplando detalhadamente suas circunstâncias, e tirar algum proveito do que se vê.

[123] Segundo ponto: Ouvir, com os ouvidos da imaginação, o *que dizem ou poderiam dizer*, e refletir sobre si mesmo para tirar algum proveito disso.

[124] [1]Terceiro ponto: Cheirar e saborear, *com os sentidos do olfato e do paladar*, a infinita *suavidade e doçura da divindade*, da alma e de suas

---

44. Para uma leitura adicional são recomendados, além do artigo já mencionado: COATHALEM, *Insights*, 153-158; COWAN; FUTRELL, *Handbook*, 92-93.101-102; GANSS, *The Spiritual Exercises of St Ignatius*, 163-165; PETERS, *The Spiritual Exercises of St Ignatius*, 87-88; STANLEY, *I Encountered God*, 30-32; WALSH, Application of the Sense.
45. "Trazer os sentidos": os termos mais familiares ("aplicar os sentidos" e "aplicação dos sentidos") provêm das versões latinas.
46. Pode-se perguntar por que o termo "meditar" deveria aparecer em um texto que trata do ápice do dia "contemplativo". Uma provável explicação sugerida por ENDEAN, The Ignatian Prayer of the Senses, 401 e nota 23, é que o material da época inclui detalhes não encontrados em Lucas ou Mateus, por exemplo, o jumento, a criada, o boi. Em [111], Inácio acrescenta de próprio punho a cláusula "como alguém pode meditar piedosamente" ao detalhe de Maria no jumento; vide também [261, 310].

virtudes, e de tudo o mais, conforme for a pessoa contemplada. ²Refletir em si mesmo para tirar proveito disso.

[125] Quarto ponto: Tocar com o sentido do tato, por exemplo, abraçando e beijando *os lugares onde tais pessoas pisam e sentam*, buscando sempre tirar proveito disso.

[126] Concluir com um colóquio, como na primeira e na segunda contemplação, e um Pai-Nosso.

Os cinco sentidos: Como especifica a *Vulgata*, os sentidos são empregados de acordo com a natureza do material em uma contemplação ou contemplações específicas.
A sensibilidade imaginativa sempre consistirá principalmente em ver e ouvir. Estes são os sentidos que dão acesso às pessoas e às palavras e ações que constituem os pontos das contemplações anteriores.
A primeira e a segunda contemplação: Não se trata de contemplar sobre os temas destas contemplações como abordadas inicialmente, mas a partir dos proveitos tirados, através dos exercícios iniciais e das duas repetições.
Proveitoso: O que Deus está fazendo em mim, atraindo-me especialmente para o conhecimento interno etc. (cf. em [106]).
O que dizem ou poderiam dizer: A contemplação imaginativa, por meio da qual alguém participa de um evento, tornando-o, em certo sentido, uma experiência pessoal, inclui o elemento da liberdade imaginativa agraciada. No entanto, para pertencer autenticamente à Oração Inaciana de Aplicação dos Sentidos, tal liberdade deve estar relacionada com o "conhecimento interno" que provém da contemplação do "fundamento na verdade" da palavra escriturística (cf. [12]).
Com os sentidos do olfato e do paladar: Os sentidos devem ser entendidos aqui não literalmente, mas como metáforas para atitudes e sentimentos dentro da experiência da presença imaginativa imediata através de outros sentidos[47]. O terceiro ponto representa um movimento

---
47. Portanto, tanto a versão de Polanco como a *Vulgata* especificam "certo sabor e odor interior".

em profundidade a partir de uma contemplação inicialmente mais exterior das pessoas para uma contemplação centrada explicitamente na realidade das qualidades pessoais percebidas no Espírito. Isso não significa, contudo, que um determinado texto não possa conter detalhes que exijam também o uso literal destes sentidos[48], mas isso é algo bastante diferente da sensação interior descrita neste terceiro ponto.

Suavidade e doçura da divindade etc.[49]: A divindade é de Cristo, enquanto a alma e suas virtudes podem se referir igualmente a Cristo e a outras pessoas contempladas (por exemplo, Maria). A *Vulgata* entende o divino em um sentido mais amplo: "a doçura e o deleite da alma imbuída dos dons e virtudes divinas".

Os lugares onde tais pessoas pisam e sentam: A *Vulgata* amplia da seguinte forma: "O quarto ponto, por um toque interior, para manusear e beijar as roupas, lugares, passos e outras coisas relacionadas com tais pessoas; de onde podemos obter um maior aumento de devoção ou de qualquer bem espiritual". O significado dado por Inácio aos lugares e objetos já foi observado em conexão com a Composição [112]. O seu silêncio aqui sobre outros usos do tato não exclui, contudo, outros modos de envolver o sentido imaginativo do tato que poderiam ajudar a pessoa a se abrir às graças do conhecimento, do amor e do compromisso[50].

---

48. Por exemplo, em João 12,3, a fragrância de nardo; em João 19,29-30, o amargor do fel.

49. Essa leitura baseia-se na vírgula colocada após "divindade" na edição-padrão (MHSI, v. 100, 234). Outros editores, entretanto, omitem a vírgula. Deve-se notar que o texto não deve ser entendido como implicando que o objeto desse sentimento interno seja a divindade em si, mas se refere à contemplação na fé de toda a pessoa de Jesus.

50. Observe a inclusão específica do toque em 1 João 1,1-2: "O que ouvimos e vimos com nossos olhos, o que contemplamos, o que tocamos com nossas mãos a respeito do Verbo da Vida".

Cinco notas

[127] NOTAS

¹Primeira nota: Note-se que no decorrer desta e das semanas seguintes, deve-se ler apenas o mistério da contemplação que devo fazer imediatamente. ²Portanto, não devo ler qualquer mistério que não deva ser rezado naquele dia ou naquela hora, para que a consideração de um mistério não interfira na do outro.

[128] ¹Segunda nota: O primeiro exercício sobre a Encarnação será feito à meia-noite, o segundo ao amanhecer, o terceiro na hora da Missa, o quarto na hora das Vésperas e o quinto antes da ceia. ²Deve-se empregar uma hora em cada um dos cinco exercícios e proceder do mesmo modo em todos os que se seguem.

[129] ¹Terceira nota: Se quem faz os Exercícios for uma pessoa idosa ou fraca de saúde, ou, mesmo que seja robusta, ficou enfraquecida de alguma forma pela Primeira Semana; ²nesta Segunda Semana, é melhor para tal pessoa, pelo menos algumas vezes, *não se levantar à meia-noite*. Fazer uma contemplação pela manhã, outra na hora da Missa e outra antes do jantar. ³Fazer uma repetição sobre elas na hora das Vésperas e, finalmente, fazer a aplicação dos sentidos antes da ceia.

Uma pessoa exercitante em estado de fadiga no final da Primeira Semana poderia fazer bem, pelo menos às vezes, em *não se levantar à meia-noite*. Os escritos de Inácio insistem repetidamente em que prestar a Deus o nosso melhor serviço requer certo nível de saúde e energia. Portanto, nos Exercícios, a sua atenção ao corpo é caracterizada por uma busca constante pelo meio-termo entre a indulgência, por um lado, e o estresse contraprodutivo, por outro[51]. Tanto quem faz quanto quem

---

51. Numerosos exemplos da preocupação de Inácio com a manutenção da saúde podem ser encontrados em suas cartas: por exemplo: "Com um corpo saudável, há muito que você pode fazer; mas, com o corpo doente, não tenho ideia do que você poderá fazer. Um corpo saudável é uma grande ajuda para fazer muito mal ou muito bem: muito mal para aqueles de mente depravada e acostumados ao pecado; muito bem para aqueles cujas mentes estão voltadas

orienta os Exercícios devem ficar de olho nos níveis de energia de quem os faz durante todo o processo inerentemente desgastante dos Exercícios. Particularmente no início da Segunda Semana, quando grande parte do processo ainda não foi concluído. Acima de tudo, seria indesejável chegar ao momento da eleição sem energia.

Nem o texto dos Exercícios nem os Diretórios explicam o motivo da oração noturna, exceto talvez obliquamente em [8], onde o sono abreviado está incluído nas categorias de penitência. Além do aspecto penitencial, encontra-se explicação suficiente na prática monástica consagrada pelo tempo e nos benefícios da oração noturna que muitas pessoas descobrem por si próprias através da experiência. Desde o início, foi dado um alto valor à oração noturna, mas a provisão feita aqui é uma refutação suficiente da noção de que a oração noturna seja a quintessência dos Exercícios.

[130] ¹Quarta nota: Nesta Segunda Semana deverão ser feitas alterações em algumas adições mencionadas na Primeira Semana, nomeadamente a segunda, a sexta, a sétima e (parcialmente) a décima.

²Na segunda adição: logo ao acordar ter diante de mim a contemplação que devo fazer, com o desejo de conhecer mais intimamente o Verbo eterno Encarnado, para melhor servi-lo e segui-lo.

³Na sexta adição, recordar frequentemente a vida e os mistérios de Cristo, Nosso Senhor, começando por sua Encarnação até o lugar ou mistério que estou empenhado em contemplar.

⁴Na *sétima adição*, a sala deve ser iluminada ou escurecida, aproveitando o *bom ou mau tempo*, na medida em que a pessoa perceba que pode tirar proveito disso e ser ajudada a encontrar o que deseja.

---

para Deus, Nosso Senhor, e que estão acostumados a boas ações", Carta a Teresa Rajadel, 11 de setembro de 1536 (MHSI, *Ep. Ig.*, v. I, n. 8, 107-109 [trad. *Personal Writings*, 108]). "Às vezes acontece que a 'crucificação de nossa antiga natureza' [Romanos 6,6] acaba por ser também a crucificação do novo, quando a fraqueza torna incapaz de viver efetivamente as virtudes", Carta aos Estudantes da Companhia de Jesus em Coimbra, 7 de maio de 1547 (MHSI, *Ep. Ig.*, v. I, n. 169, 495-510 [trad. *Personal Writings*, 178]).

⁵Décima adição: A pessoa deve agir em harmonia com os mistérios contemplados, pois alguns exigem penitência e outros não.

⁶Dessa forma, todas as dez adições devem ser observadas com muito cuidado.

Sétima adição modificada: Como na Primeira Semana, as pessoas exercitantes criam o ambiente que as ajudará. Na Segunda Semana elas podem ser ajudadas escurecendo o quarto ou deixando entrar a luz do sol.

Bom ou mau tempo: Não se pede à pessoa exercitante que não tenha consciência do tempo, mas que "use" a consciência do tempo. Embora o clima agradável possa obviamente ser usado para apoiar sentimentos de alegria ou paz (como na Quarta Semana [229]), um possível "uso" da experiência do clima desagradável para ajudar na contemplação é sugerido em [116].

[131] ¹Quinta nota: Em todos os exercícios, exceto os da meia-noite e da manhã, deve-se observar o equivalente à segunda adição do seguinte modo: ²ao me lembrar que é hora do exercício que devo fazer, antes de começar, terei presente aonde vou e diante de quem, ³e repassarei brevemente o exercício a ser feito. Depois farei a terceira adição e começarei o exercício.

Segundo dia: Apresentação e fuga para o exílio

[132] ¹SEGUNDO DIA

Devem-se tomar, como primeira e segunda contemplações, a Apresentação no Templo [268] e o Desterro no Egito [269]. ²Sobre essas contemplações, fazer duas repetições e a aplicação dos sentidos, da mesma forma que no dia anterior.

Como matéria de contemplação, a Apresentação inclui os temas da pobreza, do cumprimento da Lei, do reconhecimento e do testemunho de Jesus por um homem e uma mulher de oração (Simeão e Ana). Enquanto o Desterro no Egito introduz uma nova dimensão de pobreza real, nomeadamente o exílio.

[133] ¹NOTA
Às vezes é vantajoso para a pessoa, mesmo que robusta e com boas disposições, alterar o horário deste segundo ao quarto dia (inclusive), para melhor encontrar o que deseja. ²Neste caso, deve-se fazer uma contemplação ao amanhecer e outra na hora da Missa, depois fazer a repetição destas na hora das Vésperas e fazer a aplicação dos sentidos antes da ceia.

Embora os densos materiais do primeiro dia exijam cinco horas completas de oração, do segundo ao quarto dia pode ser útil reduzir o programa para quatro períodos de oração. Essa mudança de ritmo corresponde ao caráter preparatório desses dias. No que diz respeito aos Evangelhos da Infância, a graça particular é a da alegria, o que torna oportuno seguir o mesmo calendário da Quarta Semana (cf. [227]).

Terceiro dia: O Menino Jesus no Templo

[134] TERCEIRO DIA
Contemplar como o Menino Jesus foi obediente a seus pais em Nazaré [271] e como depois o encontraram no Templo [272]. Em seguida, fazer as duas repetições e a aplicação dos sentidos.

Inácio inverte a ordem de Lucas para se adequar aos seus próprios propósitos, como explica a seção seguinte.

Introdução às eleições

Quarto dia

O Quarto Dia (Duas Bandeiras e Três Tipos de Pessoas juntamente com o preâmbulo [135]) fornece uma introdução imediata ao processo de eleição. O próprio processo começa no Quinto Dia, com a contemplação do Batismo no Jordão e a consideração dos Três Modos de Humildade [163].

O Preâmbulo contém material introdutório sobre a "eleição" e sobre as Duas Bandeiras. Mais tarde, haverá um preâmbulo mais imediato à eleição [169]. A típica, mas não a única, "eleição" que uma pessoa poderia fazer na época de Inácio dizia respeito aos dois "caminhos" clássicos da vida cristã. O "caminho da perfeição", correspondendo virtualmente à vida religiosa canônica e a vida cristã comum, conhecida como o "caminho dos mandamentos". No que diz respeito a essa distinção, o ponto a ser notado aqui é a insistência de Inácio em que, uma vez que cada forma é modelada pelo próprio Cristo, qualquer uma delas pode ser a vontade de Deus para a pessoa e, portanto, a maneira pela qual ela deve buscar a perfeição (ou santidade) pessoal.

Uma escolha acertada supõe, certamente, certas condições. A mente deve estar aberta ao Evangelho e é preciso compreender a dimensão paradoxal, à primeira vista "escandalosa", dos caminhos de Cristo. Daí vem a importância da meditação das Duas Bandeiras, na qual a pessoa exercitante está prestes a embarcar. A partir das Duas Bandeiras e das meditações subsequentes, emergirá que, para encontrar a vontade de Deus e alcançar a santidade em qualquer "estado" a que a pessoa possa ser chamada, são necessárias de sua parte certas preferências evangélicas, preferências características da "verdadeira vida" em Cristo. Mas neste ponto, pois Inácio dá um passo de cada vez, deve ser estabelecido o princípio de que, para uma pessoa confrontada com a escolha de um estado de vida, qualquer uma das opções poderia ser a vontade de Deus. Assim, tudo o que importa, finalmente, é saber em qual estado Deus deseja que a pessoa esteja.

[135] [1]PREÂMBULO PARA A CONSIDERAÇÃO DOS ESTADOS DE VIDA

[2]O exemplo que Cristo, Nosso Senhor, nos deu do primeiro estado de vida, *a observância dos mandamentos*, foi considerado na contemplação da sua obediência aos pais. [3]Consideramos, também, o seu exemplo do segundo estado, a perfeição evangélica, quando permaneceu no Templo, deixando seu pai adotivo e sua mãe natural para se dedicar ao serviço exclusivo de seu Pai celestial. [4]Agora, *ao mesmo tempo em que contemplamos a sua vida*, começaremos a *investigar e a perguntar* em que vida ou

estado a Divina Majestade deseja valer-se de nós. ⁵A título de introdução, veremos (no primeiro exercício que se segue) a intenção de Cristo, Nosso Senhor, e, pelo contrário, a do inimigo da natureza humana. Bem como as atitudes que precisamos adquirir para *alcançar a perfeição em qualquer estado ou vida* que Deus, Nosso Senhor, nos conceda escolher.

A observância dos mandamentos: A distinção entre o caminho dos mandamentos e o caminho da perfeição deriva de Mateus 19,20-21. "Estes (mandamentos) tenho guardado desde a minha juventude"... "se queres ser perfeito..."

Ao mesmo tempo em que contemplamos a sua vida: Sobre a importância de continuar a contemplação dos Evangelhos durante todo o tempo da eleição, vide Diretório de 1599:

> Deve-se ter muito cuidado para que as meditações sobre a vida de Cristo sejam feitas diligentemente nos momentos apropriados [...]. Essas meditações fortalecem e iluminam a mente, elevando-a das coisas terrenas e tornando-a mais apta para perceber e abraçar a vontade de Deus e para superar todos os obstáculos. Por outro lado, cessar a meditação enfraqueceria e obscureceria a alma.
>
> É por isso que deve ser dado o devido tempo à meditação das realidades divinas apresentadas nos vários mistérios, bem como o devido tempo à eleição. Caso contrário, se a mente estiver exclusivamente ocupada com os pensamentos da eleição, o seu suco e flor de devoção poderão ser facilmente sugados e esgotados e a alma enfraquecida[52].

Investigar e perguntar: Enquanto "perguntar" sugere docilidade e abertura (a disposição fundamental da pessoa que faz uma eleição), "investigar" sugere o elemento de busca ativa.

Alcançar a perfeição em qualquer estado ou vida: O fato de certos tipos de vida poderem, em um sentido objetivo, ser designados como "caminhos de perfeição" não implica que apenas alguns cristãos sejam chamados à perfeição pessoal ou à plenitude da santidade. De fato,

---

52. Diretório de 1599, capítulo 30 (MHSI, v. 76, 717 [trad. PALMER, 334]).

Inácio deixa claro que vê a perfeição como um chamado universal. No nosso tempo, essa posição foi formalmente declarada no Concílio Vaticano II: "Todos os cristãos, em qualquer estado ou posição de vida, são chamados à plenitude da vida cristã e à perfeição do amor"[53].

Duas Bandeiras

Semelhante em cenário e conteúdo ao Reino, do qual é um desenvolvimento, as Duas Bandeiras colocam diante da pessoa exercitante uma visão de fé sobre a realidade em termos de dois sistemas de valores: o de Cristo e o do inimigo da natureza humana. Mas no colóquio a pessoa é convidada a dar para si mesma o tipo de resposta que no Exercício de Reino só é observado. Tal como no exercício anterior, a visão é dominada por uma realidade que afetou profundamente a perspectiva de Inácio: a realidade dos poderes espirituais em oposição radical, mas presente e em ação em todo o mundo. Contudo, aqui estes são apresentados não em suas formas óbvias de trabalhar, mas em suas sutilezas. Assim, mostra-se que o poder do mal opera de forma plausível, mas destrutiva, através do apelo a riquezas e honras objetivamente legítimas. E a vida em Cristo não é apenas uma vida moralmente correta, mas uma vida que valoriza os paradoxos da pobreza espiritual e real.

O horizonte (como no Exercício do Reino) é o do mundo: os asseclas do mal e os missionários de Cristo construem respectivamente os mundos da Babilônia e de Jerusalém. Mas a ênfase está nas qualidades individuais negativas e positivas que colocam uma pessoa em um campo ou outro, e nos desejos que levam a elas. Essas qualidades são, por um lado, o orgulho, ao qual o maligno nos conduz através da ganância, e, por outro lado, a humildade, à qual Cristo nos conduz através do desejo de seguir caminhos diferentes dos do instinto e da convenção.

Para uma pessoa com uma eleição a fazer, as Duas Bandeiras promovem as disposições de que ela necessita para poder ouvir o chamado de Cristo, seja ele qual for. Mas seria um erro pensar nas Duas Bandeiras como um exercício especial para pessoas que se preparam para fazer uma escolha de vida. Embora tal situação possa dar uma vantagem à

---

53. Constituição Dogmática *Lumen Gentium*, sobre a Igreja, 40.

meditação na prática, nem o corpo da meditação nem o colóquio perdem o seu sentido se a pessoa não for confrontada com uma eleição imediata. Essencialmente, as Duas Bandeiras preparam a pessoa para uma eleição específica porque a convidam à conversão radical de perspectiva e desejo, que constitui a verdadeira vida em Cristo.

As graças das Duas Bandeiras, o consentimento à visão e a resposta do oferecimento de si são um dos elementos críticos nos Exercícios. No entanto, é importante perceber que o verdadeiro dia das Duas Bandeiras é fruto de um processo que surge após uma longa preparação (Fundamento, Primeira Semana, Reino, Contemplação da Encarnação e da Infância de Cristo) e é seguido pelos desenvolvimentos contínuos durante e após a realização dos Exercícios.

Assim, à medida que os Exercícios avançam, uma maior compreensão da visão é obtida através da contemplação do Evangelho, enquanto a resposta é aprofundada e confirmada através da repetição. Nem a compreensão das Duas Bandeiras por parte da pessoa exercitante será completa, mesmo com o encerramento dos Exercícios. Além de serem um ponto importante dentro dos Exercícios, as Duas Bandeiras são um dos recursos permanentes da espiritualidade inaciana. O seu conteúdo continuará a produzir significados e aplicações à medida que for integrado com o tempo na experiência e reflexão, no desenvolvimento da pessoa.

Ao apresentar as Duas Bandeiras, a pessoa deve ter o cuidado de encontrar o meio-termo entre dizer muito e pouco, evitando as longas explicações que impedem a "percepção interior", ao mesmo tempo em que dá à pessoa exercitante a orientação necessária. Para encontrar esse meio-termo, será útil se a distinção acima for mantida em mente. O dia das Duas Bandeiras não é o momento para entrar, pelo menos em detalhes, nas numerosas questões teológicas ou práticas que a meditação pode sugerir. Mais tarde, pode ser bom fazer isso. No início, o que importa é o essencial: reconhecer a atração dentro de nós entre os dois conjuntos de valores, duas sabedorias, e arriscar-nos no seguimento do pobre e humilde Cristo do Evangelho[54].

---

54. Sobre o conteúdo das Duas Bandeiras no Novo Testamento, vide Mateus 6,19-21; Marcos 10,17-31; Lucas 6,20-26; João 8,31-51; Filipenses 2,1-11;

[136] ¹QUARTO DIA. *MEDITAÇÃO SOBRE AS DUAS BANDEIRAS: A DE CRISTO, NOSSO COMANDANTE SUPREMO E NOSSO SENHOR, A OUTRA, A DE LÚCIFER, INIMIGO MORTAL DA NOSSA NATUREZA HUMANA.*
²Oração. A oração preparatória habitual.

Meditação: O exercício é uma "meditação" e, portanto, caracterizado pela "consideração" [141, 142, 144-146], embora a imaginação também tenha um papel a desempenhar [140, 143].

Cristo: No título, como no primeiro preâmbulo abaixo, Cristo precede Lúcifer. A ordem de consideração das estratégias não indica a prioridade das duas partes da meditação. O objetivo da meditação é o conhecimento e a compreensão do caminho de Cristo, e para conseguir isso é necessário estar de olhos abertos sobre o caminho do espírito maligno.

Comandante Supremo: Assim como no Exercício do Reino, Cristo é uma figura de combate.

Lúcifer: O anjo de luz decaído; por isso, o enganador.

Inimigo mortal da nossa natureza humana: Subjacente a todos os Exercícios está o princípio de que Cristo nos conduz a uma existência plenamente humana, caracterizada pela integração consigo mesmo e com o mundo. Satanás faz o oposto, destruindo a liberdade (cf. armadilhas e correntes [142]) e literalmente provocando a morte, se tiver licença completa. A questão precisa ser especialmente destacada aqui, uma vez que as Duas Bandeiras mostram o Maligno trabalhando ocultamente através de uma proposta razoável.

[137] O primeiro preâmbulo é a *história*: neste caso, como Cristo chama e deseja que todos estejam sob a sua *bandeira*, e como Lúcifer, pelo contrário, quer todos sob a sua.

[138] ¹Segundo preâmbulo: a composição feita vendo o lugar. Aqui será contemplar uma grande planície que se estende por toda a região

---

Efésios 6,10-20; 1 Timóteo 6,6-10; 1 Pedro 4,12–5,11; Tiago 3,13-18; Apocalipse 3,15-22. Mas esses são apenas alguns dos muitos textos que poderiam ser citados a esse respeito.

ao redor de *Jerusalém*, onde o Comandante Supremo de todos os bons é Cristo, Nosso Senhor. ²E a outra planície na região da Babilônia, onde o líder dos inimigos é Lúcifer.

[139] ¹Terceiro preâmbulo: pedir *o que quero*. Aqui será pedir o conhecimento dos enganos do líder maligno e ajuda para me proteger deles. ²Também o conhecimento da verdadeira vida revelada pelo Comandante Supremo e verdadeiro, e a graça de imitá-lo.

A *história* não se refere ao passado, mas a uma visão de fé do mundo aqui e agora. "História" não no sentido de eventos particulares, mas de um processo contínuo.

Bandeira: O termo evoca a imagem de dois grupos. O Cristo e o Anticristo procuram alistar todas as pessoas na assembleia dos seus discípulos.

Jerusalém, ou seja, o mundo pacífico e justo, permeado pelos valores do Reino. Aqueles que estão sob a bandeira de Cristo pertencem a este mundo, mas também ajudam a construí-lo. Aqueles que estão sob a bandeira de Satanás pertencem e ajudam a construir a Babilônia, símbolo do mundo orgulhoso, corrompido pelas riquezas e pelo poder; o mundo sob o domínio do Anticristo.

O *que quero*: A graça solicitada é o conhecimento, isto é, o conhecimento iluminado pela fé sobre as maneiras pelas quais Cristo e seu adversário atuam nos assuntos humanos. Embora a meditação termine com um ato de compromisso, na forma do Tríplice Colóquio da Segunda Semana, deve-se notar que a importância das Duas Bandeiras consiste não apenas no Tríplice Colóquio, mas também no conhecimento em que os desejos do Colóquio estão fundados. O conhecimento, entretanto, não é do tipo especulativo, mas sim o conhecimento ordenado à imitação de Cristo e à prevenção dos enganos do Anticristo.

A característica do Anticristo é proceder através do engano, da mentira plausível. Cristo, o líder supremo e verdadeiro, revela a verdadeira vida.

<Parte 1>
[140] O primeiro ponto é *imaginar* o líder de todas as potências inimigas como se estivesse sentado naquela grande planície da Babilônia, em um trono de fogo e fumaça, uma figura horrível e temível.

[141] ¹O segundo ponto é considerar como ele convoca incontáveis *demônios* e os dispersa, alguns para uma cidade e outros para outra, ²cobrindo, assim, *o mundo inteiro*, sem deixar de fora nenhuma região, nenhum lugar, nenhum estado de vida, nem qualquer pessoa.

[142] ¹O terceiro ponto é considerar *o discurso* que ele lhes faz; como ordena que coloquem *armadilhas e correntes*. ²Ele lhes diz que primeiro devem tentar as pessoas a *cobiçar* a riqueza (este é o seu jeito na maioria dos casos), para que possam chegar mais prontamente às honras vazias do mundo e, no final, à soberba ilimitada. ³Portanto o primeiro passo são as *riquezas*, o segundo a *honra* e o terceiro a *soberba*. A partir desses três passos, o inimigo induz as pessoas a todos os outros vícios.

Imaginar: A imagem (em nossa opinião) grosseiramente representada reflete a preocupação de Inácio em desmascarar a realidade de um poder que funciona ocultamente. Aspectos específicos da natureza dessa realidade e de sua ação no ser humano são simbolizados pelos vários detalhes: trono (= poder), fogo (= destruição), fumaça (= escuridão e confusão). Parte integrante da apresentação de Satanás por Inácio é o símbolo da Babilônia – o poder do mal localizado não no Inferno, mas neste mundo.

Demônios: São influências sobrenaturais malévolas, sem nada em comum com as associações não muito sérias, quase teatrais, que poderiam ser evocadas em um leitor moderno. Observe o contraste entre os demônios nos quais Lúcifer confia e as pessoas na Parte 2 [145]. Satanás também trabalha, é claro, através das pessoas, mas sem lhes divulgar o seu verdadeiro propósito, enquanto os amigos de Cristo conhecem os propósitos do seu mestre (cf. João 15,15).

O mundo inteiro: A dimensão cósmica da obra de Satanás é novamente enfatizada. Cada pessoa está relacionada com uma sociedade composta de cidades, províncias, lugares, estados de vida. Nenhum estado de vida oferece proteção contra a estratégia do Maligno.

O discurso: A estratégia é apresentada na forma de um "resumo", um dispositivo inaciano para ajudar na objetividade. A pessoa exercitante deve considerar a estratégia na consciência precisamente de que é a estratégia do Maligno, o inimigo da natureza humana. Sem essa consciência, a estratégia em si pode ser interessante, mas não de grande importância. A estratégia é proposta como algo a ser reconhecido e não analisado, e (como observado acima) esse não é o momento para explorar as suas aplicações práticas com algum grau de detalhe. Meditar sobre isso requer, no entanto, certa descompactação das palavras operativas.

Armadilhas e correntes: A realidade invisível, a escravidão, por trás das aparências do inofensivo e atraente.

Cobiçar: A estratégia não se preocupa com a posse de riqueza em si, ou mesmo com todo tipo de desejo de ganhar ou manter uma posse (tal desejo pode ser dado por Deus, conforme [16, 155]). O desejo descrito aqui é o desejo cobiçoso ou "cupidez", o desejo de riqueza quando nos falta e o apego possessivo a ela quando a temos. É a atitude que considera tudo o que queremos como nosso por direito, a atitude de pessoas que "põem a sua confiança nas riquezas".

Riquezas/honra: Consideradas literalmente, as palavras referem-se a bens materiais e a posição social e eclesiástica. Embora esse sentido literal tenha relevância para todos em todas as épocas (e implicações cruciais para a nossa época), os termos também admitem uma aplicação mais ampla. Em um sentido mais amplo, riqueza e honra podem ser qualquer coisa que satisfaça a necessidade humana inerente de identidade, segurança, estima e amor. O significado particular que atribuímos às coisas, situações ou relações que para nós satisfazem essas necessidades, a qualidade do nosso desejo por elas, os nossos critérios para as procurar ou aceitar. Tudo isso levanta a questão básica do tipo de pessoas que somos e queremos ser em relação a Deus e aos outros.

Soberba: Postura em relação a Deus, que consiste na recusa de louvar e reverenciar [50], e daí uma tendência, por mais sutil que seja, de tentar se estabelecer como absoluto. Quando entendida assim, a soberba está claramente ligada à cupidez. A soberba precisa das coisas que constroem e afirmam o eu, e, precisando delas para sua autoabsolutização, tem de afastá-las do louvor, da reverência e do serviço a Deus. Uma vez tão afastadas, elas serão facilmente capturadas pelo eu isolado (ou "orgulhoso").

<Parte 2>
[143] Da mesma forma, devemos aplicar a imaginação ao Comandante Supremo e verdadeiro, *Cristo, Nosso Senhor*.

[144] O primeiro ponto é considerar Cristo, Nosso Senhor, tomando posição em *uma grande planície* na região de Jerusalém, em um *local humilde, belo e gracioso*.

[145] Segundo ponto: considerar como o Senhor do mundo inteiro escolhe tantas pessoas, apóstolos, discípulos etc., e as envia por todo o mundo, para difundir a sua sagrada doutrina entre todos os estados e condições de pessoas.

[146] [1]Terceiro ponto: considerar *o discurso* que Cristo, Nosso Senhor, dirige a seus servos e amigos ao enviá-los nesta jornada. [2]Ele os recomenda que procurem ajudar todas as pessoas, atraindo-as, primeiro, à mais elevada *pobreza espiritual*; [3]e, se sua Divina Majestade for assim servida e quiser escolhê-las para isso, não menos à *pobreza material*. [4]Em segundo lugar, ao desejo de *humilhação e desprezo*, pois dessas duas coisas decorre a humildade.
   [5]Portanto, existem três graus: primeiro, a pobreza em oposição à riqueza; em segundo lugar, a humilhação ou o desprezo em oposição à honra mundana; em terceiro lugar, a *humildade* em oposição à soberba. [6]A partir desses três graus, levem a todas as outras virtudes.

Cristo, Nosso Senhor: Tal como na Parte 1, a estratégia não deve ser separada da sua fonte pessoal, aqui o próprio Cristo. A Parte 2 não se dirige, portanto, a uma pessoa que procura integridade motivacional, liberdade interior ou mesmo humildade por si mesma, mas a uma pessoa que procura uma relação cada vez mais profunda e autêntica com Cristo.

Uma grande planície que lembra Lucas 6,17 e, portanto, o ensino sobre as bem-aventuranças e as maldições (vv. 20-26), uma fonte clássica para toda esta meditação.

Local humilde, belo e gracioso: Na versão da *Vulgata* ("estabelecido de fato em um lugar humilde, mas de aparência muito bela e supremamente digno de amor"), os adjetivos finais são referidos a Cristo.

O *discurso*: Ao propor a estratégia de Cristo (pobreza espiritual e material... humilhação e desprezo... humildade), Inácio adota novamente o artifício de um "resumo" (cf. [142]).

A *pobreza espiritual* denota uma atitude que não olha para as riquezas e a honra como uma capa de segurança contra Deus, mas que as usa e desfruta como dádivas, e apenas para o serviço e louvor de Deus. A pobreza espiritual não implica necessariamente pobreza material, mas implica abertura a ela. Onde a pobreza material, sob qualquer forma, é simplesmente inaceitável, um contravalor, não existe pobreza espiritual. Assim, a *Vulgata* traduz a pobreza espiritual como "um apego espiritual à pobreza". Para uma pessoa com posses, a pobreza espiritual torna possível tê-las sem ser possuída por elas[55].

Pobreza material... humilhação e desprezo: Tal como a riqueza e a honra, estes termos devem ser entendidos em um sentido amplo e também literal. Aqui devem ser considerados como denotando as características gerais de um modo de vida antitético à procura de riqueza e de posição. Trata-se do contrário do modo de vida vivido e recomendado por Jesus e daquele modelado de muitas maneiras diferentes pelos seus seguidores. Observe, entretanto, que a pobreza e a humilhação reais são desejadas condicionalmente (se sua Divina Majestade for assim servida e quiser escolhê-las para isso). A expressão "humilhação e desprezo", com suas muitas variantes, ecoa Lucas 6,22 e Mateus 5,11.

Humildade: Centralidade em Deus em oposição ao egocentrismo da soberba. A atitude que reconhece a necessidade de Deus e confia a

---

55. "Cabe a você refletir que, se você possui bens, eles não devem possuí-lo, nem você deve ser possuído por algo temporal, mas deve encaminhá-los todos ao Mestre de quem os recebeu", Carta a Pietro Contarini (um rico amigo clérigo, sobrinho do cardeal Gaspar Contarini e mais tarde bispo), agosto de 1537 (MHSI, *Ep. Ig.*, v. I, n. 13, 124 [trad. William J. Young, 32]).

Deus sua vida e felicidade. Para a pessoa humilde, a pobreza, seja qual for a sua forma, é um valor porque proporciona o espaço para viver pela fé.

[147] ¹Fazer um *colóquio com Nossa Senhora*, pedindo-lhe que me obtenha de seu Filho e Senhor *graça* para que eu seja recebido[56] sob sua bandeira.

²Primeiro, *na mais elevada pobreza espiritual* e, se sua Divina Majestade for servido e me quiser escolher e receber para isso, *não menos na pobreza material*;

³segundo, *em sofrer humilhações e insultos* para mais imitá-lo nisto, *desde que*[57] eu possa sofrê-los sem pecado de nenhuma outra pessoa e sem desagrado de sua Divina Majestade. Rezar uma "Ave-Maria".

⁴O segundo colóquio consiste em pedir ao Filho que me alcance isso do Pai. Rezar "Alma de Cristo".

⁵O terceiro colóquio é pedir ao Pai que ele me conceda o mesmo e rezar um "Pai-Nosso".

Tríplice Colóquio: A linguagem reflete a consciência do pedinte de que o que está sendo pedido é uma graça ou dádiva. A manifestação do desejo, embora intensamente sincera, tem uma nota de timidez ausente na oblação mais dramaticamente elevada no Exercício do Reino, e a tripla petição acentua a seriedade do pedido.

Com Nossa Senhora: Sobre o papel de Maria como intercessora, vide comentários em [63] acima. Ela é especialmente significativa aqui e nos colóquios subsequentes da Segunda Semana (vide [156, 157, 158, 168]) porque nela se encontra a plenitude da "imitação" e da compreensão da "verdadeira vida e ensinamento" de Cristo [139, 164]).

A *graça* pedida deve *ser recebida sob a bandeira de Cristo*, frase que lembra a oração "ser colocado com o Filho" que Inácio fazia antes da

---

56. A *Vulgata* acrescenta "e permaneça".
57. Em vez de "*desde que eu possa sofrê-los sem pecado*", a *Vulgata* traz "orando, no entanto, contra a falta de outros", acrescentando "para que o desprezo por mim mesmo não se transforme em dano a outrem nem em ofensa a Deus".

visão em La Storta. É importante ter isso em mente em relação ao pedido de pobreza material e de humilhação concreta. O pedido não é para ser pobre e humilhado, mas *na e através da pobreza e das humilhações* ser recebido sob *a bandeira de Cristo*.

Na mais elevada pobreza espiritual... não menos na pobreza material: A pobreza espiritual é pedida sem condições, pois Deus certamente deseja a mais elevada pobreza espiritual para todos nós. Em relação à pobreza material, os verdadeiros discípulos, por seu lado, desejam, e, portanto, se oferecem para, a pobreza material não menos que a espiritual.

Em sofrer humilhações e insultos: Em conexão com isso, Inácio faz menção explícita à imitação de Cristo.

Desde que: As condições são critérios vitais para o discernimento, pois Inácio sabia muito bem que se pode optar ou aceitar a humilhação com resultados contrários à glória de Deus[58]. A ênfase permanece onde esteve ao longo da meditação: no desejo de ser mais, e não menos, semelhante a Cristo na própria situação e condição de vida, e não na possível necessidade de subordinar esse desejo a critérios mais amplos de discernimento. Embora as condições devam ser incluídas nesta fase, a graça das Duas Bandeiras é a conversão para uma perspectiva na qual a humilhação é positivamente valorizada, contra uma perspectiva em que o valor básico é a "honra".

[148] ¹NOTA

Este exercício deverá ser *feito à meia-noite e novamente pela manhã, com duas repetições* (na hora da Missa e na hora das Vésperas).

---

58. Tal teria sido o caso, para dar um exemplo, se Inácio não tivesse procurado reparação legal no que diz respeito aos rumores prejudiciais espalhados contra ele e companheiros logo após a sua chegada a Roma em 1538. Escrevendo novamente a Pietro Contarini, ele explica: "Com a ajuda de Deus, nunca ficaremos preocupados se formos pessoalmente acusados de falta de cultura, educação ou eloquência, ou ainda se formos chamados de maus, enganadores ou não confiáveis. Mas o que doeu foi que a verdadeira doutrina que pregávamos fosse chamada de doentia e que a nossa forma de vida fosse chamada de má, pois ela não é nenhuma dessas coisas, mas a de Cristo e de sua Igreja", Carta a Pietro Contarini, 2 de dezembro de 1538 (MHSI, *Ep. Ig.*, v. I, n. 7, 134-136 [trad. *Personal Writings*, 148]).

²Concluir sempre com os três colóquios: com Nossa Senhora, com seu Filho e com o Pai. O seguinte exercício, sobre os Três Tipos de Pessoas, deve ser feito antes do jantar.

Feito à meia-noite e novamente pela manhã, com duas repetições: A distinção entre fazer de novo e fazer uma repetição é clara.

Três Tipos de Pessoas

Na última meditação do Quarto Dia, três "casos" são apresentados à pessoa exercitante em relação a uma situação específica de escolha. Os dois primeiros esclarecendo as maneiras pelas quais uma pessoa pode escapar das exigências básicas da indiferença[59]; o terceiro, expondo com algum detalhe a dinâmica global de disponibilidade à vontade de Deus. É uma meditação que, à primeira vista, pode parecer um tanto desalinhada com a das Duas Bandeiras. Na forma, os dois Exercícios são certamente bastante diferentes. No conteúdo, os Três Tipos de Pessoas podem até parecer dar um passo atrás. Pois, embora as Duas Bandeiras concluam com o desejo positivo de seguir a Cristo na pobreza, a pessoa é agora solicitada a considerar casos em que a liberdade de escolha é limitada pela atração das riquezas do mundo.

A diferença de forma e a sensação de brusquidão que as pessoas exercitantes às vezes sentem ao fazer a transição para a meditação final são parcialmente explicadas pela diferente proveniência dos dois textos, que derivam respectivamente de Loyola e dos anos de estudante em Paris. Mas, apesar das diferenças de forma, os Três Tipos de Pessoas estão intimamente ligados às Duas Bandeiras. Em relação a elas, representam de fato um passo em frente, o passo da visão geral em direção às

---

59. Embora a palavra apareça apenas na nota [157], a indiferença é claramente o tema central de toda a meditação. Como foi salientado anteriormente, em relação ao Fundamento, a indiferença, no sentido de "prontidão para fazer tudo o que possa revelar-se como vontade de Deus", é a disposição fundamental com que cada escolha deve ser abordada. As preferências pelo caminho da pobreza inculcadas nos Exercícios desde o início da Segunda Semana não substituem a indiferença, mas a incluem (cf. [167]).

exigências do compromisso concreto. Pois a suposição por trás disso é de que um desejo "superior" ou "espiritual" não elimina imediatamente os desejos inferiores ou instintivos. Pelo contrário, o florescimento dos desejos superiores pode muito bem aumentar a sensação de tensão entre superior e inferior.

Essa tensão é especialmente provável de ocorrer quando alguém depara com as exigências ineslutáveis de confrontar uma aspiração geral (ou seja, seguir a Cristo pobre) com uma escolha específica e dispendiosa. Foi uma tensão da qual Inácio se tornou especialmente consciente no ambiente de Paris, onde havia preocupações com a promoção eclesiástica.

Daí os "casos" em que, por meio de uma construção imaginativa, a pessoa é capaz de perceber qual poderia ser a sua própria reação em uma escolha concreta entre um curso "mais pobre" e um "mais rico", onde uma das opções exerce uma influência poderosa sobre as afeições[60]. Deve-se notar, entretanto, que a pessoa ainda não faz sua eleição aqui. A presente meditação também não implica que, se as três pessoas estiverem abertas ao Espírito, necessariamente renunciarão às suas posses. Estamos aqui preocupados com uma questão, central e exigente, a da liberdade.

A meditação exige que seja dada séria atenção às "histórias-casos". Contudo, é importante não se deixar enganar pela natureza prática dos três casos, minimizando a qualidade da oração que se espera deste exercício final do Quarto Dia. A meditação dos Três Tipos de Pessoas não é apenas uma "verificação da realidade". É a oração de uma pessoa diante de Deus e de toda a corte celestial, buscando graça para estar

---

60. Os Três Tipos de Pessoas, tal como as Duas Bandeiras, fazem parte da preparação imediata da pessoa exercitante para a eleição, sendo a referência à eleição de fato mais presente nos Três Tipos de Pessoas. No entanto, o ponto apresentado acima sobre as Duas Bandeiras também se aplica à presente meditação. Não é apenas uma "estratégia pré-eleitoral", mas um elemento de formação para a verdadeira vida em Cristo, da qual a escuta da palavra de Deus nas opções de vida é uma característica central. Mas, novamente, para uma pessoa que enfrenta uma decisão imediata, os Três Tipos de Pessoas podem muito bem ser uma experiência mais crítica do que para outras. Sobre o seu alcance mais amplo, vide ENGLISH, *Spiritual Freedom*, 164-165.

incondicionalmente aberta à vontade de Deus [151]. E fundamental para isso é a suposição de que, embora, como sempre, a resposta colaborativa humana seja vital, a indiferença e o desejo de fazer a vontade de Deus são, antes de tudo, graças pelas quais oramos sinceramente.

Se esses princípios forem mantidos em mente, normalmente a meditação se mostrará bastante simples de ser apresentada. Apenas o denso terceiro tipo [155] necessita talvez ser simplificado na apresentação. No que diz respeito aos "casos" concebidos especificamente por Inácio, eles têm uma perspicácia que deveria fazer com que quem apresenta este Exercício demorasse a abandoná-los. Por outro lado, podem ser complementados pelo recurso a textos bíblicos familiares[61].

[149] ¹NO MESMO QUARTO DIA, FAZER A MEDITAÇÃO DOS TRÊS TIPOS DE PESSOAS PARA *ABRAÇAR O QUE É MELHOR*.
²Oração. A oração preparatória habitual.

Abraçar o que é melhor: O título deixa claro que todo o exercício está ordenado à escolha, e a escolha é feita sob o critério não do bom, mas do melhor.

[150] ¹O primeiro preâmbulo é a história. *Três Tipos de Pessoas* adquiriram, cada uma, 10 mil ducados, mas não de forma pura e como seria correto pelo amor de Deus. ²*Todas querem ser salvas* e *encontrar a Deus, Nosso Senhor, em paz*, livrando-se do *fardo* e do *obstáculo* a este propósito contido no *apego* à fortuna adquirida.

Três Tipos de Pessoas[62] adquiriram a posse de uma fortuna, legitimamente, mas não puramente, por amor a Deus, e cada uma está consciente

---

61. Por exemplo, Primeiro tipo: cf. Mateus 25,1-13 (virgens improvidentes); Lucas 13,12-21 (rico insensato). Segundo tipo: cf. Mateus 6,24 (servir a dois senhores); Marcos 10,17-27 (jovem rico); Lucas 9,57-62 (desculpas dos chamados); Lucas 23,20 (Pilatos). Terceiro tipo: cf. Gênesis 22,1-9 (Abraão); Lucas 2,26-38 (Maria); Atos 22,10 (Paulo).
62. Em espanhol, *binarios* (literalmente "pares"): um termo usado na linguagem da teologia moral para lidar, como aqui, com "casos de consciência". É explicado de duas maneiras: primeiro no sentido literal de duas pessoas (por exemplo,

de um apego à sua nova posse. A questão que agora se apresenta é se o amor a Deus exige que elas mantenham a posse ou a abandonem. Mas, antes que essa questão possa ser respondida, elas devem primeiro lidar com o poderoso apego despertado por uma fortuna de proporções espetaculares[63].

Todas querem ser salvas... Mais uma vez, não é a posse de riqueza, mas o apego (cobiçoso) a ela que, mesmo no caso de riqueza legitimamente obtida, pode finalmente pôr em perigo a própria salvação.

Encontrar a Deus, Nosso Senhor, em paz... "Paz" aqui é aquela associada a encontrar a Deus, não o "certo nível de paz da alma" da Anotação 18 [18].

Fardo e obstáculo... apego: Ou seja, apego na medida em que seus efeitos sobre a vontade e o julgamento constituem um fardo e um obstáculo na busca de saber o que é mais agradável a Deus. Para os Três Tipos de Pessoas hipotéticos, a questão crítica imediata não é se devemos manter ou abandonar um bem material, mas sim se devemos ser livres em relação a um apego que impede que a própria questão seja apresentada abertamente e sem subterfúgios. Exigindo uma vontade positiva de renunciar, se Deus assim o desejar, a liberdade é uma questão crítica em si.

[151] Segundo preâmbulo. A composição feita vendo o lugar. Aqui será ver-me *diante de Deus, Nosso Senhor, e de todos os seus santos para desejar e conhecer* o que é mais agradável à sua Divina Bondade.

Titius e Bertha, do caso moral clássico*), mas também como designando um indivíduo (composto dos dois elementos do corpo e da alma). Para esta última explicação, vide Gueydan et al., *Exercices Spirituels*, 94, nota. O familiar título "Três Tipos de Pessoas" foi retirado das traduções latinas. É mantido aqui uma vez que as pessoas, ou pares, representam "tipos". *O caso clássico de consciência moral de Titius e Bertha é um exemplo utilizado na ética para explorar dilemas morais e a tomada de decisão ética. Em resumo, o caso envolve Titius, que precisa decidir se deve denunciar um crime cometido por seu amigo Bertha, sabendo que isso prejudicaria Bertha, mas seria a coisa moralmente certa a fazer. (N do T.).
63. Comparados com os 50 ducados anuais com que, na opinião de Inácio, um estudante poderia viver em Paris, 10 mil ducados representam uma fortuna fabulosa; cf. Carta a Martín García de Oñaz, irmão de Inácio, junho de 1532 (MHSI, *Ep. Ig.*, v. I, n. 3, 77-83 [trad. *Personal Writings*, 118]).

[152] Terceiro preâmbulo: pedir o que quero. Aqui será pedir *a graça de escolher* com o que mais contribuir para a glória de sua Divina Majestade e para a salvação da minha alma.

Diante de Deus, Nosso Senhor, e de todos os seus santos: Como em [98] e [232], os santos ou a corte divina aumentam o sentido de solenidade. Esse é o cenário dentro do qual Inácio gostaria que abordássemos decisões sérias.
Para desejar e conhecer: O desejo precede o conhecimento. Alguém é livre para descobrir o que é mais agradável a Deus somente quando deseja o que pode ser mais agradável a Ele. Percebemos de acordo com nossos desejos.
A graça de escolher: Ou seja, não apenas para estarmos abertos, em sentido geral, ao caminho de Cristo, mas para fazermos uma escolha concreta em relação a Ele. O critério de escolha desejado é o *mais*.
Observe a diferença entre esses dois preâmbulos e a petição das Duas Bandeiras. Nas Duas Bandeiras, pede-se para conhecer o caminho de Jesus e as artimanhas do inimigo para, como projeto de vida, imitar a Cristo e evitar as armadilhas do maligno. Por outro lado, aqui a petição é desejar a vontade de Deus aqui e agora e escolher o melhor.

[153] *As pessoas* do *primeiro tipo* gostariam de se libertar do apego que têm à posse adquirida, para encontrar a Deus em paz e serem salvas. Mas, até a hora da sua morte, não utilizam os meios para conseguir isso.

[154] ¹Aquelas pessoas do *segundo tipo* gostariam de estar livres de seu apego, mas de tal modo que retenham a coisa adquirida. Assim, Deus deve chegar ao que elas próprias desejam, ²e não há determinação de renunciar à posse adquirida para ir até Deus, mesmo que esse fosse o melhor estado para elas.

[155] ¹As pessoas do *terceiro tipo* querem se livrar do apego, mas querem se livrar dele de tal maneira que não tenham nenhuma inclinação a manter ou não a quantia adquirida. ²Apenas desejam *querer a coisa ou não, conforme o que Deus, Nosso Senhor, as mova a querer, e como*

possa lhes parecer ser melhor para o serviço e louvor de sua Divina Majestade. ³Enquanto isso, desejam *considerar-se como tendo desistido totalmente dessa coisa em seus corações*; e *esforçando-se* para não querer nem esta coisa, nem nenhuma outra coisa, a não ser movidas apenas pelo serviço de Deus, Nosso Senhor. ⁴Assim, que o desejo de melhor poder servir a Deus, Nosso Senhor, as mova a tomar a coisa ou a abandoná-la.

As pessoas: O texto retorna à história. Embora consciente de si mesma e de sua própria situação, a pessoa olha para a forma como as três pessoas fictícias lidam com a situação. Ou seja, com o seu desejo de se libertar dos laços de cobiça a um bem material sobre o qual uma escolha finalmente terá de ser feita.

Primeiro tipo: O desejo de ser livre e o desejo de manter a posse criam um impasse. A procrastinação torna a situação tolerável. Nenhum *meio* é utilizado.

O *segundo tipo* restringe efetivamente a vontade de Deus aos limites de sua falta de liberdade (em oposição a expandir os limites da liberdade a fim de discernir a vontade de Deus). Essas pessoas não estão dispostas a renunciar, mesmo que esse fosse o melhor caminho[64]. Embora Inácio sustentasse que, em abstrato, é um caminho mais elevado (porque é mais literalmente evangélico) abandonar a riqueza do que mantê-la, não há aqui nenhuma implicação de que esse seja necessariamente o melhor caminho para a pessoa. Se assim fosse, a eleição para alguém que busca o que mais contribui para a glória de Deus já estaria decidida. Inácio está insistindo na disposição para a renúncia como necessária para a indiferença.

Terceiro tipo (vide [16] e [169]): O relato descreve um desenvolvimento através do qual os desejos sensíveis ou instintivos imediatos cedem aos desejos dados pelo Espírito nos quais e através dos quais a

---

64. A leitura natural, adotada pela maioria dos tradutores, é "embora esse seja o melhor estado para elas". A leitura alternativa, possível, é adotada por Rickaby: "Elas não estão decididas a deixar a coisa para ir até Deus, embora esse estado se prove ser o melhor para elas" (*Spiritual Exercises*, 118). A *Vulgata* traz "atrair Deus para o seu próprio desejo, em vez de abandonar o seu obstáculo e avançar em direção a ele por meio do estado mais propício".

vontade de Deus é encontrada. Desejo, aliás, é a palavra-chave desse pequeno parágrafo, em que a palavra "querer" ("querer" ou "desejo") ocorre sete vezes no original espanhol. Todo o processo é obra do Espírito, mas isso não significa enfaticamente que não haja espaço para a iniciativa humana. O esforço da nossa parte é, de fato, parte integrante do processo, mas é subsidiário ao trabalho do Espírito e colaborativo com ele.

Expressa no texto de duas maneiras ligeiramente diferentes, a sequência geral (se incluirmos elementos já assumidos) pode ser resumida da seguinte forma:

(1) Desejo de ser salvo e encontrar paz com Deus (assumido pelos três tipos).
(2) Desejo de se libertar do vínculo afetivo com a coisa adquirida (assumido pelos três tipos).
(3) Substituição da disposição original (ou seja, dificultando o vínculo afetivo) pela disposição da indiferença (sem inclinação para manter ou não a posse).
(4) Espaço afetivo provisório para a ação de Deus, levando a pessoa a sentir e conhecer a vontade de Deus.
(5) Para que a decisão final possa ser "causada" unicamente pelo desejo de melhor poder servir a Deus.

Querer a coisa ou não: A indiferença é um compromisso que se desenvolve de um grau menor para um grau maior. Além disso, o ideal não é principalmente uma situação em que as inclinações imediatas são eliminadas, mas uma situação em que estas não nos impedem de sentir os movimentos do Espírito ou de perceber a nossa situação à luz dos sinais da vontade de Deus[65].

---

65. "Não se afirma que a afeição pelo bem adquirido seja menos forte nas pessoas do Terceiro Tipo do que nas pessoas dos outros tipos. Nem é afirmado que elas possuem uma força de vontade natural mais forte do que as outras. Mas parece que uma afeição espiritual superior, fruto da graça, vem restabelecer algum tipo de equilíbrio entre o desejo inicial de 'paz em Deus' e a repugnância instintiva de se livrarem espiritualmente (e efetivamente, se Deus assim o desejar) do bem que é amado", CUSSON, *Biblical Theology*, 262-263.

Conforme o que Deus, Nosso Senhor, as mova a querer: Deus move a vontade principalmente dando um desejo pelo "fim", ou seja, pelo maior louvor e serviço a Deus. Ao fazer uma eleição, pode-se também ser movido para uma opção específica (aqui, manter ou desistir da fortuna). De tal forma que o desejo por si só é evidência da vontade de Deus (a situação do Primeiro e do Segundo Tempo de eleição). Não se pode presumir, contudo, que, dada a indiferença, seremos sempre movidos dessa forma. Mas para Inácio é importante que, do nosso lado, tenhamos o desejo de experimentar as moções de Deus do modo mais explícito e não menos.

A ideia de Deus mover a vontade deve ser entendida em termos do paradoxo da liberdade espiritual: quanto mais o Espírito entra na liberdade de uma pessoa, mais ela é verdadeiramente livre.

Como possa lhes parecer: O desejo agraciado por uma linha de ação deve acompanhar a percepção de que essa ação é a que mais conduz à glória de Deus. As maneiras pelas quais uma pessoa pode perceber a vontade de Deus variam de acordo com os "tempos de eleição".

Considerar-se como tendo desistido totalmente dessa coisa em seus corações: Ou seja, escolher, na medida do possível, adotar a atitude de quem já perdeu a coisa. Só assim é possível alcançar eficazmente o equilíbrio constitutivo da indiferença.

Esforçando-se: A indiferença, quando exige a renúncia mental de um objeto atraente, não é alcançada sem esforço. Mas a ênfase não está principalmente no esforço ascético. O recurso a todas as nossas forças deve ser interpretado no contexto geral da insistência de Inácio no desejo dado pelo Espírito como o princípio tanto da escolha como da sua condição essencial, a indiferença[66].

[156] *Três colóquios*. Fazer os mesmos três colóquios que foram feitos na contemplação anterior sobre as Duas Bandeiras.

Com os *três colóquios*, as pessoas exercitantes passam da história para suas realidades. Embora as petições sejam as mesmas das Duas

---

66. Vide Anotação 16, com comentários.

Bandeiras, seu significado e humor corresponderão às ênfases particulares da meditação dos Três Tipos de Pessoas. Haverá uma consciência mais nítida da decisão que deve ser tomada, das implicações específicas da pobreza material para a qual pedem para ser escolhidas e dos obstáculos internos à indiferença.

[157] ¹NOTA
Note-se que, quando sentimos um *apego* ou uma repugnância, que são contra a pobreza material, quando não estamos *indiferentes* à pobreza ou à riqueza, ²uma grande ajuda para extinguir tal afeto desordenado é pedir nos colóquios (*embora vá contra o instinto carnal*) que Nosso Senhor nos escolha para a pobreza material. ³E para desejar, implorar e suplicar por ela, *desde que seja para o serviço e o louvor de sua Divina Majestade.*

Apego: À medida que a relevância das três histórias é incorporada, a pessoa exercitante pode se tornar profundamente consciente dos apegos às suas próprias riquezas e do fato de que a indiferença em relação a elas não é algo fácil. A presente nota é dirigida a pessoas nessa situação. Para evitar mal-entendidos, deve ser sublinhado que a resposta recomendada não pode ser arquitetada pela força de vontade, mas surge através do Espírito (e no tempo do Espírito) e de uma motivação de amor e confiança. Inácio, no entanto, toma isso como certo, e sua preocupação é com o grau de compromisso que pode ser exigido de nossa parte para alcançar a liberdade afetiva na qual podemos encontrar a vontade de Deus. A questão é defendida não apenas pela insistência em "agir contra", mas por uma intensificação geral da linguagem em comparação com as Duas Bandeiras. A palavra forte *extinguir* aparece apenas aqui ao longo de todos os Exercícios, e *desejar, implorar, suplicar* contrasta fortemente com o simples pedir de [147][67].

---

67. Em conexão com a Nota conclusiva, Polanco cita Aristóteles no sentido de que, "para ser endireitada, uma vara deve ser dobrada para o outro lado", Diretório de Polanco (MHSI, v. 76, 307).

Indiferentes: Embora toda a meditação seja sobre a indiferença, a palavra é mencionada aqui pela primeira vez.

Embora vá contra o instinto carnal: Vide o comentário em [97].

Desde que seja para o serviço e o louvor da Divina Majestade: A vontade final de Deus ainda está sendo procurada, e na oração da pessoa exercitante pela opção "mais pobre" não se trata de antecipar a eleição. A *Vulgata* deixa isso claro ao substituir a conclusão de Inácio pelo lembrete de que devemos preservar, entretanto, "a liberdade do nosso desejo, pela qual nos seja lícito seguir o caminho que é mais adequado ao serviço da vontade de Deus". No próprio texto de Inácio, esse ponto está implícito e não explícito.

Quinto ao décimo segundo dia

[158] QUINTO DIA. CONTEMPLAÇÃO DA PARTIDA DE CRISTO, NOSSO SENHOR, DE NAZARÉ E A SUA VIAGEM AO RIO JORDÃO, E COMO FOI BATIZADO (cf. [273]).

[159] ¹Primeira nota. Esta contemplação deverá ser feita à meia-noite, e novamente pela manhã, com duas repetições, na hora da Missa e na hora das Vésperas. Antes do jantar devem-se aplicar os sentidos sobre isso.
²Cada um destes cinco exercícios deve começar com a habitual oração preparatória e os três preâmbulos, como foi explicado integralmente na contemplação da Encarnação e do Nascimento. ³Concluir com o tríplice colóquio dos Três Tipos de Pessoas ou conforme a Nota que segue aquele exercício.

[160] Segunda nota. O exame particular após o almoço e o jantar deverá ser feito sobre faltas e negligências quanto aos exercícios do dia e às adições. O mesmo vale para os dias seguintes.

[161] ¹SEXTO DIA. CONTEMPLAÇÃO DE COMO CRISTO, NOSSO SENHOR, FOI DO RIO JORDÃO AO DESERTO (INCLUSIVE), procedendo do mesmo modo que no Quinto Dia [cf. 274].

²SÉTIMO DIA. COMO SANTO ANDRÉ E OUTROS SEGUIRAM A CRISTO, NOSSO SENHOR [cf. 275].
³OITAVO DIA. O SERMÃO DA MONTANHA SOBRE AS OITO BEM-AVENTURANÇAS [cf. 278].
⁴NONO DIA. COMO CRISTO, NOSSO SENHOR, APARECEU AOS SEUS DISCÍPULOS SOBRE AS ONDAS DO MAR [cf. 280].
⁵DÉCIMO DIA. COMO O SENHOR PREGAVA NO TEMPLO [cf. 288].
⁶DÉCIMO PRIMEIRO DIA. A RESSUSCITAÇÃO DE LÁZARO [cf. 285].
⁷DÉCIMO SEGUNDO DIA. DOMINGO DE RAMOS [cf. 287].

Notas sobre os mistérios

[162] ¹Primeira nota. O *número de contemplações* nesta Segunda Semana pode ser aumentado ou reduzido conforme o tempo que se queira dar à semana, ou de acordo com o grau de progresso. ²Para prolongar a semana, podem-se tomar os mistérios da Visitação de Nossa Senhora a Santa Isabel, dos Pastores, da Circuncisão do Menino Jesus, dos Reis Magos e outros também. ³Para abreviar, podem-se abandonar alguns dos mistérios propostos, porque o que aqui se dá é uma introdução e um modo de proceder, com vista a *uma melhor e mais completa contemplação*.

[163] Segunda nota. O material que trata das eleições deve partir da contemplação da saída do Senhor de Nazaré e dos acontecimentos do Jordão, ou seja, do Quinto Dia, seguindo as explicações dadas a seguir.

Número de contemplações: Dois pontos estão claros. Primeiro: a pessoa exercitante não está estritamente vinculada ao número ou aos assuntos das contemplações dadas no corpo do texto. Segundo: os métodos (com os quais nesta fase a pessoa terá alguma familiaridade) são pedagógicos e concebidos para ajudar a pessoa a finalmente encontrar o seu próprio caminho.

Uma melhor e mais completa contemplação pode ser entendida como significando que, à medida que a pessoa exercitante se torna cada vez mais familiarizada com a contemplação do Evangelho, durante ou após os Exercícios, ela se tornará menos dependente dos métodos estritos dados no texto. Mas outras interpretações também são possíveis, por exemplo, que a contemplação melhor e mais completa está além da contemplação dos mistérios da infância e da vida pública de Jesus. Ou seja, quer na contemplação da Paixão e da Ressurreição, quer na contemplação de Deus presente em todas as coisas a serem alcançadas na Contemplação para Alcançar o Amor[68].

> [164] ¹Terceira nota. Antes de entrar nas eleições, será de grande ajuda para a pessoa abraçar de todo o coração o *verdadeiro ensinamento de Cristo, Nosso Senhor,* ²se considerar atentamente os seguintes Três Modos de Humildade. Devem ser *considerados várias vezes ao longo do dia*, e da mesma forma devem ser feitos os três colóquios, como será explicado mais adiante [168]).

Verdadeiro ensinamento de Cristo, Nosso Senhor: Ou seja, conforme introduzido nas Duas Bandeiras [145].

Considerados várias vezes ao longo do dia: Este dia é o Quinto Dia da Segunda Semana (no qual se inicia o processo de eleição). Não são prescritos horários definidos. O material é considerado várias vezes ao longo do dia, enquanto as contemplações da vida de Cristo continuam de acordo com o programa estabelecido. Também pode ser ponderado no decorrer das próprias contemplações. Assim, o exercício sobre os modos de humildade é uma consideração focada no material a ser examinado, em vez de meditado sistematicamente.

Três Modos de Humildade

Nas Duas Bandeiras, a humildade foi proposta como meta. Agora é proposta como um desenvolvimento, admitindo vários níveis[69].

---

68. Cf. Thomas, *Le Christ de Dieu pour Ignace de Loyola*, 134-135.
69. As versões espanhola e latina referem-se a "modos" ou "tipos" de humildade, não a "graus". As três categorias representam, no entanto, uma ordem ascendente.

Para o conceito geral de "humildade", vide acima [146]. Aqui Inácio especifica que ela consiste em "autossujeição" [165]. Não há nada de autodepreciativo ou servil em conceber o relacionamento de alguém com Deus dessa maneira. A humildade, na verdade, nada mais é do que o amor a Deus. Mas chamar esse amor de "humildade" é identificar especialmente a intensidade da orientação para o outro no amor. O amor como uma entrega de si mesmo em confiança, deixando Deus ser o Senhor do seu ser. Um retirante que fez os Exercícios sob Inácio em 1538 descreve os modos de humildade como "tipos e graus do amor a Deus e do desejo de obedecer, imitar e servir à sua Divina Majestade"[70].

Para apreciar o conteúdo geral desse texto, bem como para ver a sua relevância especial neste ponto dos Exercícios, devemos retornar à distinção, e à conexão, entre um "momento" nos Exercícios e o "processo" de amadurecimento em Cristo. Nos Exercícios, os modos de humildade são considerados neste ponto, a fim de permitir à pessoa exercitante verificar as suas disposições aqui e agora, especialmente em relação à eleição iminente. Se o contexto do aqui e agora for ignorado, e se o terceiro e mesmo o segundo modo de humildade forem entendidos como descrevendo apenas disposições habituais, o exercício adquire um ar de irrealidade. Pois é um fato da experiência que, em certos momentos, podemos ser influenciados por qualidades de motivação ou intenção que não estão sempre presentes nas nossas vidas.

Por outro lado, o propósito dos Exercícios não é apenas ajudar a pessoa a atingir um pico ocasional para fazer uma eleição. Nem haveria nenhuma solidez em uma eleição se a motivação necessária, tanto para realizá-la como para vivê-la, fosse puramente uma experiência transitória. Os Exercícios são um passo importante no processo vital de amadurecimento em Cristo. Essa maturação consiste em experimentar e

---

Por isso, não é contrário ao pensamento de Inácio chamá-las de "graus", desde que nos lembremos que as últimas incluem as anteriores. A divisão da humildade em graus é uma prática-padrão na tradição espiritual (cf. os doze graus de humildade na regra de São Bento).

70. Das notas de retiro de Pedro Ortiz, embaixador de Carlos V junto a Paulo III; cf. Cusson, *Biblical Theology*, 264-265.

responder cada vez mais à vida habitualmente com base na sabedoria paradoxal do terceiro modo de humildade.

Porém, o desenvolvimento do hábito é uma coisa e a disposição no momento da eleição nos Exercícios é outra. Os modos de humildade são introduzidos neste estágio principalmente para ajudar a pessoa exercitante e a que a orienta a se tornarem conscientes das atitudes que exercerão influência sobre o julgamento e a vontade; à medida que a pessoa exercitante busca a vontade de Deus neste momento da eleição. Nos Diretórios, as implicações práticas de tal verificação ficam claras. Para a pessoa ser admitida nas eleições, o primeiro modo de humildade é insuficiente. O segundo é necessário e suficiente. O terceiro é altamente desejável, mas não estritamente necessário[71]. Em suma, os Três Modos de Humildade podem ser caracterizados como "amor da criatura", "amor do servo", "amor do amigo".

[165] TRÊS MODOS DE HUMILDADE

[1]*O primeiro modo de humildade* é necessário para a salvação eterna. Consiste nisto: no que diz respeito a mim, eu me sujeito e me humilho de tal maneira que obedeço à lei de Deus, Nosso Senhor, em tudo. [2]Tanto que, mesmo que eu fosse feito senhor de todas as coisas criadas neste mundo, ou mesmo que minha própria vida nesta terra estivesse em jogo, eu não tomaria a decisão de quebrar nenhuma lei, seja divina seja humana, que me obriga sob pena de pecado mortal.

---

71. "Deve-se insistir para que quem entra em eleição o faça com total renúncia de sua vontade, e se possível que alcance o terceiro grau de humildade [...]. Quem não está na indiferença do segundo grau não está apto para entrar em eleições, e é melhor ocupá-lo com outros exercícios até lá chegar", Diretório Ditado de Vitoria (Diretórios, 77 [trad. PALMER, 9]). No Diretório de 1599, essa posição é explicada em termos da psicologia da racionalização. A "atitude de aversão de um exercitante em relação ao caminho mais perfeito e a inclinação para o mais imperfeito influenciaria o seu intelecto a apresentar razões de acordo com a sua inclinação. E, uma vez que, como diz a máxima, tudo o que é recebido é recebido de acordo com a medida de quem recebe, ele poderia facilmente considerar como vontade de Deus o que é de fato sua própria" (MHSI, v. 76, 689 [trad. PALMER, 325]).

O primeiro modo de humildade: Inácio dá uma definição positiva, "fidelidade à lei de Deus", apoiada por uma definição negativa, "nem por nada eu cometeria deliberadamente pecado mortal". A primeira é claramente mais ampla que a segunda. Mas a definição negativa, que torna explícitas as implicações concretas da fidelidade à lei de Deus, é um critério que nos permite julgar a nossa verdadeira sinceridade[72]. O primeiro modo de humildade, se sincero, não é algo a ser menosprezado. Mas, consistindo na fidelidade às obrigações, não é por si só uma atitude adequada para fazer uma eleição. Porque a eleição é a busca do "melhor para mim" em uma situação em que as obrigações não se aplicam (cf. o Fundamento).

[166] ¹*O segundo modo de humildade* é mais perfeito que o primeiro. Está presente se me encontro em um ponto em que não desejo nem prefiro ter riqueza em vez de pobreza, honra em vez de desonra, vida longa em vez de curta, ²*desde que seja tudo igual para o serviço de Deus e para o bem da minha alma*. Juntamente com isso, eu não *tomaria a decisão* de cometer um pecado venial, mesmo que fosse em troca de toda a criação ou sob ameaça à minha própria vida.

O segundo modo de humildade: O segundo modo é, novamente, definido positiva e negativamente. Positivamente, consiste na "indiferença" do Fundamento, cuja linguagem, com exceção dos antônimos doença/saúde, é reproduzida com exatidão. Negativamente, é uma atitude tal que aqui e agora, nem por nenhum ganho, nem para salvar a minha vida, eu decidiria cometer um pecado venial. A diferença essencial entre este e o primeiro modo de humildade não consiste na rejeição do pecado venial e também do pecado mortal, mas sim na total disponibilidade para realizar os desejos percebidos de Deus, mesmo em situações onde não existe nenhuma obrigação (objetiva).

Desde que seja tudo igual para o serviço de Deus e para o bem da minha alma: O julgamento é, obviamente, pessoal e subjetivo. Ao olhar para a situação com o desejo do serviço e da glória de Deus, parece-me

---

72. Cf. CUSSON, *Biblical Theology*, 267-268.

que cada uma das duas linhas de ação prestaria serviço igual e conduziria igualmente à salvação pessoal. Nesse caso, a pessoa no segundo modo de humildade permanece aberta a quaisquer sinais que possam eventualmente ser dados.

Tomaria a decisão: Aqui, como em relação ao "pecado mortal" acima, o que está sendo verificado não é simplesmente a restrição de ações pecaminosas reais, mas a qualidade dos valores, prioridades e a determinação fundamental da vontade de uma pessoa. Dado que o contexto é o da eleição, as referências ao pecado, tanto aqui como em relação ao primeiro modo de humildade, também influenciam a decisão a ser tomada. Em matéria de eleição, o primeiro modo de humildade exclui a possibilidade de uma decisão que envolva pecado grave; o segundo exclui a possibilidade de uma decisão que envolva pecado venial.

Visto que estamos aqui preocupados com a indiferença cristã (não estoica), o segundo modo de humildade incluirá normalmente em germe as disposições a serem descritas abaixo no terceiro modo. Ou seja, incluirá uma atitude positiva em relação ao caminho preferido por Cristo. A definição do segundo modo de humildade, entretanto, abstrai-se disso. Na medida em que, independentemente de quaisquer preferências evangélicas pessoais, alguém esteja de fato livre em relação às alternativas, estará suficientemente (embora não idealmente) disposto a abordar a eleição.

> [167] [1]O *terceiro modo de humildade* é a humildade perfeitíssima. Está presente quando minha disposição é a seguinte. Dado que estão incluídos o primeiro e o segundo modo de humildade, e supondo igual *louvor e glória* da Divina Majestade, então, [2]para imitar Cristo, Nosso Senhor, e ser realmente mais semelhante a Ele, [3]quero e escolho a pobreza com Cristo pobre em vez de riqueza, e humilhações com Cristo humilhado em vez de honra. [4]E também desejo ser *considerado inútil e louco* por Cristo, que primeiro foi considerado como tal, do que ser considerado sábio e prudente neste mundo.

O *terceiro modo de humildade* distingue-se do segundo pela preferência positiva: eu quero e escolho. Além disso, a preferência não é apenas pela pobreza e pelo desprezo, mas por ser considerado inútil e louco, em vez de sábio e prudente neste mundo: categorias não mencionadas anteriormente nos Exercícios. O terceiro modo de humildade é a disposição da pessoa para a qual é mais desejável (não de uma forma superficial, mas ao nível da atitude fundamental) carecer, em vez de possuir, riquezas e honras mundanas. E ser considerada pelo mundo como louca e de pouco valor, em vez de sábia e prudente.

Porém, em si mesmas, tais preferências, mesmo quando profundamente enraizadas na personalidade, não manifestam necessariamente uma atitude evangélica profunda. Elas podem, de fato, ser espiritual ou psicologicamente ambivalentes. Portanto, aquilo que pode parecer ser as preferências do terceiro modo de humildade pode precisar ser testado em relação a outras marcas da disposição autêntica. Existem três em particular:

(1) Este modo de humildade é a atitude de uma pessoa profundamente apaixonada por Cristo. A pobreza, o desprezo, a fama de loucura não são preferidos por si mesmos, nem mesmo como meios de autolibertação ascética, mas como formas de seguir a Cristo e de ser como Ele. O terceiro modo de humildade é o amor a Jesus, o desejo de ser identificado com Ele, intensificado até a loucura[73].

(2) Inclui tudo o que já foi especificado nos dois modos anteriores. Respeita a lei de Deus. Procura o serviço do Reino e a própria salvação.

(3) Seus desejos característicos enquadram-se no desejo maior e absolutamente fundamental de que em todas as coisas Deus seja louvado e glorificado. Qualquer forma particular de pobreza ou humilhação real pode ou não ser para a maior glória de Deus[74].

---

73. O motivo da imitação é ampliado em uma passagem famosa nas Constituições da Companhia de Jesus, n. 101: Vide GANSS, *The Constitutions of the Society of Jesus*, 107-108.

74. Como testemunham frequentemente seus escritos, Inácio sabia muito bem que se pode optar ou aceitar a pobreza e a humilhação de maneiras contrárias

E qualquer preferência pelo caminho da pobreza não destrói a liberdade de ouvir e de fazer o que quer que possa ser a vontade de Deus. Mesmo que isso signifique renunciar a uma linha de ação que consideramos atraente precisamente por amor.

Louvor e glória: Palavras que captam a qualidade do "altruísmo" na espiritualidade inaciana; o simples desejo de que Deus seja Deus neste mundo, que é dele.

Considerado inútil e louco: Não é exatamente o mesmo significado que "humilhações" (em espanhol, *oprobrios*), as quais sugerem incidentes particulares. Aqui a sugestão é mais do que uma situação permanente. A antítese, louco por Cristo/estimado como sábio pelo mundo, lembra a distinção paulina entre a sabedoria do mundo e a "sabedoria louca" de Cristo (1 Coríntios 3,18-20; 4,10).

[168] ¹NOTA
Para quem deseja alcançar este terceiro modo de humildade será, portanto, muito proveitoso fazer os três *colóquios* do exercício dos Três Tipos de Pessoas. ²Nestes, pedir para ser escolhido, se o Senhor assim o desejar, para este terceiro modo de humildade, que é maior e melhor, para mais imitá-lo e servi-lo, desde que seja para igual ou maior serviço de sua Divina Majestade.

Colóquios: Estes marcam a transição da consideração para o desejo.

Nota sobre as duas bandeiras, os três tipos de pessoas e os três modos de humildade

Do comentário anterior ficará claro que esses três exercícios representam um desenvolvimento. Isso pode ser resumido em termos de três elementos: conhecimento do caminho de Cristo, compromisso com o

---

ao louvor e à glória de Deus. Vide a citação da carta a Pietro Contarini dada acima, [147] com nota de rodapé 58.

caminho de Cristo e compromisso amoroso com a pessoa de Cristo. Embora cada exercício se preocupe com todos os três, a ênfase muda progressivamente do primeiro para o terceiro.

Nas Duas Bandeiras, a graça fundamental é o conhecimento (mas "conhecimento interno") dos caminhos antitéticos de Lúcifer e de Cristo, cujo caminho é uma doutrina sagrada [145]. O colóquio representa uma resposta inicial a esse conhecimento, uma oferta de si mesmo a um modo de vida sem que necessariamente se confrontem implicações específicas.

Nos Três Tipos de Pessoas, o conhecimento é assumido, e a ênfase está na condição necessária para um compromisso sincero, nomeadamente uma indiferença verdadeiramente eficaz. Não é necessário estar estritamente em uma situação de eleição para fazer esse exercício. Mas uma pessoa colocada em tal situação fará o colóquio final consciente da específica "pobreza material" a que pode ser chamada e talvez de resistências pessoais específicas à indiferença [157].

Assumindo o conhecimento do caminho de Cristo e o compromisso sincero com Ele, a ênfase do terceiro modo de humildade está na qualidade afetiva do amor. Essa qualidade está, claro, presente e eficaz ao longo de toda a sequência, mas aqui é levada a um novo nível de intensidade e gratuidade. O Tríplice Colóquio torna-se uma oração, ela própria inspirada no amor, pela graça de um amor maior.

Eleição

Uma escola de vida

Um dos temas dos Exercícios Espirituais consiste em uma abordagem distinta e sistematicamente elaborada sobre o tema da tomada de decisões. Essa abordagem se encontra não só na presente seção, mas no desenvolvimento dos Exercícios como um todo. Algo básico nela é um conceito de decisão como relacional. Isto é, uma decisão é vista como uma resposta não apenas à pergunta: "Qual é a coisa certa a fazer?", mas à pergunta: "Que atitude é mais agradável a Deus?". E ela não é tomada apenas através dos nossos próprios recursos, mas através do trabalho conjunto do Criador e da criatura[75]. A abordagem enfatiza especialmente que uma decisão "boa e sã" requer duas condições, a saber: uma disposição prévia de disponibilidade à palavra de Deus, qualquer que seja essa palavra, e o discernimento do que é de fato mais agradável a Deus no meu caso[76].

Considerado do ponto de vista da decisão, pode-se dizer que o desenvolvimento dos Exercícios até agora consistiu na construção das disposições preliminares: o desejo de louvar, reverenciar e servir a Deus, a indiferença, a liberdade afetiva e o que se poderia chamar de uma ampla "Cristificação de perspectiva". A partir dessas disposições, a presente seção passa para o próprio processo de tomada de decisão. A sua característica central são os "tempos de eleição", nos quais Inácio distingue três sinais, ou tipos de evidência, pelos quais Deus mostra a sua vontade.

Esta abordagem, com a sua integração da decisão tanto no processo ascético como no contemplativo, serve para toda a vida cristã, não apenas para os Exercícios. Na verdade, em última análise, é isso que torna a abordagem relevante para cada experiência dos Exercícios, mesmo que nenhuma escolha concreta seja feita no decorrer

---

75. Deve ser fortemente enfatizado, contudo, que o processo de tomada de decisão na fé, embora finalizado por critérios de fé, não ignora os requisitos normais para a tomada de decisão. Por exemplo, nada nos Exercícios dispensa uma pessoa de recolher e lidar com dados complexos e possivelmente indesejáveis. Nem é a "interioridade" do processo de eleição (atenção à qualidade da motivação, às moções dos espíritos e às respostas ao Evangelho) um substituto ao olhar para fora, procurando discernir a palavra de Deus em eventos e situações e em vozes proféticas que ajudam a interpretar as demandas que experimentamos. E o discernimento essencial à tomada de decisões não dispensa, mas é antes ajudado por, as percepções da psicologia moderna sobre as motivações ocultas. Em suma, Deus chega até nós no real, e os modos de decisão dos Exercícios não permitem a negligência deliberada de nenhuma realidade que possa influenciar uma escolha específica. Uma pessoa que toma uma decisão com fé deve estar aberta a toda realidade imediata relevante.

76. No caso das decisões tomadas nos Exercícios, essas condições são concretizadas formal e explicitamente. Em outros casos, muitas vezes, não o são.

deles. Pois os Exercícios são uma escola de vida cristã. Mais especificamente, eles preparam a pessoa para uma vida cristã vivida segundo uma espiritualidade caracterizada precisamente pela preocupação de integrar as decisões da vida na sua relação com Deus. Mesmo que os Exercícios nem sempre sejam centrados em uma escolha, eles são sempre orientados para a escolha.

Nos Exercícios

No que diz respeito à tomada de decisões durante os próprios Exercícios, há obviamente casos em que a necessidade de fazer uma escolha séria é clara, enquanto noutros casos não. Cabe a quem os faz e a quem orienta discernir se a situação da pessoa exercitante contém ou não matéria para decisões. Sobre os princípios gerais que regem tal discernimento, dois pontos antitéticos podem ser levantados.

(i) O valor intrínseco da abordagem dos Exercícios sobre a decisão não exige absolutamente que uma decisão séria seja sempre tomada dentro dos próprios Exercícios. Sem tal decisão a experiência dos Exercícios não é intrinsecamente atenuada. Pois o desenvolvimento apresentado nos Exercícios como pré-requisito para a eleição é também um processo de conversão e crescimento pessoal, que resulta em um compromisso renovado com Cristo. Ele permanece assim mesmo que os Exercícios não envolvam uma decisão externa. Na verdade, é um fato da experiência que, para as pessoas já conscientes dos seus compromissos, surge um processo de aprofundamento nos Exercícios, sem que surja a necessidade de uma nova decisão séria.

(ii) Mas, se a estima pela abordagem inaciana da decisão não impõe uma posição estritamente "eleicionista", ela se sente desconfortável com as tendências de assumir sem demora que, na prática, a verdadeira tomada de decisões seja excepcional durante os Exercícios e não a norma. Tal suposição tem várias causas. Muitas vezes expressa uma preferência geral por outras dimensões dos Exercícios[77]. Pode refletir um desconhecimento da vasta gama de questões que se inserem no domínio da liberdade e da responsabilidade. E muitas vezes resulta do fracasso em reconhecer uma distinção feita no texto entre eleição e reforma de vida.

Qual é o objetivo dessa distinção? No próprio texto, "eleição"[78] denota (pelo menos em nuances) escolhas de um tipo particularmente decisivo, como a escolha de um "estado de vida"[79] ou de uma situação de vida quase permanente. Enquanto "reforma de vida" se refere às escolhas feitas dentro de um estado já estabelecido (cf. [189]). Mas por trás da distinção estão princípios mais amplos. A procura da vontade de Deus aplica-se a todas as escolhas, na medida em que nela estejam envolvidos valores do Evangelho, mas isso não deve obliterar todo o sentido do alcance e variedade das nossas escolhas.

Algumas escolhas são de importância intrinsecamente crítica e provavelmente envolvem processos pessoalmente críticos e prolongados.

---

77. Uma tendência irrefletida de minimizar a eleição está frequentemente associada a uma abordagem que acentua temas como a liberdade, o crescimento pessoal e a cura. Embora seja correto sublinhar o potencial dos Exercícios nessas áreas, a preocupação com elas serve por vezes para desviar a atenção do lugar que deve ser dado nos Exercícios à eleição ou à reforma da vida.

78. Em si, "eleição" é o termo espanhol comumente usado para "escolha". Mas, como Inácio o utiliza com uma conotação particular, é prática-padrão nas traduções dos Exercícios usar a palavra "eleição" em vez de "escolha".

79. Embora o texto abra um amplo leque de possíveis temas de eleição [170], a escolha que interessa principalmente nos Exercícios é a de um estado de vida ou, mais especificamente, a escolha entre o caminho dos conselhos evangélicos ou o caminho dos mandamentos. Parte da preocupação de Inácio nos Exercícios é restabelecer o ideal de vocação em uma Igreja onde o sacerdócio e o ofício eclesiástico são amplamente vistos como passos para a promoção mundana. Em outro lugar, porém, Inácio menciona possibilidades bastante diferentes de eleição: como uma decisão em relação a "insultos e injúrias", se devemos aceitá-los da mão de Deus quando vierem, ou se devemos solicitá-los positivamente (Diretório Autógrafo, MHSI, v. 76 [trad. PALMER, 10]). Em todo caso, uma "eleição" pode ser descrita como uma "Escolha" (com E maiúsculo), em vez de uma "escolha" (com e minúsculo).

Outras, embora menos intrinsecamente importantes, ou feitas mais rapidamente, são suficientemente significativas e desafiadoras para constituir verdadeiros pontos de encontro entre o Criador e a criatura, e para que os princípios dos Exercícios se apliquem a elas[80]. Quando uma escolha do primeiro tipo precisa ser feita, é preciso reconhecer o seu caráter especial, mas sem minimizar a importância de encontrar Deus em todas as nossas escolhas. Por outro lado, devemos procurar e encontrar Deus em todas as escolhas, sem fazer de cada escolha um completo "processo de eleição".

Em qualquer situação específica, o momento de escolha nos Exercícios deve ser discernido com base nessa compreensão mais ampla do assunto. Se mesmo assim for evidente, como pode muito bem ser, que nenhuma decisão real precisa ser tomada nos Exercícios, uma decisão não deve ser arquitetada. Contudo, se a escolha for considerada nessa perspectiva mais ampla, torna-se difícil manter uma visão *a priori* de que a tomada de decisões nos Exercícios deva ser considerada algo excepcional.

Duas advertências

A abordagem de Inácio sobre a tomada de decisões é claramente um elemento importante na sua espiritualidade, mas as suas implicações são facilmente lidas de forma demasiado simples ou exagerada. Neste contexto, quem orienta os Exercícios deve estar ciente de que duas questões em particular são menos simples do que podem parecer.

A primeira diz respeito à certeza. Implícita nos Exercícios está a afirmação de que através da bondade de Deus (e não como o resultado automático de um procedimento) é possível alcançar a certeza de ter

---

80. A reforma da vida é uma "consequência lógica do método dos Exercícios [...], a marca da sua fecundidade essencial", Gaston Fessard, apud CUSSON, *Biblical Theology*, 83, onde a posição integral da "reforma da vida" nos Exercícios é defendida contra a tese de Léonce de Grandmaison de que a seção sobre a "reforma da vida" é apenas um apêndice.

encontrado a resposta pessoal aqui e agora que é "mais agradável" a Deus. No entanto, é crucialmente importante reconhecer os limites dessa certeza. Uma eleição não confere conhecimento do futuro. Não garante a ratificação por parte de outro ou de outros (no caso, por exemplo, de uma decisão de casar, de ingressar em uma ordem religiosa ou de procurar a ordenação). Nem a própria certeza da pessoa exercitante implica que outra pessoa se oporia à vontade de Deus se sobre a mesma questão chegasse a conclusões diferentes[81].

Essas considerações não excluem a "boa e sã eleição" da certeza que lhe é própria. Mesmo que não possamos saber o resultado do nosso "sim" aqui e agora a Deus, podemos confiar que é a resposta desejada aqui e agora por um Deus cuja vontade funciona através de eventos e processos humanos. A menos e até que mais sinais nos sejam dados, a nossa escolha discernida nos compromete. Além disso, se essa decisão não for vinculativa para mais ninguém, outros correm o risco de sufocar o Espírito se não o tratarem com respeito e discernimento. Mas é essencial compreender que a certeza que se pode encontrar através do discernimento é a certeza subjetiva de ter respondido à vontade de Deus aqui e agora, e não ir além disso em afirmações que o próprio Inácio não faz.

A segunda questão diz respeito às implicações práticas da abordagem dos Exercícios sobre a eleição para o caso das decisões da vida cotidiana. Como mostram as próprias decisões de Inácio, a abordagem

---

81. A posição de Inácio fica clara em uma carta a Francisco Borja em 1552, na qual ele explica a sua decisão de fazer todos os esforços para resistir ao desejo do Papa Júlio III e do Imperador Carlos V de conferir um chapéu de cardeal a Borja: "Se eu não agir assim, eu estaria (e de fato estou) bastante certo de que não daria um bom relato de mim mesmo diante de Deus, Nosso Senhor, mas sim um relato totalmente ruim". No entanto, ele prossegue dizendo que, apesar de sua própria convicção clara de que era a vontade de Deus que ele se opusesse à nomeação, ele também estava convencido de que, se outros adotassem uma visão contrária, não haveria contradição: "O mesmo Espírito poderia inspirar-me a assumir um ponto de vista por algumas razões e inspirar outros ao contrário por outras razões", MHSI, *Ep. Ig.*, v. IV, p. 284, n. 2.652, trad. *Personal Writings*, 246.

da eleição nos Exercícios fornece um paradigma para essas decisões[82]. De modo que, seguindo os princípios e métodos dos Exercícios, uma pessoa possa, no fluxo da vida diária, tomar uma decisão da mesma qualidade que uma eleição feita na situação especial e normalmente irrepetível dos Exercícios Espirituais. Tal é, com justiça, a crença na qual muitos hoje procuram a vontade de Deus em processos de discernimento pessoal ou grupal.

Contudo, dito isso, devemos reconhecer que o contexto de muitas das nossas decisões é de pressa, agitação ou uma atitude geral que fica muito aquém das disposições inculcadas pelos Exercícios. Também nessas situações a abordagem dos Exercícios pode ser valiosa, proporcionando uma ajuda positiva nos processos através dos quais, ao longo do tempo, aprendemos com os erros. E avançamos de escolhas menos motivadas para escolhas mais cheias do Espírito, mantemos os nossos horizontes amplos e evitamos complacência. Mas, se o ponto de partida não for o das disposições construídas nos Exercícios, a abordagem dos Exercícios só será útil à medida que isso for francamente reconhecido. Caso contrário, as alegações de ter "seguido os métodos dos Exercícios" ou de ter "praticado o discernimento inaciano" podem ter o efeito de conferir um ar inadequado de integridade ou finalidade a decisões questionáveis.

A abordagem de Inácio sobre a tomada de decisões é, portanto, vulnerável a interpretações excessivamente simples ou extravagantes. Porém, a consciência disso deveria levar não tanto ao medo dos perigos, mas mais ao respeito pelo potencial de uma abordagem que é um componente importante da espiritualidade inaciana que busca encontrar Deus em todas as coisas. E que é especialmente significativa em uma época em que cresce o sentido de liberdade e responsabilidade como componentes de toda a vida cristã.

O material sobre eleição divide-se em quatro partes: (i) uma declaração introdutória ou preâmbulo [169]; (ii) diretivas relativas ao âmbito da eleição [170-174]; (iii) os "tempos" de eleição [175-188]; (iv) emenda e reforma da vida [189].

---

82. Sobre exemplos notáveis, vide Deliberação dos Primeiros Padres (trad. Futrell, *Making an Apostolic Community of Love*, 191ss.); Diário Espiritual (= Diário de Discernimento) e a carta a Francisco Borja, mencionada na nota anterior.

Preâmbulo

[169] ¹PREÂMBULO PARA FAZER ELEIÇÃO
²Em toda boa eleição, à medida que depende de nós, o olhar da nossa intenção deve ser simples. Devo olhar apenas para aquilo para o qual sou criado, ou seja: o louvor de Deus, Nosso Senhor, e a salvação da minha alma. ³Portanto, seja qual for a minha escolha, ela deve me ajudar a atingir o fim para o qual sou criado, sem fazer com que o fim se ajuste aos meios, subordinando os meios ao fim. ⁴Acontece frequentemente, por exemplo, que as pessoas optem, em primeiro lugar, por casar, o que é um meio, e, em segundo lugar, por servir a Deus na vida conjugal, embora o serviço a Deus seja o fim. Outros, da mesma forma, desejam primeiro ter posições rendosas e depois servir a Deus nelas. ⁵Pessoas assim não vão direto a Deus; querem que Deus vá direto às suas afeições desordenadas. Consequentemente, fazem do fim um meio e dos meios um fim, e assim, o que deveriam colocar em primeiro lugar, colocam em último. ⁶Meu objetivo deveria ser, em primeiro lugar, servir a Deus, que é o fim, e em segundo lugar, se for melhor para mim, aceitar um benefício ou casar, uma vez que é meio para o fim. ⁷Em suma, nada deve induzir-me a adotar tais meios ou a rejeitá-los, exceto apenas o serviço e louvor a Deus, Nosso Senhor, e a salvação eterna da minha alma.

Declaração introdutória

Antes de abordar a questão da eleição e das formas de encontrar a vontade específica de Deus, o texto volta à disposição que é o pré-requisito para a decisão. A disposição é a já indicada pelo Fundamento [23], o Terceiro Tipo de Pessoas [155] e o Segundo Modo de Humildade [166], enquanto os exemplos de escolhas desordenadas lembram o Segundo Tipo de Pessoas [154]. Tal como no Fundamento, a intenção correta é apresentada sob o aspecto da lógica de fins e meios, e não no clima afetivo de uma perspectiva alterada pela experiência de Cristo. Presume-se que este último está se desenvolvendo e continuará a se desenvolver ao longo do processo de eleição.

[170] ¹DIRETRIZES SOBRE ASSUNTOS APROPRIADOS À ELEIÇÃO, CONTENDO QUATRO PONTOS E UMA NOTA.

²Primeiro ponto. É necessário que todas as coisas sobre as quais quero fazer uma eleição sejam moralmente indiferentes ou boas em si, que *envolvam a pessoa no serviço de Deus dentro da nossa santa Mãe, a Igreja hierárquica*, não sendo más nem repugnantes a ela.

[171] ¹Segundo ponto. Algumas coisas envolvem uma eleição imutável, como o *sacerdócio*, o *matrimônio* etc. ²Em outras, como a aceitação ou renúncia de benefícios, ou a aquisição ou renúncia de bens materiais, a eleição é mutável.

[172] ¹Terceiro ponto. Uma vez feita uma eleição imutável, não há mais motivos para eleição, uma vez que ela não pode ser desfeita. Tal é o caso do sacerdócio, do matrimônio etc. ²O único ponto a ser observado aqui é que, se a eleição não foi feita adequadamente e com a devida ordem (isto é, sem afeições desordenadas), *deve-se arrepender-se* e tentar levar uma boa vida dentro da eleição feita. ³Tal eleição *não parece*, contudo, *ser uma vocação divina*, uma vez que é desordenada e tendenciosa. Nisso muitos se enganam, fazendo de uma eleição tendenciosa ou errada uma vocação divina. ⁴Ao passo que a vocação divina é sempre pura e clara, sem nenhuma mistura de apego carnal ou de qualquer outra afeição desordenada.

[173] ¹Quarto ponto. *Em questões em que uma eleição pode ser alterada*, se a pessoa fez eleição de forma adequada e corretamente ordenada, e não tiver cedido ao instinto egoísta ou ao espírito do mundo, ²não há razão para a repetir. Em vez disso, deve aperfeiçoar-se, com o melhor de sua capacidade, na eleição já feita.

[174] ¹*NOTA*
Deve-se notar que, quando tal eleição mutável não foi feita com sinceridade e bem ordenada, ²se a pessoa quiser produzir frutos valiosos, que sejam altamente agradáveis a Deus, nosso Senhor, será proveitoso para ela refazer corretamente a eleição.

No Texto Autógrafo, não há palavra correspondente a Diretrizes no título. Nas versões latinas, a *Vulgata* possui *Introductio* e a *Versio Prima* possui *Documentum*.

Envolvam a pessoa no serviço de Deus dentro da nossa santa Mãe, a Igreja hierárquica: Muitas das escolhas feitas nos Exercícios (por exemplo, escolhas de um estado de vida) estão diretamente relacionadas com o papel de uma pessoa na Igreja. Mas, de forma mais ampla, todas as decisões são tomadas na Igreja e envolvem a sua santidade, testemunho ou missão. Envolver-se no serviço de Deus, literalmente, militar (espanhol: *militen*), uma palavra que liga a escolha da pessoa à ideia da vida cristã como luta, a luta que envolve toda a Igreja como "militante"[83]. A justaposição "de santa Mãe" e "hierárquica" reaparecerão nas Regras para uma Correta Atitude na Igreja[84].

Sacerdócio, matrimônio: Não há menção explícita aqui à vida religiosa, mas para Inácio a categoria de uma situação imutável incluiria a vida religiosa consagrada, sendo os votos religiosos solenes considerados na época de Inácio como incapazes de dispensa.

Deve-se arrepender-se: Embora uma nova eleição, no sentido próprio, esteja excluída, é, no entanto, possível comprometer-se livremente agora com uma situação que não pode ser abandonada, "avançando corajosamente em busca de uma vontade divina que forcei ao impor a minha"[85]. Mas primeiro a motivação original (de interesse próprio) deve ser reconhecida e rejeitada. Este princípio por si só não resolverá todas as questões, sobre um compromisso de vida, que possam surgir em nossas circunstâncias, que não são as do século XVI. É relevante, contudo, não apenas para as situações explicitamente mencionadas no presente texto, mas para as muitas maneiras pelas quais as pessoas

---

83. As versões latinas traduzem mais livremente: a *Versio Prima* traz "estar dentro do seio da Igreja", e a *Vulgata*, "nem ser diferente do que está em consonância com as regras da ortodoxa mãe Igreja".
84. Para mais observações sobre os termos usados neste parágrafo, vide BUCKLEY, Ecclesial Mysticism in the *Spiritual Exercises* of Ignatius.
85. POUSSET, *Life in Faith and Freedom*, 115.

podem se encontrar exteriormente aprisionadas por uma decisão passada malfeita. A *Vulgata* diz: "Resta quando alguém começa a se arrepender de sua ação, para compensar o dano da eleição pelo bem realizado em sua vida e pela diligência de suas obras; mas voltar atrás não é de forma alguma apropriado…".

Não parece ser uma vocação divina: Trata-se de uma substituição, pela mão de Inácio, da frase anterior, um pouco mais decisiva, "não podemos dizer que foi uma vocação". Em qualquer caso, certamente sentimos aqui a preocupação de Inácio em estabelecer um conceito propriamente espiritual de vocação em uma Igreja profundamente marcada pelo clericalismo de carreira.

Nota: Em questões onde uma eleição pode ser alterada. As escolhas passadas aqui são escolhas verdadeiramente discernidas. Mesmo quando intrinsecamente mutáveis, essas escolhas podem continuar a fornecer segurança, orientação e conhecimento atuais da vontade de Deus. Uma escolha mutável pode, naturalmente, ser posta em questão por novos sinais, mas, na ausência de tais sinais, não precisa ser questionada apenas porque estão se fazendo Exercícios Espirituais.

Tempos para uma eleição

[175] ¹*TRÊS TEMPOS* EM QUE UMA BOA E SADIA ELEIÇÃO PODE SER FEITA

Os *Três Tempos* são três situações espirituais, cada uma caracterizada por certo tipo de evidência da vontade de Deus e por um modo de tomada de decisão da nossa parte, correspondente a essa evidência.

²*O Primeiro Tempo*. Quando Deus, Nosso Senhor, *move* e atrai a vontade de tal modo que, sem duvidar nem poder duvidar, a alma fiel segue o que *é mostrado*; assim como fizeram São Paulo e São Mateus quando seguiram a Cristo, Nosso Senhor.

O *Primeiro Tempo*: Ele é definido[86] por quatro características. (1) A experiência tem um "objeto", algo é mostrado. (2) A vontade é movida pelo próprio Deus para seguir o caminho mostrado. (3) Não há dúvida, ou possibilidade de dúvida, em nenhum dos pontos acima. Ou seja, o que é mostrado é a vontade de Deus, e o movimento volitivo vem de Deus. (4) A situação é semelhante à das vocações de São Paulo e de São Mateus. O tipo de chamado feito nessas ocasiões continua ao longo da história, como está implícito na *Vulgata*: "Como lemos que aconteceu com São Paulo, São Mateus e alguns outros quando chamados por Cristo".

Em conexão com essa definição, alguns pontos devem ser observados. Em primeiro lugar, não há menção explícita à consolação[87]. Em segundo lugar, o fato de a experiência genuína de Primeiro Tempo não deixar espaço para dúvidas não significa que toda a experiência que não contém dúvidas seja inspirada por Deus. Portanto, a terceira característica não exclui a necessidade de reflexão sobre a própria experiência, ou de discernimento por parte de quem orienta[88]. A quarta característica

---

86. Essa definição é verificada no relato de Inácio sobre uma decisão em sua própria vida que, embora ele não use o termo, é claramente uma eleição de Primeiro Tempo: "Ele continuava em sua abnegação, segundo a qual não comia carne, e foi firme nisso; de forma alguma ele estava pensando em fazer uma mudança. Um dia, de manhã, ao levantar-se, apareceu-lhe carne para comer, como se a pudesse ver com os olhos do corpo, sem nenhum desejo de que ela já estivesse ali antes. E junto com isso também veio sobre ele um grande consentimento da vontade de que a partir de então ele deveria comer carne. E, embora ainda pudesse se lembrar dessa intenção anterior, era incapaz de duvidar disso. Pelo contrário, não conseguia deixar de decidir que tinha de comer carne. E, quando contou isso depois ao seu confessor, o confessor lhe disse que deveria considerar se talvez isso seria uma tentação. Mas ele, examinando bem o assunto, foi incapaz de duvidar", *Autobiografia*, n. 27 [trad. *Personal Writings*, 25].
87. É natural supor, como faz a maioria dos expoentes especialistas nos Exercícios, que a experiência de Primeiro Tempo será normalmente de consolação, mesmo de consolação "sem causa precedente" [330]. Se a consolação (pelo menos quando entendida como sentimentos positivos de paz, alegria etc.) é um constituinte definidor da experiência de Primeiro Tempo, tal como o é do Segundo, é outra questão: cf. TONER, *Discerning God's Will*, 114-121.
88. Uma distinção semelhante é relevante para "consolação sem causa precedente" [330]. Toner sugere que, embora Inácio não dê uma orientação completamente

também não implica que a experiência seja necessariamente da qualidade dramática da estrada de Damasco[89]. Mas, se a definição deixa margem a interpretações para além do seu conteúdo estrito, e se o próprio conteúdo deixa questões sem resposta, a definição deixa clara, no entanto, a qualidade essencial do Primeiro Tempo e o seu caráter distintivo em relação aos outros tempos. É uma situação em que a evidência consiste em mostrar, de forma decisiva e inequívoca, o caminho a seguir, e a resposta é o simples assentimento.

[176] O *Segundo Tempo*. Quando clareza e conhecimento suficientes são recebidos através da experiência de *consolações e desolações*, e através da experiência do discernimento de vários espíritos.

No *Segundo Tempo*, a evidência está contida nas experiências de consolação e desolação, e o processo de decisão consiste no discernimento[90].

---

clara sobre o assunto, pareceria desejável, sempre que razoavelmente possível, refletir criticamente sobre uma experiência de Primeiro Tempo: cf. Toner, *Discerning God's Will*, 121-127.

89. Se o Primeiro Tempo fosse, por definição, um incidente dramático, seria também, naturalmente, um incidente raro, pela sua própria natureza. Mas Deus pode tocar uma pessoa com absoluta convicção de maneiras discretas e através da experiência comum. Com base nessa distinção, Toner argumenta (com razão, em minha opinião) que existe um modo ordinário de Primeiro Tempo que pode ser mais comum do que os especialistas nos Exercícios no passado estiveram dispostos a reconhecer: "Eu expressaria uma suspeita (não é mais do que isso), seja lá o que for, de que, enquanto a experiência de Primeiro Tempo na forma dramática seja relativamente rara, muitas outras decisões relativas à vontade de Deus são de outro tipo. Se assim for, isso poderia explicar por que alguns escolhem começar e perseverar em empreendimentos difíceis (especialmente empreender uma vocação na vida) para Deus, sem serem capazes de formular nenhuma evidência comunicável além de simplesmente 'estou certo de que esta é a vontade de Deus para mim'", Toner, *Discerning God's Will*, 121. Muitas pessoas provavelmente concordam com esta opinião.

90. Uma maneira de explicar o processo pelo qual a vontade de Deus é reconhecida na experiência de consolação é dada por muitos comentaristas hoje em referência ao senso pessoal de Cristo da pessoa ou identidade em Cristo. Trata-se do senso de Cristo que cresce com o conhecimento de Cristo e o compromisso

Consolações e desolações: Estas palavras descrevem situações em que as influências profundas dos bons e dos maus espíritos se manifestam através da interação de sentimentos, pensamentos e imaginação[91]. Os termos são usados no plural, uma vez que o Segundo Tempo é um processo e não um evento único. Em última análise, a decisão é tomada com base no critério da consolação testada. Contudo, o processo pode ser difícil e estressante, pois a eleição é um momento de conversão, que implica mudança, renúncia e custos, que são passíveis de produzir reações desoladoras. Trabalhar com elas é um elemento importante do processo[92].

A preocupação de Inácio neste momento é definir o Segundo Tempo, em vez de dar conselhos sobre ele. Mas em outros lugares ele tem muito a oferecer a quem orienta os Exercícios em termos de princípios e sugestões práticas. O Diretório Autógrafo sugere dois procedimentos: anotar na oração os respectivos atrativos que surgem da consolação e da desolação, e oferecer decisões alternativas possíveis, "observando em que direção Deus, Nosso Senhor, dá uma indicação maior de sua vontade divina"[93]. Nos próprios Exercícios, o principal recurso de quem orienta são, naturalmente, as Regras de Discernimento, mas também deve manter em mente a Anotação 16 e os conselhos de advertência contidos na Anotação 14.

Deve-se notar, porém, que a essência do Segundo Tempo é o discernimento e que o discernimento nunca pode ser reduzido à aplicação de regras ou métodos. E orientar outra pessoa em um discernimento do Segundo Tempo exige da parte dos orientadores um discernimento baseado na experiência, empatia e sabedoria.

---

com Ele na comunidade cristã, e que é ao mesmo tempo focalizado e desenvolvido pelas contemplações da Segunda Semana.

91. Vide comentário sobre as Regras de Discernimento, especialmente [328-336].
92. Nadal dá como princípio que, "se nas decisões alguém experimenta consolo em alguma coisa, e então vem a desolação, esta última é muitas vezes uma confirmação da primeira", *Epist.* 1.4, MHSI, 644.
93. Diretório Autógrafo (MHSI, v. 76, 77 [trad. PALMER, 9]). Inácio ilustra a segunda abordagem com a comparação de um servo da corte oferecendo vários pratos a um príncipe. A comparação é repetida no Diretório de 1599, cap. 27 (MHSI, v. 76, 703-704 [trad. PALMER, 331]).

[177] ¹O *Terceiro Tempo* é de *tranquilidade*. Considera-se, em primeiro lugar, o propósito para o qual se nasce como ser humano, nomeadamente para louvar a Deus, Nosso Senhor, e para salvar a própria alma. ²Desejando isso, escolhe-se como meio alguma vida ou estado dentro dos limites da Igreja, a fim de encontrar nele uma ajuda para o serviço ao Senhor e a salvação da alma. ³Chamo isso de período "tranquilo" no sentido de que é uma situação em que a alma não é movida por vários espíritos e tem o uso livre e tranquilo de suas potências naturais.

No *Terceiro Tempo* a evidência não consiste em sentimentos, mas no argumento racional mais forte. A moção e a iluminação, que no Segundo Tempo entram na consciência, agora não são conscientes ou dificilmente o são. O processo não é totalmente racional no sentido de que toda pessoa racional veria a realidade da mesma forma. Ainda estamos buscando encontrar o melhor caminho para uma pessoa e há um elemento intuitivo pessoal na própria avaliação da realidade que é mais razoável. Contudo, o critério não é a moção do espírito, mas sim a razão. O Terceiro Tempo estabelece um princípio básico: as nossas faculdades racionais, convertidas e agraciadas, são capazes por si mesmas de encontrar a vontade de Deus. Para isso, não é absolutamente necessário experimentar moções do Espírito. O Terceiro Tempo foi descrito como o tempo da "graça ordinária"[94].

Tranquilidade: O termo implica, em primeiro lugar, uma ausência de quaisquer "moções espirituais" que possam por si mesmas determinar a escolha. E, em segundo lugar, uma liberdade de todos os sentimentos negativos (não apenas desolação espiritual, mas também sentimentos emocionais comuns, como preocupação, raiva, angústia, inquietação) que possam obstruir a deliberação racional. A tranquilidade, entretanto, não implica necessariamente a ausência total de moções espirituais, seja de consolação comum ou tranquila, seja de leve desolação, seja das flutuações emocionais normais em uma busca difícil.

---

94. COATHALEM, *Ignatian insights*, 188.

[178] ¹Se a eleição não for feita no Primeiro ou no Segundo Tempo, seguem-se aqui duas maneiras de fazê-la no *Terceiro*.
²O PRIMEIRO MODO DE FAZER UMA SADIA E BOA ELEIÇÃO NO TERCEIRO TEMPO CONTÉM SEIS PONTOS.

Para o *Terceiro Tempo*, diferentemente do Primeiro e do Segundo, Inácio fornece dois métodos ou modos. O primeiro modo, a ser utilizado fora dos períodos estabelecidos de contemplação do Evangelho, e durante o tempo e na frequência que a situação exigir, consiste em seis pontos:

(1) Coloco a questão diante de mim (primeiro ponto).
(2) Lembro-me das disposições fundamentais exigidas de minha parte para qualquer escolha (segundo ponto).
(3) Rogo para que na presente escolha o Espírito atue em minha vontade e em minha mente (terceiro ponto).
(4) Tomando como critério o serviço a Deus e o bem da minha alma, considero razões a favor e contra cada uma das alternativas que tenho diante de mim (quarto ponto).
(5) Avalio essas razões e decisões (quinto ponto).
(6) Busco a confirmação da decisão (sexto ponto).

³O primeiro ponto é colocar diante de mim aquilo sobre o qual quero fazer uma eleição: por exemplo, a aceitação ou recusa de uma posição na vida (emprego) ou de um benefício (fonte de renda), ou qualquer outra coisa *sujeita a uma eleição mutável*.

Sujeita a uma eleição mutável: Inácio certamente via o Terceiro Tempo como a forma menos preferível de escolher um estado na vida, mas a referência aqui a uma eleição mutável não implica que ele considerasse esse tempo como inapropriado ou inadequado para fazer uma escolha de vida. Isso contradiria a posição clara mencionada acima [177][95].

---

95. Em uma carta escrita no final da sua vida, Inácio insiste que só a razão dá motivos suficientes para alguém entrar na Companhia de Jesus. Isso se refere

[179] ¹Segundo ponto. É necessário manter como objetivo o fim para o qual sou criado, ou seja, louvar a Deus, Nosso Senhor, e salvar a minha alma. ²Além disso, *preciso também estar indiferente* e livre de qualquer afeição desordenada, para que não esteja mais inclinado ou atraído a aceitar a coisa diante de mim do que a recusá-la, nem a recusá-la em vez de aceitá-la. ³Em vez disso, devo estar como o fiel de uma balança, pronto para seguir a direção que perceber que mais contribui para a glória e o louvor de Deus, Nosso Senhor, e para a salvação da minha alma.

Preciso também estar indiferente: Ou seja, estar em um espaço de espera preliminar justamente para me comprometer com um rumo específico. O tornar-me indiferente do Fundamento agora passa a estar indiferente.

[180] ¹O terceiro ponto é pedir a Deus, Nosso Senhor, que queira *mover minha vontade* e *colocar em minha mente* o que devo fazer em relação à coisa que está diante de mim, de modo que contribua para seu maior louvor e glória. ²Refletir bem e fielmente, examinando a questão e escolhendo de acordo com sua santíssima e bondosa vontade.

Mover minha vontade: Essencial para a escolha cristã em qualquer momento é o desejo dado pelo Espírito de fazer a vontade de Deus. É principalmente por essa graça que a pessoa exercitante ora no limiar de uma eleição de Terceiro Tempo. Para a escolha cristã este ato essencial é também suficiente. Se não nos sentirmos atraídos por Deus, como no Primeiro e no Segundo Tempos, para um objeto específico, isso não significa que não sejamos capazes de encontrar a vontade de Deus. Contudo, desde que isso seja reconhecido, é importante estarmos abertos a qualquer forma com que Deus deseje nos presentear. Abertos, portanto, às ações do Espírito que transcendem os limites racionais do Terceiro Tempo.

---

claramente a uma escolha de um estado de vida feita no Terceiro Tempo; cf. MHSI, *Ep. Ig.*, v. XI, n. 6327 (para o Dr. Vergara), p. 184-186 [Trad. *Inigo. Letters*, 264-265].

Colocar em minha mente: Ou seja, através dos processos próprios do Terceiro Tempo, usando fielmente e bem o entendimento.

[181] ¹O *quarto* ponto é *considerar e raciocinar* sobre as vantagens ou proveitos que me seriam concedidos se eu ocupasse o cargo ou benefício proposto, *unicamente para o louvor de Deus, Nosso Senhor, e o bem da minha alma*. ²Por outro lado, considerar da mesma forma as desvantagens e os perigos que haveria em mantê-lo. ³Em seguida, fazer o mesmo com a alternativa de não aceitar, olhando para as vantagens e benefícios e, inversamente, para as desvantagens e perigos da mesma.

[182] ¹*Quinto* ponto. Tendo assim pensado e raciocinado sob todos os pontos de vista sobre o que está diante de mim, ver em que direção a razão se inclina mais. ²É, portanto, *de acordo com a inclinação mais forte da razão, e não de acordo com as inclinações da sensualidade*, que a decisão sobre aquilo que tenho diante de mim deve ser tomada.

O *quarto* e o *quinto* pontos tratam da fase deliberativa do processo, da consideração das vantagens e desvantagens.

Considerar e raciocinar: Muitos fatores podem ser levados em conta neste momento, incluindo os muito práticos. A honestidade na análise de todas as considerações relevantes é crucial para o processo, especialmente quando os métodos de tomada de decisão dos Exercícios são aplicados às questões muitas vezes complicadas da vida diária. Mas, sejam quais forem as considerações que entram em jogo, o critério pelo qual avaliar uma vantagem ou desvantagem é *unicamente o louvor de Deus, Nosso Senhor, e o bem da minha alma*. Observe que o método não consiste em uma simples lista de prós e contras de duas colunas, mas em quatro colunas: vantagens/desvantagens em aceitar; vantagens/desvantagens em não aceitar.

De acordo com a inclinação mais forte da razão, e não de acordo com as inclinações da sensualidade: O "caso razoável" é aquele percebido de acordo com os julgamentos de alguém familiarizado com os caminhos de Deus, e cujo critério é sempre a glória de Deus. Sobre a razão, vide [96], e sobre a sensualidade vide [87], com notas.

[183] ¹Sexto ponto. Depois de feita tal eleição ou decisão, quem a fez deve recorrer com grande diligência à oração, apresentando-se diante de Deus, Nosso Senhor. ²Deve oferecer-lhe esta eleição, para que sua Divina Majestade a queira *aceitá-la e confirmá-la*, se for para seu maior serviço e louvor.

Aceitá-la e confirmá-la: Aqui a confirmação[96] em questão não é primariamente da vontade (confirmação própria da Terceira e Quarta Semanas), mas a confirmação da decisão como julgamento. A importância de orar pela confirmação, fortemente destacada neste texto, é ainda ilustrada pelo Diário Espiritual[97]. Oramos pela confirmação para ter a certeza de fazer a vontade de Deus, conforme nos é dada; e para agir contra a nossa tendência de optar por uma conclusão precipitada[98].

Não nos é dito aqui o que a confirmação pode significar. Muitas vezes é entendido como uma referência a uma experiência de consolação e, embora isso transferisse o processo do Terceiro Tempo para o do Segundo, muitos comentaristas entendem a confirmação nesse sentido. Na verdade, tal confirmação é provavelmente frequente e, em todo o caso, pareceria sempre bom solicitá-la. A confirmação pela consolação não é, contudo, necessária para a validade do método do Terceiro Tempo[99]. Nem a sua ausência implica que nenhuma confirmação seja dada.

---

96. Sobre uma análise extensa do conceito de confirmação de Inácio, vide TONER, *Discerning God's Will*, capítulos 11-12, 191-233, de onde os comentários oferecidos aqui foram em grande parte extraídos.
97. Embora nos Exercícios haja uma referência à oração apenas no contexto do Terceiro Tempo, o Diário Espiritual indica claramente que a oração pedindo confirmação também é necessária para finalizar uma eleição de Segundo Tempo.
98. Na verdade, se rezarmos honesta e abertamente pela confirmação do Senhor, expomo-nos ao risco da "não confirmação".
99. Vide a carta ao Dr. Vergara mencionada acima (em relação a [178]). Ele tomou uma decisão com base na razão e não na consolação, mas Inácio lhe assegura que, "quando alguém almeja coisas melhores e mais perfeitas, um impulso suficiente vem da própria razão". Ao mesmo tempo, Inácio tem certeza de que o Espírito, no devido tempo, "ensiná-lo-á melhor do que ninguém a desfrutar com o carinho e a realizar com delicadeza o que a razão dita ser o máximo para o serviço e a glória de Deus", Inigo, *Letters*, 264.

A confirmação não precisa se limitar à consolação. Pode haver uma confirmação na forma de *insight* ainda dentro do âmbito do Terceiro Tempo. Se mal compreendida, a insistência de Inácio na confirmação poderia influenciar a necessidade de segurança de uma pessoa ou a tendência de estabelecer condições para Deus. Devemos pedir uma confirmação, mas devemos nos contentar com a confirmação que nos é dada. Esta pode, no final, ser simplesmente a confirmação negativa de que não surge nada que possa pôr em questão a nossa decisão.

Finalmente, deve-se acrescentar que o que está confirmado é apenas que essa decisão atual é a vontade de Deus para mim aqui e agora. Os acontecimentos subsequentes, quaisquer que sejam os seus efeitos no resultado dessa decisão, não podem por si só pô-la em questão[100].

[184] ¹O *SEGUNDO MODO* DE FAZER UMA SADIA E BOA ELEIÇÃO NO TERCEIRO TEMPO CONTÉM QUATRO REGRAS E UMA NOTA.

O *segundo modo* do Terceiro Tempo não é um método para obter evidências da vontade de Deus, mas sim uma forma de testar a qualidade de uma inclinação sentida que nos leva a uma escolha específica. O material é utilizado por Inácio de diversas maneiras. Nos Exercícios, reaparece quase literalmente nas Regras para Distribuir Esmolas, onde serve para verificar a qualidade de um amor que leva a dar esmola a parentes ou amigos [337ss.]. Uma prática semelhante à da Regra 2 foi adotada pelos Primeiros Companheiros como preparação para o processo de deliberação[101].

---

100. Outra forma pela qual uma escolha pode ser considerada "confirmada" é através de desenvolvimentos subsequentes, tais como um resultado apostolicamente bem-sucedido, bons frutos em si mesmos, aprovação pela autoridade etc. Sobre a dificuldade de estabelecer tal confirmação, vide Toner, *Discerning God's Will*, capítulo 12, Confirmation after the Finalized Decision, 216-233. Em todo caso, uma confirmação deste tipo não é indicada nos Exercícios.
101. Na Deliberação de 1539 sobre se deveriam acrescentar obediência aos seus votos de pobreza e castidade, Inácio e seus companheiros decidiram que, como uma "preparação da alma", cada membro do grupo deveria pensar em si

Aqui o método prevê uma situação em que, no decurso da deliberação ou como resultado dela, a pessoa exercitante foi além da indiferença e se sente atraída para uma das alternativas de escolha, mas sem ter certeza se o motivo é o amor a Deus ou uma racionalização da "sensualidade" oculta. O Segundo Modo (ou método), se aplicado com estrita honestidade, permite à pessoa sentir que o amor que a move é de fato "de cima", ou sentir que não é. Assim pode recuperar a objetividade necessária para uma consideração de vantagens e desvantagens no serviço a Deus.

²Primeira Regra. O amor que me move e me faz escolher deve descer do alto, do amor de Deus. ³Assim, quem faz a escolha *sinta* primeiro interiormente *que o amor que tem*, maior ou menor, pelo objeto escolhido seja *unicamente motivado pelo amor ao seu Criador e Senhor*.

Sinta... que o amor que tem... é unicamente motivado pelo amor ao seu Criador e Senhor: Se essa for a qualidade do amor, a pessoa será capaz de senti-lo aplicando as Regras a seguir.

[185] ¹Segunda Regra. *Olhar para* uma pessoa que nunca vi ou conheci. Desejando a tal pessoa a perfeição total, o que eu lhe diria para fazer, que eleição fazer para a maior glória de Deus, Nosso Senhor, e o maior proveito de sua alma. ²Então fazer o mesmo e manter a regra que estabeleci para essa pessoa.

Olhar para: Trata-se do mesmo artifício sugerido a Davi por Natã (cf. 2 Samuel 12,1-6) e a Simão, o fariseu, por Jesus (cf. Lucas 7,41-43).

[186] Terceira Regra. Como se estivesse à beira da morte, considerar que procedimento e que normas gostaria então de ter seguido para

---

mesmo como "não sendo um de nossa companhia, na qual nunca esperou ser recebido [...], para que, como estranho, pudesse nos propor livremente sua ideia sobre a resolução de obedecer ou não obedecer", trad. FUTREL, *Making an Apostolic Community of Love*, 191.

fazer a presente eleição. Devo tomar minha decisão, assumindo inteiramente isso como regra.

[187] ¹Quarta Regra. Ver e considerar minha situação no Dia do Juízo, e pensar como naquele momento gostaria de ter escolhido na presente eleição. ²Devo adotar agora a regra que gostaria de ter observado, para que eu possa então estar em total prazer e gozo.

[188] NOTA
Tendo seguido as Regras acima mencionadas para a minha salvação e quietude eterna, farei a minha eleição e a oferecerei a Deus, Nosso Senhor, de acordo com o sexto ponto do Primeiro Modo de fazer eleição [183].

[189] ¹PARA *EMENDAR E REFORMAR* A PRÓPRIA VIDA E ESTADO
²No caso dos que ocupam cargos eclesiásticos ou são casados (quer tenham ou não bens materiais), deve-se notar o seguinte.
³Se essas pessoas não tiverem a oportunidade ou nenhuma grande disponibilidade de vontade para fazer uma escolha sobre questões sujeitas a uma eleição mutável; ⁴então, em vez de uma eleição, poderão ser-lhes dados, de forma muito proveitosa, o procedimento e o modo de emendar e reformar suas próprias vidas e estados. ⁵Isto é, ordenando, como criatura, sua vida e estado para a glória e o louvor de Deus, Nosso Senhor, e a salvação da sua alma. ⁶Para alcançar e atingir este fim, cada um, por meio dos exercícios e dos Modos de Eleição explicados acima, deve considerar e ponderar ⁷que casa e família deve ter, como administrá-la e dirigi-la, como ensinar por palavras e exemplo. ⁸E, no que diz respeito ao rendimento, quanto deve ser atribuído aos dependentes e à casa, quanto deve ser dado aos pobres e a outras boas obras.
⁹Em tais assuntos, não querer nem buscar nada além do maior louvor e glória de Deus, Nosso Senhor, em tudo e por tudo. Portanto, deve-se ter em mente que uma pessoa progredirá nas coisas espirituais *à medida que sair do seu próprio amor, querer e interesse*.

Emendar (= corrigir o que está defeituoso) *e reformar* (= dar nova forma a) referem-se a decisões dentro de uma situação de vida estabelecida, enquanto em uma eleição a própria situação de vida da pessoa é alterada (como explicado nas observações gerais acima).

Há duas razões pelas quais uma pessoa exercitante pode não fazer uma eleição. (1) Ela não depara nesse momento com nenhuma questão suficientemente substancial. (2) Mesmo que a situação possa conter matéria de eleição, a pessoa não tem disposição de vontade para lidar com a questão (na época de Inácio, uma situação que levantasse questões sobre um benefício poderia ter sido um exemplo disso).

Além das domesticidades do século XVI citadas por Inácio, os Diretórios sugerem outros campos possíveis de aplicação desse texto. Questões relativas ao ministério apostólico; disciplinas da vida diária no que diz respeito a comer, dormir, estudar e, mais genericamente, abusos "que, se não são realmente pecaminosos, são pelo menos a fonte de muitos males"[102]. Hoje, a pessoa exercitante encontrará seus próprios campos de aplicação. O Diretório de 1599 especifica que o alcance desta seção dos Exercícios vai além dos próprios Exercícios: "Se tentássemos ajudar e orientar o nosso próximo através do programa aqui estabelecido, obter-se-iam resultados realmente notáveis"[103]. O método é principalmente, mas não exclusivamente, o de Terceiro Tempo. O ensinamento dos Exercícios sobre a eleição, portanto, equipa a pessoa para lidar com as decisões ordinárias da vida.

À medida que sair do seu próprio amor, querer e interesse: A solenidade da redação desta declaração e o fato de ser também a frase final da Segunda Semana dos Exercícios sugerem que Inácio quer propor uma "Regra de Ouro" para a vida no Espírito, em vez de uma ajuda para tomar o tipo de decisões tratadas nesta última seção. Mas, dito isso, a frase traz à tona as exigências espirituais que podem estar contidas em escolhas bastante prosaicas. Nas decisões mais práticas e até prosaicas da vida, somos convidados a entrar na morte e na Ressurreição de Jesus.

---

102. Diretório de 1599, cap. 34 (MHSI, v. 76, 725, e cf. 318, 469 [trad. PALMER, 340, e cf. 142, 222]).

103. Diretório de 1599, cap. 34 (MHSI, v. 76, 726 [trad. PALMER, 340]).

Nota sobre os Tempos de Eleição

No que diz respeito aos Tempos de Eleição, surgem duas questões práticas óbvias: qual era a ordem de preferência do próprio Inácio dentre eles? Até que ponto ele considerava cada um deles comum ou raro?

A preferência de Inácio corresponde à ordem de apresentação. Quando a pessoa não é movida no Primeiro Tempo, recorre-se ao Segundo; e ao Terceiro apenas quando o Segundo é infrutífero[104]. No que diz respeito ao Terceiro Tempo, isso não justifica a estimativa um tanto desdenhosa que às vezes se encontra hoje[105]. Mas o princípio é claro: uma situação de escolha é intrinsecamente preferível, na medida em que nela se manifeste a ação de Deus e em que a resposta humana consista em deixar Deus agir.

Contudo, o "preferível" não é necessariamente o "habitual", e, portanto, a classificação dos Três Tempos feita por Inácio na escala entre o extraordinário e o normal é outra questão. A sua posição em relação ao Primeiro Tempo não é absolutamente clara. Mais tarde, essa situação passou a ser vista como um caso-limite, para além dos limites da probabilidade prática[106]. Embora isso provavelmente represente um endurecimento da visão do próprio Inácio, ele certamente não considerou o Primeiro Tempo uma ocorrência comum. O Segundo Tempo,

---

104. Diretório Autógrafo (MHSI, v. 76, 76-77 [trad. Palmer, 9]).

105. Vide nota anterior. É claro que o Terceiro Tempo não se encontra apenas entre as decisões tomadas pelo próprio Inácio. Mas ele reconheceu que as decisões provenientes do Segundo Tempo poderiam deixar quem orienta se sentindo justamente desconfortável e exigir a passagem para o Terceiro como uma verificação. O método do Terceiro Tempo é amplamente recomendado nas Constituições. Vide a já mencionada carta ao Dr. Vergara. Sobre uma avaliação positiva do Terceiro Tempo, vide Toner, *Discerning God's Will*, cap. 14, What Is the Value of the Third Mode?, 255-273; Hughes, Ignatian Discernment. A Philosophical Analysis.

106. "Devido à raridade de tais casos, não se deve gastar muito tempo discutindo este primeiro tempo", Diretório de 1599, cap. 26 (MHSI, v. 76, 700-701 [trad. Palmer, 329-330]).

por outro lado, ele via como pertencente ao âmbito do trato habitual de Deus com as pessoas, especialmente durante os Exercícios[107].

Os Três Tempos são procedimentos distintos e correspondem a realidades distintas na experiência espiritual. Em cada um deles uma decisão válida pode ser tomada. Mas essa distinção não exclui combinações. Embora nenhum dos Três dependa intrinsecamente de outro para confirmação, Inácio preferia que uma decisão tomada em um tempo fosse confirmada em outro. Na sua própria experiência, o Segundo e o Terceiro Tempos parecem ter-se combinado frequentemente[108].

---

107. O Segundo Tempo representa, nas palavras de Pousset, a "vida mística na duração e na monotonia do cotidiano", POUSSET, *Life in Faith and Freedom*, 119.
108. Vide TONER, *Discerning God's Will*, cap. 13, The Relationship of the Three Modes, 233-255. Ao combinar os modos (ou "Tempos"), Toner salienta que sublinhar o valor disso não põe em questão a sua autonomia mútua. Na verdade, há situações em que não só é possível, mas necessário, chegar a uma conclusão através de apenas um tempo. No entanto, sempre que possível, é preferível uma combinação do Segundo e Terceiro. Evidências notáveis da prática do próprio Inácio nesse assunto podem ser encontradas no Diário Espiritual (especialmente as entradas de 6, 8, 10, 16, 22 de fevereiro), na Carta a Francisco Borja (mencionada anteriormente na nota 81) e na Deliberação dos Primeiros Padres (nota 101 acima), em que o discernimento comunitário dos companheiros se dá através da combinação do Segundo e do Terceiro Tempo.

Terceira Semana

A etapa final dos Exercícios

Nas passagens evangélicas da Terceira e Quarta Semanas, a pessoa exercitante contempla dois mistérios únicos e antitéticos: a Paixão e a Ressurreição. Cada um dos quais deve ser assimilado em si mesmo, mas que formam uma unidade de significado de fé.

Deve-se ressaltar que essas contemplações finais ainda pertencem à estrutura dos Exercícios e não são um apêndice ou epílogo sem ligação orgânica com a sequência como um todo. Estão ligadas a essa sequência primeiramente no sentido de que pressupõem, ao mesmo tempo em que realçam, as graças características das semanas anteriores. Porém, o significado da Terceira e Quarta Semanas na dinâmica dos Exercícios também deve ser entendido em relação aos Exercícios como um processo de desenvolvimento contemplativo. Pois a transição dos mistérios da Segunda Semana para a Paixão e Ressurreição leva a pessoa exercitante não apenas a um novo conteúdo, mas também a certa mudança de clima espiritual.

Isso é identificado nas graças pedidas que nas semanas finais mudam em relação às graças mais externas do conhecimento, amor e discipulado comprometido [104] para graças de um tipo mais imediatamente participativo: sofrimento com Cristo [203], alegria com Cristo [231, cf. 48]. À medida que os Exercícios avançam em direção ao seu ápice, há uma expectativa de que a oração possa se tornar uma oração de crescente intimidade[1]. Para usar um termo que não se encontra nos próprios Exercícios (embora o conceito seja central para eles), a pessoa aspira na Terceira e na Quarta Semanas a um "envolvimento contemplativo". Envolvimento tão profundo quanto Deus deseja conceder, no "mistério pascal", através do qual participamos na Paixão, Morte e Ressurreição do próprio Cristo.

Terceira Semana: Compaixão, confirmação da eleição

No caso da Terceira Semana, esta graça mais íntima e participativa é comumente designada pela palavra "compaixão" (literalmente, "sofrer com"). Descrita pela primeira vez na meditação de abertura da Primeira Semana [48] e retomada e explicada em [193], [195], e notavelmente em [203], a compaixão consiste em certa empatia espiritual. De modo que a contemplação da Paixão é ela mesma uma paixão de quem contempla[2], um sofrimento que é nosso, mas no qual e através do qual Cristo nos torna participantes dos seus sofrimentos. Só pode existir como um modo de amor intenso. Transforma a percepção de cada significado da Paixão e a qualidade de cada resposta a ela. É a chave para a união contemplativa na ação pela qual, através dos seus apóstolos, Cristo continua a trabalhar e a sofrer na missão da Igreja no mundo.

---

1. Por isso, muitos comentadores associam a fase final dos Exercícios ao "caminho unitivo", colocando nesta categoria ambas as semanas, ou, com o tipicamente cauteloso Diretório de 1599, apenas a Quarta. O "caminho unitivo", um modo de conhecer e amar que é pura dádiva, não pode ser o resultado programado de um processo, mas, no caso de uma pessoa que tenha feito os Exercícios até agora, é apropriado perguntar e na verdade, esperar graças de natureza unitiva (cf. [203]). Para uma discussão mais aprofundada dos objetivos das semanas finais dos Exercícios, vide COATHALEM, *Insights*, 210-212, e O'LEARY, What the Directories Say.
2. "Pedimos para experimentar a tristeza não apenas como nossa ou exclusivamente como a de Cristo, mas tanto como a tristeza nossa quanto a de Cristo", IPARRAGUIRRE, *A Key to the Study of the Spiritual Exercises*, 84.

A compaixão, então, é a perspectiva característica da contemplação na Terceira Semana. Mas, para apreciar o lugar da Terceira Semana no desenvolvimento global dos Exercícios, ela deve estar relacionada com a forma como o mistério da cruz e o consentimento a ela já foram parte integrante das fases anteriores dos Exercícios. Assim, a pessoa vem rezar a Paixão na Terceira Semana, tendo na Primeira Semana contemplado a cruz como sinal do pecado e da misericórdia. Tendo ouvido o chamado do Rei no início da Segunda Semana e, de alguma forma, tendo sido escolhida por Cristo contra os valores plausíveis do mundo. Essas percepções, conversões e decisões prepararam o caminho, então, para a oração peculiar da Terceira Semana, e explícita ou implicitamente essa oração, por sua vez, as aprofunda e confirma.

Algum elemento do estágio anterior pode muito bem aparecer explicitamente na contemplação da Terceira Semana. Pois intimamente relacionada com a graça da compaixão está a graça da confirmação da eleição, sendo a confirmação entendida agora não como uma verificação da escolha, mas como um fortalecimento de quem escolhe[3]. A necessidade de tal confirmação surge da própria natureza de uma eleição inaciana. Pois uma *boa e sadia eleição*, tendo por objeto um ofício eclesiástico, matrimônio, sacerdócio, vida religiosa ou qualquer outra coisa[4], é a escolha de uma linha de ação ou situação de vida como a melhor forma sob a qual pessoalmente levar *a verdadeira vida em Cristo*. E, portanto, como uma situação em que se deve participar, de maneira previsível ou não, da morte e ressurreição de Cristo. A eleição é confirmada na medida em que se pode dizer "sim" a ela neste nível.

Embora, claro, essa aceitação pertença incipientemente à própria tomada de decisão, ela não se completa em um instante. Pelo contrário, é um processo que precisa se estender gradualmente às camadas mais profundas do eu, muitas vezes, no caso de uma escolha naturalmente

---

3. Resta a possibilidade de "desconfirmação".
4. Apesar das indicações claras nos Exercícios em contrário [135, 169, 170], há uma tendência entre comentadores de sugerir que uma eleição "real" é a escolha do "caminho dos conselhos evangélicos", e as interpretações da Terceira Semana como confirmação parecem frequentemente funcionar nesse sentido.

dispendiosa, face a uma ansiedade ou relutância redespertada. A Terceira Semana serve especialmente para avançar neste processo. Para explicar isso, alguns comentadores apelam ao conceito mais externo de Cristo como exemplar e, da nossa parte, à resposta de resolução e determinação inspirada no modelo que nos foi apresentado por Cristo na Paixão. Mas há também um modo de confirmação mais contemplativo e passivo, que consiste na integração da eleição, com as suas implicações concretas, na oração de compaixão, na participação contemplativa na própria paixão e morte de Cristo[5]. Nesse modo, a confirmação é a própria ação de Cristo dentro de nós.

O exercitante da Terceira Semana: Orientação e discernimento

Embora a orientação espiritual da pessoa exercitante na Terceira Semana possa exigir pouco mais do que um acompanhamento discreto e solidário, surgem situações que exigem discernimento, tanto da pessoa quanto de quem a orienta, para que a ação do Espírito seja encontrada. Neste contexto, podem ser destacados três aspectos da oração na Terceira Semana.

O primeiro aspecto é a experiência. As experiências típicas da Terceira Semana variam do fortemente emocional ao árido e negativo, e em cada extremidade do espectro a realidade interior pode diferir consideravelmente da aparência. A graça de uma forte emoção compassiva deve, de fato, ser pedida na Terceira Semana [195, 203]. Contudo, há emoções que podem parecer compaixão, embora divirjam fundamentalmente dela: sentimentos, por exemplo, contendo pouco comprometimento, ou senso de pecado pessoal ou de dívida pessoal.

Mas, se a emoção intensa pode ser ambígua, o mesmo pode acontecer com as experiências antitéticas de sentimentos paralisados e de

---

5. Sobre uma análise do processo de confirmação, e especialmente da relação entre a dinâmica psicológica da confirmação e a oração de compaixão, o leitor deve consultar particularmente FENNESSY, Praying the Passion. The Dynamics of Dying with Christ, in: DISTER (ed.), *A New Introduction to the Spiritual Exercises of St Ignatius*.

pura laboriosidade. Por trás disso pode estar uma relutância em contemplar a Paixão em profundidade ou um desejo frustrado de satisfação imediata. Também pode acontecer que, precisamente ao suportar a aridez e a distração, a pessoa seja levada a uma "compaixão" que é mais genuína porque não acontece na forma que ela a desejaria. Ao interpretar a experiência da Terceira Semana, deve-se também ter em mente que nesta fase seria normal que uma pessoa entrasse no sofrimento espiritual da purificação passiva ou nas "noites escuras da alma".

Outra necessidade de discernimento surge da natureza da perspectiva da Terceira Semana (centrando-se no Homem das Dores, no clima afetivo de compaixão) e da relação desta perspectiva com os muitos outros focos que podem ser adotados na contemplação da Paixão. Embora a graça da compaixão na Terceira Semana se estenda a todos os significados da Paixão e à qualidade de todas as nossas respostas a ela, isso não significa necessariamente que seja bom na Terceira Semana lidar explicitamente com tudo o que pode figurar na oração da Paixão em outro momento[6].

Contudo, as diretrizes da Terceira Semana não são dogmáticas. Deve ser compreendida a sua abordagem particular e o seu lugar na dinâmica de todos os Exercícios, e a graça da compaixão desejada e procurada. Porém, os verdadeiros temas, preocupações e considerações que podem entrar na oração, além do conteúdo do texto de Inácio, serão no final governados pela necessidade de um indivíduo[7].

---

6. Além do aspecto da cruz enfocado na Terceira Semana, há uma implícita teologia da cruz em cada uma das semanas anteriores e seria possível rezar a Paixão à maneira da Primeira e da Segunda Semana.

7. Assim, o capítulo 35 do Diretório de 1599, depois de reconhecer que a afeição da compaixão deveria ser "sinceramente pedida, humildemente desejada e recebida com gratidão", prossegue enumerando outras afeições "que deveriam ser cultivadas ao mesmo tempo: sentimento de pecado, reconhecimento da bondade e da sabedoria de Deus, confirmação da esperança, avivamento do amor, imitação, zelo pelas almas" (MHSI, v. 76, 726-731 [trad. PALMER 341-342]). Ao alargar o âmbito da Terceira Semana para além dos limites estritos do texto, os autores do Diretório de 1599 são, sem dúvida, influenciados pela sua atitude de cautela em relação à oração simples ou passiva. Mas, dito isso, continua a ser

E em terceiro lugar, às vezes é necessário discernimento para perceber até que ponto a oração de uma pessoa na Terceira Semana deve concentrar-se nas particularidades do sofrimento físico. Uma contemplação da Paixão que escapasse completamente a isso seria, é claro, inautêntica[8]. Porém, o grau em que uma pessoa faria bem em se concentrar ou demorar-se nos detalhes da violência e do sofrimento corporal variará de acordo com ela e com a inspiração do Espírito. O próprio texto, embora exclua uma contemplação higienizada ou puramente espiritual da Paixão (cf. [196]), é marcado por uma discrição que deixa o indivíduo livre para encontrar e seguir o caminho que conduzirá mais eficazmente à graça da Terceira Semana.

Primeiro dia

Primeira contemplação: De Betânia até a Última Ceia

[190] ¹PRIMEIRO DIA
PRIMEIRA CONTEMPLAÇÃO, À MEIA NOITE. COMO CRISTO, NOSSO SENHOR, FOI *DE BETÂNIA A JERUSALÉM*, INCLUINDO A ÚLTIMA CEIA ([289]). CONTÉM A ORAÇÃO PREPARATÓRIA, TRÊS PREÂMBULOS, *SEIS PONTOS* E UM COLÓQUIO.
²Oração. A oração preparatória habitual.

[191] ¹O primeiro preâmbulo é recordar *a história*: como Cristo, Nosso Senhor, enviou dois discípulos de Betânia a Jerusalém para preparar a ceia e depois foi ele mesmo para lá com os outros discípulos. ²Depois de comer o cordeiro pascal e de terminar a ceia, lavou-lhes os pés e deu o seu corpo santíssimo e o seu precioso sangue aos seus discípulos. Ele falou longamente com eles depois que Judas saiu para vender seu Senhor.

---

verdade que reconhecer que a chave da semana é, de fato, a compaixão não significa excluir todas as outras dimensões da contemplação da Paixão.
8. A medida da *kênosis* ("esvaziamento de si mesmo") de Deus na Encarnação é uma fidelidade que se estende não apenas até a morte, mas, precisamente, até a "morte de cruz" (Filipenses 2,8).

[192] ¹Segundo preâmbulo. Composição feita vendo o lugar. Aqui será necessário *considerar o caminho* de Betânia a Jerusalém, seja ele largo ou estreito, plano etc. ²Do mesmo modo, o local da ceia, se é grande ou pequeno, se de um jeito ou de outro.

[193] Terceiro preâmbulo. Pedir o que quero. Aqui será *dor, sentimento profundo e confusão*, porque, pelos meus pecados, o Senhor vai à sua Paixão.

De Betânia a Jerusalém: A fórmula de/até empregada ao longo da Terceira Semana nos títulos das contemplações acentua o conceito da Paixão como um caminho, um caminho prolongado da cruz que a pessoa exercitante deve percorrer passo a passo com Cristo.

Seis pontos: Nesta contemplação inicial, embora os três preâmbulos sejam específicos da Última Ceia, a abordagem modelada nos pontos deve ser adotada ao longo da Terceira Semana. O material é dividido sob os títulos "pessoas, palavras e ações" (pontos 1 a 3), que são contemplados à luz das três considerações orientadoras dadas nos pontos 4 a 6.

A história: Tanto aqui como no texto suplementar [289], a Ceia é proposta mais como ato de abertura da Paixão do que como contemplação da refeição eucarística. O tema da traição é enfatizado e, no lava-pés, inclui especificamente Judas. Todos os detalhes: a Eucaristia como doação e como maior sinal de amor [289], o lava-pés dos discípulos, a predição da Paixão [289], realçam os temas da entrega e do sacrifício feito livremente[9].

Considerar o caminho: A pessoa se prepara para a contemplação da jornada de Cristo através da Paixão, construindo imaginativamente dois caminhos reais: este e o caminho para o Vale de Josafá [202]. A linguagem lembra o segundo preâmbulo da Contemplação do Nascimento no início da Segunda Semana [112].

---

9. De acordo com o tempo disponível e a necessidade de cada pessoa, Inácio permite uma contemplação mais ampla e abrangente da Ceia em [209].

Dor, sentimento profundo e confusão: Antes de pedir uma graça de união na Paixão de Cristo (ou sofrimento com Cristo), a pessoa retoma o que é essencialmente o pedido da Primeira Semana. Ela pede a vergonha e a confusão provenientes da consciência da misericórdia gratuita de Deus para consigo mesma, uma pecadora [48], manifestada na morte de Cristo pelos seus pecados [53]. Os sentimentos de compaixão, qualquer que seja a sua intensidade, ficam aquém da verdadeira graça da compaixão, a menos que contenham o senso de envolvimento, responsabilidade, da nossa parte.

A presente petição, porém, mesmo voltando à da Primeira Semana, ao mesmo tempo a desenvolve sutilmente, na medida em que a atenção agora se concentra mais em Cristo em si mesmo, e os sentimentos são mais de amizade. A causa da confusão, do arrependimento e da dor não é tanto o fato de meus pecados terem merecido a minha morte, mas sim o fato de serem a causa da morte de Cristo.

[194] ¹O primeiro ponto é *ver as pessoas* na ceia e, refletindo sobre mim mesmo, buscar *tirar algum proveito*.

²Segundo ponto. Ouvir o que elas estão dizendo e, da mesma forma, tirar algum proveito disso.

³O terceiro ponto é observar o que elas estão fazendo e tirar algum proveito.

[195] ¹O quarto ponto é considerar o que Cristo, Nosso Senhor, padece em sua natureza humana[10], ou *quer padecer*, dependendo do mistério que se considera. ²*Recorrerei a todas as minhas forças* para condoer-me, entristecer e chorar. Do mesmo modo, *trabalhar* em cada um dos pontos que se seguem.

[196] O quinto ponto é considerar como a natureza divina *se esconde*; isto é, como Cristo, enquanto divino, não destrói seus inimigos, *embora*

---

10. *Padece em sua natureza humana*. Originalmente, "o que padece a humanidade de Cristo, Nosso Senhor". A frase em sua natureza humana (lit. "em sua humanidade") é uma correção feita por Inácio.

pudesse fazê-lo, mas permite-se, em sua sagrada natureza humana, sofrer da forma mais cruel[11].

[197] O sexto ponto é considerar como ele padece tudo isso por meus pecados etc. E *o que devo fazer e padecer* por ele.

[198] Colóquio. Concluir com um colóquio a Cristo, Nosso Senhor, e no final rezar um Pai-Nosso.

Ver as pessoas... tirar algum proveito: Ver as pessoas, com suas palavras e ações, cf. o texto suplementar [289-298]. Na Terceira Semana, as pessoas contempladas podem beneficiar a pessoa exercitante de duas maneiras: elas incorporam de várias formas a resposta de compaixão ou refletem o potencial de cada ser humano para fugir de Jesus ou traí-lo. Assim, a consideração das pessoas aguça o sentimento de crise gerado pela contemplação da Paixão.

Quer padecer: A Paixão de Jesus é significativa para nós porque Ele a deseja por amor a nós. Ele a deseja não no âmbito do instinto (que recua), mas no da vontade, no qual a aceita livremente. Na vontade humana de Jesus, o desejo e a liberdade de Deus irrompem na história em um ato de amor absoluto.

Recorrerei a todas as minhas forças... trabalhar: Linguagem que de forma alguma convida a uma atitude de tensão, mas sim suscita o compromisso de toda a pessoa em um empreendimento que pode não ser fácil. A situação que imediatamente vem à mente será a de aridez ou a sensação de bloqueio. Porém, mais fundamentalmente, a experiência de contemplar a Paixão refletirá o fato de que a Paixão foi um "trabalho" para Jesus.

Se esconde: No texto suplementar, aparece a noção de uma divindade que se esconde progressivamente, à medida que a Paixão se aprofunda cada vez mais no reino do sofrimento, da violência e da degradação. Ela é

---

11. *Permite-se em sua natureza humana*. Para evitar a impressão de que as naturezas divina e humana são um par independente de agentes, a tradução amplia ligeiramente a concisão do espanhol, que diz: "A divindade se esconde [...] e permite que a sagrada humanidade sofra".

trazida à tona pelo desaparecimento dos títulos habituais de "Cristo" e "Senhor" e pela substituição destes depois de [292] simplesmente por "Jesus".

Embora pudesse fazê-lo (cf. Mateus 26,53; João 18,6-11): A ênfase no caráter oculto da divindade não nos convida, entretanto, a contemplar a Paixão como se "divindade oculta" significasse "divindade ausente". Pelo contrário, na Terceira Semana, como no Colóquio da Cruz [53], contemplamos o esvaziamento do Deus Criador[12].

O *que devo fazer e padecer*: Ao "fazer por Cristo" da Primeira Semana é agora adicionado "padecer". Agir e padecer por Cristo: ambos devem ser, ao longo da vida, a resposta da pessoa discípula à cruz. Na Terceira Semana, essa resposta adquire certo conteúdo específico. "Fazer e padecer" recorda agora o apelo de Cristo aos seus seguidores para trabalharem com ele e partilharem os sofrimentos inseparáveis do seu próprio conflito com a oposição do mundo ao Reino de Deus [95]. Quando uma decisão concreta tiver sido tomada na Segunda Semana, a forma do "fazer e padecer" da pessoa pode ser ainda especificada pelos compromissos e exigências decorrentes da sua eleição.

> [199] [1]*Deve-se notar*, como já foi parcialmente explicado, que nos colóquios devemos falar e pedir *de acordo com a nossa situação*. [2]Isto é, se estou em estado de tentação ou consolação, se desejo ter esta ou aquela virtude, se quero escolher *uma direção ou outra*, se quero lamentar ou alegrar-me com o que contemplo. [3]Para resumir, pedir o que desejo mais sinceramente em relação a coisas específicas. [4]*Dessa forma*, posso fazer um único colóquio a Cristo, Nosso Senhor, ou, se o assunto ou uma devoção particular me mover, três colóquios: um à Mãe, um ao Filho, um ao Pai. [5]Proceder do mesmo modo indicado na Segunda Semana, na meditação dos Três Tipos de Pessoas e na nota que a segue.

Deve-se notar: Nesta nota Inácio fornece o resumo mais completo que pode ser encontrado nos Exercícios sobre o que ele quer dizer com o termo "colóquio".

---

12. Sobre este ponto, vide Cusson, *Biblical Theology*, 299.

De acordo com a nossa situação: Literalmente "de acordo com o assunto proposto". Conforme observado acima (cf. nota à Anotação 4 [4]), a expressão deve ser entendida como se referindo tanto ao assunto dos Exercícios quanto às necessidades da pessoa exercitante. Aqui a ênfase está claramente no último.

Uma direção ou outra: Ou seja, na escolha de um estado de vida ou outra situação de eleição.

Dessa forma: Depois de uma síntese geral da natureza do colóquio, Inácio dá indicações específicas para a Terceira Semana. Aqui o Tríplice Colóquio não é mais uma parte essencial. Ele pode ser adotado ou não, conforme parecer apropriado à pessoa exercitante.

Segunda contemplação: Da Última Ceia até o horto

[200] ¹SEGUNDA CONTEMPLAÇÃO, DE MANHÃ, DA ÚLTIMA CEIA AO HORTO (INCLUSIVE) ([290])
²Oração. A oração preparatória habitual.

[201] ¹O primeiro preâmbulo é *a história*. Aqui será como Cristo, Nosso Senhor, com seus onze discípulos, desceu do Monte Sião, onde foi tomada a ceia, até o Vale de Josafá. ²Deixou oito deles em um lugar no vale e os outros três em uma parte do horto. ³Colocando-se em oração, seu suor tornou-se como gotas de sangue[13]. ⁴Então orou três vezes ao Pai e despertou seus três discípulos. Em seguida, à sua voz, seus inimigos caíram por terra, ⁵e Judas lhe deu o beijo da paz. São Pedro cortou a orelha de Malco, e Cristo a colocou de volta no lugar. ⁶Ele foi preso como criminoso, e o levaram para o vale e, depois, subindo a encosta, até a casa de Anás.

[202] O segundo preâmbulo é ver o lugar: aqui será necessário considerar o caminho do Monte Sião ao Vale de Josafá, e também o horto, se amplo, se extenso, se de um jeito ou de outro.

---

13. *Como gotas de sangue*: correção feita por Inácio na expressão "semelhantes a um suor de sangue".

[203] O terceiro preâmbulo é pedir o que quero. O que é próprio pedir na Paixão: *dor com Cristo doloroso*, abatimento com Cristo abatido; lágrimas e sofrimento interior por causa do grande sofrimento que Cristo suportou *por mim*.

A história: Em certo sentido, a contemplação da agonia enfatiza a "paixão interior" e a emergência dessa da disposição que motivará Jesus ao longo de seus sofrimentos físicos. No texto suplementar, a atenção está focada na luta de Jesus na oração do horto [290].

Dor com Cristo doloroso etc. A *Vulgata* afirma: "Para obter o que desejo, pedir dor, luto, angústia e outras penas interiores desse tipo, para que eu possa sofrer junto com Cristo sofrendo por mim". Pode-se dizer que o elemento principal do texto da Terceira Semana, que fornece a tônica da Semana como um todo, é esta petição, já antecipada na abertura dos Exercícios [48].

Por mim: Para Inácio, como para outros mestres espirituais clássicos, o significado pessoal da Paixão (a Paixão é "por mim") é crucial, dando confiança ao amor de Deus[14], bem como suscitando poderosamente o amor em resposta. Assim, Gil González Dávila (para tomar um único exemplo dos Diretórios), citando Gálatas 2,20, estipula que "aquele que medita deve tornar-se presente ao mistério como se este estivesse sendo feito somente para ele"[15]. Mas, embora a pessoa na Terceira Semana deva insistir no "por mim" da Paixão, ela não deve privatizar a Paixão. Um hábito mental característico da espiritualidade apostólica inaciana é ver o gênero humano tanto em sua totalidade quanto em cada indivíduo com quem se lida em relação à Paixão e Morte de Cristo[16].

---

14. O Diretório de 1599 cita Santo Agostinho: "Aquele que nos deu o maior, ou seja, o Sangue de seu Filho unigênito, dará também a glória eterna, que é certamente menor" (MHSI, v. 76, 731 [trad. Palmer, 341]).
15. MHSI, v. 76, pág. 526 [trad. Palmer, pág. 262]. Vide também Diretório de 1599 (loc. cit., 729 [trad. Palmer 341]).
16. Por exemplo, Inácio, Carta 169 (7 de maio de 1547): "Olhe também para as pessoas ao seu redor e perceba que elas são uma imagem da Santíssima Trindade. Elas têm potencial para a glória d'Aquele a quem o universo está sujeito.

Notas sobre a Terceira Semana

[204] ¹PRIMEIRA NOTA. Nesta Segunda Contemplação, depois da oração preparatória com os três preâmbulos acima mencionados, manter o mesmo modo de proceder nos pontos e no colóquio que na Primeira Contemplação (da Ceia). ²Devem ser feitas duas repetições da Primeira e da Segunda Contemplações nos momentos da Missa e das Vésperas. Antes da ceia, deve ser feita a aplicação dos sentidos sobre as ditas contemplações. ³Estas são sempre precedidas pela oração preparatória e pelos três preâmbulos, sendo estes últimos adaptados ao assunto em consideração, na forma mencionada e explicada na Segunda Semana [119, 159, cf. 72].

[205] SEGUNDA NOTA. Conforme a idade, a disposição e o clima ajudam a pessoa que se exercita, os cinco Exercícios ou menos devem ser feitos a cada dia.

[206] ¹TERCEIRA NOTA. Nesta Terceira Semana há modificações a serem feitas na segunda e na sexta adições.
 ²A segunda adição. Imediatamente ao acordar, colocarei diante de mim para onde vou e com que propósito, e repassarei brevemente a contemplação que quero fazer, qualquer que seja o mistério.
 ³Enquanto me levanto e me visto, farei um esforço para sentir tristeza e dor diante da grande dor e do sofrimento de Cristo, Nosso Senhor.
 ⁴A sexta adição. A modificação aqui é que *não farei nenhuma tentativa de evocar pensamentos alegres*, nem mesmo pensamentos bons e santos sobre assuntos como ressurreição e glória. ⁵Pelo contrário, buscarei sentir dor, pena e abatimento, *lembrando-me frequentemente* dos trabalhos,

---

Elas são membros de Jesus Cristo, redimidas através de Suas muitas dores e insultos; redimidas através de Seu sangue" (MHSI, *Ep. Ig.*, v. I, n. 503 [trad. *Personal Writings*, 176]). Observe que ao conectar a Paixão com cada pessoa (algo tão distinto da humanidade como coletividade) estamos nos referindo à mente e à intenção de Deus. O conteúdo da consciência humana de Jesus durante a Paixão é outra questão.

das fadigas e das dores suportadas por Cristo, Nosso Senhor, desde o momento do seu nascimento até o mistério da Paixão em que estou.

[207] QUARTA NOTA. O exame particular deverá ser feito sobre os Exercícios e as Adições desta semana, da mesma forma que na semana anterior [160].

Não farei qualquer tentativa de evocar pensamentos alegres etc. (cf. [78]): O conhecimento da Ressurreição, sem o qual a Paixão não poderia ser contemplada no seu significado cristão, não deveria resultar em pensamentos ou sentimentos que neste momento pudessem suavizar a dura realidade da cruz. A pessoa rezará, certamente, para participar de alguma forma do próprio relacionamento de Jesus com o Pai com esperança e confiança no sofrimento dele. Mas não deve abandonar o caminho rumo à Páscoa com Cristo sofredor, para contemplar a Paixão com espírito de alegria pascal.

Lembrando-se frequentemente (cf. [116], [130]): A lembrança constante de eventos anteriores da vida de Cristo permite à pessoa interpretar os sofrimentos mais "comuns" da vida de Cristo à luz da cruz. Além disso, a prática contraria a tendência de considerar a Paixão como um ato sacrificial isolado, não conseguindo relacioná-la com uma vida levada em vulnerabilidade e em conflito crescente com forças hostis ao ensinamento e à pessoa de Jesus Cristo.

Segundo ao Sétimo Dia: A Paixão

[208] ¹SEGUNDO DIA

À meia-noite, a contemplação será sobre os acontecimentos desde o horto até a casa de Anás, inclusive [291]. Pela manhã, da casa de Anás até a casa de Caifás, inclusive [292]. ²Depois, as duas repetições e a aplicação dos sentidos, do modo que já foi dito [204].

³TERCEIRO DIA

À meia-noite, da casa de Caifás a Pilatos, inclusive [293]. Pela manhã, de Pilatos a Herodes, inclusive [294]. ⁴E depois as repetições e a aplicação dos sentidos, como já foi dito [204].

⁵QUARTO DIA

À meia-noite, de Herodes a Pilatos [295], fazendo a contemplação da primeira metade dos mistérios que aconteceram na casa de Pilatos. ⁶Depois, no Exercício da manhã, os demais mistérios sucedidos na mesma casa. As repetições e a aplicação dos sentidos, como foi dito [204].

⁷QUINTO DIA

À meia-noite, desde a casa de Pilatos até a crucifixão [296]. Pela manhã, desde ser levantado na cruz até a morte [297]. Depois, as duas repetições e a aplicação dos sentidos [204].

⁸SEXTO DIA

À meia-noite, desde a descida da cruz até, mas não incluindo, o túmulo [298]. Pela manhã, desde o mistério do túmulo (inclusive) até *a casa para onde Nossa Senhora foi*, depois de sepultado seu Filho.

⁹SÉTIMO DIA

Contemplação da Paixão como um todo nos Exercícios da meia-noite e da manhã. ¹⁰*Em vez das duas repetições* e da aplicação dos sentidos, deve-se considerar durante todo o dia, com a maior frequência possível, como o sacratíssimo corpo de Cristo, Nosso Senhor, ficou afastado e separado da alma, bem como onde e como foi sepultado. ¹¹Do mesmo modo, considerar a solidão de Nossa Senhora com tanta dor e *fadiga*. Depois, também a dos discípulos.

A casa para onde Nossa Senhora foi: Na casa de Maria, a pessoa contemplará a primeira aparição de Jesus depois de ressuscitado [220]. Enquanto isso, Maria ocupará um lugar central nas considerações do sétimo ("túmulo") dia. A sua presença proporciona, assim, uma continuidade entre a Morte de Jesus e a Ressurreição. Mais especificamente, ela é a companheira e o modelo da pessoa exercitante neste momento, e sua casa se torna seu próprio local de descanso. O foco mariano nesta fase também pode ser entendido em relação a João 19,26. Tendo Cristo dado Maria como mãe a São João e nele à Igreja, a pessoa pode pensar em si mesma como acolhendo a mãe na "casa" que é seu próprio coração[17].

---

17. Vide DECLOUX, Mary in the Spiritual Exercises.

Contemplação da Paixão como um todo: Vide comentário em [209], a seguir.

Em vez das duas repetições etc. Os conteúdos preparam a pessoa exercitante para a Ressurreição, dirigindo a atenção para as realidades da experiência humana nas quais o Cristo ressuscitado entra e transforma: morte, tristeza, solidão, fadiga. Mas pessoa não deve se restringir a uma aplicação literal do texto. Para muitas pessoas, o dia é uma ocasião para pensamentos sobre a morte, a própria ou a morte de entes queridos. Também para permitir que atitudes de tristeza, medo ou revolta a esse respeito venham à tona e sejam tocadas pela morte de Jesus. Neste dia pode ser valioso, especialmente se a Terceira Semana proporcionou a "confirmação" de uma eleição, rezar pela graça de se sentir "morto" com Cristo morto, ou seja, "morto" para forças que impedem a vida de Cristo em si mesmo e especialmente aos desejos e relutâncias que poderiam comprometer o compromisso particular assumido nos Exercícios.

Fadiga: À sua maneira, também a pessoa exercitante pode se sentir "exausta" depois do acompanhamento sustentado de Jesus ao longo do caminho da Sua Paixão.

[209] [1]NOTA

Quem quiser dedicar mais tempo à Paixão deverá tomar menos mistérios em cada contemplação. Por exemplo, na primeira apenas a Ceia; [2]na segunda, o lava-pés; na terceira, a entrega da Eucaristia aos discípulos; na quarta, o discurso de Cristo, e assim por diante nas demais contemplações e mistérios.

[3]Do mesmo modo, terminada a Paixão, pode-se tomar metade da Paixão durante um dia inteiro, a outra metade no segundo dia e a totalidade no terceiro dia.

[4]Por outro lado, quem quiser dedicar menos tempo à Paixão pode tomar a Ceia à meia-noite; pela manhã, o horto; à hora da missa, a casa de Anás; à hora das Vésperas, a casa de Caifás; e, à hora antes da ceia, a casa de Pilatos. [5]Desse modo, sem repetições nem aplicação dos sentidos, podem-se fazer cinco exercícios diferentes a cada dia com um mistério diferente de Cristo, Nosso Senhor, em cada exercício. [6]Depois de terminar toda a Paixão dessa forma, tal pessoa poderá em outro dia

contemplar toda a Paixão em um ou vários exercícios, conforme lhe parecer mais proveitoso.

As abordagens para contemplar a Paixão indicadas nesta Nota diferem em dois aspectos, em particular, do método e da estrutura da Segunda Semana. Primeiro, as repetições não são mais parte integrante do dia contemplativo. Pode-se desejar agora seguir o padrão anterior ou não. Em segundo lugar, é atribuído um valor considerável à contemplação da Paixão como um todo, um exercício ao qual não há equivalente na Segunda Semana. Ambas as características podem ser explicadas pela importância atribuída à unidade da Paixão, que faz dos vários episódios tantos pontos de entrada no mistério único do sofrimento e da morte de Deus na humanidade de Cristo.

A nota respeita a variedade de maneiras pelas quais as pessoas podem ser levadas a rezar a Paixão na Terceira Semana e, por essa razão, as alternativas aqui propostas não devem ser consideradas como excluindo outras possibilidades[18].

Regras relativas à alimentação

A inclusão, à primeira vista curiosa, destas Regras na Terceira Semana é explicada pela contemplação inicial de Jesus na Última Ceia [214]. Na prática, se e em que momento devem ser apresentadas fica ao critério de quem orienta os Exercícios, que também pode modificá-las na forma[19]. O seu objetivo geral é claro: definir os usos dos alimentos e das bebidas

---

18. Sobre outros esquemas possíveis que podem ser seguidos ao propor o material evangélico da Terceira Semana, vide COWAN, Moving into the Third Week, in: COWAN; FUTRELL, *Handbook*, 121-125.

19. Há um tom de austeridade nas regras que pode não ser útil para uma pessoa já inclinada a ser excessivamente rigorosa, como os Diretórios parecem reconhecer. Assim, lemos no Diretório de 1599 que "as regras para regular a dieta alimentar [...] só deveriam ser explicadas oralmente e não dadas por escrito, uma vez que (entre outras razões) não deveriam ser dadas a todas as pessoas da mesma forma, mas adaptadas com discrição ao caráter de cada indivíduo, bem como

em relação à finalidade dos Exercícios (cf. [1] e [23]), e mais especificamente às normas do Fundamento. Buscam promover uma atitude contemplativa em relação à satisfação de um apetite facilmente abusado. Portanto, as Regras falam hoje às pessoas exercitantes não apenas sobre os usos dos alimentos, mas também sobre outros apetites e outras formas de abuso corporal socialmente aceitas.

[210] [1]*REGRAS PARA ORDENAR-SE NO COMER DE AGORA EM DIANTE*
[2]Primeira Regra. Convém menos *abster-se* de comer pão, porque o pão não é um alimento pelo qual o apetite costuma se desordenar tanto ou sobre o qual a tentação seja tão forte como é o caso de outros alimentos.

[211] [1]Segunda Regra. Quanto à bebida, a abstinência parece mais apropriada do que no comer pão. [2]Portanto, deve-se observar cuidadosamente o que é benéfico para admitir, e o que é prejudicial para rejeitar.

[212] [1]Terceira Regra. A respeito dos *alimentos mais atrativos*[20], deve ser observada a mais estrita e completa abstinência, pois nesta matéria o apetite é mais propenso ao excesso e a tentação é mais insistente. [2]A abstinência para evitar transtornos alimentares pode ser praticada de duas maneiras: (1) adquirindo o hábito de comer comida simples, (2) consumindo iguarias apenas em pequenas quantidades.

[213] [1]Quarta Regra. Cuidando para as doenças serem evitadas, quanto mais se reduz do que convém, mais cedo se *chegará à medida certa* no comer e beber. Há duas razões para isso: [2](1) dispondo-se e ajudando-se

---

à sua força física e mental" (MHSI, v. 76, 732-734, repetindo Polanco, 320, e Cordeses, 558 [trad. PALMER, 342, 144, 283]).
20. Suas ideias sobre os usos da comida e da bebida em uma comunidade jesuíta são desenvolvidas em uma carta escrita por Inácio no ano da sua morte (1556) a Adrian Adriaenssens, Reitor de Lovaina (MHSI, *Ep. Ig.*, v. XI, n. 6454, 374-375 [trad. Inigo, *Letters*, 266-267]).

desta forma, muitas vezes experimentará mais luzes interiores, consolações e inspirações divinas que lhe mostrarão onde está a justa medida; ³(2) se, ao reduzir dessa forma, a pessoa se encontrar sem força corporal ou inclinação para exercícios espirituais, será fácil chegar a uma decisão sobre o que é mais adequado para o sustento do corpo.

[214] ¹Quinta Regra. Ao comer, deve-se *imaginar que se vê Cristo, Nosso Senhor, à mesa* com seus apóstolos, e considerar a maneira como ele come e bebe, como olha em volta, como fala; e então buscar imitá-lo. ²De modo que a inteligência se dedica mais a considerar Nosso Senhor e menos a alimentar o corpo, ³e assim a pessoa alcança mais harmonia e ordem na forma de se comportar e agir.

[215] ¹Sexta Regra. Outras vezes, ao comer, podem-se considerar outras coisas: a vida dos santos, ou alguma contemplação religiosa, ou algum projeto espiritual que se tenha em mente. ²Pois, quando se dá atenção a coisas assim, menos deleite e gozo são obtidos na alimentação do corpo.

[216] ¹Sétima Regra. Sobretudo, deve-se tomar cuidado para colocar todo o ânimo voltado ao que se come e não se deixar levar pelo apetite nas refeições. ²Em vez disso, deve-se ter controle de si mesmo, tanto na maneira de comer quanto na quantidade ingerida.

[217] ¹Oitava Regra. Para libertar-se de hábitos desordenados, é muito proveitoso, *depois de comer* ou em algum outro momento em que não se sente apetite por comida, ²decidir quanto de comida será suficiente para a próxima refeição. Da mesma forma, todos os dias, decidir a quantidade que é adequada para comer. ³Então, por mais faminta ou tentada que a pessoa esteja, não deve exceder essa quantidade; antes, para melhor superar o apetite desordenado e as tentações do inimigo, se for tentada a comer mais, coma menos.

Regras para Ordenar-se no Comer de agora em diante: A *Vulgata* esclarece que as regras se preocupam com "uma correta temperança na comida" (diferente da penitência, cf. [83]).

Abster-se: A abstinência aqui não tem o sentido de privação, mas de limitação.

Alimentos mais atrativos: Em espanhol a palavra *manjares* pode significar simplesmente "pratos" ou "alimentos em geral"; mas, como está claramente implícita uma distinção entre a questão da presente regra e a da Primeira Regra, o sentido mais geral é aqui menos apropriado. Na época de Inácio, o pão era a dieta básica dos pobres e era considerado suficiente, ou em grande parte suficiente, para as necessidades nutricionais. A regra três, portanto, refere-se a outros alimentos além do pão, e quanto mais um alimento for atraente ou tiver uma qualidade de luxo, mais, obviamente, a regra lhe será pertinente.

Chegará à medida certa: Aqui, "reduzir" é uma aplicação particular do princípio de *agendo contra*, o deliberado "agir contra" uma tendência desordenada para chegar à "medida certa"[21].

Imaginar que se vê Cristo, Nosso Senhor, à mesa etc. Na Terceira Semana, a pessoa exercitante faz isso ao contemplar a Última Ceia.

Depois de comer: Dos Diretórios Inacianos, sabemos como o próprio Inácio aplicou estes princípios na situação dos Exercícios: "A pessoa que faz os Exercícios deve sempre ser perguntada sobre o que quer comer e então receber o que pediu, se o que ela pede é uma ave ou um mero bocado – o que estiver de acordo com sua devoção. Assim, depois do jantar ela deve dizer à pessoa que tira a mesa ou lhe traz o jantar o que deseja para a ceia. Da mesma forma, depois da ceia ela deverá dizer o que vai querer para o jantar do dia seguinte"[22].

---

21. Vide a nota em [13].
22. Diretório Ditado (MHSI, v. 76, 79 [trad. Palmer, 11]). Uma instrução semelhante aparece na página 87 no Segundo Diretório de Inácio [trad. Palmer, pág. 14].

Quarta Semana

A graça da alegria

Enquanto a graça da Terceira Semana é sofrer com Cristo, a da Quarta Semana é a alegria. Como, neste contexto, deve ser entendido o termo "alegria", muitas vezes usado de forma vaga e ambígua? Estamos interessados na alegria pascal, a alegria própria da Páscoa. A alegria que brota de uma graça ainda mais fundamental, a da fé e do amor que fazem de Cristo ressuscitado, embora invisível, o próprio cerne da existência da pessoa fiel[1]. O objeto da alegria pascal é, portanto, a realidade aqui e agora de Cristo ressuscitado.

Mas essa realidade inclui tudo o que Jesus Cristo realizou através da sua missão salvífica. A qualidade de vida aqui e agora que se tornou possível para nós. A esperança última que nos é oferecida. Todas as formas pelas quais a Ressurreição é uma mensagem de Deus para e sobre o mundo[2]. A alegria pascal, porém, pode ser vivida em diversos níveis.

---

1. Cf. 1 Pedro 1,8: "Sem tê-lo visto, vós o amais. E, apesar de não o verdes atualmente, nele credes e exultais com alegria inefável, repleta de glória".
2. Cusson descreve a "alegria de Cristo" como tendo a ver com "o reino realizado naquele dia, a nova vida transmitida ao mundo inteiro que finalmente se tornou capaz, pelo menos em princípio, de aceitá-la e de comunicar-se com Deus. A alegria do amor do esposo acolhendo a noiva que se tornou capaz de

A alegria pedida na Quarta Semana dos Exercícios consiste na experiência transformadora de uma alegria que é união com a do próprio Jesus Cristo ressuscitado, assim como o sofrimento da Terceira Semana foi uma tal participação no sofrimento de Jesus Cristo[3].

Fluindo de Cristo, essa alegria tem os efeitos típicos da consolação. A consolação sempre leva a pessoa ao serviço a Deus. Como os dons de Cristo estão de acordo com a vida à qual Ele nos chama, no caso de uma pessoa chamada explicitamente ao apostolado, a alegria da Quarta Semana constituirá um impulso para a missão apostólica, uma fonte de força, energia e coragem para participar da obra do Reino.

Em sua plenitude, a alegria da Quarta Semana envolve toda a pessoa, penetra na experiência cotidiana, melhora e é apoiada pelas alegrias comuns da vida [229.4]. Mas a sua autenticidade deve ser sempre medida em termos de profundidade e força e não de alegria emocional. Mesmo nos Exercícios, pode funcionar, como frequentemente acontece na vida diária, como uma experiência semelhante a um fermento, permeando sutilmente uma tristeza ou peso que no momento deve ser suportado. Mas, se mesmo nos Exercícios a plenitude descomplicada da alegria pascal pode demorar a chegar, reza-se por ela com confiança e faz-se tudo por sua própria conta para se dispor a recebê-la.

Oração da Quarta Semana: as aparições e a Ressurreição

Os temas de contemplação propostos à pessoa exercitante da Quarta Semana começam com a aparição de Jesus à sua Mãe e terminam com a Ascensão. No meio, passagens do Evangelho pós-ressurreição[4],

---

responder naquele momento ao amor que desde toda a eternidade a espera no coração de Deus", *The Spiritual Exercises Made in Everyday Life*, 116-117.
3. Partilhar a alegria de Cristo significa partilhar altruisticamente a alegria de Cristo por si mesmo (ou seja, no seu regresso ao Pai e na sua elevação à glória), mas devemos lembrar que a alegria de Cristo não é apenas para si mesmo, mas para nós: alegria em tudo o que ele alcançou para nós.
4. Esta sequência inclui todas as aparições de Jesus narradas nos Evangelhos, exceto as aparições finais em Marcos 16,14-18, Lucas 24,44-49 e João 21,15-23,

com quatro aparições adicionais [308-311], são organizadas para formar uma sequência narrativa. Nesta sequência, podem ser apontadas três ênfases amplamente distintas[5].

(1) Aparições que levam à fé pessoal e ao testemunho [300-303.2].
(2) Aparições em que os temas são mais explicitamente eclesiais: a Eucaristia, a concessão do Espírito e da autoridade para perdoar os pecados, a bênção aos futuros fiéis, a pesca milagrosa, o estabelecimento da posição de Pedro, a ordem para ensinar e batizar todas as nações [303.3-307].
(3) Uma série final de aparições, baseadas nas Escrituras ou apócrifas, que mostram a generosidade do Cristo ressuscitado em mostrar-se [308-311].

Em cada aparição, portanto, há um conteúdo particular, constituído por aspectos específicos da relação da pessoa fiel com Jesus Cristo na Igreja. O propósito da semana será perdido se esse conteúdo for ignorado. Por outro lado, a oração na Quarta Semana deve ser ampla e de forma alguma sobrecarregada de detalhes. É preciso lembrar, mais uma vez, que o objeto de contemplação na etapa final dos Exercícios consiste tanto nos detalhes específicos dos textos sucessivos como também, e mais fundamentalmente, no mistério único ao qual cada texto dá acesso. Portanto, ao contemplar as pessoas, palavras e ações de cada uma das aparições na Quarta Semana, a pessoa está presente, em uma oração receptiva e livre, à realidade única do Cristo Ressuscitado que dá alegria.

---

que são omitidas em favor de Mateus 28,16-20 (cf. [307]). A aparição a Maria Madalena não aparece em sua forma mais completa, joanina (João 20,11-18), mas está contida na versão marcana (16,9-11) na "segunda aparição" proposta por Inácio [300]. Cabe a quem orienta encontrar os textos evangélicos que pareçam melhores para ajudar a pessoa exercitante; e ele ou ela não está limitado à seleção de Inácio. Os textos devem ser selecionados, no entanto, tendo em conta a gama de conteúdos abrangidos pelas narrativas do Evangelho pós-Ressurreição.
5. Sobre essa divisão, vide CHAPELLE et al., *Exercises Spirituels d'Ignace de Loyola*, "Les Apparitions", 404–409.

Primeira contemplação: Nosso Senhor aparece a Maria

[218] ¹PRIMEIRA CONTEMPLAÇÃO: *COMO CRISTO, NOSSO SENHOR, APARECEU A NOSSA SENHORA* ([299]).
²Oração. A oração preparatória habitual.

[219] ¹O primeiro preâmbulo é a história. Depois que Cristo morreu na cruz, seu corpo ficou separado da alma, mas sempre unido à divindade. Sua bem-aventurada alma, também unida à divindade, *desceu ao Inferno*. ²Dali, Ele libertou as almas dos justos e voltou ao sepulcro. *Ressuscitado, apareceu em corpo e alma à sua bendita Mãe*.

[220] Segundo preâmbulo. Composição vendo o lugar. Ver a disposição do santo sepulcro e *o lugar ou casa de Nossa Senhora*, olhando particularmente suas partes, como quarto, *oratório* etc.

[221] Terceiro preâmbulo. Pedir o que quero: aqui será pedir a graça de *sentir intensa e profunda alegria* por tanta alegria e glória de Cristo, Nosso Senhor.

Como Cristo, Nosso Senhor, apareceu a Nossa Senhora: Na *Versio Prima*: "A primeira aparição de Cristo à Bem-Aventurada Virgem Maria" (cp. [299]); na *Vulgata*: "Como o Senhor Jesus apareceu depois da Ressurreição à sua santa Mãe".

A Quarta Semana não contém nenhuma contemplação da Ressurreição como um evento. Tanto no texto Autógrafo quanto na *Versio Prima*, a palavra "ressurreição" não aparece no título. A pessoa exercitante contempla apenas Jesus ressuscitado em suas aparições.

Ao considerar a primeira delas como sendo a aparição à sua Mãe, Inácio segue uma tradição antiga[6], e o significado que ele atribuiu a

---

6. Na *Vita Christi* de Ludolfo de Saxônia, Jesus ressuscitado e sua mãe são representados conversando entre si "cheios de alegria, enquanto se deleitam amorosamente na vitória pascal do Senhor". A tradição é mencionada no Exercitatório de Cisneros e é comemorada na dedicação de uma Igreja em Jerusalém. Sobre

essa tradição é evidente tanto aqui como no texto suplementar [229]. Na falta de testemunho bíblico, ele apela à compreensão da fé da pessoa exercitante (com referência particularmente a Mateus 15,16. A reprovação de Jesus aos apóstolos por não entenderem o significado interno de uma parábola).

À luz dessa compreensão, essa aparição deve ser considerada não apenas como um momento de natural intimidade filial, mas como correspondente ao lugar de Maria na economia da salvação e na Igreja[7]. Que aqui somos convidados a considerar Maria dessa forma é ainda sugerido pelo uso na *Versio Prima* e no texto suplementar [299] do título formal "Virgem Maria" no lugar do mais familiar "Nossa Senhora".

Desceu ao Inferno: Ou seja, A descida de Jesus ao mundo sombrio do *Sheol* ou *Hades*[8], ao qual ele traz vida e a realização de uma longa expectativa (cf. [313], onde esse momento importante na história da salvação está incluído entre as aparições de Jesus).

Ressuscitado, apareceu em corpo e alma à sua bendita Mãe. Esta frase (resumida tanto na *Versio Prima* como na *Vulgata* como "apareceu à Santíssima Virgem, sua mãe") sugere eventos praticamente simultâneos[9].

O lugar ou casa de Nossa Senhora: Como na Segunda e Terceira Semanas, a contemplação de abertura da Quarta Semana começa com um quarto, o espaço privado e pessoal de uma pessoa ou grupo. Aqui, note especialmente a semelhança com a "casa de Nossa Senhora" com os seus "quartos", que foi o cenário da Encarnação [103].

---

autoridades anteriores e posteriores a Inácio que defenderam essa aparição, vide CUSSON, *Biblical Theology*, 304. Também Rickaby (193) e Longridge (148) citam o hino de Páscoa de William Keble: "Enquanto os serafins esperam, ele conversa à parte com ela por um tempo".

7. Sobre o sentido dessa primeira aparição, o leitor deve consultar especialmente o artigo de DECLOUX, Mary in the Spiritual Exercises, 142-144, e KOLVENBACH, The Easter Experience of our Lady. Ambos os artigos aparecem em *Our Lady in Ignatian Spirituality*, CIS, 19 (1988).

8. Cf. 1 Pedro 3,19; 4,6. Na atual tradução litúrgica do Credo dos Apóstolos, "desceu ao Inferno" é traduzido como "desceu à mansão dos mortos".

9. Na Igreja Catedral de Manresa, existe um retábulo no qual Maria é representada presente no túmulo no próprio momento da Ressurreição.

Oratório: É o homem ou a mulher de oração que é capaz de acolher Cristo ressuscitado no que quer que seja o "lar" da sua vida.

Sentir intensa e profunda alegria: A qualidade da alegria pela qual a pessoa exercitante reza e espera experimentar é expressa pela dupla de verbos (em espanhol, *me alegrar* e *gozar*) e pelo reforço *intenso*, uma palavra que Inácio não usa casualmente (cf. [55]).

Que a alegria da Quarta Semana seja uma "participação" na alegria do próprio Cristo fica claro na versão da *Vulgata*: "Para que possamos participar da imensa alegria de Cristo e de sua mãe" (cf. [48] ao contemplar o Ressuscitado, pede-se a alegria com Cristo alegre).

[222] O primeiro, o segundo e o terceiro pontos devem ser os habituais que tivemos na Ceia de Cristo, Nosso Senhor [194].

[223] O quarto ponto é considerar como a natureza divina, que na Paixão parecia esconder-se, agora, na santa Ressurreição, aparece e se revela *tão milagrosamente pelos seus verdadeiros e santíssimos efeitos*.

[224] O quinto ponto é olhar para *o ofício de consolador*, que Cristo, Nosso Senhor, exerce, e compará-lo com o modo como os amigos costumam consolar-se uns aos outros.

[225] Colóquio. Concluir com um ou mais colóquios, de acordo com a matéria proposta, e um Pai-Nosso.

Como na Terceira Semana, os pontos fornecem um enquadramento para a Semana. As "pessoas", as "palavras", as "ações" (pontos um a três) são contempladas com referência aos princípios interpretativos gerais enunciados nos pontos quatro e cinco.

Tão milagrosamente pelos seus verdadeiros e santíssimos efeitos. No tempo das aparições e da Igreja apostólica, estes podem ser resumidos em três títulos: efeitos nas pessoas (por exemplo, esperança, visão, alegria, amor), na Igreja (a construção da comunidade), no mundo (o progresso do Reino de Deus através da missão dos apóstolos).

O ofício de consolador: A versão da *Vulgata* diz: "Aprecie com que prontidão e abundância o Senhor desempenha o ofício de consolar os seus, fazendo uma comparação com a consolação que pode ser dada por um grande amigo".

Notas sobre a Quarta Semana

[226] ¹Primeira nota. Nas contemplações seguintes, proceda-se por todos os mistérios da Ressurreição da forma indicada abaixo [227] *até a Ascensão, inclusive.* ²Devem ser adotadas e mantidas, durante toda a semana da Ressurreição, a mesma forma e maneira seguidas na semana da Paixão [204]. ³Portanto, esta primeira contemplação sobre a Ressurreição deve ser tomada como um guia no que diz respeito aos preâmbulos, que são adaptados de acordo com o assunto em consideração. ⁴E também no que diz respeito aos cinco pontos, que permanecem os mesmos. As adições fornecidas abaixo também permanecem as mesmas [229]. ⁵Em todo o resto, por exemplo, nas repetições, nos cinco sentidos e no encurtamento ou prolongamento dos mistérios, pode-se tomar como guia o arranjo da Terceira Semana da Paixão [204, 205].

[227] ¹Segunda nota. Nesta Quarta Semana, normalmente é mais apropriado do que nas três semanas anteriores fazer *quatro exercícios* e não cinco. ²O primeiro, ao levantar-se pela manhã; o segundo, na hora da missa ou antes do almoço, em lugar da primeira repetição; o terceiro na hora das vésperas, em lugar da segunda repetição.

³O quarto, antes da ceia, deverá ser a *aplicação dos sentidos* sobre os três exercícios do dia. Deve-se observar e fazer uma pausa nos pontos mais importantes e onde tenha experimentado maiores moções ou gozo espiritual.

[228] ¹Terceira nota. Embora um *número fixo de pontos*, por exemplo três ou cinco etc. tenha sido dado em todas as contemplações, a pessoa que contempla pode tomar mais ou menos pontos, conforme melhor lhe convier. ²Por isso, é muito útil, antes de iniciar a contemplação, prever e especificar o número de pontos a serem tomados.

[229] ¹Quarta nota. Nesta Quarta Semana, dentre as dez Adições, serão feitas modificações na segunda, sexta, sétima e décima:

²A segunda: imediatamente ao acordar, colocar diante de mim a contemplação que devo fazer, desejando me afetar e alegrar por tanto gozo e alegria de Cristo, Nosso Senhor [221].

³A sexta: lembrar e pensar em coisas que motivem ao prazer, à alegria e ao gozo espiritual, como a glória.

⁴A sétima: *aproveitar a luz e as comodidades das estações*, como o frescor refrescante no verão, o sol ou o calor de uma fogueira[10] no inverno, *na medida em que* a pessoa pensa ou conjectura que coisas a podem ajudar a se regozijar em seu Criador e Redentor.

⁵A Décima: em vez de praticar a penitência, deve-se buscar a temperança e o justo meio-termo em tudo, exceto quando se aplicam os preceitos da Igreja sobre o jejum ou a abstinência, pois estes devem ser sempre observados, se não houver impedimento legítimo.

Até a Ascensão, inclusive: A Quarta Anotação define o assunto da semana em termos tanto da Ressurreição como da Ascensão. O significado da Ascensão é acentuado por sua posição nos mistérios suplementares, onde é colocada no final da série [312], após a aparição a São Paulo [311]. A Ascensão é a conclusão necessária da sequência contemplativa que começou na Segunda Semana, com a descida de Cristo "por mim" a partir do coração da Trindade [104]. Na Ascensão, o retorno de Jesus Cristo ao Pai, contemplamos não apenas a conclusão da Sua jornada, mas a realização da promessa de Deus para nós, feita em e através de Jesus Cristo, como o fim da nossa.

Quatro exercícios: Para melhor estabelecer um clima propício à alegria espiritual. Talvez também Inácio esteja reconhecendo a probabilidade de fadiga nesta etapa dos Exercícios[11].

Aplicação dos sentidos: Vide as instruções sobre repetição em [62] e [118].

---

10. A expressão "de uma fogueira" foi adicionada tanto na *Versio Prima* quanto na *Vulgata*.
11. Observe algo semelhante no sétimo dia da Terceira Semana [208.9].

Número fixo de pontos: O número de pontos é determinado exclusivamente pelo critério pessoal do que "melhor se adapta" à pessoa exercitante. Uma razão para a redução do número tem a ver com o movimento ordinário da oração nos Exercícios em direção à simplicidade contemplativa. Na Quarta Semana, uma pessoa pode precisar de muito pouco material para sustentar uma hora de oração (por exemplo, [308-310]).

Aproveitar a luz e as comodidades das estações... na medida em que... As experiências descritas não ajudam automaticamente a pessoa exercitante a alcançar o objetivo da Quarta Semana e podem de fato ser "usadas" para evitá-lo. Portanto, a qualificação "na medida em que" não deve ser ignorada. Porém, mais significativo é o fato de a alegria em Cristo, a graça da Quarta Semana, poder ser encontrada no gozo imediato da criação. Um gozo que pode de fato realçar o dom mais elevado: a alegria cujo objeto é o próprio Cristo. A *Vulgata* expande consideravelmente a concisão do texto Autógrafo: "Faço uso do prazer da luz e do céu que se oferecerá; como na primavera, a visão da grama verde e das flores, ou a agradabilidade de um local ensolarado; no inverno, o acolhimento do sol ou do fogo; e o mesmo acontece com outras satisfações legítimas do corpo e da mente, pelas quais posso ser capaz de me alegrar com meu Criador e Redentor". Sobre outros exemplos de uso de um ambiente (seja inventado seja dado) para "ajudar" a pessoa exercitante, vide [79] e [130.4].

A contemplação para alcançar o amor

A Contemplação para Alcançar o Amor (às vezes conhecida apenas como *Contemplatio*) apresenta na forma de um paradigma contemplativo a espiritualidade de encontrar e amar a Deus em todas as coisas, que é o resultado duradouro dos Exercícios. Quando a contemplação deve ser feita? O texto dos Exercícios não lhe atribui nenhuma posição especial e pode, de fato, ser feita com algum nível de benefício por qualquer pessoa que concorde com os valores do

Fundamento[12]. Mas muitas considerações não deixam dúvidas de que, dentro dos próprios Exercícios, a *Contemplatio* é a nota em que todo o processo termina. Tem uma qualidade contemplativa que recomenda a sua utilização quando o desenvolvimento espiritual das quatro semanas estiver completo[13]. O seu conteúdo reúne os temas dos Exercícios na sua totalidade. Vai além dos próprios Exercícios para trabalhar seus *insights* e atitudes na textura da vida cotidiana. Além disso, a *Contemplatio* apresenta não Cristo como é encontrado nas narrativas evangélicas, mas sim o Cristo pós-Ascensão do aqui e agora[14].

Conteúdo e dinâmica

A dinâmica do exercício gira em torno dos dois significados do amor de Deus, o amor de Deus por nós e o nosso por Deus. Também aborda a integração desses amores nos usos e na experiência da realidade imediata da pessoa exercitante. O amor de Deus por nós, o amor absoluto e incondicional pelo qual Deus nos ama antes de nós o amarmos[15], o amor

---

12. Sobre os níveis de maturidade espiritual e as disposições da Contemplação para Alcançar o Amor, vide as observações feitas acima em conexão com a Quinta Anotação ([5]). Sobre a relação entre a Contemplação e o Fundamento, vide Introdução ao Fundamento.
13. Neste assunto, contudo, descobrimos nos Diretórios uma compreensão evolutiva da natureza da Contemplação para Alcançar o Amor. Alguns dos primeiros orientadores a introduziram em vários pontos dos Exercícios, por exemplo, Miró Hoffaeus, e o Breve Diretório de 1580 (MHSI, v. 76, 221, 391, 458 [trad. PALMER, 68, 75, 216]).
14. A rigor, portanto, a dinâmica dos Exercícios, tomada em si, exige que a Contemplação para Alcançar o Amor seja feita após a contemplação da Ascensão. Porém, para dar à pessoa exercitante mais tempo para assimilar seu denso material, alguns orientadores preferem dá-la *pari passu* com as contemplações da Quarta Semana, a partir do Segundo Dia. Procedimento aprovado por Polanco e incorporado ao Diretório de 1599 (MHSI, v. 76, 323, 734-735 [trad. PALMER, 145, 343]).
15. Cf. 1 João 4,10.

pelo qual Deus nos ensina a amar[16], é o tema dos quatro pontos. Nosso amor por Deus é o amor que buscamos alcançar [230], e que solicitamos como graça na petição [233] e na oração de oferta radical: "Tomai e recebei" [234]. Embora, claro, sempre imperfeito e na sua plenitude seja um objeto de desejo e de aspiração, este amor se assemelha ao próprio amor de Deus. A graça do exercício é crescer no amor como o próprio Deus ama.

Mas na Contemplação para Alcançar o Amor, como no Fundamento, a relação Criador/criatura é proposta com referência explícita às coisas, eventos e situações do mundo cotidiano da pessoa exercitante. No Fundamento, estes eram o material de "uso ordenado". No presente exercício, eles são o meio no qual ocorre a própria troca de amores. Assim como Deus, por sua vez, se entrega em amor através de todas as coisas, também o nosso amor por Deus inclui todas as coisas. A totalidade do eu, tudo o que chamamos de nosso, cada elemento da nossa experiência do mundo de Deus.

Essa integração do amor com a experiência imediata tem como contexto certa visão, uma percepção do mundo como um meio divino, no qual o amor de Deus é tão sentido em tudo que "nada pode surgir como uma interferência entre Deus e a sua criatura porque tudo é meio de encontro e união"[17]. Tal visão da realidade, acredita Inácio, uma pessoa experimentará no final dos Exercícios. Porém, deve ser sublinhado que tal visão é uma graça, não uma mudança de consciência induzida pela técnica. Mais uma vez estamos sempre lidando com um processo de desenvolvimento e não com uma conquista definitiva.

---

16. A pessoa só é ensinada a amar sendo amada, e esse padrão de experiência comum repete os modelos mais profundos da religião, cf. BUCKLEY, The Contemplation to Attain Love, 96.
17. CUSSON, *The Spiritual Exercises Made in Everyday Life*, 139. [Trad. bras.: *Conduzi-me pelo caminho da eternidade. Os Exercícios na vida cotidiana*, São Paulo, Loyola, 1976. (N. do T.)]

Os quatro pontos

Os quatro pontos serão discutidos individualmente no comentário abaixo, mas, para ver como podem ajudar a pessoa exercitante a desenvolver uma visão da realidade baseada na fé, algumas observações gerais a respeito deles serão feitas nesta seção.

(1) Cada um dos pontos é apresentado como uma dimensão da realidade humana e também como ilustração de um modo de presença e ação amorosa de Deus. Sob o primeiro aspecto, os pontos tal como se apresentam nos convidam a refletir sobre:

- a nossa história pessoal;
- o mundo material, que é o nosso ambiente (considerado estaticamente no ponto dois e dinamicamente no ponto três);
- as nossas próprias qualidades pessoais.

Mas, além de representarem dimensões da realidade em que encontramos Deus, os pontos também distinguem quatro maneiras pelas quais essa "descoberta" acontece. Isto é, nos seus dons e através dos seus dons encontramos Deus como:

- *concedendo* seus dons,
- *estando presente* em seus dons,
- *trabalhando* em seus dons,
- *sendo fonte* de seus dons.

(2) Com relação à presença e ação de Deus nas realidades más e desfiguradas pelo pecado, deve-se notar que os pontos não tratam disso explicitamente. Eles se concentram na construção da visão global, baseada em uma teologia positiva da criação, que é o contexto no qual se discernem a presença e a ação de Deus nos aspectos negativos da realidade. Contudo, essa ênfase não implica que, ao fazer realmente o exercício, consideremos a presença de Deus apenas nas óbvias "bênçãos" da vida. De fato, se a presença e a ação de Deus em realidades

negativas não são explicitamente referidas no texto, estão implícitas em um detalhe cujo significado é facilmente ignorado: o conceito do Deus trabalhando e agindo no terceiro ponto.

(3) Tal como acontece com muitos outros conteúdos dos Exercícios, a reflexão sobre estes pontos pode abrir percepções e linhas de desenvolvimento às quais o próprio texto não faz menção. Neste contexto, a pessoa exercitante pode achar útil refletir sobre os quatro pontos em relação às semanas dos Exercícios, abordagem preferida por muitos comentadores tradicionais, que consideram os pontos e as semanas como mutuamente esclarecedores[18]. Essa abordagem deve ser baseada no conteúdo objetivo dos próprios textos, mas também nos elementos pessoais e subjetivos da própria contemplação da pessoa. Linhas de correspondência entre os próprios textos não são difíceis de encontrar.

O primeiro ponto pode recordar os temas da Primeira Semana do plano de Deus para a humanidade [51], o "dom" da misericórdia [48, 61, 71], o universo como sinal da fidelidade de Deus [60]. O segundo ponto pode recordar a presença de Deus no mundo através da Encarnação. O terceiro, a Paixão na qual o conceito de Deus "trabalhador" encontra o seu centro e culminação. Embora considerado em relação à Quarta Semana, o ponto quatro nos torna conscientes de que o "efeito" essencial [223] da Ressurreição é estabelecer a possibilidade do amor e do conhecimento da união. Porém, a reflexão sobre os pontos relativos às quatro semanas não é apenas uma questão de procurar paralelos entre os textos. Deve basear-se em associações e *insights* provenientes de graças pessoais.

---

18. Cf. Fessard, *La dialectique des Exercises Spirituels*, v. 1, 149 e seguintes; Pousset, *Life in Faith and Freedom*, 196 (nota). Sobre possíveis maneiras de estabelecer a conexão, vide Buckley, The Contemplation to Attain Love, 100-103. Cowan; Futrell, *Handbook*, 133-134. Vide também Província de Maryland da Companhia de Jesus, *Place Me with Your Son*, 104, onde se sugere que os pontos sejam abordados revendo as graças das quatro semanas.

A contemplação

[230] ¹CONTEMPLAÇÃO PARA *ALCANÇAR O AMOR*
²NOTA
É preciso notar duas coisas no início.
Primeiro: o amor deve encontrar a sua expressão *mais em obras do que em palavras*.

[231] ¹Segundo: o amor consiste em *comunicação mútua*. Ou seja, quem ama dá e comunica ao ente querido o que tem, ou algo do que tem, ou é capaz de dar. Por sua vez, a pessoa amada faz o mesmo pelo amante. ²Assim, quem possui conhecimento o dá a quem não o possui, e da mesma forma com *honra ou riqueza*. Cada um dá ao outro.
³Oração: A oração preparatória habitual.

[232] *Primeiro preâmbulo. Composição*: aqui é ver *como estou diante de Deus, Nosso Senhor*[19], dos anjos e dos santos, intercedendo por mim.
[233] Segundo preâmbulo. *Pedir o que quero: conhecimento interno* de tanto bem recebido, para que, reconhecendo-o inteiramente, eu possa *em tudo* amar e servir à sua Divina Majestade.

Alcançar o amor: A palavra "alcançar" é usada não no sentido de "obter", mas sim de "atingir" ou "chegar a". O amor a ser "alcançado" é um amor crescente de nossa parte por Deus. A palavra "alcançar" carrega

---

19. Não há consenso absoluto entre os comentaristas sobre se os títulos da Contemplação para Alcançar o Amor (Deus, Nosso Senhor, Divina Majestade, Deus e Senhor) referem-se principalmente a Cristo ou principalmente à Trindade. Hugo Rahner afirma que todo o texto se refere a Cristo. Segundo Peters, "na visão de Inácio, a vida ressuscitada de Cristo se funde com a da bem-aventurada Trindade [...]; da Quarta Semana em diante a Trindade, domina a vida do exercitante [...]. Inácio quer que seu exercitante perceba que ele vive na presença de *Dios nuestro Señor*, que é Pai, Filho e Espírito Santo". Stanley sugere que os primeiros três pontos se referem a Cristo, o quarto à Trindade. Vide Rahner, H., *Ignatius the Theologian*, 134; Peters, *The Spiritual Exercises of St Ignatius*, 157-158; Stanley, *I Encountered God*, 294.

conotações de esforço. Na verdade, todo o exercício, que consiste em uma espécie de "pedagogia do amor", propõe formas de promover o desenvolvimento do amor da nossa parte. Em última análise, porém, o amor aqui procurado é uma dádiva incomensurável com os nossos próprios esforços. Na *Vulgata* o título diz: "Contemplação para despertar em nós mesmos o amor espiritual".

Mais em obras do que em palavras: Conforme 1 João 3,18. Na opinião de Inácio, a "ação" é uma característica definidora do amor; sem expressão em obras, o amor carece de uma completude essencial. O "ato" fundamental de amor é a escolha de se entregar a Deus, e a oração "tomai e recebei" é precisamente um tal ato (e não apenas pronunciar palavras). Esse ato de amor se estende, então, às ações de serviço.

Comunicação mútua: A comunicação mútua aqui descrita é aquela que caracteriza o amor de amizade. Um amor que é espontâneo e que se dirige de cada parte para o bem ou prazer da outra. Na amizade, a generosidade de quem doa não coage, mas simplesmente proporciona a experiência de ser amado. E o desejo da pessoa amada de retribuir não vem do sentimento de estar sujeita a uma obrigação, mas do desejo de dar, que é a essência da amizade. Nem na amizade se trata de amar o outro pelos seus dons e não por si mesmo. Muito menos de amar apenas na condição de receber dons.

Sobre a amizade como modelo da relação Criador/criatura, vide [54], [224]. Sobre a comunicação mútua entre Deus e sua criatura como situação para a qual tende toda a dinâmica dos Exercícios, vide [15].

Honra ou riqueza: Aqui, e novamente na oração de oferta [234], o tema da honra e da riqueza reaparece. Neste ponto, porém, estes não são vistos como potenciais obstáculos ao amor, mas como o próprio material de partilha.

Primeiro preâmbulo. Composição: Como o exercício tem a ver com o aqui e o agora, o primeiro preâmbulo da Segunda à Quarta Semanas, a "história", desaparece.

Como estou diante de Deus, Nosso Senhor etc. A "composição" semelhante, mas não idêntica, nos Três Tipos de Pessoas serviu para acentuar a solenidade da situação da pessoa exercitante. Aqui a pessoa toma consciência de todo o mundo invisível: Deus, anjos, santos, como o ambiente sempre presente e solidário da oração e de toda a vida[20].

Pedir o que quero: Ao indicar as graças a serem pedidas, a petição resume os objetivos e o desenvolvimento do exercício na seguinte sequência: (1) conhecimento, (2) gratidão e reconhecimento, (3) amor e serviço em tudo.

Conhecimento interno: Em outras palavras, uma visão iluminada pelo Espírito que percebe a realidade imediata em seu relacionamento com Deus.

Em tudo: Expressão-chave da *Contemplatio*. Deus mostra o seu amor em e através de tudo. Aspiro encontrar e amar a Deus em tudo. Na *Vulgata*, implora-se "pela graça através da qual, vendo profundamente a imensidão dos seus benefícios que me foram concedidos, devo me dedicar totalmente ao seu amor, à adoração e ao serviço".

[234] ¹O primeiro ponto é trazer à memória os benefícios recebidos da *criação, redenção* e *dons particulares*, ²ponderando com muito afeto *quanto Deus, Nosso Senhor, tem feito por mim*, quanto me tem dado daquilo que tem. Em consequência, como o mesmo Senhor quer dar-se a mim o quanto pode, segundo sua divina determinação. ³Então refletir em mim mesmo, considerando, com muita razão e justiça, o que devo oferecer e dar de minha parte à sua Divina Majestade. A saber: todas as minhas coisas e, com elas, a mim mesmo, assim como quem oferece *com muito afeto*:

⁴*Tomai Senhor e recebei* toda a minha *liberdade, minha memória, meu entendimento e toda a minha vontade*. Tudo o que tenho e possuo ⁵vós me destes. A vós eu devolvo. Tudo é vosso. *Disponde segundo a vossa vontade. Dai-me apenas o amor por vós e a vossa graça*, pois *ela me basta*.

Criação, redenção: Os dons universais de Deus à humanidade considerados com referência a si mesmo. Assim, como dom, Deus me criou e me redimiu.

---

20. Compare [151]: *ver a mim mesmo diante de Deus, Nosso Senhor, e de todos os seus santos* (Três Tipos de Pessoas) e [232]: *ver como estou diante de Deus, Nosso Senhor, dos anjos e dos santos, intercedendo por mim* (Contemplação para Alcançar Amor).

Dons particulares: O primeiro ponto é frequentemente, e valiosamente, tomado como uma ocasião para recapitular os acontecimentos mais importantes da história de fé da pessoa. Mas a consideração de "dons particulares" também pode assumir outras formas, por exemplo a recordação dos dons recebidos durante os próprios Exercícios.

Quanto Deus, Nosso Senhor, tem feito por mim etc. O amor de Deus por nós, expressando-se na sua ação por nós, na partilha do que Ele tem, e (na medida do possível) no dom de Si mesmo, é o modelo do nosso próprio amor, que se expressa em atos de serviço, na doação de tudo o que tenho e possuo e, na verdade, na doação de mim mesmo.

Com muito afeto: Tal oferta é a expressão espontânea de amor, mas um amor de totalidade e intensidade mais do que comuns[21]. A *Vulgata* acrescenta "com palavras deste tipo ou semelhantes".

Tomai... e recebei: Tomai, da minha parte, um ato de entrega, de entrega incondicional, feito com amor e confiança. E recebei porque, todavia, não posso ordenar a Deus que aceite minha dádiva e devo reconhecer que Ele deve desejar recebê-la. A oferta expressa pelos dois termos consiste na entrega de tudo a Deus, inspirada pelo amor. Portanto, não carrega necessariamente um sentido de possíveis implicações específicas. No entanto, de acordo com a percepção da vontade ou do convite de Deus em um determinado momento, isso pode trazer à tona alguma disposição particular. Por exemplo, indiferença diante da escolha; compromisso de trabalhar plenamente pelo Reino de Deus, como seu instrumento; aceitação da decadência, perda ou morte[22].

Liberdade: Observe que a oração de oferta começa destacando a liberdade (mesmo que isso esteja implícito em "vontade"). A dedicação da própria liberdade a Deus e à sua vontade tem sido o objetivo principal dos Exercícios.

---

21. É a intensidade do amor, com o elã e a espontaneidade resultantes, que faz a diferença entre essa oferta, feita no final dos Exercícios, e as disposições generosas que são um "benefício" no momento de iniciar os Exercícios (cf. nota em [5]).

22. Mas, no que diz respeito às potências da alma, as palavras "tomai" e "recebei" não contêm nenhuma implicação de que alguém possa, sob qualquer circunstância, pedir positivamente a Deus para removê-las.

Minha memória, meu entendimento e toda a minha vontade: Em geral, a entrega das potências da alma representa a entrega de todo o eu. Mas a doação total de si pode envolver uma consciência especial de componentes particulares do eu, além das "potências da alma", por exemplo, dons de liderança ou amizade, a sexualidade, os talentos criativos e assim por diante.

Disponde segundo a vossa vontade: Compare a definição do objetivo dos Exercícios, dada na primeira Anotação: "Buscar e encontrar a vontade divina na disposição de sua vida". O sentido é esclarecido pela *Vulgata*: "Tudo o que tenho e possuo, vós me concedestes; a vós eu restituo tudo, entregando-o para ser governado inteiramente pela vossa vontade". Ao pedir a Deus que *disponha* das potências da alma, pedimos-lhe, então, que as tome para si, que as tome sob seu controle, para utilizá-las como deseja.

Dai-me apenas o amor por vós e a vossa graça: Várias traduções desta frase são possíveis. A tradução aqui segue a *Vulgata* (uma versão aprovada e usada por Inácio). Isso elimina uma ambiguidade no original espanhol "dá-me apenas o vosso amor", deixando claro que o amor referido é o nosso amor por Deus[23]. O amor que é a nossa parte no intercâmbio mútuo entre o Deus amoroso e a sua criatura amada, o "amor da Divina Majestade em tudo" solicitado no segundo Preâmbulo [233]. "Vossa graça" parece ser mais bem entendida não como um acréscimo ao amor de Deus, mas precisamente como a graça de amar a Deus[24].

Ela me basta: Na *Vulgata*, "com isso sou bastante rico".

[235] ¹Segundo ponto. Ver como Deus *habita nas criaturas*: nos elementos dando a existência; nas plantas, o crescimento; nos animais, a vida sensitiva; e, na humanidade, o dom do entendimento. ²E assim também *em mim*, dando-me o ser, a vida, os sentidos e fazendo-me entender.

---

23. Assim, na frase "vosso amor" o sentido de "vosso" é semelhante ao de "seu" em, por exemplo, "seu amor e louvor" na Anotação 15.
24. Cf. GUEYDAN et al., *Exercises spirituels*, 141. Nos *Personal Writings*, a frase é traduzida como "dá-me a graça de te amar".

Ver também como ele faz de mim seu templo, criado à semelhança e imagem de sua Divina Majestade.

³Novamente, refletir em mim mesmo, da forma indicada no primeiro ponto ou de alguma outra forma que me sinta melhor. O mesmo procedimento deve ser observado em cada um dos pontos seguintes.

Habita nas criaturas: A declaração tal como está, como as declarações do Fundamento, tem um ar escolástico e pode parecer à primeira vista um tanto desapaixonada. Mas, processada pela contemplação, a afirmação torna-se uma visão e uma experiência. Como escreve Inácio em uma carta a Francisco de Borja: "Quando as pessoas saem de si mesmas e entram em seu criador e Senhor, gozam de instrução, atenção e consolação contínuas; elas estão cientes de como a plenitude do nosso Deus eterno habita em todas as coisas criadas, dando-lhes existência e mantendo-as em existência com o seu ser e presença infinitos"[25].

Em mim: A presença de Deus na realidade subumana está ordenada à sua presença na pessoa humana e, na verdade, à sua presença nesta pessoa precisamente como "agraciada", isto é, como templo do Espírito Santo.

[236] ¹Terceiro ponto. Considerar como *Deus trabalha e age* por mim em todas as coisas criadas sobre a face da terra. Isto é, ele age como uma pessoa trabalhando[26]. ²Assim como nos *céus*, *elementos*, plantas, frutos, rebanhos etc. dando a existência, conservando a vida, fazendo vicejar e sentir etc. Depois, refletir em mim mesmo.

Deus trabalha e age: A partir de uma imagem "estática" de presença, a atenção é deslocada para a imagem "dinâmica". Deus está presente no mundo através de um processo contínuo. Várias maneiras de ler este

---

25. MHSI, *Ep. Ign.*, n. 101, v. I, 339-340 [trans. *Personal Writings*, 161].
26. No original de Inácio, essa frase está em latim: *habet se ad modum laborantis*. Possivelmente Inácio desejava proteger seu conceito (análogo) de um Deus trabalhador contra leituras literais dele, que poderiam ser interpretadas como uma impugnação das doutrinas da imutabilidade e impassibilidade divinas.

ponto surgem. Primeiro, a ação sustentadora e cooperativa de Deus na natureza física pode servir de modelo para o amor divino como um processo contínuo no desenrolar de cada história de vida humana. Este ponto pode ser considerado, também, como uma dependência do princípio do uso "ordenado" estabelecido no Fundamento. Enquanto "usamos" as criaturas para o louvor, a reverência e o serviço a Deus, o próprio Deus continuamente "usa" a sua criação para se dar a nós e, através de todas as coisas, para satisfazer as nossas necessidades e para nos enriquecer. Deve-se sempre lembrar, que nos Exercícios, a palavra aqui traduzida como "trabalho" (mesmo sem os "trabalhos" reforçados) carrega uma conotação de "trabalho" e até de sofrimento[27]. Assim, o Deus que trabalha e age na natureza também é o Deus que realiza a obra do Reino face a tudo o que lhe se opõe, em uma labuta e trabalho em que, de certo modo, Cristo sofre ao longo da história[28].

Céus, elementos etc. Uma visão geral semelhante da natureza (mas com um ponto de vista diferente) aparece na segunda meditação da Primeira Semana [60]. A *Vulgata*, no entanto, é extraordinariamente poupadora de detalhes neste terceiro ponto e simplesmente declara um princípio geral, deixando à pessoa exercitante encontrar sua própria aplicação: "O terceiro ponto é contemplar o mesmo Deus e Senhor, trabalhando, e de certa forma trabalhando em suas criaturas por minha causa; na medida em que ele dá e preserva nelas o que elas são, têm, são capazes e fazem".

[237] ¹*Quarto ponto*. Ver como todos os bens e dons *descem do alto*. Assim, meu limitado poder desce do supremo e infinito *poder* do alto. Da mesma forma, a *justiça*, bondade, piedade, misericórdia etc. Assim como os *raios* descem *do sol* e as *águas da fonte* etc. ²Depois, terminar

---

27. Sobre a ligação entre trabalho e sofrimento, vide [95.5]: o chamado do Rei para "trabalhar com" Cristo e "segui-lo nas dificuldades para depois segui-lo na glória"; também [116]: a obra de José e Maria e os trabalhos futuros de Jesus; e [206]: a recordação dos trabalhos e fadigas da vida de Jesus. Para uma discussão do terceiro ponto em relação à Paixão, vide Fessard, *Dialectique*, v. I, 157-160.
28. Vide Buckley, The Contemplation to Attain Love, 104.

refletindo em mim mesmo, como foi dito. Concluir com um colóquio e um Pai-Nosso.

O *quarto ponto*, no qual a atenção se concentra em Deus como Fonte, eleva o exercício a um nível mais contemplativo de consciência. Expande a visão de Deus, em relação a toda a realidade, a uma escala universal. Assim, ao considerar o conteúdo deste ponto, nossas faculdades superiores, qualidades mentais e morais, somos levados a contemplar os atributos do próprio Deus como a Fonte todo-poderosa, gentil, compassiva e misericordiosa, não apenas desses dons específicos, mas de todas as coisas boas.

Descem do alto: Enquanto, nos pontos dois e três, Deus está "em" seus dons, aqui os dons apontam para Deus em si mesmo: o "acima" de onde desce sua bondade. Observe também que o "para mim" de cada um dos pontos anteriores não pode ser encontrado aqui. "Para mim" ainda pertence, sem dúvida, à realidade contemplada no quarto ponto, mas agora é presumido. A atenção explícita está centrada no ser de Deus e nos seus atributos.

Poder... justiça etc.[29] Novamente, na Primeira Semana, conteúdo semelhante foi usado em um contexto bastante diferente. Ou seja, a lista de atributos divinos em [59] que serviu para diminuir a pessoa exercitante, reforçando o contraste entre a pecaminosidade dela e a bondade de Deus. Aqui, a atenção não está na própria deficiência dessas qualidades. Pelo contrário, porque a pessoa os aprecia em si mesmos, eles podem elevar a mente dela a um sentido da natureza de Deus que é a sua fonte e em quem eles existem de uma forma "eminente".

Raios... do sol... águas da fonte: A linguagem tem fortes associações trinitárias[30]. O sol lembra o Pai da Luz de quem todas as coisas

---

29. Nas qualidades selecionadas e na ordem de sua apresentação, a pessoa exercitante pode ter uma visão sobre o uso que faz dos seus dons para cooperar na obra de Deus. Para este trabalho, temos "poder": a capacidade de criar ou de efetuar mudanças. Mas o poder deve ser exercido como Deus o exerce: com justiça, bondade, piedade e misericórdia.

30. A linguagem desse quarto ponto é discutida detalhadamente com referência ao Evangelho segundo São João em Stanley, *I Encountered God*, 304-309.

boas descendem[31]. Os raios do sol lembrarão às pessoas que estão familiarizadas com a Autobiografia de Inácio da segunda iluminação de Manresa. A visão da criação do mundo sob a forma particular da criação da luz, e também da afirmação de Inácio de frequentemente ter visto Cristo "como o sol"[32]. Nas Escrituras[33], em grande parte da tradição espiritual, e pelo menos implicitamente nos próprios escritos de Inácio (cf. a visão no Cardoner), a água é um símbolo do Espírito.

Três modos de orar

Nestes Modos de Oração, dois tipos distintos de material fornecem conteúdo para consideração, meditação ou contemplação. No Primeiro Modo, o material consiste no Decálogo, nos pecados capitais e nas virtudes contrárias, nas potências da alma e nos cinco sentidos. Em suma, trata-se do essencial do projeto de Deus para toda a pessoa humana espiritual e sensível. No Segundo e Terceiro Modos, as fórmulas de oração da Igreja compreendem o conteúdo de dois tipos de oração pessoal de cunho mais contemplativo.

Básico para cada um dos Modos é a inter-relação entre conteúdo e oração: o conteúdo dando matéria e direção à oração; a oração, por sua vez, trazendo penetração de fé ao conteúdo. No Primeiro, porém, a ênfase está mais na educação da perspectiva, no Segundo e Terceiro mais na oração como tal. Assim, o Primeiro Modo promove uma visão cada vez mais profunda e uma compreensão dos fundamentos morais da vida convertida por meio de uma reflexão orante centrada em Cristo sobre estes. O Segundo e o Terceiro Modos têm por finalidade acrescentar outras formas de oração mental às propostas nos próprios Exercícios. Formas que tendem a promover uma simplicidade contemplativa na oração[34],

---

31. Cf. Tiago 1,17.
32. Vide *Autobiografia*, n. 29, 99.
33. Cf. João 4,14.
34. Em sua vida subsequente, a pessoa continuará a desenvolver e personalizar, conforme apropriado, "formas de oração" contidas nos próprios Exercícios, por exemplo: o exame, a meditação, a contemplação imaginativa, a tomada de

mas que também abrem a pessoa, precisamente na oração contemplativa, ao ensino do Espírito através das orações da Igreja.

Os Três Modos de Orar: A Quarta Semana e além

Embora a Quarta Anotação os conecte com a Quarta Semana, os Modos de Orar não são parte integrante dos Exercícios como tais. Eles estão incluídos na Quarta Semana porque proporcionam o retorno iminente da pessoa exercitante à vida comum, ao mesmo tempo em que se adaptam ao clima espiritual da própria semana. Fazer tais afirmações para todos os três Modos pode parecer, no entanto, ir contra o próprio Inácio, que recomenda especialmente o Primeiro para pessoas de capacidade ou aspiração limitada[35]. Mas a adequação do Primeiro Modo para pessoas deste tipo não significa que só elas se beneficiam disso.

Um "modo" ou "método" não está necessariamente ligado a um nível de maturidade espiritual ou desenvolvimento de oração. O Primeiro Modo pode ser usado em muitos níveis diferentes: o da pessoa "pré-exercitante", da pessoa exercitante da Décima Oitava Anotação, da pessoa na Primeira Semana, e também de uma pessoa que retorna à vida diária após os Exercícios completos[36]. Embora mantendo sempre

---

decisões através da oração, o encontro de Deus nas realidades criadas. Ao disponibilizar um recurso adicional: os Três Modos não as substituem.
35. Cf. Constituições, Parte VII, cap. 4, n. 649 (trad. GANSS, 283): "Os Exercícios Espirituais não devem ser ministrados em sua totalidade, exceto a algumas pessoas [...]. Mas alguns exames de consciência e métodos de oração (especialmente o primeiro daqueles que são mostrados nos Exercícios) também podem ser dados de forma muito mais ampla. Pois quem tem boa vontade parece ser capaz desses exercícios". As origens do Primeiro Modo de Orar remontam ao início do ministério apostólico de Inácio em Alcalá, do qual surgiram os "Exercícios segundo a Décima Oitava Anotação". O Primeiro Modo de Orar constitui uma parte substancial desses Exercícios.
36. Vide WALSH, Application of the Senses, 61. Entre os Diretórios, o de Polanco é o primeiro a reconhecer que Primeiro Modo de Orar pode ser oferecido a pessoas em diferentes níveis (MHSI, v. 76, 323-324 [trad. PALMER, 145-146]).

o seu propósito fundamental, que nunca será ultrapassado, a integração na oração dos fundamentos morais da fidelidade assume diferentes formas, de acordo com a maturidade de quem o utiliza. Adotado por uma pessoa amadurecida, sensibilizada e convertida através dos Exercícios completos, produzirá uma visão e um *insight* de uma qualidade muito além dos horizontes daquelas que poderiam, no entanto, beneficiar-se dele em um nível mais básico de desenvolvimento.

Uma vez compreendidos sua natureza e seu propósito, o potencial de todos os Três Modos torna-se evidente. Contudo, como os Diretórios deixam claro, eles são um recurso e não uma receita. Devem ser usados de maneira adequada ao indivíduo[37]. Seu uso, embora altamente recomendado, não é absolutamente insistido, e devem ser levadas em conta outras formas de oração que possam ajudar uma pessoa após os Exercícios[38]. Sem cair em reivindicações demasiado simples para eles, quem orienta deve apreciar plenamente o valor de todos os Três Modos. São um recurso imediato para a pessoa pós-exercitante em sua busca pelos modos de oração para os quais o Espírito a está guiando agora. Também são úteis como um meio próprio de manter nas circunstâncias da vida cotidiana o espírito contemplativo dos Exercícios e a sua visão integrada de toda a realidade em relação a Deus.

Vide também MHSI, v. 76 (Dávila) 528 [trad. PALMER, 264]; (Cordeses) 561 [trad. PALMER, 284]; (Diretório de 1599) 737-739 [trad. PALMER, 344].
37. Deve-se recomendar à pessoa exercitante que use no futuro qualquer método de oração que considere mais útil. Uma vez que são adequados a "um mais do que outro, de acordo com diferenças pessoais ou mesmo de acordo com diferentes situações da mesma pessoa em momentos diferentes", Diretórios, Polanco (MHSI, v. 76, 326 [trad. PALMER, 147]).
38. "Não devemos imaginar que 'a recomendação dos três métodos' exclui outros métodos que são frequentemente ensinados pelo Espírito Santo e empregados por pessoas espiritualmente experientes", Diretório de 1599 (MHSI, v. 76, 741 [trad. PALMER, 345]); cf. 326 (Polanco), 413 (Miró) [trad. PALMER, 147, 187].

Nota sobre como apresentar os Três Modos de Orar

Sobre a questão prática de como incorporar os Três Modos de Orar na Quarta Semana, uma imagem da abordagem dos primeiros orientadores é fornecida pelos Diretórios, particularmente o de Polanco e o Diretório de 1599. Os princípios gerais subjacentes a esta abordagem podem ser resumidos brevemente. O local dos Três Modos foi estabelecido dois ou três dias após a Contemplação para Alcançar o Amor. Durante esse período, a pessoa exercitante não era obrigada a experimentar tudo. Assim, poderia não ser necessário passar por todas as cinco orações do Segundo e Terceiro Modos. Contudo, uma vez visto que compreendeu o método, a pessoa poderia ser instruída a continuar com ele mais tarde. Em relação ao Primeiro Modo, por outro lado, considerou-se desejável, se o tempo permitisse, passar por todos os diversos procedimentos. Porém, se isso não puder ser feito dentro dos Exercícios, a pessoa exercitante deverá sair com um relato adequado por escrito dos omitidos[39].

Existem, é claro, muitas maneiras de apresentar os Três Modos de Orar a uma pessoa exercitante, e o propósito de Inácio pareceria ser essencialmente alcançado se ela retornasse à sua vida normal tendo tido alguma experiência dos Três Modos como oração. Não parece haver razão para que, se as circunstâncias o permitirem, não sejam introduzidos e praticados durante os dias seguintes ao encerramento dos Exercícios.

O primeiro modo de orar

[238] ¹TRÊS MODOS DE ORAR[40]
   <O PRIMEIRO MODO DE ORAR>
²O Primeiro modo de orar é sobre os *Dez Mandamentos* e os *Sete Pecados Capitais*, as *Três Potências da Alma* e os *Cinco Sentidos* do Corpo.

---

39. Diretório de Polanco (MHSI, v. 76, 323-326 [trad. Palmer, 144-147]); Diretório de 1599 (MHSI, v. 76, 735-742 [trad. Palmer, 343-345]).
40. O título do texto autógrafo diz: Três Modos de Orar, e primeiro sobre os mandamentos. Para esclarecimento, a segunda parte desse título foi transferida abaixo.

³Este modo de orar *visa mais* dar uma estrutura, um método e certos exercícios pelos quais a pessoa se prepare e progrida para que a oração seja aceita por Deus, do que propriamente uma forma ou modo de orar.

Dez Mandamentos... Sete Pecados Capitais... Três Potências da Alma... Cinco Sentidos: Todas estas são categorias empregadas nos manuais de confissão da época para auxiliar o autoexame na preparação para o sacramento. Aqui Inácio usa essas categorias em uma perspectiva mais geral[41].

Visa mais etc. Em que sentido pode-se dizer que o Primeiro Modo é uma preparação para a oração, e não a oração propriamente dita? Sem dúvida, parte da resposta reside na distinção feita na Terceira Anotação entre a oração dirigida diretamente a uma pessoa e a oração de tipo mais abstrato ou reflexivo. O Segundo e o Terceiro Modos são orações no primeiro sentido (cf. [257, 258]), enquanto o Primeiro contém elementos substanciais de "meditação" e, na verdade, de "consideração". Em sua introdução ao Primeiro Modo, Inácio nos torna conscientes também de que não se trata apenas de uma forma de oração entre outras, mas que está ordenada à fidelidade e à perseverança, que são a base da autenticidade de cada oração.

Mas, dito isso, deve-se acrescentar que o presente parágrafo poderia facilmente dar uma impressão enganosa sobre a qualidade do Primeiro Modo de Orar, que contém a oração de "colóquio" [243] e de "imitação" [248]. Além disso, ao ler o parágrafo, especialmente em relação à Quarta Semana, deve-se lembrar o ponto levantado na Introdução acima, de que estes exercícios podem ser feitos em vários níveis.

[239] ¹< (1) Sobre os Mandamentos>
<Uma Adição> Em primeiro lugar, deve-se fazer o equivalente à Segunda Adição da Segunda Semana[42]. Isto é, antes de entrar em oração,

---

41. Dentro dos exercícios, o Primeiro Modo de Orar pode servir, no entanto, como auxílio à Confissão Geral: Diretório Cordeses (MHSI, v. 76, 534 [trad. PALMER, 266]).
42. *Segunda Adição da Segunda Semana*: essa é uma referência erroneamente formulada a [131], que adapta para a Segunda Semana a Segunda Adição da

permitirei que o espírito descanse um pouco, sentando ou passeando, como me parecer melhor, considerando para onde vou e com que propósito. ²Esta mesma Adição deve ser observada no início de cada um dos Modos de Orar.

Permitirei que o espírito descanse um pouco: Estas instruções sugerem uma pausa em meio às atividades da vida diária. Observe que, embora passear possa ser uma preparação útil à oração, bem como favorável à reflexão depois dela (cf. [77]), ao propor posturas para a oração em si, Inácio nunca inclui o movimento corporal (cf. [76]).

[240] ¹Deve ser feita uma *oração preparatória*[43], na qual peço a Deus, Nosso Senhor, a graça de poder conhecer as minhas falhas em relação aos Dez Mandamentos. ²Também devo pedir graça e ajuda para me emendar de agora em diante, e ter uma *perfeita compreensão deles*, para melhor guardá-los e para maior glória e louvor de sua Divina Majestade.

Oração preparatória: Dos três elementos de petição desta oração, os dois primeiros (conhecimento das falhas e graça para me corrigir) correspondem ao segundo ponto do Examen Geral [43]. É o terceiro (perfeita compreensão dos Mandamentos) que revela a especificidade do presente exercício. O foco não está mais nos próprios pecados. Os Mandamentos (e subsequentemente os Pecados Capitais, as Potências da Alma e os Sentidos) são propostos como matéria a ser considerada em si mesmos. O objetivo do exercício é o *insight*. O *insight* da sabedoria e do propósito de Deus, mas, é claro, um *insight* pessoal que proporciona um autoconhecimento aprofundado.

Perfeita compreensão dos Mandamentos: A pessoa exercitante reza pelo *insight* que faz a diferença entre conformar-se aos cânones de comportamento impostos e agir de acordo com uma visão interiorizada da realidade.

Primeira Semana [74]. A referência correta é: Terceira Adição da Primeira Semana [75].
43. Não é a oração preparatória das quatro semanas dos Exercícios [46].

Tal compreensão não é facilmente adquirida, nem fácil de ser solicitada. É uma questão de percepção agraciada e desenvolve-se à medida que crescemos no Espírito. Visto que a mesma oração preparatória deve ser usada para cada forma do Primeiro Modo [244, 246, 247], os assuntos em relação aos quais se ora por perfeita compreensão serão, por sua vez, os Sete Pecados Capitais, as Potências da Alma e os cinco sentidos.

[241] ¹No Primeiro modo de orar, um procedimento adequado é *considerar e refletir sobre* o primeiro Mandamento: como o guardei? Como não consegui guardá-lo? ²Fazendo esta consideração durante o *tempo necessário para rezar três Pai-Nossos* e três Ave-Marias.
³Se neste tempo descubro falhas, peço desculpas e perdão por elas e rezo um Pai-Nosso. O mesmo procedimento deve ser repetido para cada um dos Dez Mandamentos.

[242] ¹Primeira nota. Deve-se notar que quando alguém não tem o hábito de pecar contra um determinado mandamento em consideração, não há necessidade de gastar muito tempo com isso. ²Mas, conforme alguém ofende mais ou menos um Mandamento, deve-se gastar mais tempo ou menos na consideração e exame dele. ³Este procedimento também se aplica aos pecados capitais.

[243] ¹Segunda nota. Depois de percorrer desta forma todos os Mandamentos, reconhecendo minhas faltas em relação a eles e pedindo graça e ajuda para me emendar para o futuro, ²devo concluir com um colóquio a Deus, Nosso Senhor, segundo o assunto em consideração.

Considerar e refletir sobre: O ponto de partida é objetivo: os Mandamentos (ou, mais tarde, Pecados, Potências, Sentidos) considerados em si mesmos[44]. Começa-se com elementos de uma visão da realidade

---

44. Cf. as abordagens gerais sugeridas no Diretório de 1599. No que diz respeito aos Mandamentos, recomenda-se à pessoa exercitante que "considere um determinado mandamento em si mesmo: quão bom, justo e santo ele é [...] quão proveitosa é a sua observância". Sobre os Pecados Capitais, a pessoa pode

em sua relação natural com Deus. E é com referência a essa visão que a pessoa então passa a considerar a si mesma (não apenas negativamente, mas também positivamente).

Tempo necessário para rezar três pai-nossos: Tomada neste ritmo, a oração não apenas cobre cada Mandamento em particular, mas deixa uma impressão cumulativa do Decálogo como um todo. Como a nota [242] deixa claro. Contudo, essa definição de tempo não deve ser seguida com uma rigidez que desconsidere a pessoa. Em conexão com esta e outras seções do Primeiro Modo, a tradição inicial reconheceu o valor, em alguns casos, de uma abordagem do tempo mais flexível e ampla do que a aqui proposta[45].

[244] ¹(2) Sobre os pecados capitais
²Quanto aos Sete Pecados Capitais[46], após a Adição, deve-se fazer *a oração preparatória* da forma já mencionada. ³A única mudança é que aqui o assunto são os pecados a serem evitados, enquanto antes eram os mandamentos a serem observados. ⁴Deverá ser seguida a mesma ordem e regra já explicada e realizada sobre o colóquio.

[245] Para melhor conhecer as próprias faltas em relação aos Sete Pecados Capitais, deve-se olhar para os seus *contrários*. Assim, para melhor evitá-los, a pessoa se proponha e procure esforçar-se por meio de santos exercícios para adquirir e manter as Sete Virtudes opostas a eles.

"examinar quão maus eles são e quão corretamente proibidos [...], quão prejudiciais são se não forem evitados". No caso das Potências da Alma e dos Sentidos, pode-se refletir "quão nobre e essencial para nós cada um deles é [...], o propósito para o qual nos foram dados" (MHSI, v. 76, 737 [trad. PALMER, 344]).
45. Assim, Polanco recomenda que aqueles que possam fazê-lo meditem longamente sobre os mandamentos específicos do Decálogo, dedicando na verdade um único período de oração a cada um (MHSI, v. 76, 325 [trad. PALMER, 146-147]). Miró relaciona a especificação de tempo com a Quarta Adição (onde encontrei o que quero, fico ali) e com [254]. Vide também o Diretório de 1599 (MHSI, v. 76, 739 [trad. PALMER, 345]).
46. Em espanhol, *los siete pecados mortales*, mas aqui o sentido de pecado mortal é inequívoco (cf. nota em [48]).

A oração preparatória: Na oração preparatória (cf. [240]) pede-se, novamente, a graça da compreensão perfeita. Neste caso, o tipo de compreensão já adquirida a certo nível através do levantamento dos Pecados Capitais na Segunda Meditação da Primeira Semana [57].

Contrários: Isto é, humildade (orgulho); generosidade (avareza); castidade (luxúria); mansidão (raiva); temperança (gula); caridade (inveja); diligência (preguiça).

[246] ¹(3) Sobre as potências da alma
²Quanto às Três Potências da Alma, devem ser seguidas a mesma ordem e regra dos Mandamentos, fazendo sua adição, a oração preparatória e o colóquio [239-243].

A *Vulgata* acrescenta um esclarecimento: "Para as três potências da alma segue-se o mesmo procedimento, fazendo a adição, a oração e examinando cada um deles". A oração consiste, então, em um "exame" das Potências, em uma reflexão sobre a natureza e o propósito de cada uma, conduzindo à apreciação e à gratidão.

Observe, também, que para quem faz esta oração durante a Quarta Semana, ou após os Exercícios, nenhuma consideração das Potências da Alma pode ser dissociada da oferta feita na Contemplação para Alcançar o Amor, na qual estas potências são entregues a Cristo [234].

No contexto de tal reflexão, também se chama a atenção nesta oração à qualidade da própria vida, como criatura dotada de memória, entendimento e vontade.

[247] ¹(4) Sobre os Cinco Sentidos Corporais
²Método. Quanto aos Cinco Sentidos Corporais, deve-se manter o mesmo procedimento, mudando apenas o *assunto*.

O *assunto* agora sou eu mesmo, como sinto. As formas como levo a minha vida como pessoa que possui os sentidos corporais são examinadas à luz de uma apreciação crescente desta dimensão da existência humana. Uma compreensão perfeita do fato de que precisamente como pessoas que sentem somos feitas para a glória e louvor de Deus.

[248] ¹NOTA

Quem quiser *imitar* Cristo, Nosso Senhor, *no uso dos seus sentidos*, recomende-se à sua Divina Majestade na oração preparatória. Depois de considerar cada sentido, rezar uma Ave-Maria ou um Pai-Nosso. ²Quem quiser imitar *Nossa Senhora* no uso dos sentidos, recomende-se a ela na oração preparatória, para que ela alcance esta graça de *seu Filho e Senhor. Depois de considerar cada Sentido*, rezar uma Ave-Maria.

Imitar: Não mencionada no esboço [238], a imitação não acrescenta um novo tema ao Primeiro Modo de Orar. Antes, é outra forma de abordar o quarto dos temas prescritos. Ou seja, a perfeita compreensão da pessoa como dotada de sentidos corporais em relação ao projeto e propósito de Deus. Este tema é agora abordado no contexto da imitação graciosa que a pessoa cristã faz da vida dotada de sentidos do próprio Cristo. A "imitação de Cristo" é uma qualidade de vida total. Uma qualidade que consiste não em uma imitação externa, mas em uma transformação da experiência interior de alguém pela assimilação da própria experiência de Cristo.

Aqui procuramos ser levados a esta experiência na oração e, portanto, promover o seu desenvolvimento adicional em nossa vida. Tal oração consiste em contemplar o Cristo dos Evangelhos como nos próprios Exercícios, buscando a graça de "sentir com o Verbo Encarnado. Como Ele se revela, olhando e ouvindo, tocando e saboreando, na palavra evangélica"[47]. Dado que esta graça pertence ao clima propriamente contemplativo da Quarta Semana, as duas abordagens aos Sentidos representam claramente níveis diferentes nos quais o Primeiro Modo de Orar pode ser feito e experimentado.

No uso dos seus sentidos: O fato de Inácio ter escolhido os sentidos para imitação não significa, é claro, que o exercício minimize a imitação de Cristo nas potências da alma. Mas, ao concentrar-se nos sentidos, ele insiste que é a pessoa inteira. A pessoa corporal e sensorial, bem como dotada de poderes superiores, que deve ser impregnada de Cristo.

---

47. Walsh, Application of the Senses, 64.

Nossa Senhora: Só em Maria o ideal de imitação é plenamente realizado. Por essa razão, uma pessoa pode pedir a graça de se experimentar como dotada de sentidos corporais e de levar a sua vida corporal de uma forma que participe na própria imitação de Maria.

Seu Filho e Senhor: "Seu Filho" porque Ele foi gestado e criado por ela. "Seu Senhor" porque é seu Deus. São dois aspectos da relação de Maria com Cristo que se combinam para dar à sua própria "imitação" sua qualidade única e normativa.

Depois de considerar cada Sentido: No artigo citado anteriormente, James Walsh chama a atenção para situações específicas de evangelistas, relatando experiências sensoriais: por exemplo, Mateus 6,28-29 (visão); Mateus 17,6 (audição); Marcos 7,33 (tato); João 19,29-30 (paladar); João 12,3 (olfato)[48].

O segundo modo de orar

O Segundo e o Terceiro Modos de Orar, como o Primeiro, ao mesmo tempo em que abrem o *insight* e formam a perspectiva, têm o propósito de ajudar a pessoa a desenvolver uma oração contemplativa e simples.

[249] O SEGUNDO MODO DE ORAR CONSISTE EM *CONTEMPLAR O SIGNIFICADO DE CADA PALAVRA* DA ORAÇÃO.

[250] Adição. Neste Segundo Modo de Orar, a adição será a mesma que no Primeiro Modo.

[251] Oração. A oração preparatória será feita conforme à pessoa a quem a oração é dirigida.

[252] ¹O segundo modo de orar é o seguinte. A pessoa se ajoelha ou senta, conforme se sinta mais bem-disposta e experimente mais devoção. *Mantendo os olhos fechados*, ou fixos em um ponto, sem permitir que o olhar vagueie, diz a palavra "Pai". ²Permanece com esta palavra enquanto

---

48. Ibid., 65.

encontrar significados, comparações, gostos e consolações nas considerações a ela relacionadas. ³Deve fazer isso para cada palavra do Pai-Nosso, ou para qualquer outra oração que se faça segundo este modo.

[253] Primeira regra. Deve-se dedicar uma hora ao *Pai-Nosso* inteiro, seguindo o procedimento que acabamos de indicar. Quando terminar, rezar vocal ou mentalmente a *Ave-Maria*, o *Credo*, a *Alma de Cristo* e a *Salve-Rainha* da forma habitual.

[254] *Segunda regra*. Se quem contempla o Pai-Nosso encontra em uma ou duas palavras rico assunto para refletir, muito gosto e consolação, não procure ir adiante, mesmo que toda a hora seja gasta no que foi encontrado. Passada a hora, o restante do Pai-Nosso deverá ser rezado da maneira habitual.

[255] ¹*Terceira regra*. Se uma hora inteira foi gasta em uma ou duas palavras do Pai-Nosso, uma pessoa que queira voltar à mesma oração em outro dia deve dizer estas uma ou duas palavras da maneira habitual. ²Comece a contemplar na palavra imediatamente a seguir a elas, da maneira explicada na Segunda Regra.

[256] Primeira nota. Note-se que, quando o Pai-Nosso tiver sido completado, seja em um dia ou em vários, deve-se seguir o mesmo procedimento com a Ave-Maria e depois com as outras orações, de forma que se exercite em cada uma delas durante certo tempo.

[257] Segunda nota. Terminada a oração, dirija-se à pessoa a quem orou e, em poucas palavras, peça as *virtudes ou graças que sente mais necessitar*.

Contemplar: A palavra "contemplar" que se encontra no texto Autógrafo neste título, no cabeçalho da página[49] e duas vezes no corpo [254, 255] indica o caráter deste Segundo Modo de Orar. Outras palavras no

---

49. *Oración contemplando* (= "oração feita contemplando").

texto, "devoção" [252], "gosto", "consolação" [252, 254], servem ainda mais para sublinhar esse caráter contemplativo. Deve-se notar que o tipo de contemplação aqui referido pressupõe, como toda contemplação cristã autêntica, o conhecimento e o amor a Jesus desenvolvidos através da contemplação dos Evangelhos[50].

Significado: Parte integrante deste e dos seguintes modos de orar é o conteúdo fornecido pelas fórmulas de oração nas quais eles se baseiam. Através da contemplação, este "dado" é internalizado e torna-se pessoal. Passa a ser uma percepção interna [2], ou conhecimento interno [63] [118] que os Exercícios já identificaram como fruto da meditação e da contemplação.

Cada palavra: Nem sempre deve ser entendido literalmente, pois muitas vezes será apropriado considerar algumas palavras agrupadas de acordo com o sentido[51].

Mantendo os olhos fechados: Na Nona Adição, o controle sobre os olhos é geralmente recomendado a uma pessoa que faz os Exercícios [80]. Porém, embora seja obviamente de particular vantagem em qualquer momento de oração, apenas aqui a prática é explicitamente mencionada nos Exercícios a este respeito. Atenção especial a este ponto pode ser necessária se uma pessoa estiver orando em meio a objetos pessoais e a distrações potenciais de sua própria casa.

Pai-nosso... Ave-maria... Credo... Alma de Cristo... Salve-rainha: Todas são "orações da Igreja", quer "oficiais", quer pelo menos consagradas pelo uso, com as quais se poderia esperar que uma pessoa da época estivesse familiarizada. Mas outros materiais podem servir igualmente bem para este exercício, por exemplo: orações litúrgicas ou passagens das Escrituras, especialmente Salmos[52].

---

50. É mostrado a uma pessoa o Segundo Modo de Orar "depois de ter se tornado completamente experiente na vida e nos mistérios de Cristo", cf. Diretório Mercuriano (MHSI, v. 76, 252 [trad. PALMER, 107]).
51. Cf. Diretório de Polanco (MHSI, v. 76, 325 [trad. PALMER, 146]), Diretório de 1599 (MHSI, v. 76, 739 [trad. PALMER, 345]).
52. Diretórios (MHSI, v. 76, 252 [Mercuriano], 325 [Polanco], 414 [Miró], 739 [Diretório de 1599]; trad. PALMER, 107, 146, 187, 345).

Segunda e terceira regras: Mesmo que alguém ore com apenas uma ou duas palavras, estas pertencem à oração como um todo e não devem ser completamente divorciadas do seu conteúdo e sequência globais.

Virtudes ou graças que sente mais necessitar: A petição já não é por uma graça própria de um estágio de uma pedagogia espiritual. As graças agora pedidas são aquelas que a pessoa encontra na própria oração e de que necessita pessoalmente aqui e agora.

O terceiro modo de orar

[258] ¹O TERCEIRO MODO DE ORAR: POR COMPASSO
²Adição. A mesma do Primeiro e Segundo Modos de Orar [239, 250].
³Oração. A oração preparatória deve ser a mesma do Segundo Modo.
⁴O Terceiro Modo de Orar consiste em *orar mentalmente, a cada inspiração ou expiração*, dizendo *uma só palavra* do Pai-Nosso ou de qualquer outra oração, de modo que apenas uma palavra seja pronunciada entre uma respiração e outra. ⁵No intervalo entre cada respiração, é dada especial atenção ao significado daquela palavra, *à pessoa a quem se reza* ou à própria *baixeza* ou à distância entre a grandeza do outro e a própria baixeza.

⁶Repassam-se as outras palavras do Pai-Nosso, mantendo a mesma forma e regra. Depois rezam-se as outras orações, ou seja, Ave-Maria, Alma de Cristo, Credo e Salve-Rainha, como de costume.

[259] Primeira Regra. Em outro dia ou outro horário em que se quiser orar, reze-se a Ave-Maria por compasso e as demais orações do modo habitual. Posteriormente, deve-se tomar as outras orações e seguir o mesmo procedimento.

[260] Segunda Regra. Quem quiser permanecer mais tempo na oração por compasso pode recitar todas as orações mencionadas acima, ou parte delas, mantendo o mesmo sistema de respiração compassada já explicado em [258].

A descrição do Terceiro Modo é em grande parte autoexplicativa, mas algumas observações podem ser necessárias.

Orar mentalmente, a cada inspiração ou expiração: Não é apenas um meio fácil de acompanhar a recitação de palavras, mas um modo de integrar a oração à própria consciência e aos próprios ritmos corporais[53]. Para isso, embora a respiração deva ser deliberada e constante, também deve ser uma respiração normal, não alterada em profundidade ou compasso para fins de oração.

Uma só palavra, ou frase ou pequenos grupos de palavras, conforme o sentido possa indicar.

À pessoa a quem se reza: As palavras, embora sejam parte integrante do método, direcionam a atenção para as pessoas, de modo que dos três métodos este é de fato o mais imediatamente relacional. É isso que torna a oração propriamente contemplativa (não apenas um exercício devocional repousante).

Baixeza: Algo do sentido de humildade é transmitido pelo seu uso em [289] para descrever a confusão de São Pedro no lava-pés, e no uso do verbo correspondente em [324] em conexão com a necessidade de permanecer humilde na consolação. O conceito é essencial para o sentimento de reverência, que por sua vez é a expressão de um autêntico sentimento de criaturidade.

---

53. Embora o Terceiro e o Segundo Modos sejam distintos, uma pessoa pode ser levada a um modo de orar que não é, estritamente falando, nem o Terceiro nem o Segundo, mas uma forma do Terceiro que se aproxima do Segundo. Este seria o caso de uma oração por compasso em que os intervalos fossem consideravelmente maiores do que entre uma respiração e outra. Embora reconhecendo, no entanto, que se pode orar com intervalos mais amplos, o Diretório de 1599 insiste que o procedimento normal é aquele descrito no texto (MHSI, v. 76, 741 [trad. PALMER, 147]). Cf. Diretório de Polanco (*op. cit.*, 325 [trad. PALMER, 188]) e de Miró (*op. cit.*, 414 [trad. PALMER, 345]).

Passagens do Novo Testamento para contemplação

Dos cinquenta e um mistérios seguintes, alguns estão incluídos no corpo dos Exercícios [132, 134, 158, 161, 208, 226]. Nestes casos, como já vimos, os pontos aqui dados podem fornecer à pessoa exercitante conteúdo, material complementar ou linhas particulares de abordagem para contemplar esses mistérios. Outros materiais são acrescentados para ajudar quem orienta os Exercícios, sem lhes impor limites, a encontrar textos adequados às necessidades da pessoa exercitante.

Resumos como estes eram claramente mais importantes no século XVI do que hoje, quando é dificilmente imaginável que uma pessoa não possuísse o seu próprio exemplar do Novo Testamento. No entanto, quem orienta hoje deve estar familiarizado com esta seção dos Exercícios. Pois, detalhes de linguagem, ênfase ou seleção, embora devam muito à influência da *Vita Christ* de Ludolfo da Saxônia, proporcionam informações valiosas sobre a mente do próprio Inácio. Esta seção também fornece modelos resumidos daquilo que está recomendado na Segunda Anotação.

Deve-se notar que, enquanto no corpo dos Exercícios os pontos foram divididos de acordo com pessoas, palavras e ações, aqui são os eventos salientes em uma narrativa. Na prática, as duas abordagens confluem, sendo os mistérios contemplados (como relevantes e sempre sem artificialidade) sob o prisma das pessoas, palavras e ações.

[261] ¹OS MISTÉRIOS DA VIDA DE CRISTO, NOSSO SENHOR
²NOTA

Nos mistérios a seguir, todas as palavras entre aspas são do próprio Evangelho¹, as outras palavras não. ³Na maioria dos mistérios, são dados três pontos para facilitar a meditação ou contemplação dos mesmos.

[262] ¹A ANUNCIAÇÃO DE NOSSA SENHORA: LUCAS 1,26-38

²Primeiro. O anjo São Gabriel, saudando Nossa Senhora, anunciou-lhe a concepção de Cristo, Nosso Senhor: ³"O anjo, entrando onde Maria estava, a saudou dizendo: 'Alegra-te, Maria, cheia de graça; conceberás e darás à luz um filho'".

⁴Segundo. O anjo confirma o que disse a Nossa Senhora ao indicar a concepção de São João Batista, dizendo-lhe: "Vê: também Isabel, tua parente, concebeu um filho na velhice".

⁵Terceiro. Nossa Senhora respondeu ao anjo: "Eis aqui a serva do Senhor. Seja-me feito segundo a tua palavra".

[263] ¹A VISITAÇÃO DE NOSSA SENHORA A ISABEL: LUCAS 1,39-56

²Primeiro. Quando Nossa Senhora visitou Isabel, São João Batista, no ventre de sua mãe, tomou conhecimento da sua visita. ³"Quando Isabel ouviu a saudação de Maria, o menino saltou no seio dela, ⁴e ficou cheia do Espírito Santo. Então exclamou em alta voz: 'Bendita és tu entre as mulheres e bendito é o fruto do teu seio'".

⁵Segundo. Nossa Senhora entoa o cântico, dizendo "Minha alma engrandece o Senhor".

⁶Terceiro. "Maria ficou cerca de três meses com Isabel. Depois voltou para a sua casa".

---

1. Inácio, traduzindo da *Vulgata* Latina, dá as palavras do Evangelho em espanhol, as quais são traduzidas aqui ao português. (N. do T.)

[264] ¹O NASCIMENTO DE NOSSO SENHOR JESUS CRISTO: LUCAS 2,1-14

²Primeiro. Nossa Senhora e seu esposo José vão de Nazaré a Belém: "José subiu da Galileia a Belém, para obedecer a César[2], com Maria, sua esposa e mulher, que estava grávida".

³Segundo. "Ela deu à luz seu filho primogênito, o envolveu em faixas e o colocou na manjedoura".

⁴Terceiro. "Chegou uma multidão do exército celestial, que dizia: Glória a Deus nos céus".

[265] ¹OS PASTORES: LUCAS 2,8-20

²Primeiro. O nascimento de Cristo, Nosso Senhor, é dado a conhecer aos pastores pelo anjo: "Eu vos anuncio uma grande alegria, porque hoje nasceu o Salvador do mundo".

³Segundo. Os pastores vão a Belém: "Chegaram às pressas e encontraram Maria, José e o Menino colocado na manjedoura".

⁴Terceiro. "Os pastores voltaram glorificando e louvando ao Senhor".

[266] ¹A CIRCUNCISÃO: LUCAS 2,21

²Primeiro. Circuncidaram o Menino Jesus.

³Segundo. "Deram-lhe o nome de Jesus, como tinha sido chamado pelo anjo antes de ser concebido no ventre".

⁴Terceiro. Devolveram o Menino à sua Mãe, que sentiu compaixão pelo sangue que fluía de seu Filho.

[267] ¹OS TRÊS REIS MAGOS: MATEUS 2,1-12

²Primeiro. Os Três Reis Magos, vieram guiados por uma estrela para adorar Jesus dizendo: "Vimos a sua estrela no Oriente e viemos adorá-lo".

³Segundo. Eles o adoraram e lhe ofereceram presentes: "Prostrando-se por terra, o adoraram e lhe deram presentes: ouro, incenso e mirra".

---

2. A sujeição a César, mencionada apenas no texto Autógrafo, ecoa o comentário de Ludolfo de que, embora Maria tivesse concebido o Rei do Céu e da Terra, ela e seu esposo desejavam obedecer ao decreto imperial.

⁴Terceiro. "Receberam uma resposta enquanto dormiam, para que não voltassem a Herodes. Então, voltaram para a região deles por outro caminho".

[268] ¹A PURIFICAÇÃO DE NOSSA SENHORA E A APRESENTAÇÃO DO MENINO JESUS: LUCAS 2,22-40

²Primeiro. Levam o Menino Jesus ao Templo, para que seja apresentado ao Senhor como primogênito, e oferecem por ele "um par de rolas ou dois pombinhos".

³Segundo. Simeão, entrando no Templo, "tomou-o nos braços, dizendo: 'Agora, Senhor, deixa teu servo ir em paz'".

⁴Terceiro. Ana, "vindo depois, confessava sua fé no Senhor e falava dele a todos os que esperavam a redenção de Israel".

[269] ¹A FUGA PARA O EGITO: MATEUS 2,13-18

²Primeiro. Herodes queria matar o Menino Jesus e por isso matou os inocentes. Antes de morrerem, o anjo avisou a José para fugir para o Egito. "Levanta-te, toma o Menino e sua Mãe e foge para o Egito".

³Segundo. Partiu para o Egito. "Levantando-se à noite, ele partiu para o Egito".

⁴Terceiro. Permaneceu lá até a morte de Herodes.

[270] ¹O RETORNO DE NOSSO SENHOR DO EGITO: MATEUS 2,19-23

²Primeiro. O anjo advertiu José para retornar a Israel: "Levanta-te, toma o Menino e sua Mãe e vai para a terra de Israel".

³Segundo. Ele se levantou e voltou para a terra de Israel.

⁴Terceiro. Porque Arquelau, filho de Herodes, reinava na Judeia, retirou-se para Nazaré.

[271] ¹A VIDA DE CRISTO, NOSSO SENHOR, DOS DOZE AOS TRINTA ANOS[3]: LUCAS 2,51-52

---

3. Tal como no texto principal [134], a Vida Oculta precede o incidente do Templo, invertendo a ordem do Evangelho segundo Lucas. Embora, no entanto, o texto principal se refira ao "Menino Jesus", aqui o título "Cristo, Nosso Senhor", é usado em conexão com a Vida Oculta e a obediência de Jesus a seus pais.

²Primeiro. Era obediente a seus pais. "Crescia em sabedoria, idade e graça".

³Segundo. Parece que exercia o ofício de carpinteiro, como indica São Marcos no capítulo seis com a observação: "Por acaso este homem não é aquele carpinteiro?"[4].

[272] ¹A VINDA DE CRISTO AO TEMPLO QUANDO ELE TINHA DOZE ANOS: LUCAS 2,41-50

²Primeiro. Cristo, Nosso Senhor, aos doze anos, subiu de Nazaré a Jerusalém.

³Segundo. Cristo, Nosso Senhor, ficou em Jerusalém, e seus pais não sabiam disso.

⁴Terceiro. Passados três dias, encontraram-no discutindo no Templo, sentado entre os doutores. Quando seus pais lhe perguntaram onde tinha estado, respondeu: "Não sabeis que convém que eu esteja nas coisas que são de meu Pai?".

[273] ¹O BATISMO DE CRISTO: MATEUS 3,13-17

²Primeiro. Cristo, Nosso Senhor, depois de se despedir de sua bendita mãe, foi de Nazaré ao rio Jordão, onde estava João Batista.

³Segundo. São João batizou Cristo, Nosso Senhor, mas, querendo ser dispensado, julgando-se indigno de batizar Cristo, este lhe disse: "Faze isto por agora, porque é preciso que cumpramos toda a justiça".

⁴Terceiro. "Veio o Espírito Santo e a voz do Pai do céu, afirmando: 'Este é o meu Filho amado com quem estou muito satisfeito'".

[274] ¹COMO CRISTO FOI TENTADO: LUCAS 4,1-13; MARCOS 4,1-11

²Primeiro. Depois de ser batizado, foi ao deserto, onde jejuou quarenta dias e quarenta noites.

³Segundo. Foi tentado três vezes pelo inimigo: "O tentador, aproximando-se dele, disse: 'Se és o Filho de Deus, manda que estas pedras

---

4. Aqui, como será frequentemente o caso nos mistérios subsequentes, os argumentos de Inácio se baseiam em material evangélico que não está incluído na referência ou nas referências dadas no título.

se transformem em pães'; 'Joga-te daqui para baixo'. 'Tudo o que vês, eu te darei se te prostrares no chão e me adorares'".

⁴Terceiro. "Os anjos vieram e o serviam".

[275] ¹O CHAMADO DOS APÓSTOLOS

²Primeiro. Parece que São Pedro e Santo André foram chamados três vezes:

(i) Até certo ponto, isso consta no primeiro capítulo de São João;
(ii) ³Depois, para seguir a Cristo de alguma forma, mas com a intenção de voltar a possuir os bens que haviam deixado, como diz Lucas no capítulo cinco;
(iii) ⁴Para seguir sempre a Cristo, Nosso Senhor, segundo São Mateus, capítulo quatro, e São Marcos, capítulo primeiro[5].

⁵Segundo. Ele chamou Filipe, como relata o primeiro capítulo de São João, e Mateus, como o próprio São Mateus diz no capítulo nove.

⁶Terceiro. Ele chamou os outros apóstolos, cuja especial vocação não é mencionada pelo Evangelho.

⁷Três outras coisas também devem ser consideradas: (1) como os apóstolos eram de condição simples e humilde, ⁸(2) a dignidade à qual foram tão suavemente chamados, ⁹(3) os dons e graças pelos quais eles foram elevados acima de todos os pais do Novo e Antigo Testamento.

[276] ¹O PRIMEIRO MILAGRE, REALIZADO NAS BODAS DE CANÁ: JOÃO 2,1-11.

²Primeiro. Cristo, Nosso Senhor, foi convidado junto com seus discípulos para as bodas.

³Segundo. A mãe informa o filho sobre a falta de vinho, dizendo: "'Eles não têm vinho', e ordena aos servidores: 'Fazei tudo o que ele vos disser'".

---

5. A vocação de Pedro e André é apresentada como um processo (em contraste com o chamado e a resposta instantânea no caso de Mateus, cf. [175]). O detalhe de que os irmãos pretendiam retornar às suas posses foi extraído da interpretação de Ludolfo da passagem evangélica de Lucas 5,11 ("eles trouxeram os seus barcos para terra") e, claro, não tem base exegética.

⁴Terceiro. "Transformou a água em vinho. Manifestou a sua glória, e seus discípulos creram nele".

[277] ¹COMO CRISTO, NOSSO SENHOR, EXPULSOU DO TEMPLO OS VENDEDORES: JOÃO 2,13-25

²Primeiro. Expulsou todos os vendedores do Templo com um chicote feito de cordas.

³Segundo. Derrubou as mesas e moedas dos banqueiros ricos que estavam no Templo.

⁴Terceiro. Aos pobres que vendiam pombas, disse com mansidão: "Tirai estas coisas daqui e não queirais fazer da minha casa um mercado".

[278] ¹O SERMÃO DA MONTANHA: MATEUS 5,1-48

²Primeiro. Fala, em particular, a seus amados discípulos das oito bem-aventuranças[6]: "Bem-aventurados os pobres de espírito, os mansos, os misericordiosos, os que choram, os que passam fome e sede de justiça, os puros de coração, os pacíficos, e os que sofrem perseguições".

³Segundo. Exorta-os a fazer bom uso de seus talentos: "Assim, que a vossa luz brilhe diante dos homens, para que vejam as vossas boas obras e glorifiquem o vosso Pai, que está nos céus".

⁴Terceiro. Mostra-se não como um transgressor da Lei, mas consumador, declarando o preceito de não matar, não fornicar, não perjurar e de amar os inimigos: "Eu, porém, vos digo que ameis vossos inimigos e façais o bem aos que vos abominam".

[279] ¹CRISTO, NOSSO SENHOR, ACALMA A TEMPESTADE NO MAR: MATEUS 8,23-27

²Primeiro. Enquanto Cristo, Nosso Senhor, dormia no mar, surgiu uma grande tempestade.

³Segundo. Seus discípulos, aterrorizados, o acordaram. Ele os repreendeu pela pouca fé deles, dizendo-lhes: "Que temeis, homens fracos na fé?".

---

6. A ordem das bem-aventuranças aqui dada é a encontrada em Ludolfo de Saxônia e não corresponde exatamente ao Evangelho segundo Mateus.

⁴Terceiro. Ordenou que os ventos e as ondas parassem, e o mar ficou calmo. Com isso, os homens ficaram maravilhados, dizendo: "Quem é este, ao qual o vento e o mar obedecem?".

[280] ¹COMO CRISTO ANDA SOBRE O MAR: MATEUS 14,24-33

²Primeiro. Estando Cristo, Nosso Senhor, na montanha, fez seus discípulos irem para o barco⁷. Depois de despedir a multidão, começou a orar sozinho.

³Segundo. A barquinha estava sendo ameaçada pelas ondas. Cristo vem até ela andando sobre as águas, e os discípulos pensam que é um fantasma.

⁴Terceiro. Cristo lhes disse: "Sou eu, não tenhais medo". São Pedro, por ordem de Cristo, aproximou-se dele, andando sobre as águas: mas, duvidando, começou a afundar. Cristo, Nosso Senhor, o salvou e o repreendeu por sua falta de fé. Então ele subiu na barquinha, e cessou o vento.

[281] ¹O ENVIO DOS APÓSTOLOS PARA PREGAR: MATEUS 10,1-15

²Primeiro. Cristo chama seus amados discípulos e lhes dá poder para expulsar demônios dos corpos das pessoas e curar todas as doenças.

³Segundo. Ensina-os sobre prudência e paciência: "Eis que vos envio como ovelhas entre lobos; portanto, sede prudentes como as serpentes e simples como as pombas".

⁴Terceiro. Ele os instrui como devem agir: "Não queirais possuir ouro ou prata; tudo o que recebeis de graça, dai-o de graça". E os instruiu sobre o que deveriam pregar: "Ide e pregai dizendo: 'O Reino dos Céus está próximo'".

[282] ¹A CONVERSÃO DE MADALENA: LUCAS 7,36-50

²Primeiro. Enquanto ele está sentado à mesa na casa do fariseu, Madalena entrou trazendo um vaso de alabastro cheio de perfume.

---

7. Literalmente, "barquinha" (*navecilla*). A mesma palavra é repetida nos pontos dois e três.

³Segundo. Ficando por atrás do Senhor, perto de seus pés, começou a lavá-los com suas lágrimas e a enxugá-los com os cabelos da sua cabeça, e beijava seus pés e os ungia com o perfume.

⁴Terceiro. Como o fariseu acusava Madalena, Cristo fala em sua defesa, dizendo: "'Muitos pecados lhe foram perdoados porque ela amou muito', e disse à mulher: 'Tua fé te salvou, vai em paz'".

[283] ¹COMO CRISTO, NOSSO SENHOR, DEU DE COMER A CINCO MIL HOMENS: MATEUS 14,13-21

²Primeiro. Como já era tarde, os discípulos pedem a Cristo que despeça a multidão que estava com ele.

³Segundo. Cristo, Nosso Senhor, ordenou que lhe trouxessem os pães e que todos se sentassem à mesa. Ele abençoou, partiu e deu os pães aos seus discípulos, e os discípulos os deram à multidão.

⁴Terceiro. "Comeram e se fartaram, e sobraram doze cestos".

[284] ¹A TRANSFIGURAÇÃO DE CRISTO: MATEUS 17,1-9

²Primeiro. Levando em sua companhia os amados discípulos Pedro, Tiago e João, Cristo, Nosso Senhor, foi transfigurado, e seu rosto brilhava como o sol, e suas vestes como a neve.

³Segundo. Conversava com Moisés e Elias.

⁴Terceiro. Pedro disse que deveriam fazer três tendas. Uma voz soou do céu dizendo: "Este é o meu filho amado, escutai-o." Ao ouvir esta voz, seus discípulos caíram com o rosto por terra de medo. Cristo, Nosso Senhor, os tocou dizendo: "Levantai-vos e não tenhais medo. Não faleis a ninguém sobre esta visão até que o Filho do Homem tenha sido ressuscitado dos mortos".

[285] ¹A RESSUSCITAÇÃO DE LÁZARO: JOÃO 11,1-44

²Primeiro. Marta e Maria informaram a Cristo, Nosso Senhor, sobre a doença de Lázaro. Quando ele soube disso, conteve-se por dois dias para que o milagre fosse mais evidente.

³Segundo. Antes de ressuscitá-lo, pede a ambas que creiam, dizendo: "Eu sou a ressurreição e a vida. Quem crer em mim, ainda que esteja morto, viverá".

⁴Terceiro. Depois de ter chorado e orado, ele o ressuscita. A maneira como o ressuscitou foi ordenando: "Lázaro, vem para fora".

[286] ¹A CEIA EM BETÂNIA: MATEUS 26,6-13
²Primeiro. O Senhor ceia na casa de Simão, o leproso, junto com Lázaro.
³Segundo. Maria derrama perfume sobre a cabeça de Cristo.
⁴Terceiro. Judas murmura, dizendo: "Por que todo este desperdício de perfume?". Mas Ele defende Madalena mais uma vez, dizendo: "Por que incomodais esta mulher? Ela me fez uma boa ação".

[287] ¹DOMINGO DE RAMOS: MATEUS 21,1-11
²Primeiro. O Senhor manda buscar a jumenta e o jumentinho, dizendo: "Desamarrai-os e trazei-os para mim. Se alguém disser alguma coisa, dizei que o Senhor precisa deles, e logo lhes permitirá".
³Segundo. Montou na jumenta, coberta com as vestes dos apóstolos.
⁴Terceiro. As pessoas saem para recebê-lo, estendendo suas vestes e os ramos das árvores, dizendo: "Salva-nos, Filho de Davi! Bendito o que vem em nome do Senhor. Salva-nos nas alturas".

[288] ¹A PREGAÇÃO NO TEMPLO: LUCAS 19,47-48
²Primeiro. Ensinava todos os dias no Templo.
³Segundo. Terminada a pregação, como não havia ninguém para recebê-lo em Jerusalém, ele voltou para Betânia.

[289] ¹A CEIA: MATEUS 26,20-29; JOÃO 13,1-30
²Primeiro. Comeu o Cordeiro Pascal com seus doze apóstolos, aos quais predisse sua própria morte: "Em verdade vos digo que um de vós há de me vender".
³Segundo. Lavou os pés dos discípulos, até os de Judas[8], começando por São Pedro. Este relutou em consentir nisso, considerando a majestade do Senhor e a sua própria baixeza, e disse: "Senhor, tu me lavas os pés?". Mas ele não sabia que Cristo estava dando um exemplo de humildade

---
8. O lava-pés de Judas é um detalhe tirado de Ludolfo de Saxônia.

dessa forma. Cristo, portanto, disse: "Eu vos dei um exemplo, para que façais como eu fiz".

⁴Terceiro. Instituiu o santíssimo sacrifício da Eucaristia, em grandíssimo sinal do seu amor, dizendo: "Tomai e comei". Acabada a ceia, Judas saiu para vender a Cristo, Nosso Senhor.

[290] ¹OS MISTÉRIOS SUCEDIDOS DESDE A CEIA ATÉ O HORTO INCLUSIVE: MATEUS 26,30-46; MARCOS 14,26-42

²Primeiro. Acabada a ceia e cantando o hino, o Senhor foi para o Monte das Oliveiras com seus discípulos, que estavam cheios de medo. Deixou oito deles no Getsêmani, dizendo: "Sentai-vos aqui, enquanto eu vou lá para orar".

³Segundo. Acompanhado de São Pedro, São Tiago e São João, orou três vezes ao Senhor, dizendo: "Pai, se for possível, passa de mim este cálice! Contudo, não seja feita a minha vontade, mas a tua". E, estando em agonia, orava mais profusamente.

⁴Terceiro. Começou a sentir tanto medo que dizia: "Minha alma está triste até a morte". Suou tanto sangue que São Lucas disse: "Seu suor era como gotas de sangue que corriam para o chão". O que implica que suas roupas estavam encharcadas de sangue[9].

[291] ¹OS MISTÉRIOS SUCEDIDOS DESDE O HORTO ATÉ A CASA DE ANÁS INCLUSIVE: MATEUS 26,47-58; LUCAS 22,47-57; MARCOS 14,43-54

²Primeiro. O Senhor se deixa beijar por Judas e prender como um ladrão, dizendo-lhes: "Viestes me prender com paus e armas, como se eu fosse um ladrão. Quando estive convosco ensinando todos os dias no Templo e não me prendestes". Quando disse: "A quem buscais?", os inimigos caíram por terra.

³Segundo. São Pedro feriu o servo do Sumo Sacerdote, então o manso Senhor lhe disse: "Põe tua espada de volta no lugar", e curou o ferimento do servo.

---

9. As roupas "encharcadas de sangue" é outro detalhe tirado de Ludolfo de Saxônia.

⁴Terceiro. Abandonado pelos discípulos, é levado a Anás, onde São Pedro, que o acompanhava de longe, o negou uma vez. Cristo levou uma bofetada, enquanto lhe diziam: "É assim que respondes ao Sumo Sacerdote?".

[292] ¹OS MISTÉRIOS SUCEDIDOS DESDE A CASA DE ANÁS ATÉ A CASA DE CAIFÁS INCLUSIVE: JOÃO 18,24; MATEUS 26,57-58.69-75; LUCAS 22,54-65

²Primeiro. Levaram-no amarrado da casa de Anás para a casa de Caifás, onde São Pedro o negou duas vezes. Sob o olhar do Senhor, foi para fora e chorou amargamente.

³Segundo. Jesus passou toda aquela noite amarrado.

⁴Terceiro. Além disso, os que o mantinham prisioneiro zombavam dele, espancavam-no, cobriam-lhe os olhos. Davam-lhe bofetadas e lhe perguntavam: "Profetiza! Quem te feriu?". E diziam semelhantes blasfêmias contra ele.

[293] ¹OS MISTÉRIOS SUCEDIDOS DESDE A CASA DE CAIFÁS ATÉ A CASA DE PILATOS INCLUSIVE: MATEUS 27,1-2.11-26; LUCAS 23,1-5.13-25; MARCOS 15,1-25

²Primeiro. Toda a multidão de judeus o leva a Pilatos e o acusa diante dele, dizendo: "Descobrimos este pervertendo nosso povo e proibindo o pagamento de tributo a César".

³Segundo. Depois de examiná-lo uma e outra vez, Pilatos disse: "Não encontro culpa alguma".

⁴Terceiro. Barrabás, um ladrão, foi preferido a ele: "Todos gritaram, dizendo: 'Não soltes este, mas Barrabás'".

[294] ¹OS MISTÉRIOS SUCEDIDOS DESDE A CASA DE PILATOS ATÉ A CASA DE HERODES: LUCAS 23,7-11

²Primeiro. Pilatos enviou Jesus, o galileu, a Herodes, tetrarca da Galileia.

³Segundo. Herodes, curioso, o interrogou longamente, mas ele nada respondia. Embora os escribas e os sacerdotes o acusassem constantemente.

⁴Terceiro. Herodes e todo o seu exército o desprezaram, vestindo-o com uma roupa branca.

[295] ¹OS MISTÉRIOS SUCEDIDOS DESDE A CASA DE HERODES ATÉ A CASA DE PILATOS: MATEUS 27,26-30; LUCAS 23,11-12. 20-23; MARCOS 15,1-20; JOÃO 19,1-6

²Primeiro. Herodes o manda de volta a Pilatos, e assim se tornaram amigos, pois eram inimigos.

³Segundo. Pilatos pegou Jesus e mandou açoitá-lo. Os soldados fizeram uma coroa de espinhos e a puseram sobre a cabeça dele. Vestiram-no de púrpura e se aproximavam dele dizendo: "Deus te salve, ó Rei dos Judeus!". E o esbofeteavam.

⁴Terceiro. Foi levado para fora, diante de todos: "Saiu então Jesus, coroado de espinhos e vestido de vermelho. Pilatos lhes disse: 'Eis aqui o homem!'. Assim que os sumos sacerdotes o viram, gritaram: 'Crucifica-o! Crucifica-o!'".

[296] ¹OS MISTÉRIOS SUCEDIDOS DESDE A CASA DE PILATOS ATÉ A CRUZ INCLUSIVE: JOÃO 19,13-22

²Primeiro. Pilatos, sentado como juiz, entregou-lhes Jesus para que o crucificassem, depois que os judeus o negaram como rei, dizendo: "Não temos outro rei senão César".

³Segundo. Carregava a cruz nas costas, porém, não podendo mais, obrigaram Simão, o cireneu, a levá-la atrás de Jesus.

⁴Terceiro. Crucificaram-no entre dois ladrões, afixando este título: "Jesus de Nazaré, Rei dos Judeus".

[297] ¹OS MISTÉRIOS SUCEDIDOS NA CRUZ: JOÃO 19,32-37

²Primeiro. ³Pronunciou sete palavras na cruz: rogou pelos que o crucificavam; perdoou o ladrão; encomendou São João à sua mãe e sua mãe a São João. Disse em alta voz: "Tenho sede!". Deram-lhe fel e vinagre. Disse que estava desamparado. ⁴Disse: "Tudo está consumado"; e "Pai, em tuas mãos entrego o meu espírito!".

⁵Segundo. O sol foi escurecido, as rochas quebradas, as sepulturas abertas, o véu do Templo rasgado em dois, de alto a baixo.

⁶Terceiro. Blasfemam contra ele, dizendo: "Tu, que destróis o Templo de Deus, desce da cruz". As vestes dele foram repartidas. O lado dele, ferido pela lança, derramou água e sangue.

[298] ¹OS MISTÉRIOS SUCEDIDOS DA CRUZ AO TÚMULO INCLUSIVE: JOÃO 19,38-42

²Primeiro. Foi tirado da cruz por José e Nicodemos, na presença de sua Mãe dolorosa.

³Segundo. O corpo foi levado ao sepulcro e ungido e sepultado.

⁴Terceiro. Foram postos guardas.

[299] ¹A RESSURREIÇÃO DE CRISTO, NOSSO SENHOR. SUA PRIMEIRA APARIÇÃO

²Primeiro. Apareceu à Virgem Maria. Embora isso não seja declarado nas Escrituras, presume-se que tenha sido incluído na declaração de que ele apareceu a tantos outros, ³pois a Escritura supõe que tenhamos inteligência, como está escrito: "Também vós estais sem entendimento?"[10].

[300] ¹A SEGUNDA APARIÇÃO: MARCOS 16,1-11

²Primeiro. Maria Madalena, Maria, mãe de Tiago, e Salomé dirigem-se bem cedo pela manhã ao túmulo, dizendo: "Quem levantará para nós a pedra da entrada do túmulo?".

³Segundo. Veem a pedra removida e o anjo que diz: "Jesus de Nazaré, a quem procurais, já está ressuscitado! Não está aqui!".

⁴Terceiro. Apareceu a Maria, que ficou perto do sepulcro, depois que as outras partiram.

[301] ¹A TERCEIRA APARIÇÃO: MATEUS 28,8-10

²Primeiro. Estas Marias saem do sepulcro com temor e grande gozo, querendo anunciar aos discípulos a Ressurreição do Senhor.

³Segundo. Cristo, Nosso Senhor, lhes apareceu no caminho, dizendo: "Deus vos salve!". E eles se aproximaram, caíram a seus pés e o adoraram.

⁴Terceiro. Jesus lhes disse: "Não tenhais medo: ide dizer a meus irmãos que vão para a Galileia, porque lá me verão".

---

10. Cf. Mateus 15,16.

[302] ¹A QUARTA APARIÇÃO: LUCAS 24,9-12

²Primeiro. Ouvindo as mulheres dizer que Cristo estava ressuscitado, São Pedro dirigiu-se apressadamente ao sepulcro.

³Segundo. Ao entrar no sepulcro, viu apenas os panos que cobriram o corpo de Cristo, Nosso Senhor, e nada mais.

⁴Terceiro. Pensando São Pedro nessas coisas, Cristo lhe apareceu, e por isso os apóstolos diziam: "Verdadeiramente o Senhor está ressuscitado e apareceu a Simão".

[303] ¹A QUINTA APARIÇÃO: LUCAS 24,13-35

²Primeiro. Aparece aos discípulos que estavam a caminho de Emaús, falando sobre o Cristo.

³Segundo. Repreende-os, mostrando pelas Escrituras que Cristo havia de morrer e ressuscitar: "Ó tolos e lentos de coração para crer em tudo o que foi dito pelos profetas! Não era necessário que Cristo padecesse e, assim, entrasse em sua glória?".

⁴Terceiro. A pedido deles, detém-se ali e ficou com eles até que, dando-lhes a comunhão, desapareceu. E eles, voltando, contaram aos discípulos como o haviam reconhecido na comunhão.

[304] ¹A SEXTA APARIÇÃO: JOÃO 20,19-23

²Primeiro. Os discípulos, exceto São Tomé, estavam reunidos "por medo dos judeus".

³Segundo. Jesus lhes apareceu, estando as portas fechadas, e, enquanto estava no meio deles, disse: "A paz esteja convosco".

⁴Terceiro. Dá-lhes o Espírito Santo, dizendo: "Recebei o Espírito Santo! Aqueles a quem perdoardes os pecados serão perdoados".

[305] ¹A SÉTIMA APARIÇÃO: JOÃO 20,24-29

²Primeiro. São Tomé, incrédulo, porque estava ausente na aparição anterior, disse: "Se eu não o vir, não acreditarei".

³Segundo. Uma semana depois, Jesus lhes aparece, estando as portas fechadas, e diz a São Tomé: "Coloca aqui o teu dedo e vê a verdade; não sejas incrédulo, mas fiel!".

⁴Terceiro. São Tomé acreditou, dizendo: "Meu Senhor e meu Deus", e Cristo lhe disse: "Bem-aventurados aqueles que não viram e creram".

[306] ¹A OITAVA APARIÇÃO: JOÃO 21,1-17
²Primeiro. Jesus aparece a sete dos seus discípulos que estavam pescando e que nada haviam pescado durante toda a noite. Quando lançaram a rede ao seu comando, "não podiam puxá-la por causa da multidão de peixes".
³Segundo. Por esse milagre, São João o reconheceu e disse a São Pedro: "É o Senhor!". Este saltou ao mar e veio a Cristo.
⁴Terceiro. Deu-lhes a comer parte de um peixe assado e um favo de mel. Depois de primeiro examiná-lo três vezes sobre a caridade, confiou as ovelhas a São Pedro, dizendo: "Apascenta as minhas ovelhas".

[307] ¹A NONA APARIÇÃO: MATEUS 28,16-20
²Primeiro. Por ordem do Senhor, os discípulos vão para o Monte Tabor.
³Segundo. Cristo aparece a eles e diz: "Todo o poder me foi dado no céu e na terra".
⁴Terceiro. Enviou-os por todo o mundo a pregar, dizendo: "Ide e ensinai a todos os povos, batizando-os em nome do Pai e do Filho e do Espírito Santo".

[308] ¹A DÉCIMA APARIÇÃO: 1 CORÍNTIOS 15,6
²"Depois foi visto por mais de quinhentos irmãos juntos".

[309] ¹A DÉCIMA PRIMEIRA APARIÇÃO: 1 CORÍNTIOS 15,7
²"Apareceu depois a São Tiago".

[310] ¹A DÉCIMA SEGUNDA APARIÇÃO
²Apareceu a José de Arimateia, como piedosamente se lê e se medita na vida dos santos[11].

---

11. As palavras "a vida dos santos" são uma correção feita por Inácio, que originalmente referiu essa tradição ao Evangelho (apócrifo) segundo Nicodemos, mencionado em Ludolfo de Saxônia.

[311] ¹A DÉCIMA TERCEIRA APARIÇÃO: 1 CORÍNTIOS 15,8

²Apareceu a São Paulo, depois da Ascensão: "Finalmente apareceu a mim, como a um abortivo". Apareceu também, em alma, aos santos pais no limbo. ³Depois de tirá-los e assumir novamente o seu corpo, apareceu muitas vezes aos discípulos e conversava com eles.

[312] ¹A ASCENSÃO DE CRISTO, NOSSO SENHOR: ATOS 1,1-12

²Primeiro. Depois de ter aparecido aos apóstolos durante quarenta dias, dando-lhes muitas provas e sinais e falando do Reino de Deus, ordenou-lhes que esperassem em Jerusalém pelo Espírito Santo prometido.

³Segundo. Levou-os ao Monte das Oliveiras. Na presença deles foi elevado, e uma nuvem fez com que desaparecesse da vista deles.

⁴Terceiro. Enquanto eles olhavam para o céu, os anjos lhes disseram: "Homens galileus, por que estais olhando para o céu? Este Jesus, que foi levado dos vossos olhos para o céu, virá do mesmo modo como o vistes ir para o céu".

Regras de Discernimento

As Regras de Discernimento incorporam uma tradição que remonta, passando pelos Padres da Igreja, ao Novo Testamento, especialmente aos escritos paulinos e joaninos[1]. Imediatamente, derivam da própria experiência de Inácio, tanto a experiência pessoal da sua conversão[2] como a sua experiência em orientar outros. A sua importância nos Exercícios, bem como a necessidade de aplicá-las adequadamente, está estabelecida nas Anotações [8, 9]. Os dois movimentos de que tratam têm um significado central na oração dos Exercícios a partir do Primeiro Dia (cf. [62] e especialmente [176]). Além de contribuir para o processo dos próprios Exercícios, as regras têm um valor considerável na resposta às necessidades específicas do mundo e da Igreja de hoje.

---

1. Cf. Romanos 12,3; 1 Coríntios 1,7–3,4; Gálatas 5,13-26; 1 Tessalonicenses 5,19; 1 João 4,2-3. Sobre o contexto patrístico das Regras de Discernimento, vide RAHNER, H., *Ignatius the Theologian*, 165-180, COWAN; FUTRELL, *Handbook*, 139-150. Sobre uma pesquisa abrangente da história e da teologia do discernimento, consulte GUILLET et al., *Discernment of Spirits* (Collegeville, 1970, traduzido por Innocentia Richards do *Dictionnaire de Spiritualité*).
2. Vide *Autobiografia*, n. 6-10 [trad. *Personal Writings*, 14-16].

Discernimento

O discernimento é uma função da sabedoria do Espírito. Pode ser amplamente definido como a sabedoria que permite a uma pessoa distinguir, pelo sentido interior (bem como por critérios objetivos), entre o espiritualmente autêntico e o seu oposto; entre o que é e o que não é do Espírito. Seu funcionamento pressupõe qualidades e disposições particulares, que incluem equilíbrio psicológico, autoconhecimento e bom senso. Contudo, mais fundamentalmente, o discernimento, como dom do Espírito, necessita de qualidades especificamente espirituais. Necessita de uma atitude de presença à palavra de Deus em todas as suas mediações.

Portanto, necessita de um sentido de Igreja e de uma abertura à palavra de Deus nas Escrituras, na profecia, nas situações, nos acontecimentos. Mais particularmente, o discernimento necessita do conhecimento crescentemente interiorizado de Cristo, que conduz ao sentimento da sua "mente"[3]. Onde estas últimas qualidades se encontram, as condições para o discernimento estão presentes. À medida que a pessoa amadurece no Espírito, e de acordo com as graças que lhe são concedidas, o senso de discernimento torna-se cada vez mais apurado.

Porém, o discernimento assume muitas formas, algumas integrantes da vida humana como tal, outras relacionadas com situações ou responsabilidades específicas. Em tudo isso, as regras dadas nos Exercícios têm influência, e o discernimento de qualquer outro tipo está condicionado ao discernimento específico de que tratam. Deve-se lembrar, porém, que as regras não tratam do discernimento em todas as suas ramificações. Elas estão principalmente focadas nas maneiras pelas quais o bom e o mau espírito exercem influência sobre nossos "movimentos de consciência" (ou movimentos "da alma"), produzindo respectivamente consolação espiritual e desolação espiritual.

---

3. Cf. Filipenses 2,5.

Consolação e desolação

O ensino de Inácio sobre a consolação e a desolação só emerge plenamente quando as Regras de Discernimento são consideradas isoladamente e em detalhe. Mas, como há pontos sobre os quais a doutrina é frequentemente mal compreendida, será útil fazer alguns esclarecimentos gerais iniciais.

Deve-se notar, em primeiro lugar, que tanto a consolação como a desolação são definidas como espirituais[4], sendo a relação com o espiritual positiva no caso da consolação e negativa no caso da moção "antiespiritual" de desolação. Para reconhecer essas moções espirituais, geralmente é preciso ser sensível a todo o reino fluido e indescritível dos nossos sentimentos e reações. Mas nem todo tipo de humor ou agitação positiva ou negativa reconhecível por uma pessoa autoconsciente deve ser equiparado a "consolação" e "desolação", conforme entendidos nos Exercícios.

Em última análise, a consolação "consola" porque qualquer que seja a sua forma, seja ela inequívoca ou implícita e discreta, é uma experiência sentida do amor de Deus que constrói em nós a vida em Cristo. E o que caracteriza toda forma de desolação espiritual é uma sensação de dissonância que é o eco na consciência de uma influência que tende, por sua natureza, a minar a vida em Cristo. Portanto, no caso de uma pessoa que permanece fundamentalmente orientada para Cristo, contradiz suas inclinações mais profundas.

Por outro lado, quando aplicado à consolação e à desolação, o próprio conceito de "espiritual" pode ser mal interpretado. É fácil, por exemplo, considerar o respectivo caráter "espiritual" e "antiespiritual" dessas moções como uma indicação da qualidade espiritual da pessoa a elas sujeita. É essencial compreender que uma pessoa que está consolada não é necessariamente mais cheia do Espírito ou mais amorosa para com Deus e para com os outros do que uma pessoa que não está

---

4. As definições nas Regras Três e Quatro [316-317] abrem-se respectivamente com as palavras: "Sobre a consolação espiritual" e, significativamente, "Sobre a desolação espiritual".

consolada. E a desolação não é necessariamente um sintoma de comprometimento em declínio. Deve também ser sublinhado que definir uma experiência como "espiritual" não significa confiná-la a situações de recolhimento e oração.

Certamente, quando nos separamos dos assuntos imediatos (para rezar ou fazer um retiro), tanto o dinamismo espiritual como o antiespiritual da experiência interior são mais facilmente colocados em foco (cf. [6] e [13]). Porém, na maior parte do tempo, a consolação espiritual e a desolação estão entrelaçadas na textura do mundano, secular e cotidiano. Os seus tons distintos permeiam o nosso humor, qualquer que seja a sua causa imediata. Permeiam também os sentimentos e motivações que influenciam as nossas escolhas diárias, o relacionamento com as pessoas e as reações aos acontecimentos e às circunstâncias. Portanto, a pessoa com discernimento não apenas reconhece consolação e desolação na oração. Ela aprende na oração a detectar, em todo o espectro de nossa atividade e consciência, as moções através das quais o Espírito Santo nos conduz e nos ilumina. E também a perceber aquelas moções através das quais outras influências, em sua cabeça, que trabalham contra essa orientação e luz.

Outras situações de discernimento

Como mencionado acima, o alcance do discernimento vai além do foco específico das regras. A gama mais ampla inclui o discernimento dos "espíritos" que trabalham em outras pessoas[5], em grupos, na sociedade em geral ou na Igreja. Inclui o discernimento da nota de sabedoria ou seu oposto em nossas próprias posições ou linhas de raciocínio ou de

---

5. Por exemplo, o discernimento das reivindicações de outras pessoas de possuir dons proféticos. A correspondência inaciana contém uma ilustração instrutiva desse discernimento em um documento que trata de revelações supostamente inspiradas relativas ao papado e à Companhia de Jesus: MHSI, *Ep. Ig.*, v. XII, n. 632-652 [trad. *Personal Writings*, 220-250]. Sobre o discernimento da profecia em geral, vide Green, *Wheat Among the Weeds*, 29-32. [Trad. bras.: *Ervas daninhas entre o trigo*, São Paulo, Loyola, 2006. (N. do T.)]

outros[6] e o processo total de discernimento da vontade de Deus em uma "eleição"[7]. Em todos estes casos, o discernimento pode envolver procedimentos não cobertos pelas regras dos Exercícios e pode exigir qualificações pessoais contingentes não essenciais para o discernimento das próprias moções internas. São qualificações como conhecimentos ou competências especiais[8], ou uma formação particular, ou dotes específicos de mente ou personalidade.

No entanto, se outros tipos de discernimento ultrapassam os limites das regras, as moções tratadas nas regras e o discernimento delas têm uma influência essencial em qualquer outro tipo de discernimento. Isso pode acontecer por vários motivos. Em geral, o clima de consolação discernida é o melhor para empreender qualquer discernimento mais específico. Onde as percepções são distorcidas pela desolação, não pode haver atividade de discernimento, a menos que o discernimento dos espíritos tenha identificado a influência desoladora. E há as situações destacadas pelos Exercícios em relação à "eleição", nas quais o discernimento da consolação e da desolação presentes é um fator essencial para formar um julgamento ou tomar uma decisão.

Porém, para apreciar a influência dessas moções em cada exercício de discernimento, devemos compreender que elas são significativas não apenas como experiências presentes, mas pelo seu lugar nos processos pelos quais o Espírito nos ensina através das experiências do passado.

---

6. O discernimento exigido particularmente do pregador, professor ou teólogo. Nem sempre é totalmente compreendido que o próprio Inácio não era apenas um místico "sensitivo", mas também "pensante", que foi agraciado através do esclarecimento do Cardoner com uma "nova compreensão" (*Autobiografia*, n. 30 [trad. *Personal Writings*, 26-27]). Sobre esse aspecto do misticismo inaciano, vide EGAN, *Ignatius Loyola the Mystic*, 163-165.

7. A distinção entre o "discernimento dos espíritos" e o processo mais complexo de "discernir a vontade de Deus" é desenvolvida por TONER, *A Commentary on Saint Ignatius Rules for the Discernment of Spirits*, 131-135. Vide também seu artigo Discernment in the Spiritual Exercises, in: DISTER (ed.), *A New Introduction*, 63-72.

8. No que diz respeito ao discernimento entre a verdadeira e a falsa profecia, o relatório mencionado na nota 5 acima especifica que a graça de tal discernimento "é ajudada pelo esforço humano e opera junto com ele, em particular com prudência e sã teologia", *Personal Writings*, 211.

Portanto, a mente perspicaz que uma pessoa cristã traz para qualquer situação vem, pelo menos em parte, da consolação e da desolação passadas. Desde que sejam identificadas, refletidas, aprendidas e levadas adiante na memória, seja conscientemente ou em níveis além da lembrança consciente[9]. As consolações e desolações da vida constituem, em certo sentido, uma escola de sabedoria espiritual.

Os limites do discernimento

O discernimento nunca deve ser considerado, ou exercido, isoladamente de todo o complexo de formas pelas quais procuramos e encontramos a palavra de Deus. A escuta da palavra dentro de nós deve estar relacionada com dois outros tipos de escuta[10]. O discernimento exige ouvir a palavra de Deus em todas as mediações através das quais ela chega até nós como um "dado", fornecendo verdades, diretrizes, limites, normas, visão profética ou desafio. E exige uma postura de escuta perante a realidade das circunstâncias ou situações, na medida em que estas se relacionam com as nossas percepções, julgamentos e escolhas, especialmente os elementos da realidade que somos tentados a ocultar da nossa visão pessoal.

Em conexão com essa escuta mais ampla, outro ponto deve ser levantado. Os obstáculos que impedem a nossa escuta não são apenas os do pecado pessoal. Eles também surgem, às vezes em grau muito significativo, da convenção e da cultura de nossa sociedade e, interiormente, de fontes profundas na mente inconsciente[11]. Isso não significa sugerir

---

9. Sobre a importância da memória nas regras, consulte [318, 321, 322, 324, 332, 333, 334, 336].
10. Nesse contexto, Futrell distingue entre três aspectos da palavra de Deus: a "palavra profética", a "palavra existencial", a "palavra de Deus aqui e agora". Vide Ignatian Discernment, *Studies in the Spirituality of Jesuits*, 2/2, (1970).
11. Consideradas do ponto de vista do discernimento, existem duas atitudes fáceis em relação ao inconsciente que precisam ser evitadas: (1) a ingenuidade psicológica que ignora o grau em que as "moções da alma" podem ser influenciadas por elementos inconscientes; (2) uma atitude de reducionismo psicológico

que pontos cegos sociais ou culturais ou áreas de falta de liberdade psicológica excluam totalmente qualquer exercício de discernimento.

O discernimento é um processo de crescimento, e discernimos dentro das nossas possibilidades atuais. No entanto, deve ser reconhecido que, em graus que variam de acordo com as pessoas, o discernimento pode ser seriamente dificultado por limitações de visão e inibições de liberdade, que não é função do próprio discernimento remover. E o contexto no qual o discernimento cresce inclui todo o aprendizado e ajuda, seja da espiritualidade seja das disciplinas humanas comuns que promovem a maturidade, o autoconhecimento e a aceitação da realidade[12].

---

que praticamente destrói a possibilidade de Deus se comunicar através dessas moções. Dito isso, no entanto, deve-se reconhecer que o discernimento não dá necessariamente acesso a dinâmicas psicológicas profundamente ocultas, por exemplo, compulsões inconscientes que afetam a percepção, o julgamento e a escolha. Pelo contrário, podem eliminar as condições em que o discernimento é possível. Nesse contexto, é interessante notar certas qualidades exigidas por Inácio de uma pessoa candidata a um retiro de eleição. Tal pessoa "deveria estar em posição de tomar uma decisão relativa à sua própria vida", estando ao mesmo tempo "inquieta em certo aspecto, com um desejo de saber o que deveria fazer consigo mesma e com uma incerteza sobre isso". Sobre essas exigências, Laurence Murphy observa pertinentemente que, embora expressas na linguagem de uma cultura pré-freudiana, elas "nos trazem à tona a importância daquilo que hoje reconhecemos como motivação inconsciente. Pois não há dúvida de que a autonomia e a abertura solicitadas por Inácio estarão em falta nas pessoas inconscientemente movidas em uma ou outra direção"; cf. Diretório de Vitória (MHSI, v. 76, 15-16 [trad. PALMER, 15-16]); também MURPHY, Consolation, 46-47. Sobre discernimento e motivação inconsciente, vide também comentários sobre [330] e [335], e LONSDALE, "The Serpent's tail", in: SHELDRAKE (ed.), *The Way of Ignatius Loyola*, 172-174.

12. A maneira preferida de Inácio ajudar uma pessoa a crescer em maturidade era a orientação espiritual através da confissão. Nos próprios Exercícios, ele se baseou no exame e no uso prolongado do Fundamento; cf. Diretório de Vitória (MHSI, v. 76, 99-100 [trad. PALMER, 20]).

Primeiro conjunto de regras

Resumo do conteúdo

O conteúdo destas catorze regras pode ser resumido da seguinte forma:

– Título [313].
– Princípios preliminares (Regras 1 e 2).
– Definições descritivas de consolação e desolação (Regras 3 e 4).
– Maneiras de lidar com a desolação (Regras 5 a 8).
– Por que a experiência da desolação? (Regra 9).
– Atitudes em relação à consolação (Regras 10 e 11).
– Algumas táticas comuns do inimigo (Regras 12 a 14).

[313] ¹REGRAS PARA DE ALGUM MODO SENTIR E CONHECER AS DIVERSAS *MOÇÕES* PRODUZIDAS NA ALMA: ²AS BOAS PARA QUE *SEJAM ACEITAS*, E AS MÁS PARA QUE *SEJAM REJEITADAS*. REGRAS *MAIS ADEQUADAS PARA A PRIMEIRA SEMANA*.

O tom é prático e experiencial. O objetivo das regras é ajudar a pessoa exercitante a primeiro perceber as moções em sua consciência e, em seguida, chegar a certa compreensão delas, com base na qual distinguir entre as moções a serem aceitas e aquelas a serem rejeitadas.

Moções: Pelo termo "moções" da alma, os Exercícios se referem às interações de sentimentos, pensamentos e impulsos de atração e repulsa, que ocorrem espontaneamente na consciência. Deve ser lembrado que essas moções consistem tanto em pensamentos como em sentimentos. Sendo que os "pensamentos" neste contexto não são pensamentos despaixonados ou apenas especulativos, mas pensamentos por assim dizer "carregados" de sentimento. No vocabulário dos Exercícios, "pensamentos" também incluem a atividade da imaginação[13].

---

13. Sobre "pensamentos" nas Regras de Discernimento, vide [315, 317, 318, 322, 324, 332-334]. Uma definição mais completa do termo "moção na

Sejam aceitas... sejam rejeitadas: As moções em si mesmas são involuntárias. A liberdade consiste na escolha de aceitar ou não a direção que elas buscam conferir à vontade, aos pensamentos e às percepções gerais da realidade que lhe dão origem. Dizer que a pessoa pode se recusar a aceitar moções involuntárias ou espontâneas não implica, contudo, que ela possa sempre se livrar delas imediatamente. Vide nota na Regra 5 abaixo.

Mais adequadas para a Primeira Semana: A pessoa exercitante típica da Primeira Semana está passando por uma conversão de sentimento e perspectiva em relação ao pecado, à desordem, ao mundo [63]. Geralmente há certa instabilidade neste processo, com novos padrões emergentes criando tensão com a força sobrevivente dos anteriores [91].

Nesta situação, a pessoa fica particularmente vulnerável a episódios de desolação. Por essa razão, pode ser desejável na Primeira Semana não apenas introduzir a consolação e a desolação como conceitos gerais, mas também tratar, especialmente como fazem estas regras, de reconhecer e responder à desolação. *Mais adequadas para a Primeira Semana* significa também que nesta fase não se faz menção a possíveis ambiguidades na consolação, uma vez que elas pertencem ao reino da tentação sob a aparência do bem moral e espiritual, característico da Segunda Semana.

Regras 1 e 2: Princípios preliminares

Nas regras de abertura, somos apresentados aos dois tipos de espíritos, em relação a dois tipos de pessoas: as que regridem e as que progridem.

Tal como é usado nos Exercícios, o termo "espíritos", no plural, refere-se a influências ou dinamismos espirituais positivos ou negativos que experimentamos dentro de nós mesmos. No caso do *bom espírito*, a causa imediata dessa influência poderia, para Inácio, ser um anjo

---

alma" é encontrada em TONER, *A Commentary on Saint Ignatius Rules for the Discernment of Spirits*, 37.

(cuja ação, é claro, sempre medeia a de Deus). Porém, deve ser fortemente enfatizado hoje que as Regras de Discernimento estão essencialmente preocupadas em reconhecer a ação do Espírito Santo na consciência humana[14].

O *mau espírito* deve ser entendido como um verdadeiro agente sobrenatural ou como o efeito em nós mesmos do pecado pessoal e social. Ele denota uma influência do tipo descrito por São Paulo como contra o Espírito[15]. Uma influência que, se deixada livre, colocará em perigo a vida do Espírito dentro de nós. Nos Exercícios, essa influência é comumente personificada como o inimigo (ou nas Duas Bandeiras, o inimigo da natureza humana). Um termo que nos Exercícios evoca a ideia de um estrategista astuto e malicioso[16].

Os tipos de pessoas descritos nestas regras iniciais representam não tanto graus notáveis de dissolução e seriedade, mas mais tendências gerais consistentes da vontade. Assim, as regras estabelecem desde o início uma perspectiva dinâmica. O que importa não é apenas onde uma pessoa "está", mas se a sua orientação em relação a Deus e à sua vontade é para a frente ou para trás. Essa direção é uma chave de

---

14. "Agora que os perigos e exageros do iluminismo estão pouco presentes, a pessoa exercitante deve ser explicitamente informada de que os Exercícios evocarão, fortalecerão e tornarão mais explícita a experiência sempre presente do Espírito Santo", EGAN, *The Spiritual Exercises and the Ignatian Mystical Horizon*, 122.
15. Cf. Gálatas 5,7.
16. Para Inácio, a identidade do inimigo é clara; é Lúcifer (o anjo caído da luz) com os anjos malévolos sob seu comando [140, 141]. Hoje, a questão de saber se os maus espíritos dos Exercícios devem necessariamente ser considerados como se referindo a espíritos reais, é obviamente importante. Contudo, não precisa ser resolvida antes que se possa fazer ou dar os Exercícios. Consulte TONER, *A Commentary on Saint Ignatius Rules for the Discernment of Spirits*, 34-37 (sobre os espíritos em relação à realização dos Exercícios) e 260-270 (pesquisa de opiniões teológicas sobre a existência de Satanás e demônios como objeto de fé). No que diz respeito a identificar na nossa experiência a ação dos verdadeiros espíritos maus, distinta das influências vindas de dentro de nós mesmos, a posição geralmente tradicional tem sido considerar isso como difícil e praticamente de pouca importância; cf. COATHALEM, *Insights*, 252.

importância crucial para discernir os espíritos. Pois, como explica uma regra posterior [335], a influência dos espíritos normalmente gera sentimentos de harmonia ou conflito, dependendo se o espírito está se movendo com ou contra a orientação geral da vontade da pessoa afetada[17].

Uma vez que as regras subsequentes se preocuparão em grande parte com a identificação da influência dos espíritos através de sentimentos positivos e negativos. Uma vez que pessoas espiritualmente insensíveis ou inexperientes poderão confundir complacência com consolação e compunção com desolação, a necessidade desta distinção inicial dificilmente pode ser subestimada.

[314] [1]Primeira regra. Nas pessoas que vão *de um pecado mortal a outro*, o inimigo costuma propor prazeres aparentes, fazendo-as *imaginar deleites e prazeres sensuais* [2]para as manter e fazer crescer em seus vícios e pecados. [3]Nessas pessoas, o bom Espírito age de modo contrário, picando e *remordendo* suas consciências pelo *juízo da razão*[18].

[315] [1]Segunda regra. Nas de pessoas que estão fazendo sérios *progressos na purificação de seus pecados*, e que avançam de bem para melhor

---

17. Na verdade, as situações humanas não são tão simples como as duas primeiras regras tomadas isoladamente poderiam sugerir. Por exemplo, em uma pessoa manifestamente regressiva, pode ainda haver sensibilidade espiritual suficiente para que a influência do bom espírito seja sentida de uma forma semelhante à descrita na Regra 2. No caso da pessoa em progresso, os instintos "antiespirituais" ainda podem ser sentidos de modo forte o suficiente para que o mau espírito produza os sentimentos de atração descritos na Regra 1 (cf. TONER, *A Commentary on Saint Ignatius Rules for the Discernment of Spirits*, 74-78). Além disso, as pessoas não progridem e regridem no mesmo ritmo em todo o terreno da vida moral e espiritual. De modo que uma pessoa pode experimentar os espíritos mais de acordo com o modo da Regra 1 em relação a alguns aspectos da vida cristã e mais de acordo com um modo da Regra 2 em outros. Um orientador experiente estará ciente e levará facilmente em conta complexidades desse tipo. O que não diminui a importância fundamental das distinções corajosamente traçadas nas duas primeiras regras.
18. No texto autógrafo e nos textos latinos, a palavra "sindérese", um termo técnico tomista, é usado aqui. Designa a capacidade natural da mente humana de conhecer os primeiros princípios de ordem moral.

no serviço de Deus, Nosso Senhor, ocorre o contrário da primeira regra. ²Pois é próprio do mau espírito *atormentar, entristecer e obstruir*, inquietando com *falsas razões*, para que a pessoa *não vá adiante*. ³Enquanto *é próprio do bom espírito* dar *ânimo, forças, consolações*, lágrimas, inspirações e sossego, facilitando e removendo todos os obstáculos para a pessoa progredir na prática do bem.

De um pecado mortal a outro: "Pecado capital" poderia ser uma tradução preferível a "pecado mortal". Em todo caso, como a regra indica orientação e não estado, o termo deve ser entendido como referindo-se a qualquer pessoa cuja orientação em relação ao chamado à renúncia ao pecado, e ao amor e ao serviço de Deus, é de regressão, mesmo que sutil e lenta. A *Vulgata* traz "aqueles que facilmente pecam mortalmente e acrescentam pecado a pecado".

Imaginar deleites e prazeres sensuais: Por *deleites e prazeres sensuais* deve-se entender não apenas (ou mesmo principalmente) o hedonismo grosseiro, mas também a gratificação de qualquer instinto (por exemplo, de poder, riqueza, fama), na medida em que o instinto não está integrado e ordenado por um verdadeiro relacionamento com Cristo. *Imaginar*: a faculdade criativa da imaginação, que desempenha um papel tão positivo e central nos Exercícios, é também um componente-chave da dinâmica da tentação, servindo neste caso para protegê-la contra perturbações da razão ou da realidade.

Remordendo: O eco na emoção da percepção racional de que alguém está fazendo ou fez algo errado deve ser diferenciado de sentimentos de culpa de tipo irracional. "Remorder-se", sentir remorso, é um tipo de experiência bastante diferente da desolação, conforme descrito implicitamente na Segunda Regra e explicitamente na Quarta Regra. Embora a desolação atraia uma pessoa para trás, o verdadeiro remorso é um movimento para a frente e, portanto, deve ser "aceito".

Juízo da razão: Contra o critério eficaz da satisfação instintiva, o bom Espírito apela ao princípio moral.

Progressos na purificação de seus pecados: Como na Primeira Regra, a característica enfatizada aqui é o movimento, a conversão nos seus aspectos correlatos de "mudar-se de" e "mudar-se para".

Atormentar, entristecer e obstruir: Efeitos muitas vezes causados pela imaginação desolada jogando com as implicações reais ou possíveis de uma vida convertida.

Falsas razões: Dado que a pessoa cristã em maturação está comprometida com a verdade, qualquer subversão plausível do progresso deve agora se apresentar não apenas como agradável, mas também como razoável. O princípio será retomado nas regras do segundo conjunto, onde as suas implicações são mais sutis e oblíquas. As falsas razões aqui referidas são aquelas que minam diretamente o compromisso, provocando angústia e ansiedade. A *Vulgata* traduz o efeito do espírito maligno como "dificuldades, escrúpulos, falsas razões e outras perturbações semelhantes" (observe a inclusão de "escrúpulos").

Não vá adiante: O propósito do *mau espírito* é reativar o elã retrógrado, rumo a uma vida dominada pelos pecados capitais. Mas, inicialmente, ele deve neutralizar o apelo emergente e o significado encontrado no serviço a Deus, fazendo com que este serviço pareça pouco atraente e sem sentido[19].

É próprio do bom espírito: É a maneira comum de Deus apoiar o iniciante com o tipo de ajuda aqui descrita[20]. A regra não diz que no início tais experiências predominarão. Porém, quer sejam elas mais frequentes quer menos frequentes, promovem o crescimento e o progresso e, quando ocorrem, devem ser acolhidas e seguidas.

---

19. A estratégia do *mau espírito*, conforme descrita na Segunda Regra, lembra a crise espiritual do próprio Inácio em Manresa, quando a dinâmica aqui descrita estava presente em realidades dolorosas de sua experiência. Em seu relato, Inácio recorda em particular duas causas de angústia: pensamentos sobre o futuro como uma perspectiva insuportável e os falsos raciocínios de escrupulosidade. Vide *Autobiografia*, n. 22-25 [trad. *Personal Writings*, 22-24]. O tema dos falsos raciocínios, apoiados por uma imaginação desolada em relação ao futuro, também aparece na carta de orientação espiritual a Teresa Rajadel de 18 de junho de 1536 (MHSI, *Ep. Ig.*, v. I, n. 99-107 [trad. *Personal Writings*, 130]).

20. Sobre a experiência de Inácio a esse respeito, vide *Autobiografia*, n. 20 [trad. *Personal Writings*, 21-22]. Na carta a Teresa Rajadel referida na nota anterior, Inácio menciona "os abundantes confortos e consolações normalmente dados pelo Senhor" aos seus "novos servos", *op. cit.*, 130.

Ânimo, forças: Ao contrário dos outros efeitos aqui listados, estes são sempre oferecidos pelo Espírito, embora de acordo com as circunstâncias possam ser sentidos em maior ou menor grau. São dons que necessitamos especialmente em tempos de desolação.

Consolações: A palavra deve ser entendida no sentido mais amplo, independentemente das distinções a serem dadas na regra seguinte e em [330, 331], onde as lágrimas e a quietude são elas próprias formas de consolação. O plural sugere momentos ou episódios de consolação.

Regras 3 e 4: Definições descritivas de consolação e desolação

[316] ¹Terceira regra. Sobre a consolação espiritual. *Chamo "consolação"* quando se produz na alma qualquer moção interior que a leve a se *inflamar no amor ao seu Criador e Senhor*; ²e quando, como consequência, não pode amar em si mesma nenhuma coisa criada na face da terra, mas a ama no Criador e Senhor de todas as coisas.

³Da mesma forma, chamo "consolação" quando uma pessoa *derrama lágrimas* que levam ao amor a Nosso Senhor, quer estas surjam da tristeza pelos pecados, quer pela paixão de Cristo, Nosso Senhor, quer por outras razões diretamente ordenadas a seu serviço e louvor.

⁴Por último, chamo "consolação" a *todo aumento* de fé, esperança e caridade, e *toda alegria interna* que chama e atrai para as coisas celestes e para a salvação da alma, *aquietando-a e pacificando-a em seu Criador e Senhor*.

Chamo "consolação": Temos aqui três situações experienciais às quais a palavra "consolação" pode ser aplicada. Contudo, a definição não pretende ser exaustiva e, ao descrever três situações de consolação, não exclui outras. A *Vulgata* afirma: "A consolação espiritual, propriamente dita, é conhecida por estar presente quando etc."

Inflamar no amor ao seu Criador e Senhor: A primeira definição descreve um amor intensamente sentido por Deus, no qual está integrado o amor pelas criaturas. Tal amor é uma das principais chaves da espiritualidade inaciana. O objetivo e o ponto alto dessa espiritualidade é um amor definido não apenas em termos do próprio Deus, mas um amor a Deus no qual todos os outros amores estão incluídos. A definição lembra um texto das Constituições da Companhia de Jesus em que um amor desse tipo é proposto como um ideal ao qual todos devem aspirar e ser frequentemente exortados[21].

Como deve ser entendida a distinção entre amar uma criatura "em si mesma" e amar uma criatura "por Deus"? A resposta depende do princípio de que a perfeição de todo amor consiste em ser integrado no próprio amor a Deus, de modo que "Deus é amado na criatura e a criatura em Deus"[22]. Entendido nessa perspectiva, o que Inácio chama de "amor à criatura por si mesma" é um amor que separa a criatura do Amor que é a base do seu ser, e tal amor é, portanto, um amor defeituoso.

Em outros lugares, Inácio acentua fortemente as purificações e renúncias que podem ser necessárias para amar "em Deus"; e para realçá-los. Ele às vezes usa uma linguagem, especialmente a palavra "apenas", que parece implicar que nossos amores imediatos são diminuídos ao sermos levados ao amor a Deus. (Os noviços jesuítas, por exemplo, deveriam amar suas relações com "apenas" aquele amor que a caridade bem ordenada exige[23].) Como as versões latinas deixam claro, a questão é totalmente positiva. Existe uma graça de consolação na qual a experiência de amar a Deus inclui todos os outros amores. Tal consolação, enquanto dura, é incompatível com qualquer sentimento ou atitude que, em nome do amor, desconecte a criatura do Criador e do amor ao Criador[24]. O

---

21. Constituições III, 1, n. 26 [288], GANSS (ed.), 165. O leitor atento do texto dos Exercícios notará semelhanças entre a presente definição, o Primeiro Tempo de Eleição [175] e a consolação identificada em [330]. A relação entre as três experiências (e, na verdade, entre as duas últimas entre si) não é absolutamente clara. Mas o presente texto não parece descrever um fenômeno fora do comum, como [175] e [330] claramente fazem, e essa impressão é corroborada pelo texto das Constituições que acabamos de mencionar.
22. Constituições, *op. cit.*
23. Exame Geral dos Candidatos, cap. 4, n. 7 [trad. GANSS (ed.), 95]. O texto refere-se a Mateus 19,29 e Lucas 18,30.
24. Embora a palavra "amor" só possa ser usada adequadamente em referência às relações humanas, os princípios do ensinamento de Inácio podem ser aplicados

texto da *Versio Prima* diz: "Quando não podemos amar nenhuma coisa criada em si mesma; mas, seja ela qual for, nós a amamos em Deus, o Criador de tudo". E a *Vulgata*: "Não se pode mais amar nenhuma criatura senão por causa d'Ele".

Derrama lágrimas: As lágrimas constituem consolação espiritual somente quando duas condições são satisfeitas: que as lágrimas surjam do tipo de fonte aqui indicada e que de alguma forma levem a pessoa adiante para o maior serviço e louvor de Deus. Inácio considerava a resposta das lágrimas, dadas essas condições, um dom bastante distinto. A distinção perde-se de vista se o conceito de lágrimas for simplesmente equiparado à ideia mais geral de emoção poderosa. No entanto, apesar dos seus próprios dons e do claro valor que atribui às lágrimas nos Exercícios, Inácio sustentava que as lágrimas não eram "absolutamente boas e adequadas para todos" e não deveriam ser pedidas "sem reservas"[25]. Temos também de lembrar que a cultura e o caráter pessoal têm muito que ver com a suscetibilidade de uma pessoa às lágrimas.

Todo aumento etc.: Isto é: a intensificação da fé, da esperança e do amor ao nível do sentimento, que é uma ajuda ao crescimento da fé, da esperança e do amor essenciais, mas essas virtudes não se consistem, evidentemente, em sentimentos.

Toda alegria interna: Nesta cláusula final, que não contém sequer menção a crescimento, a ideia de consolação atinge a sua mais ampla extensão.

Aquietando-a e pacificando-a em seu Criador e Senhor: Tal como acontece com as outras formas de consolação, o fruto da experiência aqui descrita ainda é relacional, ou seja, nenhuma alegria com um sabor vagamente religioso atenderá a esta definição.

---

a atitudes de desejo e apreciação em relação a coisas ou situações (por exemplo, um benefício ou cargo).

25. Cf. carta escrita por Polanco em nome de Inácio a Nicholas Gouda, 22 de novembro de 1553 (MHSI, *Ep. Ig.*, v. V, n. 3924, 135 [trad. Inigo, *Letters*, 214]). A carta desenvolve o ponto com alguma extensão e serve para complementar a impressão dada pelas copiosas alusões às lágrimas no Diário Espiritual, escrito cerca de nove anos antes. Joseph A. Munitiz comenta sobre o dom de lágrimas de Inácio na introdução à sua tradução do Diário (INIGO, *Discernment Log-Book*, 17-18).

[317] ¹Quarta regra. A desolação espiritual. *Chamo "desolação"* a tudo o que é contrário ao que é descrito na Terceira Regra; ²por exemplo, escuridão e perturbação na alma, *atração pelo que é baixo e terreno*, inquietação decorrente de diversas agitações e tentações. ³Tudo isso *leva a uma falta de confiança* na qual a pessoa se sente sem esperança e sem amor. A pessoa se sente completamente preguiçosa, morna, triste e como se estivesse separada de seu Criador e Senhor. ⁴Pois, *assim como a consolação é contrária à desolação*, da mesma forma os *pensamentos* que brotam da consolação são contrários aos pensamentos que brotam da desolação.

Chamo "desolação": Enquanto na consolação a afetividade está sob a influência do Espírito Santo, na desolação ela está sob a influência do mau espírito. A regra descreve essa situação delineando algumas de suas manifestações características. Em uma leitura atenta da regra, torna-se evidente que cada uma dessas manifestações é uma experiência negativa particular de uma pessoa de fé em relação a Deus e à sua vontade. A desolação espiritual é uma experiência de fé, mas ao mesmo tempo uma experiência contrária à fé. Portanto, é uma experiência caracterizada por perturbação na alma, inquietação, agitação (mesmo que estas nem sempre sejam imediatamente reconhecidas).

O propósito da definição descritiva de Inácio é transmitir um sentido da natureza da desolação que ajudará a pessoa exercitante a reconhecê-la em si mesma. Deve-se notar, contudo, que a regra descreve a desolação principalmente nas formas em que ela é encontrada na oração. Seria necessária uma explicação mais ampla para esboçar as expressões típicas de desolação nos relacionamentos e em diversas circunstâncias.

Atração pelo que é baixo e terreno: Na situação de desolação espiritual, a "atração" (literalmente, "moção") é mais paradoxal do que a atração de prazeres aparentes despertados pelo inimigo em pessoas que se desligam do Espírito e dos valores espirituais (1ª Regra). Aqui, Inácio descreve a experiência de uma pessoa atraída para a qual as coisas são ao mesmo tempo contrárias aos seus próprios valores superiores. Tal experiência conterá uma nota de dissonância (pelo menos implícita), tornando-a parte do clima de desolação transmitido pela regra como um todo.

Leva a uma falta de confiança: Na *Vulgata*, "levando à falta de confiança na salvação e banindo a esperança e a caridade".

Assim como a consolação é contrária à desolação: Os *pensamentos* que brotam da consolação são contrários aos pensamentos que brotam da desolação. A *Vulgata* (de forma mais satisfatória) diz: "Assim como a desolação se opõe à consolação, os pensamentos que surgem de cada uma são totalmente opostos entre si".

A referência final aos *pensamentos* evidencia a importância dos "pensamentos" implícitos ou explícitos (no sentido de julgamentos, opiniões, projetos, fantasias) que interagem com os sentimentos na experiência de consolação ou desolação. Os pensamentos em questão são aqueles que surgem diretamente da consolação e da desolação e, em certo sentido, são "carregados" dela. Não incluem tudo o que por si só sugere à mente no decorrer dessas situações. Caso contrário, não haveria tentações durante a consolação, nem pensamentos do bom espírito durante a desolação.

Contudo, *os pensamentos que surgem da desolação* são muitas vezes pensamentos implícitos e não reconhecidos sobre Deus e sobre sua vontade[26]. É importante que tais pensamentos sejam trazidos à luz e articulados.

Regras 5 a 8: Modos de lidar com a desolação

Seria um exagero afirmar que nenhuma censura deve ser atribuída à experiência de desolação como tal[27], mas não se deve procurar reprimir ou negar a experiência. Porém, concordar positivamente ou entregar-se

---

26. Pensamentos, por exemplo, de que Deus não é bom, confiável ou amoroso; de que a vida no serviço a Deus não pode ser feliz; de que a oração não tem sentido etc.

27. Cf. Carta a Teresa Rajadel, 11 de setembro de 1536 (MHSI, *Ep. Ig.*, v. I, n. 8, 107-109 [trad. *Personal Writings*, 137: "Assim como não devo ser salvo simplesmente graças aos bons esforços dos bons anjos, não devo ser prejudicado pelos maus pensamentos e fraquezas que os maus anjos, o mundo e a carne colocam diante de mim"]).

à desolação é ser arrastado para um impulso descendente prejudicial à fé, à esperança e ao amor. Contra isso, é necessário reafirmar a liberdade, negativamente, não admitindo decisões ou mudanças diretamente inspiradas pela desolação [318] e, positivamente, contrariando os efeitos da desolação na afirmação do amor, da fé e da esperança. Assim, contra a apatia da vontade que mina o amor, iniciamos deliberadamente atos sistemáticos de amor [319]. Contra o desânimo e a sensação de falta de sentido, concentramo-nos em considerações ou pensamentos que edificam a fé e a esperança [320, 321].

Tais iniciativas podem ou não pôr fim a um episódio de desolação. Mas, quando *agimos contra* a desolação, mesmo que a experiência persista, mudamos o seu significado. Regressiva quando abandonada a si mesma, a desolação se torna agora uma situação de progresso, na qual o inimigo é combatido e confiamos abertamente em uma ajuda divina que naquele momento não sentimos [320].

Contudo, devem ser evitadas interpretações demasiado literais do princípio de *agir contra*. Deve ser lembrado que o objetivo do princípio é estabelecer um meio-termo, e não canonizar o estresse[28]. Além disso, suas expressões práticas devem corresponder à situação geral da pessoa exercitante. Assim, a presente regra poderá não ser aplicada exatamente tal como está, se em um caso particular os efeitos da desolação espiritual forem agravados por fatores físicos ou psicológicos, tais como fadiga, problemas de saúde ou depressão. No entanto, é essencial reter o ponto básico de que, na desolação, a principal iniciativa exigida de alguém, e a principal graça oferecida, é a de afirmar a liberdade contra a falta de liberdade intrínseca à própria desolação.

[318] [1]Quinta regra. Em tempo de desolação, *nunca fazer nenhuma mudança*, mas permanecer firme e constante nas resoluções e determinação em que estava no dia anterior à desolação ou no tempo de

---

28. O princípio de *agere contra* ("agir contra") é "dialético e não sistemático. Inácio não o propõe como regra geral para a conduta espiritual em todas as circunstâncias. Ele o sugere como a direção a seguir para deter a ação do inimigo e do pecado em nós", POUSSET, *Life in Faith and Freedom*, 214.

consolação anterior. ²Pois, como *na consolação é mais o bom espírito* que nos guia e aconselha, assim na desolação é o mau espírito, e, seguindo seus conselhos, não podemos acertar o caminho.

Nunca fazer nenhuma mudança: Ocasionalmente, em tempos de desolação, é necessário tomar decisões, e é possível, quando alguém está na desolação, tomar decisões que não resultem da desolação[29]. Mas a desolação não é o estado em que se deve fazer nenhuma mudança, exceto decisões inadiáveis. Especialmente não é o momento de tomar decisões que mudariam os rumos já tomados com base no discernimento (cf. [173]). A *Vulgata* torna explícita a influência da eleição. "Em tempos de desolação, não se deve deliberar sobre nada, nem fazer nenhuma mudança quanto à resolução tomada pela alma ou quanto ao estado de vida, mas perseverar no que foi estabelecido anteriormente, por exemplo, no dia ou na hora em que alguém estava consolado".

Na consolação é mais o bom espírito: Não no sentido de que as decisões neste momento sejam necessariamente, ou mesmo habitualmente, tomadas sob a inspiração direta do Espírito. A implicação é antes que, quando estamos em consolação, as nossas decisões ou os passos do nosso processo de tomada de decisão, são tomados com uma vontade e um julgamento influenciados pelos efeitos da consolação dados pelo Espírito. Isto é: o amor sentido por Deus, o desejo sentido de ouvir e cumprir a sua palavra, uma visão influenciada pelo Evangelho e certa clareza de percepção. A palavra *mais* introduz uma nuance importante. Como aparecerá mais tarde [331], o mau espírito também pode atuar na consolação, e não estamos, é claro, sem a orientação do bom espírito na desolação [320]. A *Vulgata* diz: "Pois, embora a pessoa desfrute daquela consolação de que falamos, ela é guiada não por seu próprio instinto, mas pelo do bom espírito. Portanto, quando a desolação se

---

29. Tais decisões exigem, no entanto, a capacidade de desconsiderar a influência da desolação, mesmo enquanto a vivenciamos, e de recorrer à sabedoria espiritual e às experiências precedentes guardadas na memória, mesmo sob essas circunstâncias. A capacidade de fazer isso não deve ser presumida levianamente. Além disso, uma decisão tomada em um momento de desolação não pode ter a qualidade de uma eleição tomada em qualquer um dos Três Tempos de Eleição.

apresenta a uma pessoa, ela é instigada pelo espírito maligno, por cujas instigações nada de certo jamais é efetuado".

[319] ¹Sexta regra. Embora na desolação não devamos fazer mudanças em nossas decisões anteriores, é, no entanto, muito proveitoso *fazer mudanças em nós mesmos* contra essa desolação. ²Por exemplo, insistir mais na *oração*, na *meditação*, em *examinar-se* muito, e fazendo *penitência* de uma forma conveniente.

Fazer mudanças em nós mesmos: Não se pede à pessoa exercitante que tente diretamente mudar o fato de estar em desolação, mas que faça mudanças em seu regime espiritual, permitindo-lhe resistir às tendências destrutivas da desolação.

Oração, meditação... examinar-se... penitência: Três iniciativas, cada uma das quais atende a uma necessidade específica da pessoa em desolação. Elas também servem para sustentar o nível geral de dedicação e serviço que a desolação por sua natureza tende a corroer. Assim, a pessoa ora de uma maneira que a ajude diretamente a lidar com a desolação e opõe-se à tendência de restringir a oração ou mesmo de abandoná-la completamente [13]. Ao *examinar-se*, procurará possíveis razões para a desolação nas próprias atitudes ou conduta [322.1] ou nas próprias circunstâncias. A *penitência* é ao mesmo tempo uma forma de petição e também um ato de compromisso [87]. O critério de adequação de qualquer forma particular de penitência é a qualidade espiritual dos seus efeitos sobre a pessoa. Portanto, as decisões em matéria de punição são elas próprias uma questão de discernimento, muitas vezes feitas através de experimentos [89].

[320] ¹Sétima regra. Uma pessoa em desolação deve *considerar* como *Nosso Senhor a colocou* em um período de provação, para que resista às várias perturbações e tentações do inimigo por meio de suas potências naturais. ²Pois *pode fazer isso* com a *ajuda divina* que permanece com ela em todos os momentos, mesmo que não a perceba claramente. ³Embora o Senhor tenha retirado o muito fervor, o profundo amor e a graça intensa, ainda lhe deixou *a graça suficiente para a salvação eterna*.

Considerar: O conteúdo das regras dá um significado de fé à experiência de desolação. A própria experiência tende a obscurecer esse significado. Portanto, *considerá-la* é optar por alimentar pensamentos de outro tipo que não aqueles a que a desolação dá origem espontaneamente.

Nosso Senhor a colocou etc. Parte do significado da desolação é que nela aprendemos a continuar no serviço a Deus, mesmo quando nos sentimos abandonados. Redigida de forma a evidenciar isso, a regra pode, à primeira vista, dar uma impressão enganosa. O que se retira na desolação é apenas a graça dos sentimentos consoladores. Não está implícito que sejamos deixados inteiramente entregues a nós mesmos. Essa posição contradiria a insistência na frase seguinte na *ajuda divina*, que está sempre conosco, e na *graça suficiente*.

Pode fazer isso, ou seja, *resistir* (cf. [13]): Normalmente, na desolação, a pessoa não tem o poder de banir instantaneamente os efeitos do mau espírito (a perturbação, e a turvação dos sentimentos e das percepções imediatas). A pessoa só tem poder para resistir a eles. Mas isso, longe de implicar uma fidelidade diminuída, pode muito bem ser uma situação de fidelidade mais profunda e pura do que aquela que poderia ser alcançada na consolação.

A graça suficiente para a salvação eterna: A graça suficiente para nós, se a aceitarmos, é precisamente a graça de resistir às perturbações e tentações e, nessa resistência, também sermos completamente fiéis e crescermos no amor a Deus.

[321] ¹Oitava regra. Uma pessoa desolada deve *esforçar-se para permanecer paciente*, pois a paciência se opõe aos vexames pelos quais passa. ²E deve *pensar que a consolação não tardará a chegar*, se fizer uso das diligências contra essa desolação, como foi explicado na Sexta Regra.

Esforçar-se para permanecer paciente: A desolação tende, por sua natureza, a destruir a paciência. Portanto, para que a paciência seja eficaz na desolação, ela deve ser trabalhada, mas, é claro, com paciência, não freneticamente.

Pensar que a consolação não tardará a chegar: Isto é, escolhe-se pensar sobre o futuro em linhas contrárias aos pensamentos gerados espontaneamente pela desolação. Para a pessoa que a vivencia, a desolação pode parecer o estado normal das coisas, e o futuro, uma perspectiva interminável e sombria[30].

Regra 9: Por que experimentamos a desolação?

A 9ª Regra descreve três "causas" (ou explicações) do fenômeno da desolação. A primeira pertence ao domínio da nossa própria liberdade e responsabilidade. A segunda e a terceira têm a ver com as intenções de Deus ao permitir a desolação e agir através dela, mas sem implicar que Deus "causa" diretamente a desolação. Na segunda causa, a desolação é apresentada como uma situação de teste; na terceira, como uma situação de aprendizagem. O que é testado é a nossa perseverança. Se aceitarmos o teste das mãos de Deus e confiarmos na presença oculta de Deus, a qualidade da nossa perseverança será melhorada. Precisamente ao ser testada, a perseverança torna-se menos dependente de satisfações imediatas, mais genuinamente um compromisso com Deus por si mesmo.

Na terceira situação, a desolação nos torna conscientes e nos ajuda a permanecer enraizados na verdade fundamental sobre a pessoa humana e sobre Deus. Promove assim uma humildade radical de atitude, purificando-nos da complacência, da confiança equivocada nos nossos próprios poderes e da vanglória que Inácio vê como as tentações inerentes à consolação frequente, prolongada ou intensa[31].

---

30. Vide *Autobiografia*, n. 20, e a Carta a Teresa Rajadel referida na nota 6 (trad. *Personal Writings*, 21, 130).
31. Em conexão com a ideia de desolação como "purificadora", pode ser bom reconhecer que a desolação, tal como entendida por Inácio, não deve ser equiparada a todo tipo de sofrimento místico. Mais especificamente, embora existam certas correspondências entre Inácio e João da Cruz, surgem dificuldades consideráveis se a desolação de Inácio for equiparada à noite escura da alma. Vide TONER, *A Commentary on Saint Ignatius Rules for the Discernment of Spirits*, Apêndice 2, Spiritual Desolation and the Dark Night, 271-282.

[322] ¹Nona regra. Existem *três causas principais* para cairmos em desolação.

A primeira é por sermos mornos, preguiçosos ou *negligentes nas práticas da vida espiritual*; então a consolação espiritual *se afasta* de nós por nossas faltas.

²Em segundo lugar, a desolação espiritual nos põe à prova e mostra até onde progredimos no serviço e louvor a Deus, sem a generosa *recompensa* de consolações e maiores graças.

³Em terceiro lugar, a desolação espiritual nos dá *verdadeira noção e conhecimento, para que possamos perceber em nós mesmos* que não podemos despertar ou sustentar grande devoção, intenso amor, lágrimas ou qualquer outra consolação espiritual, mas que tudo é dom e graça de Deus, Nosso Senhor. ⁴Portanto, não devemos *fazer ninho em casa alheia*, elevando nosso entendimento com alguma soberba ou vanglória, atribuindo a nós mesmos a devoção ou outros aspectos da consolação espiritual.

Três causas principais: A regra não faz um tratamento exaustivo das causas da desolação. Na *Versio Prima* temos: "Caímos na desolação principalmente por causa de três coisas" (a palavra "causa" não é usada).

Negligentes nas práticas da vida espiritual (lit. "em nossos exercícios espirituais"): As causas de desolação dentro de nós incluem: nosso pecado pessoal, nossas resistências à palavra de Deus, o declínio na fidelidade aos nossos compromissos de vida (para citar apenas algumas). Aqui a causa apontada por Inácio é a "negligência nos exercícios espirituais". Aplicado a uma pessoa empenhada em fazer um retiro segundo a Vigésima Anotação, o sentido disso é claro (cf. [6]). Interpretada de forma mais geral, a expressão "exercícios espirituais" pode ser entendida como se referindo às práticas gerais listadas na Primeira Anotação.

Se afasta: Na *Versio Prima*, temos: "A consolação espiritual normalmente nos abandona e se distancia de nós". Na *Vulgata*: "Somos merecidamente privados da consolação divina". A voz ativa dos verbos do texto Autógrafo e da *Versio Prima* afirmam simplesmente que um declínio na fidelidade leva à queda da consolação. Enquanto a voz passiva do verbo na *Vulgata* acentua a ideia do próprio Deus tirando a consolação.

Deve-se notar, porém, que a regra propõe uma possível causa de desolação. Uma causa que uma pessoa em desolação talvez precise verificar antes de passar a considerar a segunda e a terceira causas. A regra também não reivindica uma conexão necessária entre indolência e desolação; Deus é livre no uso de seus dons.

O termo *recompensa* (literalmente, no Autógrafo e em ambas as versões latinas, "estipêndio") sugere o que é normal e regular, bem como o gratuito. No entanto, é precisamente quando a consolação parece um estado normal de coisas que podemos tomá-la como certa. Quando tida como certa, pode endossar uma atitude inconsciente em relação à perseverança como condicional à *recompensa* e não como um compromisso pessoal incondicional. Episódios intermediários de desolação têm a função de desafiar essa atitude.

Verdadeira noção e conhecimento, para que possamos perceber em nós mesmos: Observe o movimento da noção e do conhecimento para uma percepção "interna", que é diferente do "conhecimento mental" e afeta a perspectiva e a autocompreensão de uma pessoa.

Fazer ninho em casa alheia: Ou seja, estabelecer e considerar como nosso o que é propriedade de Deus, não nossa[32].

Regras 10 e 11: Atitudes em relação à consolação

As Regras 10 e 11 tratam da consolação em relação à desolação e incluem na Regra 11 um ponto adicional sobre a desolação. Em ambas as regras, a consolação e a desolação são consideradas não como experiências presentes isoladas, mas como parte de uma sequência temporal e envolvendo memória e antecipação. Assim, durante a consolação,

---

32. De forma um pouco diferente, a imagem do ninho é usada na Imitação de Cristo, Livro 3, cap. 6: "Estas almas que aspiravam construir seus ninhos no céu, tornaram-se párias necessitadas e miseráveis, para que, através da humilhação e da pobreza, pudessem aprender a não voar com suas próprias asas, mas a confiar em si mesmas sob minhas asas" (trad. L. Sherley-Price, Penguin Classics, 1952).

a memória da fraqueza e da pobreza da desolação passada é considerada como um corretivo para a complacência presente e uma preparação realista para futuros tempos de desolação. Quando a força é sentida na consolação, reconhece-se que a consolação é dada não só para o presente, mas como um recurso para o futuro. Enquanto na desolação, ajudada pela memória da consolação, adverte-se a pessoa na fé para a realidade de uma força agraciada que talvez ela não sinta naquele momento.

Uma palavra-chave nestas regras é pensar. Não se pede à pessoa que reviva um incidente desolador do passado, ou que antecipe a experiência de desolação que está por vir, de modo a realmente ficar desolada aqui e agora.

[323] Décima regra. Quem está em consolação deve *pensar como procederá* na desolação que virá depois, renovando as forças para aquele momento.

[324] ¹Décima primeira regra. As pessoas consoladas devem buscar *humilhar-se e abaixar-se* tanto quanto possível, *pensando em quão pouco podem* em tempos de desolação sem esta graça ou consolação. ²Por outro lado, *a pessoa em desolação pense* que *pode muito*, se tomar forças do seu Criador e Senhor, *tendo a graça suficiente* para resistir a todos os seus inimigos.

Pensar como procederá: A consolação é um tempo de lucidez. A desolação é um tempo de confusão, quando precisamos lembrar (e seguir) a direção já percebida (cf. [318]). Tanto a *Versio Prima* quanto a *Vulgata* ampliam a ideia de preparação. A *Versio Prima* afirma: "Que a pessoa consolada considere a desolação que é iminente e seja fortalecida contra ela com as armas da constância, da coragem e da paciência". Na *Vulgata*, temos: "Quem desfruta de consolação deve considerar para o futuro como será capaz de se comportar quando a desolação ocorrer posteriormente; para que mesmo durante esse tempo possa ganhar ânimo e força mental para repelir seu ataque".

Humilhar-se e abaixar-se com vista não à autodepreciação, mas sim à autenticidade (cf. comentário sobre humildade em [258]).

Pensando em quão pouco podem: Mais uma vez, não se pede para entrar na desolação, mas sim para refletir sobre a fraqueza e a pobreza nela reveladas.

A pessoa em desolação deve ter em mente que esta sentença final volta ao tema do bloco anterior, em particular, retomando a 7ª e a 8ª Regras.

Pode muito: Isto é, pela resistência e pelas medidas específicas recomendadas nesta e nas regras anteriores, pode-se fazer muito para conter e até neutralizar os efeitos involuntários da desolação. Na *Vulgata*, a linguagem é ainda mais positiva: "Podemos fazer muito e venceremos facilmente todos os nossos inimigos", mas "fazer muito" e mesmo "muito" implica que não se pode fazer tudo. Na desolação, não está em nosso poder substituir as moções não livres da desolação pelas moções de consolação.

Tendo a graça suficiente: O ponto levantado em relação à 7ª Regra deve ser repetido: a retirada da graça das experiências consoladas não implica a retirada da graça necessária para a fidelidade e o compromisso totais.

Regras 12 a 14: Algumas táticas comuns do inimigo

As regras da Primeira Semana terminam estabelecendo três aspectos da tentação dos quais a pessoa em progresso descrita na 2ª Regra pode precisar estar particularmente consciente. As comparações nas Regras 12 e 13 buscam se basear em características menos agradáveis das mulheres e dos homens, respectivamente. Mas cada uma contém uma imagem de mulher que hoje não terá aceitação geral. Tal como no caso do Exercício do Reino, não se deve permitir que analogias obsoletas impeçam as percepções que outrora serviram para ilustrar. Estas duas regras não se referem ao comportamento de homens e mulheres[33], mas sim a dois disfarces sob os quais experimentamos a tentação: agressivo,

---

33. Nem a imagem usada na 13ª Regra dá motivos para pensar em Inácio como um misógino, uma noção que será refutada mesmo por um leve conhecimento de sua vida e de suas cartas.

por um lado, tortuoso e insinuante, por outro. Também apresentam as formas correspondentes de lidar com eles: manter-se firme, procurar aconselhamento.

Na 14ª Regra, Inácio não sugere soluções práticas, deixando a pessoa exercitante tirar as suas próprias conclusões. Porém, como temos de lidar com um inimigo capaz de usar contra nós todas as fraquezas, inclusive as que não reconhecemos, a regra sugere o autoconhecimento como mais um recurso indispensável para lidar com a tentação.

[325] ¹Décima segunda regra. O comportamento do inimigo assemelha-se ao de uma mulher em uma briga com um homem[34], pois ela é fraca quando confrontada com a força, mas forte quando confrontada com a fraqueza. ²É próprio de uma mulher, quando briga com um homem, desanimar e fugir quando ele mostra uma atitude ousada. ³Por outro lado, no momento em que o homem cede e perde a coragem, então a ira, a vingança e a ferocidade da mulher transbordam e não conhecem limites. ⁴Da mesma forma, é próprio do inimigo se enfraquecer e perder o ânimo, fugindo com suas tentações, ⁵quando a pessoa que se exercita na vida espiritual enfrenta, com muito ânimo, as tentações e age de forma *diametralmente oposta a elas*. ⁶Se, pelo contrário, tal pessoa começa a ter medo e a desanimar ao sofrer a tentação, ⁷nenhum animal selvagem na face da terra é tão feroz como o inimigo da natureza humana em alcançar seu *perverso propósito* com tão grande malícia.

[326] ¹Décima terceira regra. O inimigo também se comporta como um sedutor com uma mulher[35]. Ele quer permanecer escondido e não ser descoberto. ²Ao usar palavras maliciosas para tentar seduzir a filha de um bom pai, ou a esposa de um bom marido, quer que suas palavras e insinuações sejam mantidas em segredo. ³Por outro lado, quando a filha revela suas palavras levianas e intenções depravadas ao pai (ou a esposa

---

34. As palavras "em uma briga com um homem" não aparecem no texto original. Elas são inseridas de forma a evidenciar a complementaridade das imagens utilizadas nessa regra e nas seguintes.
35. "Com uma mulher". Palavras adicionadas nessa tradução.

ao marido), ele fica muito chateado, pois reconhece logo que seus planos não podem ter sucesso. ⁴Do mesmo modo, quando o inimigo da natureza humana mostra suas astúcias e insinuações à alma justa, deseja que sejam recebidas e mantidas em segredo. ⁵Quando são reveladas a um bom confessor ou a alguma pessoa que conheça seus truques e perversidades, ele fica muito descontente, ⁶percebendo que, uma vez revelados seus truques, seu propósito malicioso não poderá ter sucesso.

[327] ¹Décima quarta regra. Da mesma forma, ele se comporta como um chefe de bando, para conquistar e roubar o que deseja. ²O comandante de um exército, depois de inspecionar as fortificações e defesas de uma fortaleza, a ataca em seu ponto mais fraco. ³Da mesma forma, o inimigo da natureza humana nos rodeia para inspecionar todas as nossas virtudes teologais, cardeais e morais. ⁴E, onde nos encontra mais fracos e necessitados no que diz respeito à salvação eterna, ele ataca e tenta nos vencer.

Diametralmente oposta a elas: A *Versio Prima* acrescenta: "É por isso que Tiago diz: 'Resisti ao diabo, e ele fugirá para longe de vós'" (Tiago 4,7).
Perverso propósito: A *Versio Prima* acrescenta: "Portanto, Jó diz corretamente sobre o demônio: 'Não há poder na terra que se compare a ele'" (Jó 41,25).

Segundo conjunto de regras

O segundo conjunto de regras prevê uma pessoa vivendo o relacionamento amoroso internalizado, conhecido como o "caminho iluminativo" (cf. [10]), e, portanto, crescendo na integridade de intenção e na sensibilidade espiritual. Para tal pessoa, elas propõem duas distinções em relação à consolação. Mencioná-las previamente pode ser improdutivo e confuso (cf. [9, 10]), mas são ajudas cruciais para o caminho da maturidade espiritual. Elas podem ter particular importância nos Exercícios se a Segunda Semana incluir o processo de discernir a vontade de Deus em uma "eleição". A primeira dessas distinções trata de categorias de consolação curiosamente nomeadas: as sem causa e as com causa. A segunda distinção, entre a consolação de Deus (ou do bom anjo) e a que vem do mau anjo, levanta a possibilidade de que mesmo na consolação possa haver engano. Somente na "consolação sem causa precedente" tal possibilidade é excluída, embora mesmo nela o engano possa se infiltrar nos efeitos posteriores da consolação [336].

Em outros tipos de consolação, as semelhanças iniciais entre o autêntico e o enganoso podem ser tão próximas que, na sua primeira ocorrência, as experiências podem sempre conter enganos ocultos que só se revelam após um maior discernimento [331, 332]. Portanto, as regras do segundo conjunto estabelecem o princípio de que podemos encontrar a vontade de Deus através de dois tipos de consolação: uma intrinsecamente inequívoca, a outra exigindo processos de discernimento (cf. [176] e [184-188]).

Resumo do conteúdo

O conteúdo destas oito Regras pode ser resumido da seguinte forma:

- Título
- Princípio de abertura (1ª Regra).
- Consolação sem causa precedente (2ª Regra).
- Distinção entre "sem causa" e "com causa" (3ª Regra).
- Possível engano na "consolação com causa" (4ª, 5ª, 6ª Regras).
- Ação dos espíritos em relação à orientação da pessoa (7ª Regra).
- Engano no brilho da consolação sem causa (8ª Regra).

[328] REGRAS PARA O MESMO FIM, SERVINDO PARA UM DISCERNIMENTO MAIS APURADO DOS ESPÍRITOS. REGRAS *MAIS APLICÁVEIS À SEGUNDA SEMANA*

Mais aplicáveis à Segunda Semana: Não porque as regras da Primeira Semana não sejam mais necessárias, mas porque as regras atuais tratam da "tentação sob a aparência do bem" [10]. Esta é a tentação característica do caminho iluminativo. Somente através de uma tentação deste tipo é que o mau espírito poderá comprometer a eleição de uma pessoa altamente motivada.

Regra 1: Princípio de abertura

[329] [1]*Primeira regra*. É próprio de Deus e de seus anjos, nas moções por eles geradas, dar verdadeira alegria e gozo espiritual, banindo toda a tristeza e perturbação induzidas pelo inimigo. [2]Deste é próprio combater *esta alegria e consolação espiritual*, trazendo à tona *argumentos capciosos, sutilezas* e frequentes falácias.

A *Primeira Regra* resume as posições da 2ª Regra do primeiro conjunto em relação à ação dos espíritos nas pessoas que progridem (cf. [315]). Os efeitos do bom espírito em tais pessoas são agora resumidos como verdadeira alegria e gozo espiritual. Nem toda alegria, entretanto, é verdadeira como aqui entendida. As palavras usadas no texto Autógrafo, *alegría y gozo*, ecoam a petição da Quarta Semana [221], na qual a pessoa exercitante roga por uma alegria que será uma participação na alegria do próprio Cristo.

Esta alegria e consolação espiritual: A verdadeira alegria espiritual e a consolação espiritual são sinônimas.

Argumentos capciosos, sutilezas: Sobre o lugar da argumentação nas táticas do mau espírito contra pessoas convertidas, vide comentário em [315]. Na Segunda Semana esta tática pode assumir a forma de racionalizações extremamente sutis, e é com elas que as atuais regras estão especialmente preocupadas.

Regra 2: Consolação sem causa precedente

Duas questões principais são colocadas por esta regra. Primeiro: que tipo de experiência ela descreve? Segundo: a experiência se enquadra no âmbito do ordinário ou é, por natureza, um fenômeno extraordinário?

Em resposta à primeira pergunta, basicamente a regra se refere a uma experiência espiritual particular, que, no caso de uma pessoa que passa de bem para melhor, Inácio considera ser um sinal inequívoco da ação de Deus. Embora as suas implicações alcancem toda a vida, a regra prevê imediatamente a relação de colaboração entre quem dá os Exercícios e quem os recebe [22]. O seu objetivo nesta fase dos Exercícios é ajudar a pessoa exercitante, através de quem a orienta, a reconhecer e responder a essa experiência, caso ela seja dada.

A definição contém apenas três características:

– a experiência é de consolação;
– não há causa precedente;
– a pessoa afetada é inteiramente atraída pelo amor da Divina Majestade.

Não há nada sobre ardor emocional, e não se afirma que a experiência sempre comunica um conteúdo conceitual específico, um *insight* dado por Deus, ou uma "mensagem" ou "chamado". Pode haver tal conteúdo ou pode não haver[36].

No que diz respeito à segunda questão, nem o presente texto nem outras fontes nos permitem conhecer com certeza a posição do próprio Inácio[37]. As opiniões posteriores, como seria de esperar, variaram através de um espectro. No passado, a tendência era classificar o fenômeno como um caso-limite, virtualmente sem relevância prática[38].

---

36. Na carta a Teresa Rajadel de 18 de junho de 1536, em conexão com uma experiência que corresponde claramente à "consolação sem causa", Inácio escreve sobre Deus como movendo uma pessoa para "uma ação ou outra" (Cf. MHSI, *Ep. Ig.*, v. I, n. 7, 99-107 [trad. *Personal Writings*, 133, n. 15]). A 8ª Regra abaixo indica claramente que há situações em que um "conteúdo" é fornecido.
37. As palavras "muitas vezes" na carta pessoal acima não fornecem uma base suficiente para uma posição geral.
38. Coathalem, por exemplo, a identifica com a "oração unitiva" de Santa Teresa ou com o "toque substancial" de São João da Cruz. Assim, em conexão com a 8ª Regra, ele escreve: "Porque a experiência 'de consolação sem causa' é rara, a regra não parece ter muita utilidade prática", *Ignatian Insights*, 270-271, 276.

Mais recentemente, Karl Rahner interpretou a consolação sem causa em linhas que implicam que a experiência é um elemento da vida cristã ordinária[39].

Neste ponto, a posição de Rahner não é, contudo, geralmente aceita pelos comentaristas inacianos. Mesmo que muitos deles, embora não admitam que a consolação sem causa seja uma característica ordinária da vida cristã[40], aceitem que muitos cristãos sinceros e perspicazes podem ter experimentado isso em suas vidas. Ela ocorre geralmente de maneira silenciosa e nada espetacular, mas sempre com efeitos profundos e duradouros[41].

> [330] [1]Segunda regra. Só Deus, Nosso Senhor, pode dar consolação à alma sem causa precedente; pois é próprio do Criador *entrar, sair* e causar moções nela, *atraindo-a inteiramente ao amor de sua Divina Majestade*. [2]Digo "sem causa" quando não há nenhum sentimento ou conhecimento prévio de *algum objeto pelo qual* tal consolação poderia surgir através da mediação dos atos de entendimento e vontade da pessoa.

---

39. Em um ensaio provocativo e complexo, Karl Rahner vê nesse parágrafo dos Exercícios um prenúncio da sua própria teologia da graça e do "primeiro princípio de todo o discernimento inaciano". As preocupações teológicas por trás do ensaio de Rahner (para enfatizar que a oração pode realmente fazer a diferença na forma como tomamos decisões) são importantes. Mas elas podem ser fundamentadas em outros textos inacianos, e a maioria dos especialistas inacianos não aceita a exegese da regra atual de Rahner. Sua posição é a base, entretanto, do livro *The Spiritual Exercises and the Ignatian Mystical Horizon* de Egan. O ensaio de Rahner: "The Logic of Concrete Individual Knowledge in Ignatius Loyola", está disponível em inglês no livro *The Dynamic Element in the Church*, New York, Herder and Herder, 1964, 84-170. Sobre uma crítica a Rahner, vide TONER, *A Commentary on Saint Ignatius Rules for the Discernment of Spirits*, 301-313.
40. Por exemplo, "parece-me claro que tal experiência de Deus dificilmente poderia ser a experiência normal, ou mesmo a experiência ideal, de nós, seres humanos", GREEN, *Weeds among the Wheat*, 130.
41. Um ponto salientado pelo estudo de Gouvernaire sobre essa regra, *Quand Dieu entre à l'improviste*, 140. Sobre exemplos de consolação sem causa na vida cotidiana, vide também GREEN, *Weeds among the Wheat*, 130-132, e COWAN; FUTRELL, *Handbook*, 157.

Entrar, sair: Para iniciar e terminar uma ação, os verbos são usados do mesmo modo, referindo-se ao espírito maligno em [332]. A ação assim delimitada é precisamente a de dar consolação. É a ação de Deus na experiência da pessoa.

Atraindo-a inteiramente ao amor de sua Divina Majestade: Frases semelhantes são encontradas em outros textos, que lançam luz sobre a consolação que os Exercícios denotam como "sem causa". Na carta a Teresa Rajadel já mencionada, Inácio fala de Deus como "elevando-nos inteiramente ao seu amor divino". No Diário, ele escreve sobre "ser totalmente atraído [pelo amor de Deus]" e sobre "impulsos, soluços e muitas torrentes de lágrimas, tudo isso me atraindo para o amor da Santíssima Trindade"[42]. A consolação sem causa não é qualquer tipo de experiência espiritual poderosa que surge sem preâmbulos. É especificamente uma experiência de amor intenso e intencional. Ser absorvido pelo amor de Deus é uma característica definidora da experiência tanto quanto a ausência de causa precedente, que soa mais abstrata.

Digo "sem causa" quando: Discutir detalhadamente o sentido de "sem" e "com" causa seria entrar em um dos campos mais debatidos do estudo inaciano. Mas a diferença essencial entre as duas experiências é clara. A consolação com causa é um efeito proporcional de considerar, contemplar ou reagir a um "objeto" (por exemplo, uma ideia, um texto, uma imagem, uma memória, um episódio do Evangelho). É, portanto, "consolação", tal como o termo é normalmente entendido nos Exercícios. Por outro lado, a consolação sem causa não depende de tal objeto ou atividade. É gratuita e impossível de induzir. Mesmo que ocorra durante a oração "ordinária" com a sua consolação "ordinária", será experimentada como uma irrupção na oração e não como um desenvolvimento natural dela. Em relação a tudo o que já poderia estar acontecendo, é descontínua e desproporcional[43].

---

42. Carta a Teresa Rajadel (MHSI, *Ep. Ig.*, v. I, n. 7, 99-107 [trad. *Personal Writings*, 133, n. 15]). *Diário Espiritual* 3 e 7 de março de 1544), cf. *Personal Writings*, 90, 95.

43. Às vezes é sugerido hoje que a experiência que Inácio descreve pode ter uma causa não reconhecida no inconsciente. Embora o inconsciente sem dúvida tenha

Deve-se notar que nem a ausência de causa nem a qualidade amorosa característica desta consolação são passíveis de verificação objetiva precisa. Ambas são reconhecidas por uma pessoa espiritualmente autoconsciente na própria experiência. Além disso, uma pessoa não versada em assuntos do espírito poderia facilmente confundir com tal consolação uma experiência espiritual de um tipo muito mais comum e mais ambíguo. Do lado de quem orienta, para perceber essas qualidades em uma pessoa exercitante, recorrerá não apenas às definições, mas também à sua própria experiência e senso de discernimento.

Algum objeto pelo qual: Na *Versio Prima*, temos: "Qualquer objeto pelo qual a consolação divina possa vir até nós". Na *Vulgata*: "Nenhum objeto que possa por si mesmo ser causa de tal consolação".

Regra 3: Distinção entre "sem causa" e "com causa"

[331] ¹Terceira regra. Com *causa*, a consolação pode ser dada pelo bom ou pelo mau anjo, mas para fins opostos. ²O *bom anjo* consola para o proveito da alma, para que a pessoa cresça e se eleve de bem a melhor. ³O *mau anjo* consola para o fim contrário, de modo a finalmente atrair a pessoa para a sua danada intenção e malícia.

Causa: Normalmente Deus dá consolação através da mediação de uma *causa* no sentido explicado acima. Mas a consolação também pode surgir, através de uma *causa*, pela ação de outros agentes, tanto bons como maus. A consolação *com causa* não tem, portanto, a transparência de uma consolação do primeiro tipo, e a qualidade da sua fonte pode não estar instantaneamente clara.

---

seu lugar em algumas das próprias experiências de Inácio (por exemplo, as visões da serpente descritas na *Autobiografia*, n. 19, 31 [trad. *Personal Writings*, 21, 27]), no que diz respeito à consolação sem causa precedente, dois pontos podem ser levantados. Primeiro: a possibilidade de tal consolação não está excluída pela existência do inconsciente. Segundo: uma experiência que consiste em ser totalmente atraído pelo amor de Deus não pode ser completamente explicada pela mente inconsciente, uma vez que é incomensurável com tal fonte.

O bom anjo: A suposição de que os meios de comunicação de Deus incluem a mediação dos anjos não implica que normalmente se possa ou deva reconhecer se uma moção de consolação é dada por um anjo ou não. Mas a consolação de um anjo é uma possibilidade, e a insistência de Inácio nisso pode ser explicada, pelo menos em parte, por uma relutância em enfatizar demasiado fortemente a intervenção pessoal do Espírito Santo. Seja como for, as referências aos anjos em conexão com a *consolação com causa* não devem nos levar a distanciar as consolações comuns da vida do Espírito Santo.

O mau anjo: A consolação pode ser dada pelo mau anjo. Ou seja, jogando com o amor de uma pessoa por Deus, seus valores e aspirações, sua capacidade emocional. O mesmo processo faz parte da dinâmica da racionalização. Através dela, também, o líder manipulador, o pregador, o professor ou mesmo o orientador espiritual despertam consolação para seus *próprios fins*.

Regras 4 a 6: Possível engano na consolação com causa

O fato de a consolação poder mascarar e até endossar uma motivação desordenada não justifica uma atitude desconfiada em relação à experiência da consolação. Na verdade, tal atitude funcionaria contra, em vez de promover, o desenvolvimento do discernimento habitual. Contudo, tanto para sua formação geral no discernimento, como especialmente para qualquer discernimento específico a ser feito durante os Exercícios, é vital que a pessoa na Segunda Semana esteja ciente do que os Exercícios têm a dizer sobre o engano na consolação e sobre as formas de testar a consolação.

[332] ¹Quarta regra. É próprio do mau anjo *assumir a aparência de anjo de luz*, para *entrar na alma devota e tirar vantagem própria*. ²Isto é, propor *pensamentos bons e santos*, bem adaptados a uma alma justa, e depois, pouco a pouco, procurar sair com seu propósito, atraindo a alma para suas armadilhas ocultas e perversas intenções.

Assumir a aparência de anjo de luz: É uma imagem tirada de 2 Coríntios 11,14. É precisamente como consolação, como desejo e satisfação em Deus e no seu serviço, que a experiência induzida pelo anjo das trevas disfarçado nos engana.

Entrar na alma devota e tirar vantagem própria: A eficácia desta tática praticada pelo inimigo levou Inácio a aconselhar os agentes apostólicos a seguir o exemplo do inimigo, adotando o mesmo procedimento para ganhar pessoas para Deus[44].

Pensamentos bons e santos: Na Segunda Semana, a pessoa está convertida em valores e hábitos mentais, "cristificada" em perspectiva, mas ainda sujeita a motivações desordenadas. Nessa pessoa, as motivações desordenadas tendem a buscar a ocultação sob disfarces que se ajustam aos ideais do estado convertido do eu. Então, o mau espírito adota uma estratégia de racionalização.

[333] [1]*Quinta regra*. Devemos prestar muita atenção ao curso dos pensamentos. Se o começo, o meio e o fim são inteiramente bons e inclinados ao que é totalmente bom, isso é sinal do bom anjo. [2]Mas, se o curso dos pensamentos que nos são sugeridos termina em algo ruim ou que distrai, ou *menos bom* do que aquilo que pretendíamos fazer, [3]ou, se no final a alma fica *enfraquecida, perturbada ou inquieta*, perdendo a paz, tranquilidade e quietude que antes tinha, [4]é um claro sinal do mau espírito, inimigo do nosso proveito e da salvação eterna.

Quinta regra: Esta regra aplica à consolação ordinária o princípio de que o espírito é reconhecido pelos seus frutos. Mas os frutos podem demorar a aparecer. A princípio, a qualidade real de uma motivação subjacente, mascarada por pensamentos em si mesmos "bons e santos", pode ser imperceptível[45]. Onde existe engano, então, ele não é identificado

---

44. Cf. suas "Instruções para a missão na Irlanda" confiadas a Salmeron e Broet em 1541, MHSI, *Ep. Ig.*, v. I, n. 179-181 [trad. Inigo, *Letters*, 53].
45. As motivações do tipo que facilmente passam à clandestinidade incluem o desejo de segurança, *status* ou poder, ou, de forma menos grosseira, desejo de uma autoimagem heroica ou santa. A afirmação, porém, de que essas e outras

nos pensamentos com os quais começamos; mas em um processo de declínio. O processo é descrito em termos de pensamentos e sentimentos. Assim, a influência do mau espírito pode ser identificada quando ocorre em uma sequência contínua[46]:

(1) *Pensamentos* tendendo *para o que é inteiramente bom*, levando a outros pensamentos tendendo para o mal ou para a distração ou para o menos bom.
(2) O que inicialmente deu origem a sentimentos de *paz, tranquilidade e quietude* agora dá origem ao *enfraquecimento, à perturbação ou à inquietude*.

Menos bom deve ser entendido como "menos bom para mim". Na *Vulgata*, temos: "O que é em si mau ou desvia do bem ou impele para um bem menor do que a pessoa havia previamente decidido fazer".

Enfraquecida, perturbada ou inquieta: Para evitar a má compreensão deste critério, devemos recordar novamente que, quando Inácio se refere a experiências positivas e negativas em conexão com o discernimento,

---

"intenções ocultas" são desmascaradas pelo discernimento não significa que o discernimento tenha a mesma função que a psicoterapia. Embora o discernimento certamente revele níveis de motivação anteriormente não reconhecidos já próximos da superfície da consciência, ele não abre necessariamente os domínios mais profundos da motivação inconsciente. O principal efeito do discernimento, então, é tornar a pessoa consciente de uma qualidade e direção em nossos "movimentos" conscientes, nos quais sentimos o efeito do mau espírito. A forma como o mau espírito pode estar trabalhando, através de compulsões ou medos inconscientes, pode não ficar clara apenas através do discernimento. E pode emergir apenas, se é aquilo, através de longos processos de autodescoberta. Sobre essas distinções, vide LONSDALE, "The Serpent's Tail", in: SHELDRAKE (ed.), *The Way of Ignatius Loyola*, 172.
46. Sobre exemplos da própria vida de Inácio, vide *Autobiografia*, n. 26, 54, 55 [trad. *Personal Writings*, 24, 39-40]. Observe que a sequência contínua deve ser entendida como uma série de eventos relacionados e não como uma sequência cronológica sem lacunas. "Pode haver minutos, horas e até dias entre as etapas do processo", TONER, *A Commentary on Saint Ignatius Rules for the Discernment of Spirits*, 233.

o contexto no qual tais experiências devem ser interpretadas é o da orientação global da pessoa em relação a Deus e à sua vontade. Como estamos lidando aqui com uma pessoa "progredindo" e orientada positivamente, a experiência "negativa" (fraqueza, perturbação, inquietação), assim como a experiência positiva inicial, surge da relação entre um pensamento ou projeto específico e os desejos e valores convertidos de tal pessoa. O pensamento que primeiro foi vivenciado estava em harmonia com esses valores e desejos, e que consequentemente deu paz. Agora, em relação a esses mesmos desejos e valores, causa perda de paz.

A regra não está lidando com reações de medo, ansiedade ou relutância que podem ser causadas pelas implicações pessoais difíceis ou desagradáveis na concretização de um pensamento ou projeto. Interpretar tais reações pode exigir discernimento. Porém, a presente Regra não sugere que reações deste tipo sugiram por si mesmas, que o pensamento ou projeto não provém do bom espírito[47].

[334] ¹Sexta regra. *Quando* o inimigo da natureza humana for sentido e reconhecido por sua cauda de serpente e pelo mau fim a que conduz, ²será proveitoso para a pessoa, que foi tentada por ele, observar logo a sequência dos bons pensamentos que ele sugeriu e onde principiaram. ³Observando como o inimigo procurou, pouco a pouco, fazer com que se afastasse do estado de suavidade e gozo espiritual em que estava, até trazê-la à sua depravada intenção. ⁴Ao reconhecer e notar essa experiência, guarda-se para o futuro contra seus costumeiros enganos.

Quando a obra do mau espírito é reconhecida por seus frutos, a reflexão sobre todo o episódio de engano dá uma visão sobre os caminhos do mau espírito na dinâmica da nossa motivação. Assim, a própria experiência da pessoa enganada, se refletida, contribui para o crescimento

---

47. Há situações em que a execução de uma decisão verdadeiramente criteriosa conduzirá uma pessoa a uma crise semelhante à do Getsêmani. No entanto, um surto de recuo em relação a algo anteriormente desejado pode, por vezes, indicar uma decisão tomada precipitadamente (diferentemente de criteriosamente) (cf. [14]).

do discernimento. Mais uma vez, somos conscientizados do valor do "exame" e do hábito de "vida reflexiva" que o Exame representa[48].

Regra 7: Ação dos espíritos em relação à orientação da pessoa

A 7ª Regra reitera o princípio já estabelecido no início da primeira série de regras [314, 315], mas o expressa em uma linguagem que reflete mais uma sensibilidade de espírito da Segunda Semana. Possivelmente, esta Regra pretende responder à questão que pode ser suscitada pelas Regras 4 e 5: Pode-se presumir que, se os procedimentos nestas regras forem seguidos, a presença do espírito enganador será sempre finalmente detectada[49]? Inácio parece ter sustentado que no caso de uma pessoa que está buscando a Deus e se tornando cada vez mais sensível à experiência interior, e especialmente se tiver um acompanhante sábio no discernimento, a resposta a essa pergunta é "sim". Para tal pessoa, alguma nota de dissonância ou desconforto deve, no final, trair a presença do enganador[50].

[335] ¹Sétima regra. Nas pessoas que procedem de bem a melhor, o bom anjo toca a alma *doce, leve e suavemente*, como gota de água entrando em uma esponja. ²Enquanto o mau anjo a toca agudamente com barulho e inquietude, como quando a gota de água cai sobre a pedra. ³Nas que procedem de mal a pior, estes espíritos tocam a alma de modo oposto. ⁴A razão dessa diferença é que a disposição de alma da pessoa

---

48. Um exemplo da vida de Inácio: "Como já alcançara alguma experiência da diversidade de espíritos, através das lições que Deus lhe dera, começou a considerar os meios pelos quais o espírito 'de escrupulosidade' havia surgido", *Autobiografia*, n. 25 [trad. *Personal Writings*, 24].
49. Cf. Toner, *A Commentary on Saint Ignatius Rules for the Discernment of Spirits*, 237 e nota.
50. Em alguns casos, no entanto, isso pode levar um tempo considerável para acontecer. Além disso, a distinção (feita na Nota 45 acima) entre a ação do mau espírito na consciência e a revelação explícita da motivação inconsciente deve ser mantida em mente.

tocada é contrária ou semelhante à destes anjos: ⁵quando é contrária, entram com barulho e perturbação, fazendo-se sentir perceptivelmente. ⁶Quando a disposição é semelhante, entram silenciosamente, como pela porta aberta da própria casa.

Doce, leve e suavemente: Termos usados nos Exercícios para denotar não apenas experiências agradáveis (em oposição a dolorosas), mas a profundidade e sutileza da consolação espiritual propriamente dita. Os termos "suave" e "doce" (*dulce*) lembram suavidade e doçura, palavras com as quais Inácio se refere às qualidades da alma virtuosa ou ao sentido do divino [124] na Aplicação dos Sentidos. Observe novamente o perigo de permitir que a linguagem de Inácio distancie o Espírito Santo. Os efeitos atribuídos à ação, sob Deus, do bom anjo, descrevem classicamente a ação do Espírito Santo[51].

Regra 8: Engano no "brilho" da consolação sem justa causa

Embora a consolação sem causa precedente não contenha nenhum engano, a experiência pode deixar uma espécie de "resultado". Os "pensamentos e planos" que possam vir à mente durante este período devem ser distinguidos de qualquer conteúdo da própria consolação.

[336] ¹A oitava regra. Quando a consolação é sem causa, embora nela *não haja engano*, já que, como foi dito, ela vem unicamente de Deus, Nosso Senhor [330], ²a pessoa espiritual, a quem Deus dá esta consolação, deve examinar a experiência com cuidado e atenção, de modo a distinguir o *tempo próprio da atual consolação* do tempo seguinte. ³Neste, a alma ainda está afervorada e favorecida com o dom e efeitos da consolação passada. ⁴Pois, neste segundo tempo, muitas vezes ela segue o próprio curso habitual e as conclusões de seus conceitos e juízos, sob

---

51. Para ler uma exposição da linguagem dessa Regra como descritiva da experiência do Espírito Santo, vide EGAN, *The Spiritual Exercises and the Ignatian Mystical Horizon*, 123.

a ação do bom ou do mau espírito. ⁵Assim, ela forma vários *propósitos e pareceres que não são dados imediatamente por Deus, Nosso Senhor*. ⁶Eles necessitam, portanto, ser *muito bem examinados* antes de receberem todo crédito e de serem postos em prática.

Não haja engano: Isto é, o engano que surge do pecado, da ambiguidade de intenção ou de atitude, ou do "inimigo da natureza humana". A mesma palavra (em espanhol, *engaño*) é usada com referência às obras deste último em [139] e [326] (trad. "enganos"), [332] (trad. "armadilhas"), [334] (trad. "costumeiros enganos"). Em conexão com a qualidade livre de engano da consolação sem causa, vêm à mente questões relativas à identificação desta consolação que a redação da 2ª Regra deixa em aberto. Se, por exemplo, a origem divina da experiência é sempre explicitamente reconhecida pela pessoa destinatária. Se por vezes será reconhecida apenas com a ajuda de quem a orienta[52]. Ou se a certeza sobre a questão pode por vezes ser apenas a de um julgamento prudencial[53].

Tempo próprio da atual consolação: A "consolação sem causa" termina com o término da ação de Deus em dá-la.

Propósitos e pareceres que não são dados imediatamente por Deus, Nosso Senhor: Portanto, também pode haver *propósitos e pareceres* que

---

52. Ao responder ao relato de outra pessoa e à interpretação da sua própria experiência, quem a orienta deve estar ciente de que uma pessoa pode pensar que teve uma experiência autêntica e estar equivocada. Quem orienta não deve ser muito precipitado ao afirmar que identifica uma experiência tão interior e inadequadamente descritível como "consolação sem causa"; vide GREEN, *Weeds among the Wheat*, 134.

53. Em todo caso, as certezas da experiência religiosa não são do mesmo tipo que as da lógica ou da experiência sensorial. É interessante notar a mistura de convicção e diferença com a qual Inácio tende a expressar suas próprias certezas. Por exemplo, "julgava claramente, e sempre foi seu julgamento, que Deus o tratava dessa maneira. Antes, se duvidasse disso, pensaria que estava ofendendo sua Divina Majestade", *Autobiografia*, n. 27 [trad. *Personal Writings*, 25]. E em uma de suas Cartas: "Se eu não agisse assim, estaria (e de fato estou) bastante certo de que não daria um bom relato de mim mesmo diante de Deus, Nosso Senhor" (MHSI, *Ep. Ig.*, v. IV, n. 2.652, 283-285 [trad. *Personal Writings*, 245]).

nos são dados por Deus. Isto é, um *conteúdo* tão integrante da consolação que vem de Deus que se sabe, pelo menos após reflexão, que tem a mesma origem.

Muito bem examinados: Estes desdobramentos podem surgir de várias formas: da própria linha de pensamento da pessoa, do "mau espírito", ou mesmo do Espírito Santo, operando no tempo imediatamente após a consolação sem causa, mas não da mesma maneira como durante a mesma.

O fato de os pensamentos surgirem durante o período do "brilho posterior" e de serem impregnados deste brilho não lhes confere, por si só, um significado especial. A questão voltou ao discernimento ordinário. Contudo, é necessário muito cuidado porque nesta situação é fácil confundir a distinção cuidadosa de Inácio entre as duas fases da experiência[54].

Nesta última regra, Inácio ainda se preocupa com as formas pelas quais a consolação é minada por tipos ilusórios de engano. No caso comum de "consolação com causa", o engano pode estar presente desde o início da consolação; mas, mesmo no caso de uma consolação vindo diretamente de Deus, o engano pode se infiltrar nos pensamentos e sentimentos subsequentes à consolação[55].

---

54. A menção de propósitos e pareceres surgidos em um clima de intenso fervor pode lembrar a Anotação 14, na qual quem orienta os Exercícios é alertado sobre a possibilidade de uma pessoa exercitante fazer promessas ou votos inconsiderados ou precipitados. Embora Inácio esteja especialmente preocupado com a pessoa de caráter instável, os impulsos generosos, que ele vê como exigindo uma consideração cuidadosa antes de serem postos em prática, poderiam ser um caso de engano no brilho da consolação sem causa.

55. O princípio incorporado nessa regra é relevante para outras situações além daquela imediatamente prevista; por exemplo, para a interpretação da literatura mística; vide COATHALEM, *Ignatian Insights*, 276-277.

Regras para dar esmolas

Regras 1 a 6: Esmola e regras de eleição

Compostas durante os anos de Inácio em Paris, as Regras para Distribuir Esmolas tratam de algumas das implicações concretas da reforma e da alteração da vida na Igreja e na sociedade do século XVI. As regras 1 a 7 se dirigem aos clérigos encarregados do ministério de distribuição de receitas eclesiásticas (de benefícios ou fundações) em esmolas. A utilização deste ministério para desviar os bens da Igreja para vantagens pessoais ou familiares era abundante na Idade Média[1], e ainda prevalecia no tempo de Inácio. Estas regras dizem respeito, contudo, a abusos sutis e não a abusos grosseiros. Elas sublinham que a esmola é um ministério a ser exercido no mais alto nível de amor. É um ministério que exige um discernimento sensível e consciente e a aplicação constante da sabedoria dos Exercícios sobre a eleição e a reforma da vida. A última regra trata da responsabilidade de cada pessoa cristã tem para com os materialmente pobres, e especificamente das consequências desta

---

[1]. Uma passagem veemente na Vida de Cristo de Ludolfo de Saxônia pune o uso dos bens da Igreja para promover a prosperidade das relações de alguém e, especialmente, para fornecer dotes. "Estes bens são patrimônio de Cristo. Tudo além do necessário para a manutenção pessoal, alimentação e vestuário, pertence aos pobres, e tirar esse patrimônio dos pobres é um sacrilégio".

responsabilidade em matéria de escolhas que afetam o seu padrão de vida pessoal[2].

[337] REGRAS A OBSERVAR *NO MINISTÉRIO* DE DISTRIBUIR ESMOLAS

No ministério: A *Vulgata* traduz: "Algumas regras a observar na distribuição de esmolas", omitindo a referência ao "ministério" e, assim, alargando o âmbito destas regras desde o início.

[338] ¹Primeira regra. Se eu distribuir a parentes ou amigos, ou a pessoas a quem estou ligado, devo considerar *quatro coisas* já mencionadas em relação à eleição [184-187]. ²Em primeiro lugar, o amor que me move e me faz dar a esmola deve descer do alto, *do amor de Deus, Nosso Senhor*. ³Portanto, devo antes de tudo sentir dentro de mim mesmo que o amor, maior ou menor, que tenho por tais pessoas é por Deus e que, em minha motivação para mais amá-las, Deus deve resplandecer.

Quatro coisas: Esta e as três regras que se seguem são uma aplicação precisa do Segundo Modo de fazer Eleição, pelo Terceiro Tempo [184-187].

Amor de Deus, Nosso Senhor: A norma aqui dada não exclui o amor humano imediato que podemos experimentar pelos parentes ou pessoas próximas a nós. Mas nossos amores imediatos podem ser construídos para nos guiar, e não para eclipsar outras reivindicações, apenas na medida em que sejam assumidos e transformados pelo amor que desce do alto (237). A integração do primeiro amor no segundo é o tema principal destas regras[3].

---

2. A norma aborda os temas da justiça e da opção preferencial pelos pobres. Sua perspectiva, porém, é a de sua época. O conceito básico de Inácio é a prática caritativa da esmola, em vez do conceito mais radical de uma justiça que desafia as próprias estruturas e formas de distribuição da riqueza na sociedade.
3. Sobre esse e outros pontos levantados nos comentários acima, vide KOLVENBACH, Preferential Love for the Poor.

[339] ¹Segunda regra. Devo pensar em uma pessoa que nunca vi ou conheci, ²a quem desejo toda a perfeição em seu ministério e estado de vida. A norma que gostaria que tal pessoa seguisse no modo de distribuir esmolas, para maior glória de Deus, Nosso Senhor, e para sua maior perfeição de alma, ³eu seguirei, agindo da mesma forma, nem mais nem menos. Portanto, observarei a regra e medida que gostaria que ela seguisse e que considero apropriadas.

[340] ¹Terceira regra. Considerar, supondo que estivesse à hora da morte, que procedimento e que norma gostaria de ter seguido nos deveres da minha administração. ²Tomando isso como regra, devo colocá-lo em prática em meus atos de distribuição.

[341] ¹Quarta regra. Olhando para minha situação no Dia do Juízo, pensarei bem como naquele momento gostaria de ter cumprido os meus deveres e responsabilidades neste ministério. ²A regra que eu gostaria de ter observado, adotarei agora.

[342] ¹Quinta regra. Quando alguém sente preferência e afeição pelas pessoas a quem deseja dar esmolas, ²deve parar e ponderar cuidadosamente as quatro regras acima, usando-as para examinar e testar sua afeição. ³A esmola não deve ser dada até que, de acordo com estas regras, a afeição desordenada seja rejeitada e eliminada.

[343] ¹Sexta regra. Não há culpa em tomar os bens de Deus, Nosso Senhor, para os distribuir, quando alguém é chamado por nosso Deus e Senhor para tal ministério. A possibilidade de culpa ou excesso pode surgir, ²contudo, no que diz respeito *à quantidade e proporção de que alguém deve se apropriar e atribuir a si mesmo* dos bens destinados para doação a terceiros. ³Portanto, é possível *reformar sua vida e seu estado* por meio das *regras acima*.

À quantidade e proporção de que alguém deve se apropriar e atribuir a si mesmo: Na *Vulgata*, temos: "Ao decidir a proporção justa para as próprias despesas".

Reformar sua vida e seu estado: A ênfase muda das decisões específicas sobre a esmola para o estilo de vida do doador.

Regras acima: Ou seja, o resumo anterior de [184-187], juntamente com os princípios da seção sobre "emendar e reformar a própria vida e estado" em [189].

Regra 7: A "Regra de Ouro" e a imitação de Cristo

A última regra abre uma perspectiva mais ampla, na qual os temas centrais dos Exercícios – a conversão do coração, a pobreza pessoal, a imitação de Cristo, o compromisso com o próprio "estado" – são postos em prática no serviço aos materialmente pobres. Três seções são facilmente reconhecidas: (1) a "Regra de Ouro" [189], (2) a aplicação aos bispos, (3) a aplicação a todos os cristãos.

> [344] ¹Sétima regra. Pelas razões anteriores, e por muitas outras, no que diz respeito a nós mesmos e ao nosso padrão de vida, sempre faremos melhor e estaremos mais seguros ²*quanto mais cortarmos e reduzirmos despesas* e *quanto mais nos aproximarmos do nosso Sumo Pontífice, Cristo, Nosso Senhor, nosso modelo e regra*. ³Foi neste espírito que *o Terceiro Concílio de Cartago* (no qual Santo Agostinho esteve presente) *determinou e mandou que os pertences de um bispo fossem comuns e pobres*.
>
> ⁴A mesma consideração se aplica a *todos os estados de vida*, adaptada e tendo em conta a condição e o estado das pessoas. ⁵Para o matrimônio, temos o exemplo de *São Joaquim e Santa Ana*, que dividiram seus bens em três partes; a primeira davam aos pobres; a segunda, ao ministério e serviço do Templo; a terceira tomavam para o sustento próprio e de sua família⁴.

---

4. Um detalhe retirado do Evangelho Apócrifo segundo Mateus e incorporado à *Legenda Aurea*, trad. William Granger Ryan, Princeton University Press, 1993. [Trad. Bras.: *Legenda Áurea*, São Paulo, Companhia das Letras, 2003. (N. do T.)]

Quanto mais cortarmos e reduzirmos despesas: A regra se preocupa com as implicações materiais específicas do princípio universal, a "Regra de Ouro", enunciada em [189]: uma pessoa progredirá nas coisas espirituais à medida que sair do seu "próprio amor, querer e interesse".

Quanto mais nos aproximarmos do nosso Sumo Pontífice, Cristo, Nosso Senhor, nosso modelo e regra: A referência à imitação de Cristo, implícita em [189], é aqui explicitada.

O *Terceiro Concílio de Cartago*: A regra ganha uma dimensão eclesial. O decreto do Concílio representa a "mente da Igreja" em relação àqueles que exercem cargos nela.

Determinou e mandou que os pertences de um bispo fossem comuns e pobres: A chave da "mente" aqui expressa encontra-se no significado da pobreza de Jesus, precisamente como sua forma de exercer o seu ofício de Sumo Pontífice. A imitação de Cristo na pobreza é, portanto, particularmente adequada para aqueles que possuem a plenitude do sacerdócio ministerial. Mas a imitação do caminho de Cristo através da "redução de despesas" não é apenas uma questão de união pessoal ou de testemunho geral. O contexto da regra é a esmola. O estilo de vida pessoal está ligado ao serviço aos pobres.

Todos os estados de vida: Independentemente do "estado de vida", a utilização dos recursos deve sempre satisfazer às exigências da responsabilidade cristã para com os pobres. Ao estender a todos, embora como "adaptação", o padrão recomendado aos prelados, a regra insiste em que, para cada cristão com recursos materiais ou financeiros, a responsabilidade para com os pobres terá consequências em seu próprio padrão de vida.

São Joaquim e Santa Ana: Estes são os nomes apócrifos dos pais de Nossa Senhora. Para os devotos da época de Inácio, essas pessoas teriam sido reais e familiares de uma forma que o leitor moderno acharia difícil de entender. Ainda mais reais e familiares porque estavam entre os poucos exemplos de vida conjugal ordinária entre os santos.

Notas sobre Escrúpulos

Embora sejam uma das últimas seções a serem acrescentadas ao texto, as Notas sobre Escrúpulos, assim como as Regras de Discernimento, das quais constituem um complemento, têm sua fonte na conversão de Inácio e em sua perseverança. Elas também refletem a longa experiência de ministério e orientação espiritual dele.

As notas pretendem ser um recurso prático para aqueles que deparam com a experiência de escrúpulos, especialmente durante os Exercícios[1]. Como comentaristas modernos[2] salientaram, no entanto, a escrupulosidade pode ser mais complexa do que estas notas podem levar o leitor a acreditar. Hoje em dia, quem orienta os Exercícios deve estar especialmente consciente de que, embora os escrúpulos não tenham necessariamente um componente patológico, um tratamento adequado da questão precisaria reconhecer essa possibilidade. Mas as Notas sobre Escrúpulos fornecem orientação valiosa em vários aspectos: na definição

---

1. Nos Exercícios, é claro que a necessidade de ajuda sobre os escrúpulos surge especialmente na Primeira Semana. É digno de nota, no entanto, que os Diretórios que mencionam esta seção insistem unanimemente que ela deve ser dada a uma pessoa apenas se e quando necessário, não como algo natural (vide MHSI, v. 76, 292, 404, 458, 535, 541, 742-743 [trad. PALMER, 127, 180, 215, 266, 270, 346]).
2. Por exemplo, COATHLEM, *Insights*, 291; FLEMING, *Exercises*, 86.

do termo, no comentário sobre a hipersensibilidade de consciência comum nos estágios iniciais da conversão, no tratamento de diferentes estados de consciência com base no princípio do *agir contra*, e na sua abordagem ao tipo particular de escrúpulo descrito na 6ª Nota.

[345] *AS SEGUINTES NOTAS* SÃO ÚTEIS PARA IDENTIFICAR E COMPREENDER OS ESCRÚPULOS E AS *INSINUAÇÕES* DO NOSSO INIMIGO.

As seguintes notas: A palavra "regras", usada em [210, 313, 328, 352], é substituída pelo termo menos definido "notas". Apenas duas destas Notas (a Quinta e a Sexta) são "regras de conduta".
Insinuações: Em espanhol, *suasiones*; a mesma palavra é usada em [326] relativa aos estímulos de um sedutor.

Notas 1 a 3: A natureza de um escrúpulo

[346] ¹Primeira nota. Dá-se o nome de "escrúpulo" a algo que vem do nosso próprio juízo e liberdade. Isto é, quando *eu livremente tomo como pecado* algo que não é pecado. ²Como uma pessoa que acidentalmente pisou em umas palhas, formando uma cruz³, julga por si mesma que pecou. ³Falando propriamente, isto é um *erro de julgamento* e não um escrúpulo no verdadeiro sentido.

Eu livremente tomo como pecado: Isto é, com base em informações ou princípios, faço um julgamento pessoal de que algo é pecado.
Erro de julgamento: Tal erro de julgamento teria de se basear em informações falsas ou em uma aplicação errada de um princípio moral geral. Os julgamentos não são marcados pela dúvida. Um julgamento, errado ou não, produz convicção, a menos ou até que o próprio julgamento seja contestado por novos argumentos ou dados. O escrúpulo, por outro lado, é essencialmente uma experiência de dúvida.

---

3. Na Espanha do século XVI, pisar na cruz era uma forma de declarar apostasia.

[347] ¹Segunda nota. Depois de ter pisado naquela cruz, ou mesmo pensado, dito, feito alguma coisa, me vem *de fora um pensamento de ter pecado*. Por outro lado, *parece-me que não pequei*. ²Contudo, sinto-me *perturbado* com isso, *duvidando e não duvidando*. Este é propriamente um "escrúpulo" ou uma tentação feita pelo inimigo.

De fora: Isto é, vindo espontaneamente à mente, diferentemente de surgir de nosso julgamento consciente e livre, baseado em evidências ou argumentos. Hoje, poderíamos preferir dizer que tal pensamento vem de "algum lugar dentro de nós mesmos"[4].

Um pensamento de ter pecado: Ou seja, um pensamento sem base razoável, mas invasivo e perturbador.

Parece-me que não pequei: Apesar das sugestões em contrário, não vem à pessoa tentada alguma base razoável para pensar que tenha pecado.

Perturbado: Para ter uma noção do tipo de experiência que pode ser denotada pela palavra "perturbado", vide o relato de Inácio sobre sua própria provação de escrupulosidade em Manresa[5].

Duvidando e não duvidando: Em um escrúpulo real, a perturbação característica do sentimento surge de um conflito dentro da própria mente, que duvida, mas ao mesmo tempo não duvida. Isso porque ela ainda é capaz, mesmo em conflito e privada de segurança e paz, de manter a opinião razoável de que o pecado não foi cometido[6].

[348] ¹Terceira nota. O *primeiro escrúpulo*, mencionado na Primeira Nota [346], *é mais detestável*, pois é um erro completo. Mas, para uma alma empenhada na vida espiritual, o segundo, mencionado na Segunda Nota [347], *não é de pouco benefício* por algum tempo. ²Na verdade, em grande medida, ele limpa e purifica tal pessoa, afastando seu espírito de qualquer coisa que tenha a aparência de pecado. Como diz São Gregório: "É a marca de uma boa alma ver culpa onde ela não existe".

---

4. Vide nota em [32].
5. *Autobiografia*, n. 20-25 [trad. *Personal Writings*, 22-24].
6. Inácio assume que uma pessoa que sofre de escrúpulos é capaz, mesmo que com dificuldade, de distinguir esses dois níveis. A uma pessoa escrupulosa em um estado de ansiedade patológica, essa distinção não ocorre.

O primeiro escrúpulo... é mais detestável: Sobre isso, Polanco se expressa veementemente. Se uma pessoa considera pecaminoso algum ato que na verdade não o é, "deve não apenas ser corrigida em relação ao erro específico, mas também advertida contra ser tão rápida em fazer esse tipo de julgamento no futuro. A razão para isso, além do tormento inútil da consciência sobre ações passadas, é que, ao agir contra tal consciência, mesmo que a ação não fosse objetivamente pecaminosa, ela estaria cometendo pecado"[7].

Não é de pouco benefício: A escrupulosidade está frequentemente presente em momentos de conversão ou em períodos de transição no crescimento espiritual, como foi o caso do próprio Inácio. Nestas situações, a dúvida escrupulosa pode promover um aguçamento da sensibilidade moral, enquanto a perturbação característica dos escrúpulos pode fortalecer a fé e a confiança. Contudo, um episódio de escrupulosidade só pode ser proveitoso na medida em que faz parte de um movimento em direção ao meio-termo final entre a consciência insensível e a consciência excessivamente sensível. Vide Nota 5, adiante.

Notas 4 e 5: A consciência grosseira e a sensível[8]

[349] [1]Quarta nota. O inimigo observa se uma pessoa tem consciência grosseira ou sensível. Se é sensível, tenta refiná-la ainda mais, até o extremo, para mais perturbá-la e derrotá-la. [2]Por exemplo, quando vê que uma pessoa não consente com o pecado mortal nem com o venial, nem com algo que pareça um pecado deliberado, [3]então ele procura fazê-la ver pecado onde não há, como em uma palavra ou pensamento passageiro. Visto que é incapaz de fazer tal pessoa cair em qualquer coisa que pareça ser pecado,

---

7. Diretório de Polanco (MHSI, v. 76, 326 [trad. PALMER, 147-148]).
8. O ensinamento desta seção também pode ser encontrado na carta de 18 de junho de 1536 a Teresa Rajadel, escrita mais ou menos na época em que Inácio estava redigindo as Notas sobre os Escrúpulos, na forma em que aparecem nos Exercícios, cf. *Personal Writings*, 132.

⁴Mas, se a consciência for grosseira, o inimigo tenta torná-la ainda mais grosseira. ⁵Por exemplo, se antes ela não tinha em conta os pecados veniais, tentará fazer com que tenha pouca consideração pelos pecados mortais. No caso de uma pessoa que antes os tinha em conta, tentará diminuir o sentido do pecado venial ou eliminá-lo completamente.

[350] ¹Quinta Nota. Quem deseja progredir na vida espiritual deve agir sempre de modo oposto à proposta do inimigo. ²Isto é, se o inimigo quiser tornar a consciência grosseira, deve-se procurar torná-la mais sensível. ³Se o inimigo tenta refiná-la, a fim de levá-la ao extremo, a pessoa deve procurar *se firmar no meio*, para ficar inteiramente em paz.

Se firmar no meio: Sobre o princípio de "agir contra" uma tentação ou tendência desordenada precisamente para estabelecer um meio-termo, vide [13, 321, 325] e [351].

Nota 6: Um caso particular

O caso final de escrupulosidade não consiste na dúvida sobre a qualidade moral de uma ação passada. Mas sobre a qualidade da motivação de alguém em desejar seguir uma linha de ação percebida como boa em si mesma e aprovada. A nota é especialmente relevante para o ministério apostólico. Ela ilustra a importância para Inácio de não permitir que algum aspecto do serviço do Reino seja comprometido por dúvidas capciosas.

[351] ¹Sexta nota. Quando *esta boa pessoa* quer *dizer ou fazer algo, de acordo com a Igreja e segundo a mente das autoridades, que seja para a glória de Deus*; ²e lhe vem um pensamento ou uma tentação de fora, para não dizer ou fazer aquilo, propondo razões aparentes sobre *vanglória* ou *algo semelhante*, então ela deve *elevar o entendimento ao seu Criador e Senhor*. ³E, se perceber que aquilo é a favor do devido serviço a Deus, ou pelo menos não é contra ele, deve *agir de forma diametralmente oposta à tentação. Como diz São Bernardo* em sua resposta a uma

tentação semelhante: "Não comecei por sua causa e não vou desistir por sua causa".

Esta boa pessoa: Uma pessoa consciensiosa e espiritualmente sensível, consciente de sua própria pecaminosidade e capacidade de autoengano.

Dizer ou fazer algo: Embora "algo" admita uma aplicação extremamente ampla, uma atividade que Inácio tinha especialmente em mente era a pregação, como deixa claro a referência final a São Bernardo.

De acordo com a Igreja e segundo a mente das autoridades: Literalmente, "dentro da Igreja e dentro da compreensão dos nossos superiores" (a mesma ideia é usada em [170]), *que seja para a glória de Deus*. Ao decidir se um projeto é para a glória de Deus, olhamos não apenas para o benefício espiritual pessoal, mas também para os efeitos de uma ação no avanço do Reino de Deus no mundo. À medida que estes três critérios sobrepostos são cumpridos, a justeza e a adequação do ato em si tornam-se claras.

Vanglória: A tentação que constitui o escrúpulo não é a da vanglória em si, mas a falsa humildade através da qual o medo da vanglória pode inibir uma pessoa de fazer algo de bom[9].

Algo semelhante: Por exemplo, o medo de confiar em Deus, que em certa ocasião tentou Inácio a abandonar um projeto que considerava bom[10]. Outras formas pelas quais pessoas escrupulosas podem se recusar a fazer uma boa ação por medo de seguir uma motivação errada virão facilmente à mente.

Elevar o entendimento ao seu Criador e Senhor: Portanto, afastar a mente de argumentos reconhecidos como espúrios. Não se examina ou debate mais detalhadamente tais argumentos. A ação, porém, baseia-se em uma oração na qual a justeza da ação e a sua consistência com o serviço a Deus são reconhecidas diante de Deus e escolhidas como motivação.

---

9. Sobre a falsa humildade, vide a carta para Teresa Rajadel: *Personal Writings*, 130-132. Sobre o tema da vanglória, Inácio lembrou como, na véspera de sua partida da Espanha, manteve em segredo seu plano de ir a Jerusalém "por medo da vanglória": *Autobiografia*, n. 36 [trad. *Personal Writings*, 30].
10. *Autobiografia*, n. 79 [trad. *Personal Writings*, 51].

Agir de forma diametralmente oposta à tentação: Conforme [350] e [325].

Como diz São Bernardo: O incidente mencionado é descrito na *Legenda Aurea*: "Certa vez, quando ele estava pregando ao povo e eles prestavam devota atenção a cada palavra sua, um pensamento tentador penetrou em sua mente: 'Agora você está pregando da melhor forma possível e as pessoas estão lhe ouvindo de bom grado, e todas o consideram um homem sábio'. Mas o homem de Deus, sentindo-se assolado por essa ideia, parou por um momento e pensou se deveria continuar com seu sermão ou terminá-lo. Imediatamente, fortalecido pela ajuda de Deus, respondeu silenciosamente ao Tentador: 'Você não teve nada a ver com o meu início de pregação, e nada que você possa fazer me fará parar', e calmamente continuou até o final do seu sermão"[11].

---

11. *The Golden Legend*, 103-104.

Regras para Sentir com a Igreja

Os escritos de Inácio são sustentados por um sentir com a Igreja cujo significado não deve ser medido pela frequência de referências eclesiais explícitas nos Exercícios. Na verdade, são poucas, e apenas nas regras finais o tema da Igreja é tratado sistematicamente[1].

As regras devem ser lidas com consciência do seu propósito e método essencial. Seu objetivo é inculcar na pessoa exercitante e fornecer normas para reconhecer um *sentir*, ou atitude eclesial fundamental. Inácio consegue isso principalmente ilustrando como tal *sentir* se expressará em relação a certas questões controversas, especialmente vivas na época da Reforma[2].

---

1. A eclesiologia implícita dos Exercícios, e na verdade de toda a espiritualidade inaciana, é desenvolvida por Hugo Rahner com base no princípio da Encarnação de que "o Espírito sempre tende para a carne e de que o movimento do Espírito de Deus significa encarnação e construção do corpo de Cristo", *Ignatius the Theologian*, cap. vi, The Spirit and the Church, 214. Além dessas regras, a palavra "Igreja" é encontrada na Décima Oitava Anotação (recomendando a oração sobre os preceitos da Igreja) e quatro vezes em conexão com os limites objetivos da escolha pessoal, cf. [18, 170, 177, 229, 351].
2. As regras recomendam particularmente "aquelas coisas que os hereges do nosso tempo, ou aqueles que mostram afinidade com a sua doutrina, são propensos a atacar ou desprezar em seus livros, sermões ou conversas", Diretório de Polanco (MHSI, v. 76, 327 [trad. PALMER, 148]).

Em sua forma de lidar com essas questões, sentimos que Inácio responde a e mantém em equilíbrio três dimensões da Igreja. A Igreja é uma realidade transcendente de fé. A Igreja é uma instituição orgânica que possui autoridade em doutrina e disciplina. A Igreja, como sociedade humana, está sujeita, como qualquer outra sociedade humana, a desafios e ameaças externas e internas, a tensões, ambivalência e pecaminosidade.

Embora carreguem a marca das suas origens históricas, estas regras podem, no entanto, fornecer um recurso distintivo, e na verdade distintamente inaciano, para as pessoas que procuram uma atitude verdadeira na Igreja hoje. Mas nisso elas podem ser prejudicadas por vários usos e interpretações errôneas. Assim, é um erro pensar que, sempre que as regras recomendam uma atitude geral, pretendem retirar a liberdade pessoal e o discernimento do tratamento de casos específicos[3]. É também um erro considerar que as regras abrem todo o âmbito da visão e preocupação eclesial de Inácio[4].

Mais importante ainda: estas regras devem ser consideradas hoje em relação à interação entre o contínuo e o novo que constitui o desenvolvimento na Igreja. O seu potencial é, portanto, particularmente subvertido por usos ou interpretações que desconsideram as expansões subsequentes da autocompreensão da própria Igreja, as numerosas diferenças entre a Igreja e o mundo de hoje e aquelas que foram o contexto destas regras. Se estas regras pretendem ajudar as pessoas hoje, devem

---

3. Assim, a 3ª Regra não inibiu Inácio de tentar proibir o canto e o órgão nas igrejas jesuítas. O fato de a proposta ter sido rejeitada por Paulo III não altera a realidade de que Inácio não viu nada de contraditório em querer, no caso da Companhia de Jesus, divergir substancialmente de um estilo litúrgico geralmente recomendado por suas regras (cf. Introdução às Regras 2 a 9, nota de rodapé).
4. Quem tivesse apenas as regras atuais para seguir em frente desconheceria as preocupações eclesiais que aparecem até nos Exercícios (como a ambição por cargos e benefícios). Teria apenas uma compreensão limitada da visão missionária de Inácio. Na verdade, nem nos Exercícios nem em nenhum outro lugar Inácio fornece uma formulação completa da sua visão da Igreja, nem teria sido capaz de fazê-lo; cf. ENDEAN, PHILIP, Ignatius and Church Authority, *The Way, Supplement*, 70 (1991) 79.

ajudá-las a encontrar atitudes corretas em uma Igreja cuja autocompreensão contém os temas do Povo de Deus, do ecumenismo[5] e do diálogo entre a Igreja e o mundo. Hoje, a exploração teológica vai muito além dos horizontes de Inácio, e o clima de pensamento é afetado pela exposição e pelo diálogo com culturas diferentes daquelas do século XVI. Nesta situação, estas regras não podem fornecer um guia completamente adequado para a formação de uma mente eclesial contemporânea, mas dão a sua contribuição distintiva para isso como um recurso entre outros.

Em que poderá consistir essa contribuição? Para a pessoa que procura inequivocamente uma atitude eclesial contemporânea, mas ao mesmo tempo está aberta à tradição, estas regras podem trazer uma ampla gama de *insights*, desafios ou normas práticas. Para encontrá-los, parece melhor abordar as regras nos moldes da Segunda Anotação, como material no qual a pessoa perspicaz faz suas próprias descobertas.

Deve ser sublinhado, no entanto, que as regras derivam o seu valor não apenas de pontos de detalhe, mas do seu testemunho de uma mentalidade global. Neste contexto, deve ser notado que, embora em muitos aspectos sejam totalmente intransigentes, elas também são caracterizadas por um tom geral positivo e não condenatório, pela sobriedade, pelo sentido de nuance e pela abertura a ambos os lados de uma questão. Apesar de todo o seu propósito defensivo, estas regras não apresentam nenhum vestígio da aspereza que era um traço dominante da controvérsia teológica na época de Inácio e raramente estão longe das nossas próprias controvérsias.

Questões práticas

Embora algumas pessoas possam se beneficiar de uma leitura solitária, sem ajuda, o texto das regras de Inácio normalmente precisa ser apresentado com alguma forma de orientação ou interpretação. Há duas

---

5. Um resultado significativo do ecumenismo foi o desenvolvimento de uma dimensão inter-religiosa do ministério dos Exercícios.

maneiras de fazer isso: (1) o texto literal é oferecido juntamente com um comentário e explicação básica que o acompanham; (2) as regras são apresentadas de forma adaptada, preservando o essencial do texto inaciano, embora omitindo ou alterando pontos de detalhe[6].

Qual dessas abordagens é mais adequada em um caso particular dependerá da capacidade da pessoa em questão. Ambas devem ser distinguidas, no entanto, de outro procedimento, que consiste na construção de regras completamente novas, inspiradas nas de Inácio, mas bastante diferentes delas e concebidas expressamente para atender às circunstâncias atuais[7]. Por mais difícil que seja hoje elaborar um conjunto de regras universalmente aplicáveis[8], as regras contemporâneas podem obviamente ter um valor considerável, tanto por si mesmas quanto como complemento das regras de Inácio. Mas, apenas em suas próprias regras, Inácio fala por si mesmo, e elas são significativas precisamente por essa razão[9].

Pode-se perguntar se as regras devem ser sempre propostas no decorrer dos próprios Exercícios. Certamente os Exercícios não podem ser feitos autenticamente senão com uma consciência de Igreja; mas nem sempre precisa ser o tipo de consciência exigido pelas regras. Isto é, de fato, reconhecido nos Diretórios, que insistem que as regras não devem ser dadas como algo natural, mas apenas àqueles que delas necessitam[10],

---

6. Conforme feito por FLEMING, *The Spiritual Exercises*, 231-237.
7. Sobre um exemplo de regras expressamente compostas para o século XX, vide ÖRSY, On Be One with the Church Today.
8. Avery Dulles sugere que, dada a diversidade de situações em que a Igreja existe hoje em todo o mundo, dificilmente seria possível hoje "elaborar um único conjunto de regras que protegesse contra as muitas ameaças à integridade do Cristianismo Católico"; vide The Ignatian *sentire cum ecclesia* Today, 32-33.
9. Pode eventualmente ser útil para uma pessoa articular o seu próprio *sentir* eclesial na forma de um equivalente pessoal das regras de Inácio, mas tal exercício pressupõe algum tipo de diálogo com as fontes, e é com estas que estamos preocupados aqui.
10. Diretórios de Polanco (MHSI, v. 76, 292 [trad. PALMER, 127]), de Miró (ibid., 404 [180]), de 1599 (ibid., 712-713 [346]).

quer para a sua própria "reforma de vida"[11], quer, e mais especialmente, para lidar com situações de contenção religiosa após os Exercícios[12].

Embora a necessidade individual seja, em última análise, identificada através de um julgamento criterioso, pode-se dizer, em princípio, que o recurso às regras contidas nos Exercícios é tanto mais apropriado quanto mais emerge a relação da pessoa com a Igreja nos Exercícios como uma questão integrante dos processos de conversão ou eleição. Se introduzidas nos Exercícios, as regras deverão servir de matéria para uma reflexão criteriosa que, por sua vez, se torna matéria para o diálogo entre exercitante e quem orienta. E quem orienta deve reconhecer que esse diálogo exige o discernimento da qualidade do seu próprio *sentir* com a Igreja, na medida em que isso possa influenciar seu ministério de orientação dos Exercícios[13].

Porém, se as regras nem sempre figuram nos próprios Exercícios, são também um recurso para a vida fora dos Exercícios. Servem para o estudo, o ensino, a discussão, a reflexão sobre as interações dentro de uma comunidade de fé e outros modos de formação eclesial que não têm lugar no retiro segundo a Vigésima Anotação. Em todas essas situações, os princípios subjacentes às regras e a sua perspectiva global, se combinados com outras ajudas e recursos, têm uma contribuição importante a dar aos processos por vezes complexos e difíceis através dos quais o Espírito trabalha na formação de atitudes na e para com a Igreja em nosso próprio tempo.

---

11. Quando visavam à reforma da vida, as Regras eram dadas em local apropriado na Segunda Semana; cf. Diretórios (MHSI, v. 76, 436, 458 [trad. Palmer, 201, 215]).
12. Diretórios Mercuriano (MHSI, v. 76, 248 [trad. Palmer, 104]), de Polanco (ibid., 327 [148]), de Dávila (ibid., 529 [264]).
13. Uma vez que as pessoas de ambos os extremos do espectro progressista-conservador podem experimentar relações pessoais problemáticas com a Igreja institucional, e o mesmo se aplica a quem orienta, essa pessoa deve ser capaz de estar presente a sentimentos fortes em outra pessoa que possam estar profundamente em desacordo com o seu.

Resumo do conteúdo

Estas regras se enquadram em duas categorias distintas:

(1) Regras fundamentais, que tratam da natureza da Igreja, da sua autoridade e da resposta suscitada por essa autoridade (Regras 1, 9b, 11).
(2) Regras que recomendam atitudes práticas em relação a instituições, usos, situações e pontos de doutrina específicos.
O conteúdo pode ser descrito da seguinte forma:
— Título
— Natureza da Igreja: Esposa, Mãe, Hierárquica
— Disposição básica do membro (Regra 1)
— Elementos da piedade tradicional:
Os sacramentos
A vida segundo os conselhos evangélicos
Liturgia, devoções (Regras 2 a 8)
A atitude básica reafirmada (Regra 9)
— Tipos de autoridade (Regras 10 a 12)
— Reafirmação da atitude básica e um caso específico (Regra 13)
— Pensamento da Igreja sobre três questões: predestinação, fé, graça
— Posições a adotar na pregação e na catequese (Regras 14 a 17)
— Amor e temor: nota sobre motivação (Regra 18)

<REGRAS PARA PENSAR COM A IGREJA[14]>
[352] REGRAS A SEGUIR EM VISTA DA VERDADEIRA *ATITUDE DE MENTE* QUE DEVEMOS MANTER *NA IGREJA MILITANTE*

---

14. A familiar forma inglesa do título, "Regras para Pensar com a Igreja", é inspirada, mas não corresponde exatamente, à tradução da *Vulgata*. Tem o mérito de fornecer uma forma convenientemente concisa de designar o texto, mas pode ser enganosa, a menos que seja interpretada em relação ao título mais prolixo do próprio Inácio.

Atitude de mente traduz a palavra *sentido* em espanhol. No vocabulário de Inácio, a palavra carrega múltiplas conotações, que incluem percepção intelectual e *insights*, mas vão além do domínio do intelectual para o domínio da intuição, sentimento e inclinação. Aqui se refere à atitude básica que afeta a forma como habitualmente pensamos, sentimos e nos comportamos em relação à Igreja.

Na Igreja militante: A palavra *na*, que sugere mais uma relação de participação, é substituída na *Vulgata* por "com", que sugere mais uma relação externa de conformidade[15]. *Igreja militante*, em seu sentido mais amplo, designa a Igreja na terra, a Igreja visível e, mais especificamente, existindo em conflito, tanto como um corpo quanto em seus membros individuais, com o "inimigo da natureza humana". No contexto da espiritualidade de Inácio, o termo evoca especialmente a Igreja missionária, envolvendo ativamente os seus membros na luta pela salvação do mundo[16]. Embora as próprias regras transmitam pouco da visão missionária, como aparece no Exercício do Reino e nos documentos fundacionais da Companhia de Jesus, dirigem-se principalmente às pessoas em ministérios apostólicos: pregação, ensino, conversação. Na *Vulgata*, a Igreja militante torna-se "a Igreja ortodoxa".

Regra 1: Natureza da Igreja: a atitude básica de seus membros

[353] *Primeira regra*. Deixando de lado todo o nosso julgamento, devemos ter o ânimo *disposto e pronto* para obedecer em *tudo à verdadeira esposa de Cristo, Nosso Senhor, que é nossa santa mãe, a Igreja hierárquica.*

Primeira regra: A regra de abertura foi descrita como uma espécie de "Princípio e Fundamento" para tudo o que se segue[17]. As suas implicações serão esclarecidas nas Regras 9 e 13.

---

15. Das duas versões, a *Vulgata* tem um tom ligeiramente mais autoritário e defensivo.
16. BUCKLEY, Ecclesial Mysticism in the *Spiritual Exercises* of Ignatius, 443.
17. COATHELEM, *Ignatian Insights*, 350.

Disposto e pronto denota uma atitude.

Tudo, nomeadamente o ensino da Igreja, bem como questões de prática e disciplina.

À verdadeira esposa de Cristo, Nosso Senhor… nossa santa mãe, a Igreja hierárquica: As duas imagens: da esposa[18] e da mãe, representando respectivamente a relação da Igreja com Cristo e consigo mesma, expressam o "mistério" da Igreja. Para Inácio, eram imagens poderosas com fortes conotações afetivas e, juntas, estabelecem a qualidade "filial" característica de sua espiritualidade eclesial. *Hierárquica*, como *militante*, denota a Igreja visível, mas agora em sua estrutura interna. Para compreender a atitude de Inácio em relação à Igreja como hierárquica, é importante perceber que para ele toda a realidade criada (os anjos, a sociedade humana, o próprio cosmos) é hierárquica[19].

Embora reconheça que a Igreja, precisamente como hierárquica, está sempre necessitada de reforma e a autoridade sempre sujeita a abusos, para ele o caráter hierárquico da Igreja é em si a forma particular como a Igreja é dotada de uma estrutura escrita por Deus em toda a criação[20]. As palavras "esposa", "mãe" e "hierárquica" aparecem juntas novamente na Regra 13 [365]. A *Versio Prima* acrescenta à Igreja hierárquica a cláusula "que é a Igreja Romana". Um acréscimo que deve ser entendido não como uma distinção entre a Igreja "romana" e a "não romana", mas como um acento adicional na dimensão material e visível da Igreja.

---

18. Sobre a imagem esponsal da Igreja, vide especialmente Efésios 5,21-23 e Apocalipse 21,2.
19. Vide suas exposições sobre obediência em suas cartas, por ex. *Personal Writings*, 20, 31 (*Letters* 20, 31).
20. Deve-se notar também que nas presentes regras a palavra "hierárquica" se refere a uma qualidade da Igreja como um todo, e não exclusivamente a determinados detentores de autoridade dentro da Igreja (cf. CORELLA, *Sentir la Iglesia*, 91). Na verdade, Yves Congar afirma que o termo "Igreja hierárquica", distinto de "hierarquia da Igreja", pode na verdade ter origem em Inácio. Vide *L'Eglise de S. Augustin à l'Epoque Moderne*, Paris, 1970, 369. Uma leitura contemporânea das Regras de Inácio deve, naturalmente, colocar a sua ênfase na Igreja hierárquica em relação ao retrato mais amplo da Igreja estabelecido pela Constituição *Lumen Gentium*, e especialmente em relação às imagens do Corpo de Cristo e do Povo de Deus.

Regras 2 a 9: Elementos da piedade tradicional

O amplo conteúdo desta seção cobre assuntos, em vários graus, integrantes da tradição do Cristianismo Católico, juntamente com uma série de instituições e usos adventícios, muitos dos quais desapareceram desde então. Embora à primeira vista sejam uma seleção um tanto aleatória, eles têm três coisas em comum. Cada instituição ou uso mencionado (1) goza da sanção da Igreja hierárquica, (2) é um ponto de discórdia no clima religioso da época e (3) forma ou fez parte da estrutura simbólica de fato do Cristianismo Católico.

Visto que a fé é e deve ser encarnada em símbolos concretos, Inácio pode assumir que uma pessoa com uma verdadeira atitude eclesial tenderá a agir e a sentir positivamente em relação aos símbolos aprovados que, em um determinado momento, encarnam e promovem a fé e a devoção da pessoa de fé[21].

A ação e o sentimento positivos são sintetizados no conceito de "louvor", uma das palavras-chave das regras (cf. [355, 356, 357, 358, 359, 360, 361, 362, 363, 370]). Como forma de ação, o louvor consiste em "falar bem de"; como forma de sentir, consiste na preferência pela aprovação em vez da censura. É a antítese do cinismo habitual. Na sua forma mais elevada, é a integração da nossa atitude para com uma criatura no louvor dado ao próprio Deus (cf. [22]). A ênfase colocada pelas regras no louvor não significa, é claro, que o louvor possa, em qualquer grau, estender-se ao reino dos corruptos e pecadores (vide Regra 10 adiante). Nem significa que não se possa, em casos particulares, afastar-se de uma prática geral e normativa, continuando a louvá-la[22].

---

21. Inácio está preocupado em defender a cultura religiosa como uma herança estável, em vez de reconhecer a necessidade de um grupo vivo não apenas permanecer em continuidade com o seu passado, mas também se livrar de símbolos obsoletos enquanto desenvolve novos. Esperar que ele tivesse assumido qualquer outra posição nas presentes regras seria interpretar mal a situação em que as regras foram elaboradas. Hoje, nem é preciso dizer, um sentimento eclesial correto inclui uma atitude positiva tanto em relação à tradição como à mudança.

22. Embora abandonando para si próprios o hábito monástico e as penitências de regra, os primeiros jesuítas insistem em que "louvem e admirem muito

[354] Segunda regra. Louvar a confissão feita ao sacerdote. Louvar a recepção do Santíssimo Sacramento uma vez por ano, e muito mais, uma vez por mês, e ainda muito melhor, de oito em oito dias, nas condições requeridas e devidas.

[355] ¹Terceira regra. Louvar a participação frequente da Missa. Também os cantos, salmos e as longas orações, dentro ou fora da igreja. ²Do mesmo modo, a marcação de horários fixos para todos os ofícios divinos, orações e horas canônicas.

[356] Quarta regra. Louvar muito a vida religiosa consagrada, a virgindade e a continência; o matrimônio nem tanto como elas.

[357] ¹Quinta regra. Louvar os votos religiosos de obediência, pobreza e castidade, e outros votos de perfeição feitos voluntariamente. ²Deve-se notar que, como um voto se faz de coisas que se aproximam da *perfeição evangélica*, não se deve fazer voto em coisas que dela se afastam, como de ser comerciante ou se casar etc.

Perfeição evangélica: Sobre o sentido deste conceito, vide o comentário em [135].

[358] Sexta regra. Louvar as relíquias dos santos, venerando-as, e rezando aos santos. Louvar estações, peregrinações, indulgências, jubileus, *bulas das cruzadas* e o acendimento de velas nas igrejas.

Bulas das cruzadas: Tal "bula" era uma dispensa do jejum e da abstinência em troca de esmolas. Originalmente, esta era uma dispensa concedida aos que participavam das cruzadas. É interessante comparar

---

naqueles que os observam". Da mesma forma, insistem que o coro, o cantar e o uso do órgão, do qual buscavam dispensa para si próprios, "aumentam de forma louvável o serviço divino de outros clérigos e religiosos". Sobre o texto da *Prima Instituti Summa*, onde esses detalhes podem ser encontrados, vide MHSI, *Monumenta Constitutionum Praevia*, 1-7. Uma tradução em inglês está disponível em FUTRELL, *Making an Apostolic Community of Love*, 188-194.

isto com [42], onde a prática está incluída entre usos que podem ser moralmente errados deixar de observar para si mesmo ou encorajar outros a negligenciarem. Duas razões foram apresentadas para esta posição: a piedade intrínseca das próprias práticas, mas também o fato de serem recomendadas pela autoridade. Embora Inácio certamente tenha considerado as práticas "piedosas", também vemos na sua ênfase neste detalhe específico uma preocupação mais geral em defender, sempre que possível, um elemento aprovado da cultura existente. No entanto, tanto na *Versio Prima* como na *Vulgata* as referências às bulas das cruzadas são omitidas. A *Vulgata* conclui com o acréscimo: "E todas as outras coisas deste tipo que ajudam a piedade e a devoção".

[359] Sétima regra. Louvar determinações acerca de jejuns e abstinências, como as da Quaresma, *quatro têmporas*, vigílias, sextas-feiras e sábados. Do mesmo modo, *penitências*, não só internas, mas também *externas*.

Quatro têmporas: Eram os dias de jejum (quarta, sexta e sábado) que marcavam o início de cada uma das quatro estações.
Penitências externas: Vide nota em [82].

[360] Oitava regra. Louvar os ornamentos[23] e edifícios das igrejas e também as imagens, que devem ser veneradas pelo que representam.

[361] Nona regra. *Enfim, louvar* todos os preceitos da Igreja, mantendo o ânimo pronto para *buscar argumentos em sua defesa* e, de nenhum modo, para ofendê-la.

Enfim: As regras anteriores constituem uma seção própria que a Regra 9 conclui.
Louvar... buscar argumentos em sua defesa: O princípio da 1ª Regra é aqui retomado, mas a intenção agora é pastoral e apologética. No clima da época, o desejo de obedecer (foco da 1ª Regra) gerará o desejo de

---

23. A *Vulgata* afirma: "Edifícios de igrejas e seus ornamentos", enquanto o texto Autógrafo e a *Versio Prima* apresentam: "Ornamentos e edifícios de igrejas".

defender e excluirá qualquer crítica ou dissidência pública[24]. Na *Vulgata* a regra é colocada explicitamente no contexto da Reforma e suas contendas: "Defender ao máximo todos os preceitos da Igreja e não atacá-los de forma alguma, mas defendê-los prontamente contra aqueles que os atacam, buscando razões de todas as fontes".

Regras 10 a 12: Tipos de autoridade

As três regras seguintes tratam de atitudes em relação a vários tipos de autoridade: a autoridade do cargo, das fontes teológicas, da santidade pessoal ou do carisma. Em cada caso chama-se a atenção para as armadilhas que uma atitude eclesial correta evitará. O tema do louvor continua explicitamente nas Regras 10 e 11, e implicitamente na Regra 12. Porém, agora é enfatizado que um louvor verdadeiro e guiado pelo Espírito evitará a ingenuidade e não refletirá necessariamente as euforias vigentes.

> [362] ¹*Décima regra*. Devemos estar *mais prontos* para apoiar e louvar as *determinações*, recomendações e costumes dos que nos precederam; ²pois, embora não sejam, ou não fossem, dignos de aprovação, falar contra eles, quer *pregando em público*, quer em conversas diante de *pessoas simples*, geraria mais murmuração e escândalo que proveito. ³Desse modo, o povo simples se indignaria com seus superiores, quer temporais quer espirituais. ⁴E, assim como causa dano falar mal às pessoas simples de seus superiores na ausência deles, pode fazer bem falar dos maus costumes às próprias pessoas que podem remediá-los.

Décima regra: Às vésperas do Concílio de Trento, a Igreja necessitava de uma reforma de longo alcance tanto no domínio dos costumes como da legislação, bem como no comportamento e estilo de vida clerical. Nessas circunstâncias, ser fiel à Igreja era desejar a sua reforma. Mas havia várias formas de promover a reforma. Uma forma, especialmente

---

24. Sobre isso, consulte a 10ª Regra abaixo.

associada no tempo de Inácio ao nome de Girolamo Savonarola[25], foi a da denúncia pública. Uma abordagem bastante diferente foi a desta regra, com sua ênfase nos perigos da censura pública e sua insistência em que a crítica fosse feita à porta fechada.

Além da razão dada nesta regra (a necessidade de salvar as pessoas simples do descontentamento), inúmeras outras considerações ajudam a explicar o tom reticente dela. A saber: os instintos diplomáticos pessoais de Inácio, sua consciência de viver em tempos perigosos [369], seu respeito instintivo por qualquer autoridade legítima, ainda que exercida de forma corrupta. Além disso, a regra é dirigida a pessoas propensas a um zelo irrefletido e não àquelas tentadas a enfrentar o abuso com uma inércia egoísta. Também deve ser lembrado que, na opinião de Inácio, a reforma seria alcançada principalmente pelo testemunho positivo de um modo de vida reformado de fato, construído sobre um repúdio visível daquilo que ele via como as principais raízes da corrupção, nomeadamente a avareza e a ambição.

Mais prontos: A posição geral de preferir sempre, se possível, louvar e aprovar em vez de culpar, já foi elogiada no Pressuposto dos Exercícios [22], dos quais a presente regra é, em muitos aspectos, uma aplicação particular[26]. Não é, porém, uma postura que produz atitudes cegas em relação às situações reais.

---

25. Um reformador dominicano executado em 1498 em consequência de uma pregação denunciatória contra a cúria de Alexandre VI. Embora crítico, Inácio também foi surpreendentemente positivo em sua atitude em relação a Savonarola, cujos escritos foram proibidos na Companhia de Jesus não por causa de alguma falha neles, mas apenas porque havia desacordo sobre se o autor era um santo ou foi "justamente executado"; vide O'MALLEY, *The First Jesuits*, 262. Sobre uma avaliação simpática do caráter de Savonarola, vide a Carta sobre Profecias e Revelações de Inácio (MHSI, *Ep. Ig.*, v. XII, n. 632-652 [trad. *Personal Writings*, 213]).

26. É impossível para uma pessoa do final do século XX ler essa regra sem estar consciente das questões que surgem no nosso tempo relativamente ao fórum público e privado, à responsabilização, ao acesso à informação e aos comentários e debates dentro do Povo de Deus. A regra não fornece uma resposta fácil a essas questões, mas tem muito a dizer sobre as atitudes com que as abordamos.

Determinações etc. Tanto o texto Autógrafo quanto a *Versio Prima* reconhecem que estas podem de fato ser questionáveis. Na verdade, no momento da composição destas regras, abusos de vários tipos foram oficialmente aceitos e até ratificados canonicamente. Por exemplo, aos olhos de Inácio, tal foi a sanção oficial de flexibilizações no regime de pobreza das ordens mendicantes[27]. A *Vulgata*, por outro lado, embora aceite que "a conduta pessoal daqueles que estão em posição de autoridade possa ser deficiente em integridade moral", assume uma posição mais inflexível em relação a decretos, mandamentos, tradições e ritos, os quais, insiste, devem ser firmemente aprovados. Os comentadores têm geralmente reconhecido, no entanto, que a regra se refere principalmente a condutas pessoais ou estilos de vida escandalosos.

Pregando em público: Uma insistência semelhante na moderação em pregações públicas aparece nas Regras 14 a 17[28].

Pessoas simples: As pessoas referidas são mencionadas duas vezes na presente regra e novamente nas Regras 15, 16, 17 [367-369]. No texto Autógrafo elas são descritas aqui e em [367] como "pequenas"; na *Versio Prima*, elas aparecem como "ignorantes" e em [367.8] como "não ensinadas". Corresponderiam às pessoas simples e iletradas (rudes), cuja necessidade de catequese básica recebe especial ênfase nas Constituições da Companhia de Jesus[29]. A *Vulgata* se refere ao "povo", sem diminutivos, ampliando assim a necessidade de prudência e reticência.

[363] ¹*Décima primeira regra*. Louvar a teologia positiva e a teologia escolástica. Assim como é mais próprio dos doutores positivos, tais

---

27. Cf. Constituições da Companhia de Jesus, GANSS (ed.), n. 553 e 252, nota 2.
28. No final da Idade Média, o tipo de pregação a que Inácio se refere era muito popular: "Assim que um pregador aborda esse assunto 'sobre os defeitos morais do clero', os seus ouvintes esquecem todo o resto; não há meio mais eficaz de reavivar a atenção quando a congregação está adormecendo ou sofrendo de calor ou frio. Todos ficam instantaneamente atentos e alegres", afirma o franciscano São Bernardino de Sena (1380-1444); vide HUIZINGA, J., *The Waning of the Middle Ages*, [s.l.], Edward Arnold, 1924, 161.
29. Sobre o ensino da doutrina cristã aos rudes, vide Fórmula do Instituto, 2, 3, Constituições, n. 410, GANSS (ed.), 64, 66, 203 com nota 7.

como São Jerônimo, Santo Agostinho e São Gregório, mover o coração para amar e servir a Deus, Nosso Senhor, em todas as coisas, ²é mais próprio dos escolásticos como Santo Tomás, São Boaventura, o Mestre das Sentenças[30] etc., ³definir ou *explicar para nossos tempos* o que é necessário para a salvação eterna e para a refutação e exposição mais eficaz de todo erro e falácia. ⁴Porque os doutores escolásticos, *sendo mais modernos*, não só se beneficiam da verdadeira compreensão da Sagrada Escritura e dos santos doutores positivos, ⁵mas também, sendo eles próprios esclarecidos e iluminados pela graça divina, valem-se dos concílios, cânones, e decretos da nossa santa Mãe Igreja.

Décima primeira regra: Isto remete a dois movimentos da época, cada um com a sua tendência inerente à unilateralidade. (1) O humanismo evangélico, caracterizado pelo zelo pelos Padres da Igreja e uma visão desdenhosa da escolástica, e (2) uma tendência conservadora, na qual os escolásticos continuaram a ocupar um lugar de destaque. A presente regra é dirigida a essa situação. É apartidária, não só defendendo o "louvor" de ambas as autoridades, mas explicando como as duas são mutuamente complementares. O apelo ao coração que ela atribui aos padres é para Inácio uma qualidade da mais alta importância. A apreciação dessa qualidade não deve, contudo, diminuir o respeito pela clareza e pela autoridade particular dos escolásticos.

Explicar para nossos tempos: É um acréscimo da mão de Inácio.

Sendo mais modernos: Embora Inácio não tenha uma teologia explícita e elaborada do desenvolvimento da doutrina, o conceito está implícito nesta frase.

[364] ¹*Décima segunda regra*. Devemos ter cuidado ao fazer comparações entre os que estamos vivos e os bem-aventurados do passado. Pois não pouco se erra nisto, ²dizendo: "Este sabe mais que Santo Agostinho",

---

30. Pedro Lombardo (1095-1160), autor do *Livro das Sentenças* IV, um livro teológico padrão em uso durante a Idade Média. Inácio o encontrou pela primeira vez no início dos seus estudos em Alcalá: cf. *Autobiografia*, n. 57 [trad. *Personal Writings*, 40].

"Este é outro São Francisco ou maior", ou: "Este é outro São Paulo em bondade, santidade" etc.

Décima segunda regra: Esta regra diz respeito a um tipo de autoridade particularmente proeminente em tempos de mudança. A autoridade baseada na santidade ou carisma pessoal, a autoridade que dá credibilidade à profecia, por exemplo, ou à liderança espiritual. Inácio reconheceu a existência de tal autoridade na Igreja, embora esta regra dificilmente demonstre entusiasmo por ela. A advertência, contudo, não é tanto contra os próprios indivíduos carismáticos, mas contra o estatuto exaltado frequentemente conferido a essas figuras pelos seus seguidores. A regra adverte especialmente contra as tendências de conferir às pessoas um estatuto que nenhum indivíduo vivo pode receber adequadamente e que virtualmente coloca a pessoa acima de qualquer crítica[31].

Regra 13: A atitude básica reafirmada com uma consideração adicional e um caso específico

[365] ¹*Décima terceira regra. Para acertar* em tudo, devemos sempre manter que *o branco que vejo acreditarei ser preto*, se a Igreja hierárquica assim *determina*; ²crendo que entre Cristo, Nosso Senhor, o esposo, e a Igreja, sua esposa, é o mesmo Espírito que nos governa e dirige para o bem das nossas almas. ³Pois nossa santa Mãe Igreja é regida e governada pelo mesmo Espírito, e Senhor Nosso, que deu os Dez Mandamentos.

Décima terceira regra: Talvez seja a mais famosa das regras. Na verdade, para muitas pessoas, a simples menção das "Regras para Sentir

---

31. Nas circunstâncias da época, a questão não era meramente hipotética. Erasmo tinha a reputação de ter sido mencionado pelos seus seguidores como outro São Jerônimo ou Santo Agostinho. Em uma das proposições do próprio Erasmo, contestada pela Sorbonne, um humanista alemão é descrito como um santo comparável a Jerônimo. Inácio também pode ter ouvido que Lutero, na Dieta de Worms, foi publicamente elogiado como mais santo que Santo Agostinho; vide Arzubialde, *Ejercicios Espirituales de S. Ignacio*, 825, nota 63.

com a Igreja" trará imediatamente à mente esta afirmação desafiadora da primazia da fé no ensinamento da Igreja sobre a opinião pessoal.

O ponto essencial pode ser brevemente resumido. Se considerarmos que a Igreja é capaz, sob a orientação do Espírito, de declarar a sua fé em um ponto específico, segue-se que o consentimento a tal declaração pode exigir o abandono de uma opinião pessoal contrária. De outra forma, poderia parecer não haver razão questionar. Na formulação da regra, os termos "esposa" e "mãe" e a referência ao Espírito estabelecem o contexto de fé dentro do qual a regra deve ser entendida. É provável que a antítese preto/branco tenha sido uma resposta direta a uma afirmação de Erasmo[32]. Contudo, a analogia da experiência sensorial figura entre os argumentos clássicos sobre o critério da verdade que foram revividos na polêmica católico/protestante do século XVI[33].

No caso apresentado pela regra, uma declaração final da Igreja está em oposição diametral à forma como um assunto é visto por um membro que é, por implicação, fiel, comprometido e aberto ao Espírito. Considerar tal situação como frequente ou normal teria implicações difíceis para a relação entre a Igreja docente e o "senso dos fiéis" e, em geral, para a forma como os julgamentos são alcançados pelo Povo de Deus. Parece melhor considerá-lo, então, como um caso-limite, mas o caso-limite é também um caso de teste.

Para acertar: A mesma expressão ("para acertar") é usada nas Regras de Discernimento ("seguindo seus conselhos, não podemos acertar o caminho" [318]). Na *Vulgata*, temos: "Para que possamos estar totalmente de acordo com a mesma Igreja Católica e em conformidade com ela".

---

32. A afirmação, no sentido de que o preto não seria branco mesmo que o Papa assim o declarasse, aparece em um panfleto escrito por Erasmo em defesa de proposições censuradas pela faculdade teológica de Paris. Sobre a questão geral da atitude de Inácio em relação a Erasmo, deve-se notar, no entanto, que, embora se opusesse ao tom de muitos dos seus escritos polêmicos, Inácio tinha mais simpatia pelas ideias reformadoras de Erasmo do que os comentadores dos Exercícios reconheceram; vide O'MALLEY, *The First Jesuits*, 260-264. Para ler um tratamento mais extenso, consulte O'REILLY, Erasmus, Ignatius Loyola and Orthodoxy, e The Spiritual Exercises and the Crisis of Mediaeval Piety.
33. Vide BOYLE, Angels Black and White.

O branco que vejo etc. A *Vulgata* afirma: "Se alguma coisa que parece aos nossos olhos ser branca".

Acreditarei ser preto: Na *Vulgata* (colocando ênfase na conformidade externa), temos: "Declarar ser preto".

Determina: Nas versões latinas, temos "define". Ambas as palavras sugerem deliberações e um compromisso formal da autoridade docente. Uma finalidade muitas vezes alcançada apenas através de processos complexos e das tensões, inerentes à vida da Igreja, entre tradição e desenvolvimento.

Regras 14 a 17: O pensamento da Igreja em três questões: predestinação, fé, graça

As próximas quatro regras tratam de aspectos da relação entre a liberdade divina e a nossa colaboração real, livre e necessária. Elas formam juntas uma seção distinta, com sua própria unidade[34]. A 14ª Regra introduz três temas: predestinação, fé e graça, que são então tratados nas Regras 15, 16 e 17 respectivamente. Inácio não está preocupado com a teologia muitas vezes difícil destas questões. O seu interesse é prático. Afirmar a importância destes temas, ao mesmo tempo em que alerta fortemente contra abordagens desviantes da liberdade e da responsabilidade, que ele considerava serem facilmente geradas por pregações e conversas descuidadas.

Embora as preocupações que expressam possam ser vistas como de outra época, estas Regras abordam uma série de pontos que se relacionam com a nossa própria situação. Porém, mais fundamentalmente, o seu significado para nós reside não tanto nos paralelos literais, mas na

---

34. As regras desta seção, juntamente com a última regra, datam da estada de Inácio em Veneza de 1536 a 1537, ou dos primeiros anos dele e dos companheiros em Roma. Nesta última suposição, o seu contexto teria sido o conflito que surgiu entre os companheiros com influentes pregadores romanos, em cujos sermões detectaram posições luteranas. Sobre a história das regras, vide Dulles, The Ignatian *sentire cum ecclesia* Today, 29, e as referências ali indicadas.

atitude geral que exemplificam. Em muitas dimensões da fé, uma atitude correta consiste em um equilíbrio entre verdades complementares. Este equilíbrio é destruído quando uma verdade é tão destacada que eclipsa a outra, uma situação que ocorre frequentemente quando as atitudes são dominadas por tendências ou reações prevalecentes. Contra a influência dessas tendências, é necessário reafirmar a verdade negligenciada, mas sem produzir uma nova reação exagerada e de desequilíbrio. O instinto cristão básico é afirmar, não negar. Mais uma vez, os princípios do "Pressuposto" são pertinentes: um bom cristão procura dar uma boa interpretação à afirmação de outra pessoa, mas não foge às dificuldades que ela pode, no entanto, levantar.

[366] [1]Décima quarta regra. *Embora seja verdade* que *ninguém pode ser salvo sem ser predestinado* e sem ter fé e graça, [2]é necessário muito cuidado com o modo de falar e comunicar nestes assuntos.

[367] [1]Décima quinta regra. Não devemos criar o hábito de falar muito sobre predestinação. Mas, se falarmos de algum modo e alguma vez, nossa linguagem deve ser tal que as *pessoas simples* não caiam em algum erro, como às vezes acontece com elas dizendo: [2]"Se devo ser salvo ou condenado, já está determinado, e, se eu faço o bem ou o mal, nada pode mudar". [3]Paralisados por essa noção, negligenciam as obras que conduzem à salvação e ao proveito espiritual de suas almas.

[368] [1]Décima sexta regra. Do mesmo modo, devemos ter cuidado para que, ao *falar sobre a fé* longamente e com muita ênfase, sem distinções ou explicações, [2]não demos às pessoas a oportunidade de se tornarem indolentes e preguiçosas nas obras, seja antes seja depois de terem uma fé informada pela caridade.

[369] [1]Décima sétima regra. Assim também, *não devemos falar da graça* de forma tão extensa e com tanta insistência que *produza veneno para tirar a liberdade*. [2]Assim, podemos falar sobre fé e graça, na medida do possível, com a ajuda de Deus, de forma que resulte no maior louvor de sua Divina Majestade. [3]Mas não de tal modo e com tais expressões

(especialmente em tempos tão perigosos como o nosso) que as obras e o livre-arbítrio sejam minados ou tidos por nada.

Embora seja verdade: Embora as regras alertem contra a deturpação dessas verdades, não devem ser interpretadas como se de alguma forma as minimizassem.

Ninguém pode ser salvo sem ser predestinado. A verdade incorporada no termo "predestinação" é que somos salvos não pelo nosso próprio desempenho, mas pela iniciativa de Deus (cf. Romanos 8,28-30, um texto-chave para a compreensão da doutrina). A predestinação deve ser entendida em conexão com a vontade salvífica universal de Deus, mas os propósitos de Deus exigem a nossa livre colaboração. É nisso, com sua seriedade e responsabilidade, que Inácio insiste na regra. O ser humano pode recusar livremente essa colaboração em sentido último, mas isso não implica que o conceito de predestinação se aplique também aos condenados. Tanto a *Versio Prima* como a *Vulgata* acrescentam à 14ª Regra uma cláusula explicativa: "Para que não atribuamos demasiado à predestinação e à graça, infringimos os poderes e esforços do livre-arbítrio; ou enquanto exaltamos excessivamente os poderes do livre-arbítrio, derrogamos a graça de Cristo" (*Versio Prima*). "Para que talvez estendendo longe demais a graça ou a predestinação de Deus, pareçamos querer minimizar a força do livre-arbítrio e os méritos das boas obras, ou, por outro lado, atribuindo a estas últimas mais do que lhes pertence, derrogamos, entretanto, a graça e a predestinação" (*Vulgata*).

Pessoas simples: As regras mostram o respeito pelas "pessoas comuns"[35] que marca a série como um todo.

Falar sobre a fé: Ainda mais do que a predestinação, a fé foi uma questão central da Reforma. Como compreender a relação da fé e das obras entre si e com a salvação é questão de teologia em que, novamente, Inácio não entra. Ele simplesmente insiste que a pregação tendenciosa sobre a fé pode ter a consequência prática de levar as pessoas simples a negligenciar as *obras* da vida cristã.

---

35. Vide comentários à 10ª Regra.

Não devemos falar da graça: Observe que a graça aqui é a graça "real", ou seja, as graças através das quais Deus atua em nossos atos particulares. Não é a graça "santificadora" que transforma nossa natureza e torna possível viver uma nova vida no Espírito.

Produza veneno para tirar a liberdade: A reconciliação entre graça e livre-arbítrio foi durante muitos anos um assunto importante de debate teológico. Novamente, a preocupação de Inácio é prática. Seja qual for a maneira como se prega sobre a graça, deve-se tomar cuidado para não parecer menosprezar o livre-arbítrio e, portanto, a cooperação da pessoa humana com a graça[36].

Regra 18: Amor e temor

[370] ¹Décima oitava regra. Dado que acima de tudo se deve estimar *servir muito a Deus, Nosso Senhor, por puro amor*, devemos louvar muito o *temor* da sua Divina Majestade. ²Pois não apenas o temor filial é uma coisa piedosa e santíssima, mas mesmo o temor servil *ajuda muito para sair do pecado mortal*, quando a pessoa não alcança nada melhor ou mais útil. ³Uma vez libertada, vem facilmente à pessoa o temor filial, que é totalmente aceitável e agradável a Deus, Nosso Senhor, pois é um só com o *amor divino*.

Servir muito a Deus, Nosso Senhor, por puro amor: Uma frase que sintetiza a "espiritualidade de serviço" dos Exercícios. Para Inácio, o amor, por sua natureza, se realiza nas ações de serviço. Mas o amor que motiva plenamente o serviço é um amor que consiste no dom completo de si [234], transcendendo o amor próprio, a obstinação e o interesse pessoal [189].

Temor: O temor servil é defendido (contra Lutero) como apropriado para uma etapa do processo de conversão, mas no final do processo o

---

36. Sobre a abordagem de Inácio relativa ao equilíbrio entre graça e iniciativa, vide o comentário de Hugo Rahner sobre uma famosa máxima de Inácio sobre oração e trabalho em *Ignatius the Theologian*, 25-29.

puro amor assume o controle. Neste amor, o único temor que tem lugar é o *temor* reverencial ou *filial* que é inseparável do próprio amor[37]. O puro amor, no entanto, não deve ser presumido levianamente e, no curso do crescimento e da conversão, o *temor servil*, não como uma situação permanente, mas como um passo no caminho, tem um valor real, embora limitado.

Ajuda muito para sair do pecado mortal: O temor servil *ajuda* ao restringir a vontade e, assim, a criar o espaço afetivo para que a motivação do amor cresça. Mas, embora restrinja a expressão dos nossos desejos não convertidos, o temor servil pouco faz por si mesmo para mudá-los.

Amor divino: O lugar e a legitimidade do temor, tema da regra conclusiva, é tratado de tal forma que a frase final de todos os Exercícios é o amor divino. Termo que o texto Autógrafo não utilizou anteriormente e que descreve um amor que é ao mesmo tempo a iniciativa de doação de Deus e a resposta de doação da criatura.

---

37. Cf. 1 João 4,18.

Bibliografia

ARZUBIALDE, Santiago. *Ejercicios Espirituales de S. Ignacio. Historia y Análysis*. Bilbao, Santander: Mensajero e Sal Terrae, 1991.

ASCHENBRENNER, George. Becoming Whom We Contemplate. *The Way, Supplement*, 52 (1985) 30-42.

_____. Consciousness Examen. *Review for Religious*, 31 (1972) 14-21 (reimpresso em FLEMING, David [ed.], *Notes*).

BALTHASAR, Hans Urs von. *Dare We Hope "That All Men Are Saved"?* San Francisco: Ignatius Press, 1988.

Best of the Review, ver FLEMING, David (ed.), *Notes*.

BOYLE, Marjorie O'Rourke. Angels Black and White. Loyola's Spiritual Discernment in Historical Perspective. *Theological Studies*, 44/2 (1983) 241-254.

BUCKLEY, Michael. The Contemplation to Attain Love. *The Way, Supplement*, 24 (1975) 92-104.

_____. Ecclesial Mysticism in the *Spiritual Exercises* of Ignatius. *Theological Studies*, 56 (1995) 441-463.

CHAPELLE, Albert et al. *Exercises Spirituels d'Ignace de Loyola*. Bruxelas: Éditions de l'Institut d'Études Théologiques, 1990.

COATHALEM, Hervé. *Ignatian Insights. A Guide to the Complete Spiritual Exercises*. Taichung, Taiwan: Kuangchi Press, 1961.

CONNOLLY, William. Story of the Pilgrim King and the Dynamics of Prayer. *Review for Religious*, 32 (1973) 268-272. Também disponível em FLEMING, David L. (ed.), *Notes*.

CORELLA, Jesús. *Sentir la Iglesia*. Bilbao, Santander: Mensajero e Sal Terrae, 1995.

COVENTRY, John. Sixteenth and Twentieth-Century Theologies of Sin. *The Way, Supplement*, 48 (1983) 50-59.

COWAN, Marian; FUTRELL, John Carroll. *The Spiritual Exercises of St. Ignatius of Loyola. A Handbook for the Director*. New York: Le Jacq Ministry Training Service, 1981.

COWAN, Marian. Moving into the Third Week. In: COWAN; FUTRELL, *Handbook*, 121-125.

CUSSON, Gilles. *Biblical Theology and the Spiritual Exercises*. St Louis: Institute of Jesuit Sources, 1988.

_____. *The Spiritual Exercises Made in Everyday Life*. St Louis: Institute of Jesuit Sources, 1989. [Trad. bras.: *Conduzi-me pelo caminho da eternidade. Os Exercícios na vida cotidiana*. São Paulo: Loyola, 1976.]

DALMASES, Cándido de. *Ejercicios Espirituales. Introducción, texto, notas y vocabulario*. Santander: Sal Terrae, 1987.

DECLOUX, Simon. Mary in the Spiritual Exercises. In: *Mary in Ignatian Spirituality*. CIS, 19, n. 58-59 (1988) 2-3, 58-59, 100-144.

DISTER, John E. (ed.). *A New Introduction to the Spiritual Exercises of St Ignatius*. Collegeville: Michael Glazier, 1993.

DULLES, Avery. Finding God's Will. *Woodstock Letters*, 94/2 (Spring 1965) 139-152.

_____. The Ignatian *sentire cum ecclesia* Today. CIS, 25/2, n. 76 (1994) 19-35.

EGAN, Harvey D. *Ignatius Loyola the Mystic*. Wilmington, Delaware: Michael Glazier, 1987.

_____. *The Spiritual Exercises and the Ignatian Mystical Horizon*. St Louis: Institute of Jesuit Sources, 1976.

ENDEAN, Philip. The Ignatian Prayer of the Senses. *Heythrop Journal*, 31 (1990) 391-418.

_____. Ignatius and Church Authority. *The Way, Supplement*, 70 (1991) 76-90.

ENGLISH, John. *Spiritual Freedom*. Chicago: Loyola University Press, ²1995.

FENNESSY, Peter J. Praying the Passion. The Dynamics of Dying with Christ. In: *A New Introduction to the Spiritual Exercises of St Ignatius* (ed. John E. Dister). Uma versão anterior deste artigo de Fennessy está publicada em *The Way, Supplement*, 34 (1978) 45-60.

FESSARD, Gaston. *La dialectique des Exercices Spirituels de Saint Ignace de Loyola*. Paris: Aubier, 1956.

FLEMING, David L. *The Spiritual Exercises, a Literal Translation and Contemporary Reading*. St Louis: Institute of Jesuit Sources, 1978.

_____ (ed.). Notes on the Spiritual Exercises of St Ignatius of Loyola [The Best of the Review, Review for Religious]. *Review for Religious*, St Louis (1981).

FUTRELL, John Carroll. *Making an Apostolic Community of Love*. St Louis: Institute of Jesuit Sources, 1970.

_____. Ignatian Discernment. *Studies in the Spirituality of Jesuits*, 2/2 (1970).

GANSS, George E. *The Spiritual Exercises of St Ignatius. A Translation and Commentary*. St Louis: Institute of Jesuit Sources, 1992.

_____. *The Constitutions of the Society of Jesus. Translated with an Introduction and Commentary*. St Louis: Institute of Jesuit Sources, 1970.

GOUVERNAIRE, Jean, *Quand Dieu entre à l'improviste*. Collection Christus. Paris: Desclée de Brouwer, 1980.

GREEN, Thomas H. *Wheat among the Weeds*. Notre Dame, Indiana: Ave Maria Press, 1984. [Trad. bras.: *Ervas daninhas entre o trigo*. São Paulo: Loyola, 2006.]

GROGAN, Brian. To Make the Exercises Better. The Additional Directions. *The Way, Supplement*, 27 (1976) 15-26.

_____. Giving the Exercise on Hell. Theological and Pastoral Considerations. *The Way, Supplement*, 48 (1983) 66-84.

GUEYDAN, Édouard et al. *Exercises spirituels*. Collection Christus. Paris: Desclée de Brouwer, 1985.

GUIBERT, Joseph de. *The Jesuits. Their Spiritual Doctrine and Practice*. St Louis: Institute of Jesuit Sources, 1986.

GUILLET, Jacques et al. Discernement des esprits. In: *Dictionnaire de Spiritualité* (III, 1222-1291). Paris: Beauchesne, 1967. Traduzido para o inglês por Innocentia Richards como *Discernment of Spirits*. Collegeville: Liturgical Press, 1970.

HUGHES, Gerard J. Ignatian Discernment. A Philosophical Analysis. *Heythrop Journal*, 31 (1990) 419-438.

IPARRAGUIRRE, Ignacio. *A Key to the Study of the Spiritual Exercises*. Calcutá: The Little Flower Press, 1955 (tradução de *Líneas Directivas de los Ejercicios Ignacianos*. Bilbao: [s.n.], 1949).

KOLVENBACH, Peter-Hans. Do not Hide the Hidden Life of Christ. CIS, 24/3, n. 74 (1993) 11-25.

_____. The Easter Experience of Our Lady. In: *Our Lady in Ignatian Spirituality*, CIS, 19, n. 58/9 (1988) 145-163.

KOLVENBACH, Peter-Hans. The Spiritual Exercises and Preferential Love for the Poor. *Review for Religious*, 43 (1984) 801-811.

LEFRANK, Alex; GIULIANI Maurice. *Freedom for Service. Dynamics of the Ignatian Exercises as Currently Understood and Practised*. Roma: Gujarat Sahitya Prakash, Anand; World Federation of Christian Life Communities, 1989. [Trad. bras.: *Livre para servir*. São Paulo: Loyola, 1985].

LONGRIDGE, William H. *The Spiritual Exercises of St. Ignatius of Loyola, with commentary and Directory*. London: Robert Scott, ²1922.

LONSDALE, David. *Eyes to See, Ears to Hear*. London: Darton, Longman and Todd, 1990.

_____. *Dance to the Music of the Spirit*. London: Darton, Longman and Todd, 1992.

_____. "The Serpent's tail". Rules for Discernment. In: SHELDRAKE, Philip (ed.), *The Way of Ignatius Loyola*, 172-174.

MARTINI, Carlo Maria. *Letting God Free Us. Meditations on the Ignatian Spiritual Exercises*. Slough: St Paul's Publications, 1993.

MUNITIZ, Joseph A. *Inigo. Discernment Log-Book. The Spiritual Diary of Saint Ignatius Loyola* [Inigo Texts Series, 2]. London: Inigo Enterprises, 1987.

_____. *Ignatius Loyola. Letters Personal and Spiritual* [Inigo Texts Series, 3]. London: Inigo Enterprises, Hurstpierpoint, 1995.

MUNITIZ, Joseph A.; ENDEAN, Philip (ed.). *Saint Ignatius of Loyola. Personal Writings*. London: Penguin Books, 1996.

MURPHY, Laurence. Consolation. *The Way, Supplement*, 27 (1976) 46-47.

NONELL, Jaime. *Ejercicios, Estudio sobre el texto de los Ejercicios*. San José: Manresa, 1916. Também disponível em Francês: *Analyse des Exercices de S. Ignace de Loyola* (Coleção da Bibliothèque des Exercices. Bruges: Museum Lessianum, Section Ascétique et Mystique), 17, 1924.

O'LEARY, Brian. What the Directories Say. *The Way, Supplement*, 58 (1987) 13-19.

O'MALLEY, John. *The First Jesuits*. Cambridge, Mass.: Harvard University Press, 1993. [Trad. bras.: *Os primeiros jesuítas*. São Leopoldo e Bauru: Unisinos e Edusc, 2004].

O'REILLY, Terence. Erasmus, Ignatius Loyola and Orthodoxy. *Journal of Theological Studies*, 30 (1979) 115-127.

_____. The Spiritual Exercises and the Crisis of Mediaeval Piety. *The Way, Supplement*, 70 (1991) 101-113.

ÖRSY, Ladislas. On Being One with the Church Today. *Studies of the Spirituality of Jesuits*, 7,1 (1975) 31-41.

PALMER, Martin E. *On Giving the Spiritual Exercises. The Early Jesuit Manuscript Directories and the Official Directory of 1599*. St Louis: The Institute of Jesuit Sources, 1996.

PETERS, William A. M. *The Spiritual Exercises of St Ignatius. Exposition and Interpretation*. Jersey City: PASE, 1967. Também publicado por *CIS*, Roma, 1980.

POUSSET, Édouard. *Life in Faith and Freedom*. St Louis: The Institute of Jesuit Sources, 1980. Tradução de *La vie dans la foi et la liberté*. Paris: Cerp, 1971.

PROGRAM TO ADAPT THE SPIRITUAL EXERCISES (PASE) or *Program to Promote the Spiritual Exercises*, books and brochures. Jersey City, New Jersey.

PROVÍNCIA DE MARYLAND DA COMPANHIA DE JESUS. *Place Me With Your Son. The Spiritual Exercises in Everyday Life*. Baltimore: [s.n.], 1985.

PUHL, Louis. *The Preparatory Prayer. A Summary of the Fruit of the Exercises*. PASE (esgotado).

RAHNER, Hugo. *Ignatius the Theologian*. London: Geoffrey Chapman, 1968.

_____. A Spiritual Dialogue at Evening. On Sleep, Prayer and Other Subjects. In: *Theological Investigations*. Baltimore e London: Helicon Press e Darton, Longman & Todd, 1967, v. III, 220-236.

_____. The Logic of Concrete Individual Knowledge in Ignatius Loyola. In: *The Dynamic Element in the Church*. Nova York: Herder and Herder, 1964, 84-170.

RICKABY, Joseph. *The Spiritual Exercises of St Ignatius Loyola, Spanish and English with a Continuous Commentary*. London: Burns & Oates, 1915.

SCHMITT, Robert L. Presenting the Call of the King. *The Way, Supplement*, 52 (1985).

SHELDRAKE, Philip (ed.). *The Way of Ignatius Loyola*. London: S.P.C.K., 1991.

STANLEY, David. *I Encountered God*. St Louis: The Institute of Jesuit Sources, 1986.

ST LOUIS, Donald. The Ignatian Examen. In: SHELDRAKE, Philip (ed.), *The Way of Ignatius Loyola*, 154-164.

TETLOW, Joseph A. The Fundamentum. Creation in the Principle and Foundation. *Studies in the Spirituality of Jesuits*, 21/4 (1989).

THOMAS, Joseph. *Le Christ de Dieu pour Ignace de Loyola*. Paris: Desclée de Brouwer, 1981.

TONER, Jules J. A. *A Commentary on Saint Ignatius Rules for the Discernment of Spirits*. St Louis: The Institute of Jesuit Sources, 1982.

_____. *Discerning God's Will*. St Louis: The Institute of Jesuit Sources, 1991.

_____. Discernment in the Spiritual Exercises. In: DISTER, E. (ed.), *A New Introduction*, 63-72.

TOWNSEND, David. The examen and the Exercises. A re-appraisal. *The Way, Supplement*, 52 (1985) 53-63.

_____. The examen re-examined. *Drawing from the Spiritual Exercises*. CIS, 55 (1987).

VEALE, Joseph. The First Week. Practical Questions. *The Way, Supplement*, 48 (1983) 15-27.

VELTRI, John. *Orientations, v. 1. A Collection of Helps for Prayer*. Guelph: Loyola House, ²1993.

_____. *Orientations, v. 2. For those who Accompany Others on their Inward Journey. Part A and Part B.* Guelph: Guelph Centre of Spirituality, 1998.

WALSH, James. Application of the Senses. *The Way, Supplement*, 27 (1976) 49-68.

WOLTER, Hans. Elements of Crusade Spirituality. In: WULF, Friedrich (ed.). *St Ignatius of Loyola, his Personality and Spiritual Heritage.* St Louis: The Institute of Jesuit Sources, 1977, 97-134.

YOUNG, William J. *Letters of St Ignatius of Loyola.* Chicago: Loyola University Press, 1959.

Índice remissivo

A

Adão e Eva 88
Adições 104-116, 223, 224, 237, 238, 256, 257, 259, 260, 264, 265
Admiração 94, 96, 111, 126
ADRIAENSSENS, Adrian 228
Afeições 22, 87, 168
Agir contra (*agendo contra*) 34, 35, 71, 72, 131, 132, 175, 203, 230, 303, 336, 338, 339
Agostinho, Santo 134, 222, 332, 357, 358
Alcalá 253, 357
Alegria 61, 83, 111, 131, 153, 154, 196, 211, 224, 231-234, 236, 238, 239, 269, 298, 300, 315
Alexandre VI 355
Alma de Cristo (oração) 98, 165, 263-265
Altruísmo 125, 184
Ambiente 106, 111, 153, 168, 239, 242, 246
Amizade 15, 38, 92, 122, 123, 126, 218, 245, 248

Amor (a Deus por nós) 169, 170, 179, 205, 299, 306. *Ver* Contemplação para Alcançar o Amor
Amor (de Deus por nós) 118, 119, 130, 131, 139, 239-241, 298, 299, 330, 363, 364
Ana, Santa 332, 333
Anás 221, 224, 226, 277, 278
André, Santo 177, 272
Anjos 87, 88, 93, 94, 244, 246, 272, 283, 294, 302, 315, 320, 325, 350. *Ver* espíritos
Anotações 21-47, 198, 238, 240, 248, 253, 256, 285, 308, 327, 345, 347
Anunciação 138, 140, 146, 268
Apóstolos 113, 163, 212, 229, 235, 236, 272, 274, 276, 281, 283
Apresentação 18, 53, 78, 137, 153, 161, 169, 208, 251, 270
Argumentos 271, 315, 336, 337, 340, 353, 359
Aridez 31, 215, 219
Aristóteles 175
Arquelau 270

Arrependimento 80, 95, 112, 218
ARZUBIALDE, Santiago 358
Ascensão 26, 232, 237, 238, 240, 283
Ascetismo 113, 132, 138
ASCHENBRENNER, George 73, 138
Atributos de Deus 93, 96, 251
Autógrafo 19, 28, 49, 76, 94, 110, 126, 188, 194, 198, 208, 234, 239, 255, 269, 295, 308, 309, 353, 356, 364
Autoridade 51, 71, 204, 233, 344, 348, 350, 353-358, 360
Ave-Maria 98, 106, 165, 261, 263-265

B
Babilônia 157, 160, 161
BALTHASAR, Hans Urs von 85, 101
Belém 89, 143, 269
Bem-aventuranças 164, 177, 273
Bento, São 179
Bernardino de Siena, São 356
Bernardo, São 134, 339-341
Betânia 144, 216, 217, 276
Binarios 169
Bispos 332
Blasfêmia 59, 60
Boaventura, São 357
Borja, São Francisco 190, 191, 209, 249
BOYLE, M. O'Rourke 359
Breviário 134
Brevidade 109
Brilho da consolação sem causa 325-327

BUCKLEY, Michael 194, 241, 243, 250, 349

C
Caifás 224, 226, 278
Caminho 27, 31, 37, 39, 45, 50, 62-64, 81, 84, 92, 94, 111, 113, 119, 130 ,132, 137, 143, 144, 146, 155-157, 159, 167, 171, 172, 176, 177, 180, 182, 184, 185, 188, 196, 197, 199, 202, 212, 213, 216, 217, 221, 224, 226, 241, 270, 280, 281, 304, 313, 315, 333, 359, 364
Caná 272
Cardoner 252, 289
Carlos V 179, 190
Cartago, Concílio de 332, 333
Cartuxos de Colônia 19
Cavalaria 123, 125
Cavaleiro, imagem de 106, 107, 122, 127, 128, 131
Certeza 85, 189, 190, 203, 205, 316, 326
César 143, 269, 278, 279
Chamado 18, 19, 25, 37, 56, 120, 122, 125-129, 131, 132, 137, 157, 196, 213, 250, 269, 272, 296, 316, 331
CHAPELLE, Albert 233
Cheiro 102
Cisneros 234
Cisterciense, escola 138
COATHALEM, Hervé 124, 125, 129, 148, 199, 212, 294, 316, 327
CODURE, João 19
Coimbra 152

Colóquio 90-92, 96-99, 117, 220, 221, 256
  Tríplice Colóquio 97-99, 121, 122, 165, 174, 185, 221
Comer, Regras para Ordenar-se no 88, 113, 196, 207, 216, 228-230, 275, 282
Comida 61, 127, 129, 228, 229
Compaixão 212- 216, 218, 219, 269
Companhia de Jesus 15, 84, 129, 152, 183, 200, 243, 288, 299, 344, 349, 355, 356
Complacência 101, 104, 191, 295, 307, 310
Composição do lugar 82, 83, 93, 94, 102, 103, 126, 139, 140, 143, 144, 150, 159, 170, 217, 234, 244, 245, 356
Compunção 295
Comunhão 43, 74, 75, 281. *Ver* Eucaristia
Comunicação 51, 52, 244, 245, 320
Confessor 42, 76, 196, 313
Confirmação 101, 198, 200, 203, 204, 209, 212-215, 226
Confissão 42, 43, 68, 71, 74-76, 79, 94, 134, 256, 291, 352
CONGAR, Yves 350
Conhecimento 17, 18, 24, 25, 29, 31, 40, 41, 71, 74, 75, 81, 88, 97-99, 127, 136, 139, 140, 142, 146, 148-150, 159, 160, 171, 184, 185, 190, 195, 197, 211, 224, 243, 244, 246, 257, 264, 268, 286, 308, 309, 311, 317
Conhecimento/sabor interno 25, 83, 98, 99, 102, 126, 139, 140, 146, 148, 149, 150, 185, 235, 244, 246, 264
CONNOLLY, William 123
Consciência 21, 35, 43, 64, 65, 68, 77, 81, 84, 92, 94, 95, 101, 102, 106, 121, 124, 137, 143, 153, 162, 165, 169, 170, 175, 191, 199, 218, 223, 241, 246, 248, 251, 253, 266, 286-288, 292, 294, 322, 324, 336, 338, 339, 343, 346, 355
Conselhos evangélicos 50, 137, 188, 213, 348
Consolação 29, 32, 94, 97-99, 110, 111, 145, 146, 196-199, 203, 204, 229, 232, 237, 286-288, 327
  Sem causa precedente 313-320
Constituições da Companhia de Jesus 84, 129, 183, 299, 356
CONTARINI, Card. Gaspar 164
CONTARINI, Pietro 164, 166, 184
Contemplação 23, 26, 28, 34, 38, 45, 54, 57, 70, 72, 73, 80-84, 88, 90, 91, 97, 100, 108, 109, 117-119, 122, 125, 126, 135-140, 142-146, 148-156, 158, 174, 176-178, 200, 212, 213, 215-217, 219, 221-227, 229, 232-235, 237-241, 243-246, 249, 252, 255, 260, 264, 267, 268
Contemplação para Alcançar o Amor 142, 239-241, 244, 255, 260
Contemplações da Infância 135-137, 144
Contrição 26, 27, 76, 92, 95, 144
Conversão 77, 78, 113-115, 158, 293, 296, 332, 338, 347, 363, 364
CORELLA, Jesus 350

Corpo, *ver* respiração
Corte celeste 106, 128, 132, 168, 171, 198
COVENTRY, John 77
COWAN, Marian 124, 148, 227, 243, 285, 317
Credo 235, 263-265
Crescimento 33, 64, 65, 75, 118, 187, 188, 248, 291, 297, 300, 323, 338, 364
Criação 54, 59, 60, 77, 83, 92, 93, 96, 125, 181, 239, 242, 246, 250, 252
Cristo: espiritualidade cristocêntrica 25, 29, 64, 73, 119, 121, 127, 129, 136, 158, 184, 187, 189, 191, 222, 239, 291, 298, 343, 349, 350, 363
  Títulos cristocêntricos 60, 103, 136, 159, 220, 270, 279
  Ver imitação de Cristo, Novo Testamento
cruz, teologia da 215
Cruzada 123, 128, 129
Cruzada, bula da 352
CUSSON, Gilles 45, 56, 57, 118, 120, 123, 124, 173, 179, 181, 189, 220, 231, 235, 241

D
DALMASES, Cándido de 54, 82, 142
Damasco 88, 89
Davi, Rei 79, 87, 205, 276
DECLOUX, Simão 225, 235
Deliberação dos Primeiros Padres 209
Demônios 161, 274, 294

De profundis 90
Desejar o desejo 84
Desejos 29, 38, 39, 51, 63, 84, 99, 106, 115, 124, 131, 132, 135, 138, 157, 160, 168, 171, 172, 181, 183, 226, 323, 364
Desolação 29-31, 34, 35, 98, 99, 110, 145, 146, 197-199, 286-290, 292, 293, 295, 296, 298, 301-311
Desordem 40, 98-100, 293
Diário Espiritual 20, 37, 191, 203, 209, 300, 318
Dionísio, o Cartuxo 134
Diretórios, *ver* 18 e *passim*
Discernimento 31, 73, 116, 121, 166, 186, 196-198, 214-216, 285, 286, 329, 335
  em grupo 191
  Diário, *ver* Diário Espiritual
  Regras de 285-327, 335, 336, 359
Distração 110, 215, 322
Divina vontade 22, 23, 37, 38, 194, 198, 248
Doença 59, 62, 63, 113, 114, 181, 275
Domingo de Ramos 26, 177
Dormir 106, 107, 114, 129, 207
Duas Bandeiras 81, 97, 117, 121, 122, 130, 136, 137, 154, 155, 157-160, 166-168, 171, 174, 175, 178, 184, 185, 294
DULLES, Avery 346, 360

E
EGAN, Harvey 60, 96, 289, 294, 317, 325
Egito, Fuga para 137, 153, 270

ÍNDICE REMISSIVO

Eleições 154, 177, 178, 180
  Introdução 154-185
  Tempos de 174, 186, 191, 205, 208, 304
Elias 275
Emaús 281
Emenda 66, 92, 96, 127, 191
Encarnação 104, 117, 118, 121, 135-138, 140, 141, 143, 146, 151, 152, 158, 176, 216, 235, 243, 343
Encontrar Deus em todas as coisas, *ver* visão
ENDEAN, Filipe 16, 20, 147, 148, 344
Engano 160, 314, 320, 321, 323, 325-327
ENGLISH, John 168
Entendimento, *ver* razão
Erasmo 358, 359
Escatologia 79, 134
Escola franciscana 138
Escolásticos 357
Escritura 85, 280, 357. *Ver* Novo Testamento
Escrúpulos, Notas sobre 297, 335-339, 341
Esmolas, Regras para Distribuir 72, 204, 329-333, 352
Espanhol 19, 54, 82, 83, 85, 130, 146, 169, 173, 184, 188, 194, 219, 230, 236, 248, 259, 268, 326, 336, 349. *Ver binarios, mirar, sentido*
Espírito 62, 65, 106, 121, 168, 172-175, 200, 201, 214, 258, 283, 286-289, 294, 298, 301, 304, 320, 347, 358, 359

Espíritos 30, 41, 42, 65, 69, 73, 197-199. *Ver* discernimento
Esponja 324
Estações 61, 238, 239, 352, 353
Estados de vida 155, 162, 332, 333
Estoicismo 62
Estresse 106, 151
Eucaristia 44, 68, 217, 226, 233, 277. *Ver* comunhão
Examen (exame de consciência particular e geral) 64-73, 116, 176, 224, 257, 291, 305, 324
Exercícios
  Adaptações 42-45, 78-80, 83, 84, 115, 116, 135, 136, 139, 140, 151-153, 176, 177, 223, 224, 226, 227, 232, 233, 237, 238, 242, 243, 253-255, 259, 260, 348
  Candidatos 42-45, 49, 50, 253
  Dinâmica 21, 62, 80, 81, 97, 117, 146, 167, 211, 214, 215, 240, 242, 245, 249, 294, 296, 320, 323
  Disposição para 28-30
  Duração 26-28
  Método 21, 45, 47
  Partes 26-28
  Processo 62, 110
  Propósito 179
  Tabela de horários 29, 115, 178, 352
  Título 49

F
Fadiga 151, 238. *Ver* tensão
Fariseu, *ver* Simão
Fé 301, 360-362

FENNESSY, Peter J. 214
FESSARD, Gaston 83, 189, 243, 250
Filipe, São 272
FLEMING, David 53, 123, 335, 346
Flos Sanctorum 143
Fontes para comentários 18-20
Força de Vontade 173, 175
Francisco, São 358
Fundamento 358
FUTRELL, John Carroll 124, 148, 191, 227, 243, 285, 290, 317, 352

G
Gabriel 139, 268
Galileia 139, 269, 278, 280
GANSS, George E. 50, 148, 183, 253, 299, 356
Generosidade 28, 29, 58
Getsêmani 277, 323
GIULIANI, Maurício 42, 43, 45
GONZÁLEZ DÁVILA, Gil 55, 75, 91, 222
GOUDA, Nicolau 300
GOUVERNAIRE, Jean 317
Graça 165, 248, 305, 306, 311, 312, 360-363
GRANADA, Luís de 134
GRANDMAISON, Léonce de 50, 189
Gratidão 54, 75, 76, 96, 104, 108, 111, 215, 246, 260
GREEN, Thomas H. 288, 317, 326
Gregório, São 337, 357
GROGAN, Brian 101, 104, 107
Guerra 124, 126, 129, 141
GUIBERT, José de 50, 65
GUILLET, Jacques 285

H
Hades 235
Helyar, John 19, 28, 55
Herodes 224, 225, 270, 278, 279
Heróis 124
Hierárquica 193, 194, 348-351, 358
História 159, 160, 216, 217, 219, 221, 245
HOCES, Diego 52
HOFFAEUS, Miró 240
Honra 245
HOPKINS, Gerard Manley 96
HUGHES, Gerard J. 208
HUIZINGA, J. 356
Humildade 103, 119, 120, 145, 157, 163-165, 266, 307, 310, 311, 313
  Modos de Humildade 84, 177-185

I
Idolatria 70, 120
Igreja 188, 193-195, 212, 233-236, 238, 264, 285, 286, 288, 329, 333, 339, 340
  Sentir com 343-364
Iluminismo 38, 51, 52, 294
Imaginação 60, 81, 82, 88, 101-103, 106, 107, 126, 129, 143, 148, 159, 163, 296, 297
Imitação de Cristo 132-134, 160, 166, 261, 309, 332, 333
Inácio 29, 30, 39, 46, 50, 57, 58, 60, 61, 64, 75, 79, 91, 116, 120, 129, 134, 143, 150, 151, 154, 155, 165, 166, 168, 169, 190, 196, 208, 209, 218, 221, 222, 228, 252, 253, 282, 289, 291, 297, 316, 319, 322, 324, 326,

327, 329, 330, 335, 337, 338, 340, 343, 344, 355-357, 360. *Ver* Oñaz, Martín García de (irmão)
Inconsciente, *ver* psicologia
Indiferença 29, 54, 55-57, 61-63, 167, 169, 172-176, 180-182, 185, 186, 205, 247
Indulgências 71, 352
Inferno 78, 81, 85, 89, 101-104, 161, 234, 235
Inimigo, *ver* Lúcifer
IPARRAGUIRRE, Ignácio 33, 212
Irlanda, Instruções para missão 321
Isabel, Santa 177
Israel 270

J
Jejum 72, 113, 238, 352, 353
Jerônimo, São 357, 358
Jerusalém 157, 160, 163, 216, 217, 234, 271, 276, 283, 340
Jesuítas, *ver* Companhia de Jesus
Jó 313
João Batista, São 268, 271
João da Cruz, São 307, 316
João (o Evangelista), São 277, 279, 282
Joaquim, São 332, 333
Jordão 144, 154, 176, 177, 271
Josafá 217, 221
José, São 143, 144, 250, 269, 270
José (de Arimateia) 280, 282
Judas 216, 216, 221, 276, 277
Judeia 270
Julgamento, Dia de 79, 111, 206, 331
Júlio III 190

K
KEBLE, William 235
Kênosis 216
KOLVENBACH, Peter-Hans 136, 140, 235

L
La Storta 166
Lágrimas 300
Lázaro 79, 177, 275, 276
Legenda Aurea 332, 341
Liberdade 62, 65, 85, 110, 111, 116, 120, 127, 149, 159, 163, 167, 168, 170, 172, 174-176, 184, 188, 191, 199, 219, 247, 293, 303, 307, 336, 344, 360, 361
Limbo 283
Literatura mística 327
Liturgia 348
Lombardo, Pedro (Mestre das Sentenças) 357
LONGRIDGE, W. H. 19, 235
LONSDALE, David 291, 322
Lovaina 228
Loyola 167
Lúcifer (o inimigo) 159-161, 185, 294
Ludolfo de Saxônia 234, 267, 269, 272, 273, 276, 277, 282, 329
Lumen Gentium 157, 350
Lutero 358, 363
Luz 79, 239

M
Magis (mais) 119
Magos 177, 269
Malco 221

Mandamentos 43, 71, 103, 104, 137, 155, 156, 188, 255-260, 356, 358
Manresa 56, 121, 235, 252, 297
MARÉCHAL, José 147
Maria (Nossa Senhora) 98, 137, 141, 142, 144, 148, 150, 165, 169, 225, 234, 235, 250, 262, 268, 269, 275, 280
Maria (de Betânia) 280
Maria (irmã de Marta) 280
Maria Madalena 233, 234, 276, 280
Maria (mãe de Tiago) 280
Marta 275
MARTINI, Carlo Maria 125
Masculinidade 124
Mateus, São 196, 272
    Evangelho Apócrifo de 332
Matrimônio 193, 194, 213, 332, 352
Maturidade espiritual 72, 73, 240, 253, 303
Meditação 23, 34, 45, 58, 64, 78-82, 84, 86, 88, 90, 92, 94, 96, 97, 100-103, 107-109, 117, 122, 130, 131, 134, 135, 155, 156, 158-160, 164, 166-169, 175, 176, 212, 220, 250, 252, 256, 260, 264, 268, 305
Medo (Temor) 22, 32, 46, 53, 77, 78, 191, 226, 274, 275, 277, 280, 281, 312, 323, 340
Menino Jesus no Templo 154
Mestre das Sentenças, *ver* Lombardo
Mirar 108
MIRÓ, Diego 50, 52, 79, 134, 240, 254, 259, 264, 266, 346
Misericórdia 77, 97

Missão 120-122
Moções 29, 41, 42, 110, 174, 186, 199, 237, 287-293, 311, 315, 317
Moderação 113
Moisés 275
Moral, educação 78
Mulheres 122, 268, 281, 311
Mundo 129, 137, 140-142, 160, 161, 184, 241. *Ver* social
MUNITIZ, Joseph A. 15, 20, 300
MURPHY, Laurence 291

N
NADAL, Jerônimo 121, 122, 198
Nascimento 143-145, 217, 269
Natã 205
Nazaré 269-271, 279
Nicodemos 280
Nicodemos, Evangelho segundo 282
NICOLAI, Lawrence 112
Noite escura da alma 307
NONELL, Jaime 83
Nossa Senhora, *ver* Maria
Noturna, oração 152
Novo Testamento 91, 158, 267, 285
    Materiais para Contemplação 267-285

O
Obediência 204, 350
Ofício da Santíssima Virgem 134
O'LEARY, Brian 33, 212
Oliveiras, Monte das 277, 283
O'MALLEY, John 39, 355, 359
OÑAZ, Martín García de (irmão de Inácio) 170
Oração geral 23, 100, 108, 168, 169

ÍNDICE REMISSIVO

Aplicação dos Sentidos 101, 145-151, 153, 154, 223-226, 237, 238, 325
Método 73
Modos de Orar, Três 252-266
Preparatória 82, 257-260
Tempo de 35, 57
Ver Espiritualidade cristocêntrica (*em* Cristo), colóquio, contemplação, meditação, petição, revisão da oração, Trindade
Orgulho 86, 87, 91, 119, 157, 260
O'REILLY, Terence 359
Orientador: abertura 17-19
Função 17-19, 24, 25, 30
Qualidades 17-19, 31, 36, 38
ÖRSY, Ladislas 346
Ortiz, Pedro 179
Ortodoxia 53, 54

P

Paciência 15, 274, 306, 310
Padres da Igreja 285, 357
Pai-nosso 72, 91, 92, 94, 99, 103, 108, 143-145, 149, 165, 219, 236, 251, 258, 261, 263-265
Paixão 26, 83, 134, 145, 178, 211-227, 236, 237, 243, 250, 298
Palestina 126
PALMER, Martin E. 17
Paris 19, 28, 55, 167, 168, 170, 329, 350, 359
Paulo, São 195, 196, 238, 283, 294, 358
Paulo III 19, 179, 344
Pecado, *ver examen*, pecado mortal, vergonha

Pecado mortal 69, 71, 83, 85, 86, 89, 93, 95, 180-182, 259, 295, 296, 338, 363, 364
Pecados Capitais, *ver* pecado mortal
Pedro, São 221, 266, 272, 274, 276-278, 281, 282
PEETERS, Louis 50
Penitência 88, 112-116, 152, 153, 229, 238, 305
Pensamentos 41, 42, 52, 53, 68, 69, 72, 73, 92, 99, 106, 107, 111, 112, 156, 198, 223, 224, 226, 292, 293, 297, 301-303, 306, 320-323, 325, 327
Peregrinação 129
Perfeição 37, 50, 120, 155-157, 205, 299, 331, 352
Pessoas simples 43, 354-356, 361, 362
PETERS, William A. M. 83, 85, 130, 148, 244
Petição 73, 82, 83, 84, 91, 99, 101, 103, 115, 140, 143, 165, 171, 218, 222, 241, 246, 257, 265, 305, 315
Pilatos 169, 224-226, 278, 279
Pobreza 35, 37, 38, 50, 59, 62-64, 119, 120, 122, 128, 132, 133, 137, 144, 153, 157, 163-167, 175, 181-185, 204, 309-311, 332, 333, 352, 356
Polanco, Juan 25, 31, 32, 36, 39, 41, 67, 76, 79, 85, 89, 103, 134, 147, 149, 175, 228, 240, 253-255, 259, 264, 266, 300, 338, 343, 346, 347
Potências da alma 247, 248, 252, 255-261

POUSSET, Édouard 194, 209, 243, 303
Preâmbulos 55, 80, 84, 93, 98, 102, 138-140, 145, 147, 148, 171, 176, 216, 217, 223, 237, 318
Predestinação 348, 360-362
Pressuposto 28, 49, 51-55, 355, 361
Princípio e Fundamento, *ver* Fundamento
Profecia 286, 288, 289, 358
Protestantismo 359
Psicologia 180, 186. *Ver* pensamentos
PUHL, Louis 83
Purificação 215, 270, 295, 296

R
RAHNER, Hugo 60, 244, 285, 343, 363
RAHNER, Karl 107, 317
Rajadel, Teresa 111, 152, 297, 302, 307, 316, 318, 338, 340
Razão 24, 27, 37, 75, 114, 124, 128-131, 193, 197, 199, 200, 202, 203, 227, 239, 246, 255, 262, 293, 296, 324, 338, 355, 359
Reconciliação, *ver* confissão
Reflexão 81, 109, 110, 142, 158, 196, 243, 252, 257, 260, 323, 327, 347
Reforma 350, 354, 362
Reforma de vida 188, 189, 191, 329, 347
Regra de Ouro 207, 332, 333
Regras de Discernimento 31, 38, 64, 77, 99, 198, 285, 287, 289, 335, 359

Reino dos Céus, de Deus 274, 283
Relíquias 352
Remorso 296
Repetição 77, 79, 81, 97, 98, 100, 109, 110, 124, 145-147, 151, 154, 158, 167, 237, 238
Repouso, Dia de 122
Respiração 265, 266
Ressurreição 26, 83, 111, 178, 207, 211-213, 223-226, 231-238, 243, 275, 280
Reverência 23, 25, 26, 29, 40, 60-63, 69, 70, 77, 87, 144, 145, 163, 250, 266
Revisão da oração 64, 109, 110
RIBADENEIRA, Pedro de 65
Ricardo de Chichester, São 140
RICKABY, Joseph 95, 131, 172, 235
Riqueza(s) 20, 59, 63, 64, 120, 157, 160-164, 167, 170, 172, 175, 181-183, 244, 245, 296, 330
Risadas 112
Roma 166, 360

S
Sacerdócio 188, 193, 194, 213, 333
Salomé 280
Salvação 22, 23, 60, 63, 85, 108, 121, 122, 170, 171, 180, 182, 183, 192, 199, 201, 206, 235, 298, 302, 305, 306, 313, 321, 349, 357, 361, 362
Salve-Rainha 263-265
Satanás, *ver* Lúcifer
Saúde 44, 59, 61-63, 113, 151, 181, 303
Savonarola, Girolamo 355
SCHMITT, Robert L. 124

ÍNDICE REMISSIVO

Sensualidade 115, 128, 131, 132, 202, 205
Sentido 349-351
Sentidos, Cinco 43, 148, 149, 237, 252, 255, 256, 258, 260
  Ver Aplicação dos Sentidos (*em* Oração geral)
Serpente 319, 323
Serviço 40, 47, 54, 65, 96, 120, 131, 140, 181, 232, 245, 246, 332, 333, 339, 352, 363, 364
Sheol 235
Sião, Monte 221
Simão, o cireneu 279, 281
Simão, o fariseu 205
Simão, o leproso 276
Símbolos 144, 351
Simeão 153, 270
Sindérese 295
Social 42, 98, 162, 294
ST LOUIS, Donald 17, 73
STANLEY, David 148, 244, 251

T

Tabor, Monte 282
TAULER, John 134
Temperamento 35, 36, 41, 104, 105
Temperança 113, 229, 238, 260
Templo 82, 136, 137, 153-155, 177, 249, 270, 271, 273, 276, 277, 279, 280, 332
Tensão 134, 168, 219, 293
Tentação 30, 32, 34, 196, 220, 228, 293, 296, 311, 312, 315, 337, 339-341
Tentações de Cristo 271
Teologia 60, 115, 147, 169, 215, 242, 285, 289, 317, 356, 357, 360, 362

Teresa, Santa 316
TETLOW, Joseph A. 56
Texto latino 91
THOMAS, Joseph 178
Tiago (Carta de São) 313
Tiago, São 275, 277
Tiago, São (o irmão do Senhor) 282
Tomás de Aquino, Santo 95
TONER, Jules J. A. 196, 197, 203, 204, 208, 209, 289, 293-295, 307, 317, 322, 324
Toque 150, 316
TOWNSEND, David 73
Tradução usada 15-21
Tranquilidade 146, 199, 321, 322
Transfiguração 275
Três Tipos 68, 81, 117, 154, 167-170, 173, 175, 176, 184, 185, 220, 245, 246
Trindade 60, 121, 136, 137, 139, 141, 142, 146, 222, 238, 244, 318
Tríplice Colóquio, *ver* colóquio
Tristeza, *ver* Paixão
Tumba 225, 235, 280

U

Última Ceia 216, 217, 221, 227, 230
Utilitarismo 74

V

Vanglória 307, 308, 339, 340
Vaticano II 157
VEALE, Joseph 16, 95
VELTRI, John 95
Veneza 360
Vergara, Dr. 201, 203, 208
Vergonha 32, 83, 84, 86, 87, 89, 91, 94, 107, 218

Versio Prima 19, 27, 33, 46, 72, 82, 85, 89, 91, 94, 103, 126, 194, 234, 235, 238, 300, 308, 310, 313, 319, 350, 353, 356, 362
Via iluminativa 33
Via purgativa 33
Via unitiva 33
Vida Oculta de Cristo 136, 137, 270
Vida religiosa, *ver* votos
Vidas dos Santos 134
Vigílias 113, 353
Virtudes, Sete 259
Visão 28, 35, 54, 56-58, 61, 68, 72, 74, 77, 78, 95, 97, 126, 137, 138, 142, 144, 146, 148, 157, 158, 160, 166, 167, 189, 190, 208, 236, 239, 241, 242, 244, 246, 249, 250-252, 254, 257-259, 262, 275, 290, 291, 304, 323, 344, 349, 357
Visitação 177, 268
Vocação 188, 193, 195, 197, 272

Vontade (coração) 25, 26, 87
Vontade de Deus 59, 247, 248, 289
Voragine, Jacopo de 143
Votos 36, 194, 304, 327, 352
Vulgata 19, 33, 46, 49, 51, 61, 68, 72, 82, 89, 97, 102, 103, 110, 121, 126, 132, 149, 150, 164, 165, 172, 176, 194-196, 222, 229, 234-236, 238, 239, 245-248, 250, 260, 268, 296-298, 300, 302, 304, 308, 310, 311, 319, 322, 330, 331, 348, 349, 353, 354, 356, 359, 360, 362

W

WALSH, James 148, 253, 261, 262
WOLTER, Hans 129
Worms, Dieta de 358

Y

YOUNG, William J. 20, 164

Edições Loyola

editoração impressão acabamento
Rua 1822 nº 341 – Ipiranga
04216-000 São Paulo, SP
T 55 11 3385 8500/8501, 2063 4275
www.loyola.com.br